石少侠 主编

检察学新论

中国检察出版社

检察学新论

主　编　石少侠

副主编　郭立新

撰稿人（以姓氏笔画为序）

上官春光　石少侠　郑在义

郭云忠　　郭立新

前　言

　　检察学是以检察制度和检察活动作为研究对象的一门新兴的、独立的、综合性的法学学科。作为一门新兴的法学学科，检察学是法学学科分类的必然结果，是在学科不断细化、组合和融合的过程中兴起和发展的。它犹如共和国法学园地中的一朵含苞欲放的花蕾，在法治中国的沃土中，在众多辛勤园丁的浇灌下，正在以其独特的娇艳和芬芳成长为法学百花丛中的一朵奇葩。作为一门独立的法学学科，检察学不仅有其专门的研究对象，还具有系统的学科范畴体系。法律监督是检察学范畴体系的逻辑起点，是检察学理论体系的基石范畴；检察制度、检察机关、检察权、检察官等是检察学的基本范畴；而检察学的普通范畴，则应当包括（并不限于）职务犯罪侦查、公诉、侦查监督、审判监督、执行监督及职务犯罪预防等检察活动。作为一门综合性的法学学科，检察学所研究的检察制度和检察活动不是单一部门法的制度和活动，而是对与检察制度和检察活动密切相关的诸多法律部门的综合研究，检察学与其他部门法学的综合、交叉与边缘的范围，应当受制于检察制度和检察活动。

　　检察学的新兴、独立、综合的特点，一方面决定了检察学应当是一门发展中的、开放性的学科和学问，对于其对象、性质、范畴、体系等基本理论问题的认识尚有待进一步深化并逐步形成共识；另一方面，也决定了检察学研究必须借鉴和吸取相关社会科学和相关法律部门的研究成果，从中获取理论和方法上的资源，从而不断丰富和完善检察学自身的理论和实践。

　　与其他检察学著作相比，本书具有以下三个特点：

第一,在体系构成上采用"三编制"。第一编绪论,重点阐述检察学的概念、对象、范畴、体系及地位、作用等基本原理;第二编总论,重点阐述检察机关、法律监督、检察权和检察官等基本制度;第三编分论,重点阐述检察机关的职务犯罪侦查、公诉、侦查监督、审判监督、执行监督及职务犯罪预防等基本活动或基本职能。

第二,在具体内容上突出"新颖性"。本书在吸收借鉴已有研究成果的基础上,力求深入研究检察学中的热点、重点和前沿问题,坚持从中国国情出发,阐明中国检察制度的特殊性。同时,注重反映 2012 年修订后的刑事诉讼法、民事诉讼法等法律、法规及司法解释的新规定和新规则,以及新的理论研究成果,力求使本书在内容上成为具有时代特点的检察学新论。

第三,在文字篇幅上坚持"少而精"。为使本书能够精炼地反映作者的基本观点,且能够成为普通高校法学专业的选用教材,便于在教学中采用,本书坚持文字简练、内容简明的撰写原则,并尽可能控制全书的字数与篇幅。

尽管本书作者为突出以上特点作出了不懈的努力,但因水平所限,最终结果并不尽如人意,无论在篇章结构还是具体内容上,都存在着需要改进和完善之处,恭请读者不吝赐教。

本书系最高人民检察院检察理论研究课题的最终成果,由国家检察官学院石少侠教授担任主编并修改定稿,具体的撰写分工如下(以撰写的章节先后为序):石少侠:第一章、第二章、第六章、第十章之一、第十一章之一、第十二章之一;郭立新:第三章、第四章、第五章、第七章;上官春光:第八章、第十章之二至五、第十三章;郭云忠:第九章、第十一章之二、第十二章之二、三;郑在义:第十一章之三、第十二章之三。

石少侠

2013 年 8 月

目　录

第一编　绪　论

第二编　总　论

第三编　分　　论

第一编

绪　论

第一章 检察学的对象与性质

一、检察的概念与功能

（一）检察的概念

据学者考察①，在汉语中，"检"字作为动词的意义是"考查、查验"和"约束、制止"。"察"字与其相近，即"细看、详审"或"考察、调查"。《辞海》引李贤之语称："检，犹察也"。可见"检察"一词，既指检视查验，又指检举制止。在汉语中，"检"字作为名词还有"法制"的意义，如"规检、检式"②，其涵义与"检察"作为一项法律制度更为贴近。

现代司法制度中的检察制度源于西方。据日本平凡社出版的《世界大百科事典》解释，"检察"为"执行刑事案件的公诉事务及其附带的工作"。尽管汉语中原无现代意义上的"检察"一词，但在清末修法时，沈家本等人将这种具有现代意义的司法职能概括并翻译为"检察"，③ 既不失其作为一项现代司法制度的本义，亦基本符合汉语之原义，是较为准确和恰当的。

在现代司法制度语境中的检察概念，特指一种司法职能，即由特定官员（检察官）和特定机关（检察机关）代表国家向法院提起诉讼及执行相关业务的职能，而这种职能正是具有检视查验违法行为以及就此向有处置权的机关检控以求约束制止的双重功能。

---

① 龙宗智：《检察制度教程》，法律出版社 2002 年版，第 1 页。
② 《辞海》，上海辞书出版社 1979 年版，第 1307 页。
③ 朱孝清、张智辉主编：《检察学》，中国检察出版社 2010 年版，第 4 页。

（二）检察的功能

基于检察活动所形成的检察制度是现代各国司法制度的重要组成部分，并为各国的宪法和法律所确认。尽管各国的政治法律制度不同，其检察制度亦有所差异，但就其共性而言，现代司法意义上的"检察"主要具有三项功能：

1. 公诉功能

不论各国检察制度有何差异，但公诉是各国检察机关共有的基本职能，因此检察通常是指一种以公诉为中心的国家活动。检察的公诉功能主要表现为以下三点：

第一，追诉犯罪。这是检察的基本职能。检察活动以公诉为中心，公诉是代表国家向法院提起诉讼，公诉活动主要实施于刑事诉讼中，即刑事公诉，所指向的对象是刑事案件及刑事被告人，所要达到的目的是追究被告人的刑事责任，以惩罚犯罪，维护国家的法律秩序。

第二，审查起诉。公诉活动不仅包括检举指控，也包括对违法犯罪情状的"检视查验"，因此检察职能中应当包括调查职能。为有力地指控犯罪，完成刑事诉讼制度赋予的举证和证明犯罪的责任，必须具有指控犯罪所需要的证据事实，证据的取得需要侦查的支持。在警检分工的制度中，侦查取证主要是通过警察机关实施，但检察机关对证据的获取亦应发挥主导作用。这一作用主要体现在：其一，侦查必须服从公诉的要求，背离公诉要求的侦查是无益和无效的；其二，为有效实施公诉，检察官应当有权监督、指挥或引导侦查取证活动；其三，为保证"检视"清楚，必要时检察官应当自行实施侦查。为防止越俎代庖，检察机关自行侦查的案件应局限于警方侦查不足的案件或不适于由警方侦查的案件。

第三，其他活动。检察职能虽以刑事公诉为主但并不仅限于刑事公诉，还包括与其职能相关的其他业务活动，如在民事诉讼中代表国家提起公益诉讼，或作为国家、社会的代表提起有关的民事诉讼，以及在刑事司法活动中指挥、监督判决的执行等。①

2. 监督功能

从检察机关的职能特点以及检察机关在整个司法制度中的地位来看，检察还具有依法监督的功能。

检察机关的监督功能首先表现在它担负着监督警方侦查的职责。任何国家的警察机关为执行国家赋予的维护社会治安和刑事侦查职能，都必然享有很大的权力。诚如日本警察学者松井茂所言，"警察乃限制人民自由之国家权力"。然而，不受制约或者受到很少制约的侦查权力极易对公民的权利造成损害，同时也容易发生腐败现象。为此，必须加强对侦查行为的法律控制。而检察监督正是控制警方侦查最直接、最有效的手段。对此，我国台湾学者林珏雄先生一语中的，他指出："创设检察官制度的另外一项重要功能，在于以一受严格法律训练及法律拘束之公正客观之官署，控制警察活动的合法性，摆脱警察国家的梦魇。"② 检察机关对警方的监督主要表现在侦查权的发动、强制性侦查措施的采用、侦查取证的方向和措施、侦查终结后对案件和嫌疑人的处置等诸方面。作为一种法律制度或司法制度设置，检察机关的法律控制对于防止警方滥用职权，保证警方侦查效率，无疑都具有十分重要的作用。

其次，检察机关还担负着制约、监督法院审判及判决执行的职责。监督是检察与生俱来的基本职能，它存在的意义，一方面是为了控制警方，防止警察权之滥用；另一方面，则是为了维系现代司法制度弹劾主义的结构，防止法院判决丧失公正。在纠问制审判程序中，法官一身而二任，兼掌追诉、审判的双重职能，极易导致自行侦查起诉的先入为主，很难确保对案件的公正裁判。通过检察官的起诉，就可以对审判程序的发动、审判的内容和范围等进行制约；通过检察官的上诉或抗诉，就可以制约法院自由裁量权的行

① 参见龙宗智：《检察制度教程》，法律出版社 2002 年版，第 2~4 页。

② 林钰雄：《检察官论》，台湾学林文化事业有限公司 2000 年版，第 16 页。

使，从而在制度上保证法院的客观中立。

作为社会主义国家法律监督机关的检察机关，在法律监督方面具有更为广泛的职能，这些职能主要是：第一，诉讼监督。诉讼监督包括对公安机关刑事侦查活动的监督，对法院各种审判活动的监督，还包括对刑事、民事案件执行活动的监督。检察机关除采用起诉、抗诉等诉讼手段制约法院的裁判外，还可以依法列席法院审判组织的案件讨论，可以对法院的诉讼行为提出监督性抗议和改正建议，甚至可以直接采用一般犯罪追究程序，追究涉嫌犯罪的审判人员、侦查人员的刑事责任。第二，一般监督。所谓"一般监督"，是指检察机关对政府的各部委、地方议会和地方政府、企事业单位、农村经济政治组织以及其他社会组织、公职人员和公民是否遵守法律的情况实行的监督。这种监督要求被监督机关和组织发布的规范性文件必须符合宪法与法律，使法律得到一体遵行。[①] 这种一般监督使检察机关享有更为广泛的监督权力，涉及社会生活中非司法领域的各种法律现象。

由于历史与现实的原因，我国检察机关虽为法律监督机关，却并未被赋予"一般监督"的职权，其主要职能依法为诉讼监督。

3. 护法功能

检察活动的目的是为了维护国家的法制统一，因此检察机关又被视为"法律守护人"。维护统一法制的使命在各国检察机关诞生伊始就有明确的体现，在现代检察制度中，维护国家法制的统一，已经成为检察机关的基本职责。检察官主要通过采用刑事追诉的手段，同一切破坏法制的行为作斗争。而具有统一性的检察机关，更使法制的统一得到维护。

检察机关的护法功能肇始于大陆法系的法国。法国的检察制度起源于法国的"国王代理人"制度，而"国王代理人"具有维护国王利益，统一国家法制的明确使命。尤其是在法国封建割据时

---

① 巴斯科夫等：《苏联检察组织法诠释》，刘家辉等译，中国检察出版社 1990 年版，第 95 页。

期，这一使命的意义更为明显，因此国王代理人又被称为"君主的耳目"。由此观之，统一法制的要求，实为催生检察制度的法治要因。除此外，各国检察制度的产生，还具有另一项法治国功能，即"守护法律，使客观的法意旨贯通整个刑事诉讼程序，而所谓的客观法意旨，除了追诉犯罪之外，更重要的是保障民权"。[①]"准此，检察官乃一剑双刃的客观官署。不单单要追诉犯罪，更要收集有利于被告的事证，并注意被告诉讼上应有的程序权利。"[②]

尽管维护国家法制的统一是法国及其他各国创设检察制度的目的之一，但真正将这一目的用法律加以明确并被普遍应用于实践的国家应首推俄国。1722 年，彼得一世仿效法国的检察机关，命令设立以总检察长为首的俄国检察机关。俄国的检察机关明显不同于行政监察机关，在 1722 年 4 月颁布的《关于总检察长职权》的命令中指出，总检察长是国家事务的检察官，是违法的追究者，是无辜的保卫者。总检察长的职权十分巨大，总检察长的主要职权是维护法制的统一，监督法律的执行。为确保检察长职权的行使，检察机关可以通过监督、忠告或警告和向上一级监督机关提出异议或上告这三种活动方式，来维护法律适用的效力和作用。检察机关应监督地方官府和公职人员准确执行法律和及时、正确地判决案件。沙俄检察机关初建时期的一个重要特点是：检察机关的组织和活动贯穿着集中化和严格的一长制原则。检察机关是一个统一的整体，各级检察长都只服从总检察长。

十月革命后，按照列宁的法律监督思想建立起来的检察机关，其基本目的就是要维护苏联法制的统一。列宁指出："检察长的责任是使任何地方政权的任何决定都与法律不发生抵触。检察长必须仅仅从这一观点出发，对一切非法的决定提出抗议，但是他无权停

---

① 林钰雄：《检察官论》，台湾学林文化事业有限公司 2000 年版，第 17 页。

② 林钰雄：《检察官论》，台湾学林文化事业有限公司 2000 年版，第 17 页。

止决定的执行，而只能设法使整个共和国对法制有绝对统一的了解。"检察机关必须"实际地反对地方影响，反对地方的其他一切的官僚主义，促使全共和国、全联邦真正统一地实行法制"。① 随着苏联的建立，曾在一段时期内将检察机关纳入了苏联最高法院（1923～1933 年），但由于实践证明此种体制不利于监督任务的完成，1933 年成立了以苏联检察长为首的苏联检察院，同年颁布的《苏联检察院条例》确认了苏联检察机关是独立的国家机构的法律地位。自 1936 年起，所有的检察机关都归属苏联检察长领导，这标志着检察系统集中化过程的全部完成。1936 年苏联宪法赋予了检察长实行最高监督的职权，首次规定了检察机关的监督为最高监督的原则。同时，规定了检察机关集中制，检察机关独立行使职权，不受任何地方的干涉，一切检察机关只服从苏联检察长。从而，确立了全新的苏联检察制度。

苏联解体后，1992 年 1 月 17 日俄罗斯联邦最高苏维埃通过了检察法，不久，该法又被 1995 年生效的俄罗斯检察法所取代。1998 年俄联邦颁布了《修改和补充俄联邦检察法的联邦法律》，这些法律文件是俄联邦检察机关组成、活动以及基本原则的主要依据。上述法律文件明文规定俄罗斯联邦检察机关自成一个统一、集中的体系，规定检察机关的任务为：保障法律的崇高性、法制的统一和巩固；保护公民的社会、经济、政治和其他权利；保卫俄罗斯联邦及其成员的主权国家的权力等。这些法律还确认检察机关在清除违法行为方面的职权是必须绝对执行的，各级检察院独立行使司法权，不受其他国家机关、社会团体和公职人员的干涉，体现了检察机关的独立性原则；各级检察机关由检察长负责，对各级检察长实行垂直领导，下级服从上级，最终受总检察长监督，体现了检察一体制原则。

应予特别指出的是，俄联邦 1998 年对检察法的修改和补充明

---

① 列宁：《论"双重"领导和法制》，载《列宁全集》（第 33 卷），第 328 页。

文恢复了检察机关对遵守联邦宪法的监督权。① 与此相关，规定了检察机关可向宪法法院提出对国际公约、联邦法律和其他规范性文件的宪法审查。规定了检察机关对民事执行的监督，进一步明确检察机关的监督对象包括一切执行机构。此外，对检察机关本身及其组成人员的待遇和地位也作出了进一步的规定。总之，就形式而言，俄罗斯检察机关的检察权与苏联解体前的检察机关的检察权相比变化不大，基本上是一脉相承。②

中华人民共和国是单一制的社会主义国家，为维护宪政的统一和法律的一体遵行，更重视检察机关在维护国家法制统一中的作用，因此宪法明确地将检察机关定位为国家的法律监督机关。

二、检察学的研究对象

要揭示检察学的学科属性，界定检察学的学科地位，首先必须对检察学作出科学的定义，对检察学的研究对象作出科学的界定，这是检察学研究不可逾越的逻辑起点。

迄今为止，学术界对检察学对象的认识仍有分歧。综观学术界对检察学对象的认识，目前主要有三种观点：

第一种观点认为，检察学的研究对象是检察制度，可称之为"单一对象说"。持此观点的同志在分别对"检察活动"、"检察实践"、"检察规律"、"检察理论"等概念进行辨析的基础上，认为"检察制度"与"检察活动"存在包含关系，因为"检察活动"是"检察制度"的活动，是静态检察制度的动态实现形式；"检察制度"与"检察实践"也存在包含关系，因为"检察实践"是

---

① 1992 年 1 月 17 日俄联邦最高苏维埃通过了《检察法》，该法后又被 1995 年 11 月 25 日生效的《俄联邦检察法》所取代。在这两部法律中，都取消了检察机关的监督权。而 1998 年 12 月 23 日俄联邦对《检察法》最重要的修改就是恢复了检察机关对遵守联邦宪法的监督权。俄罗斯《检察法》对检察机关监督权的一舍一取的历史变革，的确是发人深省的。

② 张寿民：《俄罗斯法律发达史》，法律出版社 2000 年版，第 339 页。

"检察制度"的实践;"检察制度"与"检察规律"也存在包含关系,因为"检察规律"是检察制度产生、发展的规律和检察制度动态实现形式的规律,它包括在"检察制度"之中;"检察制度"与"检察理论"也存在包含关系,因为"检察理论"是检察制度的理论,形成理论是研究检察制度的任务之一。因此,与检察制度具有包含关系的"检察活动"、"检察实践"、"检察规律"都不能与"检察制度"并列作为检察学的研究对象。"检察理论"与"检察学"意义相近,概念的抽象程度相同,同样不能作为检察学的研究对象。通过上述辨析可知,把"检察制度"作为检察学的研究对象,在理论上是站得住脚的、是适当的。①

第二种观点认为,检察学的研究对象是检察制度与检察活动,可称之为"双重对象说",② 持"双重对象说"观点的同志在认识上亦不尽一致,有的认为,"检察学的研究对象是什么,一言以蔽之,就是检察制度和检察实践活动。""检察学应当主要研究检察制度。包括研究检察制度的产生、沿革与历史发展,检察制度的理论基础与渊源,检察制度的比较研究,中国检察制度的性质、特点、构造及改革发展,对各类具体的检察制度(公诉、侦查、司法监督、检察管理等制度)的研究。检察学还应当分析研究检察活动实践,包括检察制度的运行情况,检察机关的各类执法与法律监督活动,检察制度的制定与实施,等等。"③ 有的认为,检察学的研究对象一是检察制度,二是检察权。④ 还有的认为,检察学的

---

① 朱孝清、张智辉主编:《检察学》,中国检察出版社2010年版,第16~17页。

② 参见石少侠:《检察学:学科构建的必要与可能——谈检察学与其他法学学科的关系》,载《人民检察》2007年第15期。

③ 龙宗智:《论在中国法学学科体制中检察学的定位》,载中国法学会检察学研究会编:《检察学的学科建设——首届检察学理论体系研讨会论文集》,中国检察出版社2008年版,第25页。

④ 徐汉明等:《检察学若干基本问题探讨》,载《法学评论》2008年第4期。

研究对象是检察制度和检察制度的运行规律。

第三种观点认为，检察学的研究对象是检察制度、检察实践和检察理论，可称之为"三重对象说"。持"三重对象说"观点的同志在认识上亦有分歧，有的认为检察学应将检察法律制度、检察实践和检察理论作为研究对象。"检察学将检察法律制度作为自己的研究对象，其中人民检察院组织法、刑事诉讼法、民事诉讼法、行政诉讼法等基本法律中涉及检察制度的内容是检察学的主要研究对象。此外，其他法律、法规、司法解释及最高人民检察院制定的检察规范性文件，也都属于检察学研究的对象。这一研究内容属于法律解释学的范畴。""检察学是一门实践性很强的应用型学科，因此，必须将检察实践作为自己的研究对象，即研究检察法律制度在实践中的适用和实施情况。从总体上来看，检察学的研究主要是不断总结检察实践经验，概括出检察实践活动的规律，提炼、抽象和升华为理论，并反过来又指导和应用于检察实践活动。"检察学还要对检察理论进行研究，其中检察基础理论着重研究和论证我国检察制度的理论基础、发展完善等客观性基础理论问题，检察应用理论着重研究和解决检察机关法律监督工作实践中的具体性、应用性的问题。[①] 此外，主张检察学的研究对象包括三部分内容的同志，还将检察学的研究对象概括为检察活动、检察理论、检察制度。[②]

综上可见，将检察制度作为检察学研究的对象，是各种分歧观点的唯一共识。分歧在于检察学的研究对象究竟是单一的（只是检察制度），还是双重的（除检察制度外，还包括检察活动或检察实践），抑或是三重的（除检察制度、检察活动外，还包括检察规律或检察理论）。对此，还需要作进一步的深入分析。

---

① 张兆松主编：《检察学教程》，浙江大学出版社 2009 年版，第19～22页。

② 参见季美君：《论检察学的研究对象及其特点》，载中国法学会检察学研究会编：《检察学的学科建设——首届检察学理论体系研讨会论文集》，中国检察出版社 2008 年版，第 238 页。

　　首先，就检察活动、检察实践、检察工作这三个概念比较而言，尽管三者含义相近，但作为对检察学研究对象的表述，本书作者更倾向于使用检察活动这个概念，因为"检察活动"在语义上更能准确界定检察学研究的范围和范畴。

　　其次，检察制度与检察活动虽有密切联系，但在逻辑上并非包容关系，应为并列关系。检察制度是检察学的静态研究对象，主要是对制度的解释或诠释，而检察活动则是检察学的动态研究对象，它虽以检察制度为基础，但又并不仅限于或完全依附于检察制度，为实现检察制度规定的目的所采取的各种措施、方法、途径等，亦应为检察活动的应有之义和既定范围。因此，检察学不仅要以检察制度为研究对象，对检察制度进行相对静态的分析与研究，同时还要以检察活动作为研究对象，对活化了的检察制度——检察活动进行动态的分析和研究，从而探求并揭示检察制度和检察活动产生、发展、变化的规律。

　　复次，尽管检察权是检察学的核心范畴，是检察学的重要研究内容，但它已被检察制度包容其中，与检察制度在逻辑上是典型的包容关系。因此，不宜将检察权单列为检察学的研究对象。

　　再次，"检察理论"是检察学研究的物化结果，其概念含义本身即与检察学相近，因此亦不应将其直接列为检察学的研究对象；与此同理，"检察规律"是检察学研究所探求的目的和结果，也不是检察学直接的研究对象，把"检察规律"作为检察学的研究对象，在逻辑关系上有本末倒置之嫌。

　　最后，需要指出的是，尽管检察制度主要是法律制度，但检察制度并不等同于检察法律制度。因此，主张检察学研究对象之一为检察法律制度的观点无疑人为地压缩了检察学研究对象的空间。这一观点与否认"检察学"的概念而主张使用"检察法学"概念的观点如出一辙，最终必然落入检察学仅以检察院组织法和检察官法等为研究对象的狭隘窠臼。

　　综上所述，本书作者秉持、赞赏并坚持检察学的研究对象为检察制度和检察活动的观点，并以此为基础来阐释我国检察学的学科属性及学科体系。

三、检察学的学科属性

基于上述认识，我们认为，检察学是以检察制度和检察活动为其研究对象的一门新兴的综合性法学学科。这一定义包含以下三层内容：

第一，就学科属性而言，检察学应当归属于法学，是法学学科的一个分支。尽管检察学与其他社会科学学科（如历史学、政治学、经济学等）有着十分密切的联系，体现着"多元学科"或"跨学科"的特点，但就其终极属性而言，检察学应当归属于法学。为什么这么说呢？以检察学的研究对象之一检察制度为例，它本身就是政治学研究的国家制度的组成部分。但在依法治国的总体观念下认识，由于检察制度首先表现为一种法律制度，实质上也是法学的研究对象。当把检察制度作为一项法律制度看待时，其法学属性是不言而喻的。同时，检察制度又是一种历时性制度，它又可以成为历史学的研究对象。从经济学角度观之，对于任何制度都可以进行经济分析，检察制度也不例外，也可以成为经济学的研究对象和研究领域，进行投入产出的成本分析。据此，我们完全可以把检察学视为与政治学、历史学、经济学、社会学等社会科学学科有着密切联系的学科。当我们在这个意义上强调检察学与政治学、历史学、经济学和社会学的联系时，实际上是在强调它具有"跨学科"、"多元学科"的特点，这是在进行检察学研究时不可忽略的前提，它可以扩大研究视野，形成对检察学多维度的观察和研究。但是，需要特别指出的是，无论检察学与政治学、历史学、经济学、社会学等学科有着多少千丝万缕的联系，就其终极属性而言，检察学归根结底仍然是一门法学学科，是法学学科的重要组成部分。

第二，检察学作为一门独立的法学学科，具有自己独立的研究对象和研究领域，这就是检察制度和检察活动。我国法理学对法学内部的学科划分，通常采用两个标准：一是从法律部门划分的角度来进行分类。由于法律被划分为宪法、行政法、刑法、民法、商法、诉讼法等多种法律部门，与之相应便有了宪法学、行政法学、刑法学、民法学、商法学、诉讼法学等相对独立的法学学科。这一划分标准的基本依据是：每一个法律部门都有其特定的调整对象，因而每一个相对独立的部门法学都有其特有的研究对象和研究领域。二是从认识论的角度来进行分类，把法学区分为理论法学和应用法学，理论法学综合研究法的基本概念、原理和规律等，应用法学则主要研究国内法和国际法的结构和内容，以及它们的制定、解释和适用。"这当然不是说应用法学没有自己的理论，只是说这种理论在概括范围和抽象程度上与理论法学的理论有所不同。相对地说，应用法学与法的实践有直接联系，它所处理的是直接的经验材料，并且它的理论一般限定在本部门法的领域。理论法学则相对的抽象，是从应用法学中概括出来又用以指导应用法学的，并且它的理论贯穿于整个法律现象。"① 用上述标准来衡量和界定检察学在法学学科中的属性，可以看到它与那些以部门法律为依托的部门法学有着十分明显的区别。检察学作为一个法学学科，没有它赖以独立的专门的法律部门，而是依托于与检察活动密切相关的多个法律部门，如宪法、刑法、民商法、行政法和诉讼法等。同时，它也不能被简单地归类于理论法学或应用法学。由此，便决定了检察学定义所包含的第三个特点或内容。

第三，检察学是一门新兴的综合性的法学学科。这是因为作为检察学研究对象的检察制度和检察活动不是单一部门法的制度和活动，而是对各个法律部门的综合运用，因此，它又是一门综合性的法学学科。检察制度和检察活动的内容取决于检察机关的性质与职权，在那些把检察机关仅仅定位为刑事犯罪活动检控机关的国家里，检察活动的内容主要是对刑事实体法和刑事程序法的适用，即便如此，检察学也不是对单一部门法学的研究，同样表现出对两个以上部门法学（刑法学、刑事诉讼法学）的综合研究。我国宪法

---

① 张文显主编：《法理学》，高等教育出版社 2003 年第二版，第 4 页。

把检察机关定位为法律监督机关，并赋予检察机关对刑事、民事、行政诉讼活动实施法律监督的职能，检察活动的内容更加宽泛。在中国，作为检察学研究对象之一的检察制度首先表现为宪法制度，因此检察学必然与宪法学有着十分密切的联系；同时，它又与刑法学、刑事诉讼法学密切联系，甚至可以说这两部法律是检察制度和检察活动的基础性法律。作为检察学另一研究对象的检察活动，不仅涉及对刑事实体法和程序法的适用，而且涉及对民事实体法和程序法以及行政实体法和程序法的适用。显然，以我国的检察制度和检察活动作为研究对象的检察学就更加具有综合性、边缘性的特点。从认识论的角度观之，检察学也是理论法学和应用法学的综合。作为理论法学，检察学也要立足于检察，抽象概括出检察制度和检察活动的基础性理论、普适性规律以及独有之特色。在检察学建立之初，这种理论研究的任务更加重要。否则，检察学就可能成为无源之水、无本之木，甚至难以自立于法学学科之林。而就检察活动的具体实践而言，检察学显然又是一门重要的应用法学，因为它的一切研究不仅要立足于实际，而且必须应用于检察实践。因而，就理论与应用的比重权衡，检察学本质上应当属于应用法学。需要特别指出的是，如同其他部门法学研究不能取代检察学研究一样，检察学的综合性特点也不能取代其他部门法学的存在，检察学与其他部门法学的综合、交叉与边缘的范围，应当受制于检察制度和检察活动。

总之，检察学的综合性特点决定了它应当是一门开放性的学问，不仅要对外开放，即加强与其他社会科学学科相互间的互动；同时，还要对内开放，即在法学体系之内密切与其他法学学科的结合。只有这样，才能不断地从其他学科中获取理论和方法上的资源，以丰富和完善检察学自身的理论和实践。

第二章　检察学的范畴与体系

一、检察学的范畴

"范畴及其体系是人类在一定历史阶段理论思维发展水平的指示器，也是各门科学成熟程度的标志。""从历史上看，科学研究，尤其是理论研究，在某种意义上就是提出、分析、论证和积累概念的过程。"① "任何一门科学成熟的标志，总是表现为将已经取得的理性知识的成果——概念、范畴、定律和原理系统化，构成一个科学的理论体系。这种理论体系不是零碎知识的汇集，也不是一些定律的简单拼凑，更不是许多科学事实的机械凑合，而是有其一定内部结构的、相对完整的知识体系，或者说，是反映对象本质、对象发展规律的概念系统。"② 因而，任何一种科学理论都是一个范畴体系，这是科学理论的特性之一。"……范畴就是构成科学理论的要素，每一种科学理论的特征、原则、规律、方法论原理都是借助于范畴来表现的，范畴是表现这些特征、原则、方法论原理的逻辑形式。范畴在每种科学理论中自成体系，它是最具体、最确定地反映着对象多样性的统一体。范畴体系的建立过程，也就是科学理论的形成与发展的过程。"③ 由此可见，有无自己独立的范畴，以及

---

① 张文显：《法哲学范畴研究》（修订版），中国政法大学出版社 2001 年版，第 4 页。

② 彭漪涟：《概念论——辩证逻辑的概念理论》，学林出版社 1991 年版，第 2 页。

③ 彭漪涟：《概念论——辩证逻辑的概念理论》，学林出版社 1991 年版，第 2 页。

概念、范畴、定律和原理是否系统化，能否构成一个科学的理论体系，即能否构成一个反映对象本质、对象发展规律的概念系统，是一门学科能否独立、是否成熟的一个重要的评价指标或标准。检察学作为一门新兴的、独立的、综合的法学学科，在其建立时起，就必须重视对其范畴的研究。

范畴是反映学科研究对象的实体、属性和关系的基本概念。"从范畴的层次看，在法学范畴体系内部，由于各个范畴反映法律现象的深度、广度以及科学抽象化程度的差别，亦即由于范畴所包容的知识量和结构量的差别，可以划分为普通范畴、基本范畴、中心范畴和基石范畴等不同层次。"① 要构建检察学的范畴体系，首先就要确定检察学的逻辑起点。"一经正确地确立了逻辑起点，也就等于抓住了整个逻辑结构。从马克思《资本论》体系的典范中，我们可以看到，作为一个逻辑起点，应该满足这样三个条件：（1）它必须是整个研究对象中最简单、最普通、最基本、最常见的东西，是'最简单的抽象'；（2）它本身所包含的内在矛盾是以后整个发展过程中一切矛盾的胚芽，或者说，在这个最抽象的概念中，潜在着尚未展开的概念的全部丰富性；（3）逻辑起点也应该是历史的起点。"② 按照上述条件，范畴不是学科研究对象的本身，因此检察制度、检察活动作为检察学的研究对象，是检察学范畴所要反映的全部对象或对象的整体，只能是检察学范畴体系的基点而不是起点。

在中国检察学中，符合上述三个条件的概念或范畴有哪些呢？

首先，作为最简单、最普通、最基本、最常见的抽象，就是法律监督，法律监督是中国检察学范畴体系中的基石范畴，是中心范畴中的主导范畴，它构成了整个检察学范畴体系的逻辑起点和基

---

① 张文显：《法哲学范畴研究》（修订版），中国政法大学出版社2001年版，第14页。

② 景天魁：《打开社会奥秘的钥匙——历史唯物主义逻辑结构初探》，山西人民出版社1981年版，第17页。

石。《中华人民共和国宪法》第 129 条明确规定："中华人民共和国检察机关是国家的法律监督机关。"这是对中国检察机关最基本的宪法定位，是中国检察制度特色的体现，也是在中国检察制度研究中最常见、最基本的概念和范畴。对于我国检察机关法律监督的含义，历来有"多元论"和"一元论"两种不同的理解。"多元论"者一方面强调法律监督机关的多元化，把人大监督、行政监督和法律监督混为一谈；另一方面，主张检察权能的多元化，把检察权能区分为监督职能、侦查职能、公诉职能等（多元论的实质在于：或者把法律监督职能与检察职能并列，或者把法律监督职能作为检察职能的一种，把法律监督权视为检察权的下位概念），并且认为对这些多元职能不可能作出一元概括。"这样一来，就使检察职能多元化，既不符合我国宪法和法律关于人民检察院是国家法律监督机关的规定，也缺乏理论上的彻底性。"① 所谓法律监督的一元论，其含义有二：一是指在我国的权力结构中，即在国家权力机关的隶属下，只能有一个专门行使法律监督权的机关，即检察机关；二是指检察机关的各项权能都应当统一于法律监督，而后者是由前者决定的。我们赞同法律监督一元论的观点，认为只有坚持法律监督的一元论，才能正确理解检察权与法律监督权的关系，才能正确界定我国检察机关在国家权力机关中的地位和属性。否则，就不可能正确理解检察权与法律监督权的关系，就必然会人为地刻意突出二者之间的所谓矛盾，得出检察机关在行使具体的检察职能时一身而二任的错误结论。例如，在检察机关履行公诉职能时，其公诉职能与诉讼监督职能就经常被一些同志视为不可共存的矛盾和冲突，并以此为由，否认检察机关的法律监督职能。在"一元论"的基础上理解检察权与法律监督权的关系，就会看到在检察权的所有权能中都蕴含着法律监督的属性，在检察权的每一项具体权能中都体现着法律监督的实质，都是法律监督权的具体表现形式，法律

---

① 王桂五主编：《中华人民共和国检察制度研究》，法律出版社 1991 年版，第 164 页。

监督的权能与检察权的权能完全同一。如果将检察权的全部权能分解为公诉权、职务犯罪侦查权、侦查监督权、审判监督权和执行监督权,不仅可以清晰地显示出侦查监督权、审判监督权和执行监督权的法律监督功能和属性,而且对公诉权和职务犯罪侦查权也完全可以作出法律监督的科学解析。公诉权作为检察权的重要组成部分,自其诞生时起,就含有监督刑法实施的功能,就含有监督公民和社会组织遵守刑法的作用。在诉讼过程中,公诉权也是法律监督的基本形态和主要手段,一方面公诉是对侦查活动实施监督的结果,另一方面,公诉作为审判的启动程序,又使诉讼监督得以在审判活动中全部展开。因此,公诉权蕴含着丰富的法律监督理念和内容。同理,检察机关的职务犯罪侦查权也具有鲜明的法律监督特色。检察机关的自行侦查权作为法律监督权不仅取决于侦查对象的特殊性,即以国家机关工作人员的职务犯罪或权力犯罪作为侦查监督的对象,而且还因权力主体的性质使其更加彰显法律监督的属性。换言之,检察机关侦查权的法律监督性质也是由其机关属性和权力属性决定的。由此可见,法律监督应为中国检察学的基石范畴。

其次,作为中国检察学的中心范畴或核心范畴的是检察权,检察权是对检察制度和检察活动现象总体的普遍联系、普遍本质、一般规律的高度抽象,它规定基本范畴的实质内涵和相互关系,是联结基石范畴和基本范畴的桥梁和纽带。从一般意义上理解,所谓检察权就是检察机关依据宪法、检察院组织法、各类诉讼法以及其他法律中对检察权限的规定,检察机关在法律上及实际活动中所享有的权力。[①] 尽管人们对我国检察权的内容或权能的概括不尽一致,但一般说来,将检察权的全部权能分解为公诉权、职务犯罪侦查权、侦查监督权、审判监督权和执行监督权的观点较为普遍。

最后,能够成为检察学基本范畴的概念,我们认为,主要有检察机关、检察官、公诉、职务犯罪侦查、侦查监督、审判监督、执

---

① 龙宗智:《检察制度教程》,法律出版社 2002 年版,第 83 页。

行监督等，这些基本范畴是以检察学现象的总体为背景，对检察学的基本环节、基本过程或初级本质的抽象，属于检察学的基本概念。

本书关注的是检察学的基石范畴、中心范畴和基本范畴，正是这些范畴的有机集合形成了检察学的范畴体系，从而构建了中国检察学的学科和理论体系。鉴于前述范畴在本书中都有具体的章节进行专门的探讨，在此从略。

二、检察学的体系

由于对检察学概念、对象认识的不同，对于检察学体系构成的认识也有所差异。

有的认为，检察学的研究对象是检察制度，因而其体系应为以"检察监督"与"法律监督"为核心范畴的检察法律制度、检察制度建设实践、检察理论、国外的检察制度和实践，以及我国检察制度的历史发展等构成。[①] 有的认为，检察学的体系包括四个方面，即检察权的基本原理、检察制度、检察工作和域外检察的研究与检察制度史的研究。[②] 还有的认为，检察学体系由检察理论、检察制度、检察执法（司法）活动、检察监督活动和检察管理构成。[③] 学者们不仅对检察学体系构成的认识见仁见智，而且对于其具体研究对象范围的界定也其说不一。这一方面客观地反映了检察学作为一门新兴法学学科的特点，表现了学科研究仍处于"进行时"状态；另一方面也应当看到，对于检察学体系认识上的分歧大大小于认识上的共识，这在其他新兴学科问世之初是极其少见的，这就为学科研究的深入奠定了坚实的共识基础。

任何学科体系都具有一定的结构和层次，都具有其内部明确的

① 参见龙宗智：《检察学的研究对象、范畴与方法》，载《人民检察》2007 年第 15 期。
② 参见张智辉、李哲：《检察学的学科使命与理论体系》，载《人民检察》2007 年第 15 期。
③ 参见周其华：《中国检察学》，中国法制出版社 1998 年版，第 14 页。

分支类别性和等级层次性。① 所谓学科体系，就是指由学科内部不同层次、相关联系的若干分支学科所构成的有机整体。检察学作为一个学科群概念也不例外，也是由横向展开的各个不同类别的分支学科和纵向展开的不同等级、层次的分支学科合理配置而成的。检察学如果不按照一定的结构和层次来组织，则只能是杂乱无章的无体系的知识堆积，难以成为独立的法学学科。构建检察学体系的目的，就是要将其内部不同层次、相互关联的若干组成部分，按照一定的逻辑关系进行优化集成，这个优化集成的过程就是对学科体系的构建和梳理。学科发展的历史表明，有无科学的体系是一个学科发展是否成熟的重要标志。检察学要自立于法学学科之林，就必须建立起自己独具特色的、科学的体系。检察学体系的构建并非毫无意义的坐而论道，检察学学科体系的建立一方面是深化检察理论研究的迫切需要，不仅检察学自身建设亟须建立学科体系，就是检察教育培训事业的发展，也急需得到学科体系理论的支持；另一方面，检察学学科体系的构建，对于推进检察事业的发展和检察制度的完善，也具有重要的指导意义。检察学体系虽然并不完全是逻辑推演的结果，但是它必须符合逻辑的要求。检察学之所以能够形成统一的体系，这是因为其组成部分都建立在共同的理论和制度的基础之上，都遵循着共同的基本指导原则，这是检察学具有内在统一性的坚实基础。要构建科学的检察学体系，就必须探寻检察学内在的统一性和外在的多元性。基于本书作者对检察学对象和属性的认识，我们认为，构建检察学体系应当以检察制度为逻辑起点，以法律监督为基石范畴，以检察权为核心范畴，以检察理论为基础支撑，以检察制度、检察活动及其规律性研究为体系范围，用发展、开放的思维和方法来进行检察学的体系构建。

　　基于上述认识，我们认为，研究、探讨和构建检察学体系，首先，应当认真思考检察学的理论体系构成。检察学的理论体系是检

---

　　① 参见张文显主编：《法的一般理论》，辽宁大学出版社1988年版，第192页。

察学学科体系不可或缺的组成部分，是检察学得以成立的基础和基石，没有坚实的检察学理论作为支撑，检察学就会成为无源之水、无本之木。因此，构建检察学的理论体系是检察学研究的当务之急或第一要务。就检察学理论体系的构成而言，它既应包括对整体检察制度与全部检察活动抽象概括出来的基础原理或基本理论，也应当包括对具体检察制度和各类检察活动抽象概括出来的分支学科理论。检察学理论体系应当以检察制度为逻辑起点，以检察权为核心范畴，其体系内容应当主要包括：检察制度的历史考察，检察制度的现代发展，检察制度的功能作用，检察制度与宪政制度，检察制度与分权制衡，检察制度与人权保障，检察制度与检察活动，检察机构与检察官，检察制度的比较研究，中国特色社会主义的检察制度等。检察权作为检察学理论的核心范畴和一条主线，应当在检察理论研究中贯穿始终。在这个意义上认识检察学的理论体系，它不仅是全部检察理论的优化和集成，而且在每一项具体的理论研究中也应当形成其自身的理论体系。以检察权理论研究为例，其自身的理论体系构成也应当具有科学性与逻辑性，应当由检察权的概念、检察权的产生、检察权的性质、检察权的种类、检察权的内容、检察权的行使等具体理论要素，构成其自身的理论体系。在检察学理论体系的构建中，必须重视研究和探索检察理论中的焦点、热点、难点和前沿问题，只有这样才能够建立起客观、和谐、科学并具有中国特色的检察学理论体系。

其次，要认真研究检察学的学科体系构成。检察学的理论体系与学科体系既相辅相成，又有所区别。检察学的学科体系既包括理论体系，又不以理论体系为限，还包括在整体学科体系构成中的分支学科及分支学科自身应有的体系。这就决定了检察学的学科体系不是一门课程的课程体系或一本教材的教材体系，同时也就决定了构建检察学的学科体系应有全面的观点、发展的观点和联系的观点。

所谓全面的观点，就是要求在检察学的学科体系构成中应当尽可能全面地包容和反映其分支学科。就本书作者目前的肤浅认识，以检察制度与检察活动为对象的检察学，其体系构成中起码应当包括以下分支学科：其一，研究检察制度特别是中国检察制度的检察制度学；其二，纵向反思检察制度的产生、发展与历史沿革的检察史学；其三，横向比较各国检察制度并从中探寻共同规律和独有特色的比较检察学；其四，研究基于不同的检察职能而进行的各种检察活动所形成的分支检察学，如公诉学、职务犯罪侦查学、侦查监督学、民事行政诉讼检察学、监狱监所检察学、职务犯罪预防学等。

所谓发展的观点，就是强调检察学作为一门新兴的、综合性的法学学科具有广阔的发展空间，它应当是一个开放的体系而不是一个封闭的体系。检察学学科的后发性、综合性特点，决定了在现阶段不宜追求学科体系的统一化和定型化，应当鼓励在学科发展的过程中百花齐放、百家争鸣，在争鸣的过程中逐渐达成共识。凡是新兴学科的发展，一般都要经历一个从众说纷纭、学说林立到认识逐渐趋于一致的过程。以经济法学为例，仅就对调整对象的认识，就经历了"纵横统一说"、"经济行政法说"、"国家干预经济说"等不同的认识过程。经济法学在中国历时三十多年，迄今为止，虽然在学科体系构成上已经初步形成了"四大板块"（即总论、宏观调控法、市场规制法、社会保障法）的共识，但对体系另有建构的仍不乏其人，且很难简单做出孰是孰非的结论。如前所述，与其他新兴法学学科相比，检察学虽然被作为一门法学学科的时间较短，但对其研究的历史却较漫长。尽管在此之前很少有人从检察学学科体系的角度进行研究，但已有成果毕竟为检察学学科体系的构建奠定了坚实的基础。在这个基础上开展研究，毫无疑问会大大缩短检察学学科体系构建的历时过程，对检察学对象认识的基本一致，就充分地证明了这一点。然而，既便如此，也不能忽略发展的观点。因为无论是检察理论的不断深化，还是检察职能的日趋细化，都会为检察学的发展和检察学体系的构建留有较大的发展空间。

所谓联系的观点，一方面是强调在构建检察学学科体系时，不能忽视检察学与其他法学学科的联系，应当承认检察学的综合性或边缘性特点，但当前应当着重强调检察学在与其他法学学科密切联系中的独立性，否则检察学就难以成为一门相对独立的法学学科；另一方面，还要强调检察学内部分支学科之间的相互联系。在我国，检察学内部分支学科相互联系的法律依据、法定职能和理论基础是法律监督，离开法律监督就无法准确界定检察机关作为护法机关的本质属性，离开法律监督也就丧失了检察学学科体系自身内在的统一性。

最后，要认真研究检察学教材体系或课程体系的构成。为了深入开展检察理论与检察实务研究，特别是为了适应普通高校和检察官学院培养专门化检察人才的需要，当务之急是要尽快搞出几部（而不是一部）检察学教材。考虑到普通高校和检察官学院开设检察学课程的课时实际，检察学教材的编写应当贯彻少而精的原则。我们认为，供普通高校法学专业学生使用的检察学教材体系应由两部分构成，即检察制度与检察实务。① 供检察官学院培养检察官使用的检察学教材可以分为检察学总论和检察学分论两种，检察学总论应当侧重于检察制度与检察理论研究，检察学分论则可以细化为若干部分类教材，按照检察官分类培训的要求，分别编写《公诉学》、《职务犯罪侦查学》、《职务犯罪预防学》、《侦查监督学》、《民行诉讼检察学》等教材，以适应初任检察官培训和晋升高级检察官资格培训的需要。认真研究检察学教材体系和构成，不仅是为了课堂讲授和知识传授的需要，同时也是在做构建检察学学科体系和理论体系的基础性工作，三者并行不悖。只要有志者共同努力，不久的将来，我们一定会建立起具有中国特色的、科学的、和谐的检察学学科体系、理论体系和教材体系。

---

① 对于检察理论，可以融入检察制度之中，在讲授有关制度时阐述相关理论。这只是一种"两分法"还是"三分法"的技术性处理，无涉在具体内容上的体系构成。

三、构建检察学学科的必要性

尽管现代意义上的检察制度追根溯源已逾数百载，但是"检察"在中国被以"学"称之或冠以"学科"之名则只是近些年的事，其历史之短暂屈指可数。时值当代，在法学学科内部的二级学科、三级学科及边缘学科已经林林总总的情形下，为什么还要构建一个独立的检察学学科？其必要性、正当性、可能性何在？这是检察学研究必须回答的前提性问题。对此，我们认为，检察学的产生不仅是社会科学特别是法学发展的必然结果，是对特定对象和独立领域进行专门研究的必然要求，是促进检察事业科学发展的必要条件，也是我国检察理论研究和检察实践成果积累的光辉结晶。

首先，检察学的产生是社会科学特别是法学学科发展的必然结果。如何认识社会科学学科建立的必要性，直接决定着对检察学学科建设必要性的认识。自19世纪以来，随着社会科学学科的制度化进程，在原有的历史学、经济学、社会学、政治学等社会科学学科的基础上，又产生了许多新兴的社会科学学科，就是在已有的社会科学学科内部也在不断地重新进行分化组合，又衍生出门类繁多的二级学科或三级学科。以法学为例，本来确立其学科地位的初衷主要是用以区别与历史学、经济学、社会学、政治学等学科的关系，而随着法学学科自身的发展，其内部的分工又逐渐细化，逐渐形成了法理学、刑法学、民商法学、行政法学等十几个二级学科。面对着社会科学学科的划分被不断细化、强化和制度化的发展趋势，以及学科划分细化所带来的割裂知识、专业细化和因学科独立而导致的学科封闭等弊端，特别是为了回应构成19世纪社会科学制度化的基础的支配性前提，20世纪中期，先是由著名的法国年鉴学派提出了所谓"多元学科"、"跨学科"的研究策略，对社会科学学科划分的现状进行了深刻的反思，以突破那种被制度化了的学科间的历史障碍。随之，又出现了以沃勒斯坦为代表的"世界体系理论"，开始对社会科学学科的划分提出了"否思"和"否弃"，对既有的各种社会科学学科是否真的就是"学科"以及一些学科的各自统一性和学术前提的正当性提出了不容忽视的质疑。①

　　由于篇幅的限制，我们无意对法国年鉴学派及沃勒斯坦的观点作出评价，只是想借此来说明对于社会科学的学科划分和细化，学术界存在着不同的观点和看法，甚至因学科划分而产生的弊端提出了取消或消灭学科的主张。但在我们看来，尽管由于社会科学学科的划分及其细化的确产生了诸多弊端，对某些学科存在的正当性也确有探讨的必要，却不可能也不应当得出取消或消灭学科划分的结论，更不能据此为检察学学科的构建设置障碍。这是因为：第一，在知识"爆炸"的时代，由于人类自身认识能力及其自然条件的局限，任何人都不可能穷尽所有的知识，因此任何人都不可能成为通晓全部社会科学的专家。所谓专家者，不过是某一社会科学学科内的专家，法学专家亦然。在法学学科内部，基于各自的专业所长，只能被定位为法理学专家、刑法学专家、民法学专家、行政法学专家等。这既是学科专业划分的结果，也是人类社会分工细化包括研究细化的客观必然。第二，社会科学的学科划分本身就是社会科学研究发展的结果，也是社会科学学科代代传承的规律性体现。检察学成为一个专门的学科，同样是社会科学划分不断细化的结果，也是检察制度和检察活动发展的历史必然。正因如此，沃勒斯坦的"世界体系理论"虽然可以对既有的社会科学学科分类作出"否思"，却不可能对已有的学科分类作出"否弃"。检察学作为社会科学特别是法学学科分类的必然结果，是在学科不断细化、组合和融合的过程中兴起和发展的。从这个意义上说，有无必要构建检察学学科不取决于个人的愿望和喜好，而决定于社会科学学科分类和发展的规律。

　　其次，构建检察学学科的必要性，更主要的是因为它具有专门的研究对象与独立的研究领域。众所周知，任何一门独立的社会科学学科，都具有其专门的研究对象或研究领域，这是学科成立的基础和前提。检察学能否成为一门独立的学科，有无自立于学科之林

――――――――――

① 参见邓正来：《一谈学科的迷思》，载《读书》1998年第2期。

的必要性和正当性，首要前提取决于它有无独立的研究对象和研究领域。这涉及如何正确认识检察学的学科属性及其特性，只有准确地揭示和界定出检察学的对象和领域，才能充分证成构建检察学学科的必要性与正当性。

再次，检察学的建立是促进我国检察事业的发展和深化司法体制改革的必然要求。建立具有中国特色的检察学，从长远计，是为了促进我国检察事业自身建设和发展的需要；从当前计，则是为了深化我国的司法体制改革。检察，作为现代国家的一种制度架构和专门机关的职能活动，特别是作为确保国家法制统一的护法举措、维护社会公平正义的制度基石和人权保障的基本措施，必须奠定在科学的基础之上，建立起一门专业的学问。这不仅是检察机关加强自身建设和发展的迫切需要，也是法学界、司法界义不容辞的责任。只有构建起科学的检察理论和检察学问，才能提升检察人员的专业素质，才能正确履行检察职能。从这个意义上说，构建检察学过程的本身就是在强化检察机关的自身建设，就是在促进中国检察事业的发展。因此，构建检察学不是一时兴起的应景之举，而是加强检察机关建设、促进检察事业发展的战略举措。

此外，构建检察学也是为了深化司法体制改革的需要。在司法体制改革研讨的过程中，一个时期以来，质疑中国检察机关宪法地位的声音不绝于耳，要求将检察机关定位为公诉机关、行政机关的文章也是连篇累牍。更有甚者，有的仅凭个人的好恶竟然提出要取消中国的检察机关。面对种种不同的学说与观点，中国的司法体制改革向何处去，中国检察机关的性质、地位、职能如何界定，都迫切需要加强检察理论研究，建立起具有中国特色的检察学，在学科的平台上和领域内加强交流与对话，回应质疑与挑战，以形成改革共识。我们认为，中国的检察制度之所以备受质疑，主要是由于对检察制度和检察权认识上的不同所导致的学术分歧。在全部国家权力产生的先后顺序中，检察权是国家权力中较后产生的权力。因此，它也是一种促进变化、带来冲击的权力，也是最易引起分歧和争议的权力。在检察权产生之前，其他的国家权力早已产生并发展延续了相当长的历史时期，各种权力在国家权力体系中的地位、各种权力相互间的关系已经定型并渐成传统。检察权的产生打破了长期以来业已形成的国家权力格局，对原有的权力体系形成了巨大的冲击，在原有的权力互动中增加了新的变量和动力，这就不可避免地使检察权与其他国家权力发生矛盾和冲突。检察权的产生是国家权力重新配置的结果，它要求建立新的国家权力关系，并在动态的变革中寻求静态的权力平衡。同时，由于检察权产生伊始就面对着既有的权力结构，面临着在既有的权力结构中定位和发展，解决自身的性质、地位、范围和内容等问题，因而它理应得到更多的理论关注。在这一背景下思考构建检察学学科的意义，更加凸显其紧迫与必要。

最后，我国的检察理论研究与检察实践活动已经为检察学的建立奠定了较为坚实的基础。尽管作为学术团体的中国检察学研究会才诞生数年，但实质意义上的中国检察学研究却由来已久，其中尤以对检察学研究对象之一的检察制度研究最为突出。迄今为止，我国在检察制度和检察活动的研究方面，已经取得了十分丰硕的成果，每年都有大量的检察理论、检察应用方面的著作、论文出版和发表；在普通高校、科研机构和检察机关，涌现出越来越多的积极参与检察理论研究的人才；建立了诸如《人民检察》、《中国检察》、《检察论丛》等专业性的公共学术平台。更重要的是，在最高人民检察院和中国法学会的积极支持下，又组建成立了中国检察学研究会。这一切都为检察学学科的构建和发展奠定了基础，使检察学的构建不仅必要而且可行、可能。

尽管如此，我们还是要实事求是地承认：检察学尚处于初创阶段或先学科阶段，是一个新兴的、发展中的法学学科。之所以这样说，是因为检察学作为一门法学学科的地位迄今仍未能被学术界普遍认可，这与如何认识学科确立的标准不无关系。有人认为："一个学科的存在，须具备以下条件或因素：（1）以本学科名称开设专门的课程；（2）标志本学科存在的权威教科书的出版；（3）确立本学科地位的学术人物的产生。"① 还有人认为:"一门学科能否成为一门相对独立的学科或学科分支,一般应具备如下前提或标志:第一,是否有学者以此为专门的学术事业或主攻学术方向。第二,是否有关于该领域的系统的理论性著作问世。第三,是否有公认的、专业性的公共学术园地。第四,是否在主流大学的专业课程设置中与教学中占有其应有的学术地位。"② 我们认为,上述确认学科成立的标准是值得商榷的。为什么必须只有在主流大学的专业课程设置中有相应的课程才能称之为"学"?而在非主流大学或继续教育学院中开设的课程就不能称之为"学"?为什么只有学者专门从事的学术事业才可能成为学科?而非职业学者所进行的学术研究就不可能成为学科?除此外,在我们看来,一门学科能否成立,重要的是它有没有独立的研究对象和研究领域,这显然是不容忽视的学科构成的首要标准。尽管我们对前述标准是否科学不无疑义,但它们毕竟是可以供人评价的参照值,在某种程度上,人们仍然习惯于用这些标准来衡量一门学科是否成立。对照这些标准,必须承认检察学作为一门独立的法学学科的确仍有缺陷。这些缺失表现在:其一,迄今为止,尚少有权威性的检察学教科书或系统的检察学理论性著作出版;其二,在重点大学的法学专业的课程设置中还没有以检察学命名的课程,不要说必修课或主干课,就是选修课也较为少见;其三,在普通高校的法学教师中还很少有以检察学为专门的学术事业或主攻方向的学者。在我们看来,上述缺失虽然并不足以决定检察学能否成为一门独立的法学学科,但它们至少应当成为检察学被公认并具有一定影响的标志之一,同时也表明检察学研究仍任重而道远。好在这些缺失的问题并非无解,随着中国检察学研究会的成立,特别是检察机关对于构建检察学学科的高度重视,

① 舒国滢:《法理学学科的缘起和它在当代面临的问题》,载《法学》1998 年第 10 期。

② 杨玉圣:《史学评论:作为一门学科的可能性》,载《历史学家茶园》(第 2 辑),山东人民出版社 2005 年版。

加之检察机关与法学院校的良性互动，一定会有更多的有识之士选择检察学作为自己的学术事业。只要有更多的人在已有成果的基础上勤奋耕耘，不久的将来，独具特色的中国检察学一定会成为法学学科中被人们所公认的一门光彩夺目的显学。

第二编

总　　论

第三章　检察制度

一、检察制度的产生与类型

检察制度作为现代司法制度文明的重要组成部分，是司法文明发展到一定历史阶段的产物。一般认为，检察制度发源于14世纪的法国，但现代意义的检察制度，诞生于法国大革命，被称为"革命之子"，正式建立于1808年的《拿破仑治罪法典》。检察制度是社会发展需要的产物，而不同的社会由于其结构、环境和法律文化不同，检察制度的产生、演进的道路及检察制度的内容及运作方式等都会有所不同。法国、英国检察制度的演进代表了检察制度产生的两种不同模式。

（一）法国检察制度的演进

法国现代检察制度出现于18世纪末法国大革命时期。但检察制度可以在年代更为久远的地方找到其源头。法国的法史学家在检察制度究竟起源于何种制度、如何演变发展等问题上尚存争议。19世纪之前大都认为，法国的检察制度可能起源于罗马法中的某一项制度，如监察官制度（censeur）、平民守护制度（defensores civitatis）、警视监察制度（irénarques）、刑讯法庭制度或税收代理制度（procuratores csaris）。但自19世纪中叶以来，以拉萨教授为代表对这些传统学说提出质疑，提出"检察制度起源二元论"的新说，并成为主流学说。认为法国的检察制度起源于两种非常古老的司法职业制度，即国王代理人（procureur du Roi）制度和国王律师（avocat du Roi）制度。前者孕育了刑事检察制度，后者则催生了民事检察制度。①

国王代理人，即指从中世纪裁判所的法官及处理各种行政及司法事务的官员中所选出的、在刑事案件中以国王的名义对犯罪嫌疑人提起控诉的专门官员。国王代理人制度的确立结束了刑事诉讼由被害人自行提起的历史，实现了从"自行起诉"向"国家公诉"的飞跃，从此以后，国家权力便积极频繁地介入刑事诉讼。

"国王代理人"一词在 14 世纪以前就出现在菲利普三世（1270～1285 年在位）和菲利普四世（1285～1314 年在位）统治时期的王室地方法庭和司法总管辖区法院。最初国王既不需要代理人，也不需要律师；王室利益、领土利益、公共秩序利益以及寡妇、孤儿和穷人的利益是由法官依职权进行保护的。到了 13 世纪末才出现国王对代理人的需要。最初这些代理人只是偶尔才被委托代理王室利益，和其他从事司法活动的代理人没有任何区别，尤其是在巴黎高等法院（Parlement de Paris）他们都是维护委托人的权利。在当时，能在法庭上使用代理人的主体受到极大限制，只有国王、教会、领主和公共行政区域（行政官、市镇等）经过批准才能使用代理人。在所有这些案件中，代理人都是以委托人的名义维护其委托人的权利——采邑权、司法权、财产权等。国王本人为维护自己的这些权利也采取了相同方式：由其代理人在其自己的法官前代理自己的利益。② 国王代理人的首要任务是维护国王的领土权益、财政特权和司法特权，以及通过多种方式，致力于扩大国王的权力，如贬抑其他法院管辖权（如教会法院和城市法院等）以扩大王室管辖权、宣传王室法院优越性等。随着他们在维护国王"普通"权利和公共利益方面的作用越来越大，国王代理人和其他普通代理人即领主或城市的代理人，自然就开始有所区别。到了 14 世纪，"国王代理人"从维护国王的个人利益（尤其是国王的

---

① 樊崇义、吴宏耀、种松志主编：《域外检察制度研究》，中国检察出版社 2008 年版，第 122 页。

② 魏武：《法德检察制度》，中国检察出版社 2008 年版，第 4 页。

领土权益）发展到维护公共利益。"公共利益"这一概念，尤其是在刑事领域，早在 13 世纪后半叶之前就已经出现了。13 世纪国王代理人接受了民法学家在 12 世纪中叶所发展的原则，即"犯罪不逃脱处罚乃公共利益之所在"，他们认为公共利益要求他们对不法行为进行刑事追诉。他们适用新法国刑事诉讼法典所赋予他们的一切手段，积极投入到对犯罪行为的刑事追诉中。在这一转变过程中，对教会法院（宗教裁判所）的纠问审判制度产生重要影响。

教会为镇压犯罪的需要，于公元 9 世纪起，改变过去受日耳曼法影响实行的私人追诉和弹劾主义诉讼制度，开始采用积极主动追究犯罪的追诉方式。到 12 世纪，教会法庭的法官纠问制度全面确立，法官不仅可以传唤或逮捕犯罪嫌疑人，并可依职权传讯证人，而据以定罪科刑。从而法官身兼诉追者及裁判者的双重身份。圣经中关于"上帝及先知系主动调查人类的恶行"等说法，被教会法庭作为实行纠问制度的根据。然而，教会也不能无端地进行刑事追究，其纠问程序的开始，仍需有一定的社会反映"相当于外来控诉的情况"。因此，教会法庭后又衍生出另一角色，即"告发官"的职务。告发官的职责，在于向教会法庭检举犯罪，以使教会法庭能发动其调查追究犯罪的职权。这一角色，就其作为法庭官员向法庭检举犯罪而言，已经具有某些检察官职能成分。①

在加强王室司法权的过程中，教会法庭的纠问程序成为法国世俗审判的模仿对象。13 世纪至 14 世纪，法国弹劾主义的诉讼方式转变为以职权审讯为特征的纠问制度。即对因犯罪嫌疑而被逮捕者，或者经嫌疑人同意采用陪审审判，或者经法官调查发现，其犯罪在社会上已经恶名昭著，则法官可以直接依其职权审讯获得的材料宣告判决。但如被告人未承认犯罪，对职权审讯案件不得宣告死刑。在陪审审判和职权审讯这两种情况下，都无需被害人提出控告。

职权审讯制度所导出的一个与刑事诉追有关的制度是告发制

---

① 龙宗智：《检察制度教程》，中国检察出版社 2006 年版，第 21 页。

度。即被害人可以为经济赔偿而向法院告诉犯罪事实，以促使法院依职权审讯。这样做的好处是被害人不成为刑事诉讼的一方当事人，减轻了他的压力和负担，还可避免司法决斗的危险。除被害人告发制度外，在 14 世纪，类似教会法庭告发官的角色在普通法庭出现。即由国王代理人（King's procurator）担任公诉官（Public prosecutor），负责对犯罪行为进行追诉以及参与收集相关证据，以维护一般利益。在 14 世纪至 15 世纪这段时间，国王代理人已成为进行刑事追诉的中坚力量。但当时成文法律对国王代理人制度并未作出规定，而只是以惯例进行规范。16 世纪，法国以成文法的形式正式规定了检察制度，并将 13 世纪设在巴黎高等法院中的代理人正式命名为检察官，并规定了上下级的隶属关系。17 世纪，按照法国路易十四于 1670 年 8 月 26 日颁布的刑事条例（Ordonnance criminelle），在最高审判机关中设立检察长；在各级审判机关中设立检察官和助理检察官，赋予检察机关提起刑事追诉的排他性权力。至此，法国检察制度完全确立起来。①

国王律师制度是另一种古老的司法职业制度，与国王代理人不同，国王律师是从律师中选出，他在涉及国王的民事案件中出庭应诉。在当时，国王律师所履行的职责就已经十分类似于现代检察官在民事诉讼中的职责（主当事人），尽管在那个时代国王律师所维护的仅是王权利益，而非公共秩序。因此，法国学界一般认为，国王律师制度是民事检察制度的前身，并在很大程度上影响了法国民事检察制度的建构。国王律师制度一直适用到大革命时期才被废除。② 在法国大革命前，旧高等法院设有两类总检察长，一类称为代理总检察长（Procureur général），另一类则称为律师总检察长（Avocat général），代理总检察长源自国王代理人，负责刑事案件的追诉，同时也负责监督司法警察及制定刑事政策。而律师总检察长

① 魏武：《法德检察制度》，中国检察出版社 2008 年版，第 5 页。
② 樊崇义等主编：《域外检察制度研究》，中国检察出版社 2008 年版，第 123 页。

则源自国王律师，负责在民事案件中出庭应诉，同时负责对律师的监督及惩戒。二者相互独立，并不存在隶属关系。原则上，代理人总检察长和律师总检察长都不可罢免，但代理人总检察长由国王随意任命，而律师总检察长则主要通过购买获得。

1789 年法国爆发了大革命。大革命废除了司法职务世袭制，并完全颠覆了旧的司法机构体系。基于民主化浪潮的推动，法国曾改采英国的弹劾主义诉讼程序，但因革命后社会秩序混乱，盗贼横行，已对社会造成灾难性的震撼。实践证明全盘英国化的刑事程序，由于诉追不力等原因，不能适应抑制犯罪的需要，于是法国修订法律向具有纠问特点的诉讼体制回归。1790 年 8 月 16 日至 24 日法律对法国司法制度进行了彻底改革。该法律将检察机关成员定义为行政机关驻法院的代表，他们依附于政府，接受政府的命令。他们同时也是司法机关的司法官，其任务是代表社会的一般利益。该法律规定检察机关完全由"国王特派员"（commissaires du roi）组成（国王特派员由国王任命，法官则选举产生），国王特派员只负责适用法律与判决的执行，而被禁止行使控告功能。制宪会议认为控告权是政治工具，应当将其保留给人民行使，为此在每个刑事法庭里设立了经选举产生的"公共控告人"（accusateurs publics）。1793 年 6 月 24 日宪法废除了检察机关建制，国王特派员为行政机构特派员所取代。大革命后期的政治恐怖，也导致了司法的恐怖主义政治化，这极大提升了公共控告人在随后几年里的重要性。不过检察机关的消失只持续了很短时间，因为共和二年果月 5 日和共和八年霜月 22 日法律重新设置了检察机关。共和八年宪法和共和九年雨月 7 日法律通过在每个法院设立"政府特派员"（commissaire du gouvernement）或"助理政府特派员"（substitut），真正奠定了现代法国检察机关的基石。共和九年雨月 7 日的法律将检察机关定义为"政府机构"、"政府手中的强有力的工具"。该法律不仅重建了检察机关的统一性，更加强了检察机关对行政权力的很强的隶属性。

拿破仑于 1799 年发动雾月政变结束了法国大革命之后，急需重建国家司法权威，而这必须基于一个高效的检察机关。1808 年，拿破仑颁布了《刑事诉讼法典》（Code d'instruction criminelle）。由于当时国内外局势动荡不安，检察制度被认为是保护国家权力的必要设置。该法典将调查与追诉犯罪的权力授予"皇帝代理人"（Procureur impérial）之检察官，而将收集证据与决定是否将被告交付审判之权限授予预审法官。同时，1810 年 4 月 20 日有关司法组织之法律（与《刑事诉讼法典》同时施行），将检察机关之组织整顿成为大略如今所见之形态，并随其国体再度改为共和体制后，"皇帝代理人"之名称亦变为"共和国代理人"（Procureur de la Republique）。①

1804 年《法国民法典》和 1807 年的《法国民事诉讼法典》首次对民事检察制度进行了全面规定。在民事领域，检察官或者作为主当事人参加诉讼，或者作为联合当事人参加诉讼。至此，法国民事检察制度基本形成。

经过 1808～1810 年之改革、整顿，法国之检察制度乃告奠定：检察官在司法制度中盘踞独特且重要的一角。经此改革，检察官不仅在刑事诉讼上拥有指挥司法警察而从事犯罪之调查，"提起公诉，维持追诉，指挥、监督预审法官，执行裁判等权限，且在民事诉讼上，对公益有关之案件，在审判时，亦有莅庭陈述意见、监督审判之权限。同时，在司法行政上，除具有监督警察、律师、执达员、法院书记官的权限以外，检察官本身亦须服从以司法部长为顶尖上司的长官之命令。由此，整个司法制度中，检察官乃与狭义之司法机关之法院分庭抗礼，而成为一个司法行政机关"。② 1958 年 10 月 5 日法兰西第五共和国宣告成立后，对司法制度进行了改革，但检察制度仍基本保持了 19 世纪初的原貌。

法国的检察制度和《法国刑事诉讼法典》一同随着拿破仑的

---

① 魏武：《法德检察制度》，中国检察出版社 2008 年版，第 10 页。
② 黄东熊：《中外检察制度之比较》，台湾"中央文物供应社"1986 年版，第 10 页。

武力征讨传播到欧陆各国，对其他国家产生了重要的影响。

（二）英国检察制度的演进

英国是世界上最早建立检察制度的国家之一，是英美法系检察制度的发源地。英国特有的普通法传统使英国的司法制度包括检察制度的产生、发展具有不同于其他国家的独特演进之路。

在"诺曼征服"前，不列颠岛上的法律是盎格鲁—撒克逊法。这种法律的突出特点是分散性，各地区有各自的习惯法。刑事诉讼中采取私人追诉主义和弹劾主义诉讼制度。1066 年，诺曼公爵威廉征服英国，将欧洲大陆已经发展成型的封建制度移植到英国。当时，由于要对付被征服者随时可能出现的反抗，征服者必须团结在一起，形成一个强有力的整体，所以英国的王权比较强大。为了缓和同被征服者的矛盾，统治者一方面宣称尊重原有的习惯法，另一方面又通过比较缓和的改革措施来统一法律，建立和完善司法制度。

11 世纪以后，英国国王为加强其司法管辖权，派出巡回法官到地方审理案件。王室巡回法官的首次出现是亨利一世时期，国王委任法官轮流到各郡听审各方面的诉讼。但是这些法官在开庭时并不是作出判决，而仅仅是主持庭审，判决是由其他人即郡法庭的出席者作出。亨利二世统治时期对英格兰的法律制度进行了大的变革，其中法院制度的转型对英国普通法的形成及法律职业尤其是王室法庭职业化和职业律师的形成意义重大。[1] 亨利二世时期，整个王国被划分为 6 个巡回区，每区由 3 名法官一组负责巡视。国王为这些巡回法官拟定指令，规定他们需要处理民事、刑事案件及信息收集三类事务，指令明示要求法官自己在其法庭上作出判决。在总巡回审制下建立的这种新型王室法庭里，王室法官不仅主持法庭，而且要作出判决，这使得法庭首次有可能由法律专家来负责运行。

---

① 参见［英］保罗·布兰德：《英格兰律师职业的起源》，李红海译，北京大学出版社 2009 年版，第 54 页。

同时新型王室法庭实行在一段时间内的连续开庭制度和审判记录制度、听审令状制度。这种改革一直到爱德华一世统治末期，巡回法庭就变成了王室法庭的一个模式，有统一的司法管辖权，适用一套共同的全国性法律，对自己处理过的事务保留完整的档案记录，而这些事务只有在有单独的王室令状专门授权时才能听审和处理，同时这些巡回审判由专业法官全职操持。① 随着新型王室法庭的建立，新的展开诉讼的方式也产生了，即诉讼令状制度。这些变革的结果，产生了统一适用的法律——普通法，这既为职业律师创造了非常有利的法律环境，也创设了对职业律师的需求。

与巡回审判制度相伴而生的另一个诉讼制度的变革是陪审制度的建立。1164 年，亨利二世颁布了克拉灵顿诏令，规定王室法院的巡回法官在审理地方土地纠纷时，可以从当地骑士和自由农民中挑选 12 名知情人作证人，经宣誓后向法庭提供证言，以确定当事人双方的理由是否充分，从而建立了一种新的审判制度。这种审判制度即陪审制，但当时把这些人称做陪审官而不称证人。1166 年，亨利二世再次颁布克拉灵顿诏令，规定凡属重大刑事案件如暗杀、强盗、伪造货币和文件、纵火等，都必须实行陪审制，由 12 名陪审员向法庭控告。这时的陪审员不仅要证实犯罪是否存在，而且还要呈请法庭逮捕和审判被告。这表明，英国当时已开始出现在审判前对犯罪的证据进行核实、判断并向法院控诉的组织。但是，这时的陪审官还不是完全的公诉人，他们具有证人和陪审法官的性质。1275 年，英王爱德华一世颁布了《威斯敏斯特条例》，肯定了亨利二世司法改革的成果，并将陪审制度固定下来，明确规定刑事案件必须实行起诉陪审制。1352 年，爱德华二世为促使起诉与审判分离的进一步改革，颁布诏令禁止起诉陪审团参与制作判决书，另设小陪审团参与法庭审判案件事实的活动。从这个时候起，大陪审团就成为起诉的专职机关，它对严重的刑事案件实施必要的侦查，在

---

① 参见［英］保罗·布兰德：《英格兰律师职业的起源》，李红海译，北京大学出版社 2009 年版，第 45 页。

起诉书上签署"正当诉状"，然后将被告人移送小陪审团审讯。大陪审团如果认为起诉的根据不足，就在起诉书上签署"不正当诉状"，案件即告终结。①

大陪审团起诉制度所存在的时期是英国起诉制度的重要发展阶段，它的形成与两个因素直接相关，一个是当时在英国实行的盎格鲁—撒克逊法及其传统；另一个是巡回审判制度，它是英国特定历史条件下的产物。如果从维护国家利益、体现国家意志、获得国家认可等方面看，大陪审团起诉制度不是私诉，也不是法国类型的公诉，而是在私诉基础上发展起来的一种公共起诉制度。在一定意义上，它蕴含并承载了公诉任务，是英国公诉制度的一个发展阶段，对现代英国刑事起诉制度的模式产生了重要的影响。

英国检察制度的出现与英国的代理人制度密切相关。亨利二世的改革催生了职业法官和普通法的产生，也促使律师职业较早地产生和发展。国王为了维护王室利益，也需要委托律师，聘请法律顾问，为他讲解法律知识或代替他进行诉讼。1243 年，英国开始有国王代理人，代理起诉涉及君主的诉讼案件。其主要职责是担任国王的法律顾问，就支付租金和偿还土地的案件支持控诉等。1290 年，国王代理人这一职业开始由专人负责。1311 年，正式任命国王代理人，成为正式的国家官员。1461 年，在对新任国王代理人约翰·赫伯特的任命特许状中，将其称为英格兰总检察长。1515 年，新任国王辩护人被赋予副总检察长的头衔。他们都担负在皇家法庭上维护君主利益的职责，主要从事政府法律顾问方面的工作。这是英国检察官制度的雏形阶段。②

英国在 19 世纪末 20 世纪初正式确立检察官制度。由于总检察长和副总检察长的职责只是负责处理涉及王室的案件，对于王室以外的诉讼并未介入，这就使王室以外的利益缺乏足够的保护，不利

---

① 龙宗智：《检察制度教程》，中国检察出版社 2006 年版，第 22 页。

② 孙谦主编：《中国特色的社会主义检察制度》，中国检察出版社 2009 年版，第 70 页。

于资本主义商品经济的发展。在这种情况下，采用公诉制度，创建检察制度的设想不断被提出。早在 16 世纪，亨利八世提出构想，但未获国会通过。至 19 世纪近代警察制度创立并承担了大量的起诉工作以后，由于警察起诉工作缺乏足够的指导，设置检察制度的建议再次迭起，自 1854 年后，提议更是不断地被提到国会，但是终因英国人对于设置检察制度的价值有所怀疑，并担忧检察制度沦为政治斗争的工具而未获通过。最后，在 1879 年，英国颁布《罪行检控法》，规定设立专门办理破坏王室之外利益的案件的检察机关——公诉处。由此，形成了在中央一级是总检察长和副总检察长，在地方上则是由内政大臣领导下的公诉处检察官这样一种检察制度。① 此后，经过 1884 年、1908 年两次颁布同名《罪行检控法》，英国确立了现代检察官制度的基本结构。根据 1884 年的《罪行检控法》，公诉长官可以独立成为刑事追诉的主体，并且是国家公务员，这被看作是英国历史上的检察官。② 后来，公诉处进一步发展，但是还没有发展成一个从中央到地方完整的检察机关体系；检察机关的职权较小，活动范围狭窄。检察机关主要的职权有两个：一是为国王和政府提供法律服务；二是提起公诉，但提起公诉的案件较少。

英国历史上，由于一般民众对将刑罚法规的执行交由国家机关或官员专责包办抱有怀疑与恐惧，使得采取公诉制度或建立检察制度的动议始终不能实现。20 世纪以后，随着人们对警察起诉制度的检讨，这种状况有了重大的改变。

1978 年，基于公众对刑事诉讼程序的质疑，英国内政部长宣布成立一个刑事程序国家委员会，着手检讨刑事司法制度，这成为英国现代司法改革的第一步。刑事程序国家委员会经过调查，对于

---

① 参见王桂五主编：《中华人民共和国检察制度研究》，法律出版社 1991 年版，第 9 页。

② 参见黄东熊：《中外检察制度之比较》，台湾"中央文物供应社" 1986 年版，第 27 页。

英国长期以来实行的起诉制度提出了批判。这种批判主要涉及侦查与起诉不分的体制。委员会建议对于警方已决定起诉的案件，实施一种独立的起诉措施，建议毫不迟疑地在每个警察管区设立法定的起诉机构，在地方一级设立皇家检控官负责案件的起诉。为了加强对警察起诉案件的证据审查和起诉标准的统一，英国最终借鉴了大陆法系国家的普遍做法，于 1985 年制定《犯罪起诉法》，建立了由检察机关提出诉讼的制度。

根据 1985 年《犯罪起诉法》的规定，英国自 1986 年起在英格兰和威尔士建立由总检察长领导的全国性的起诉机构。英格兰和威尔士的起诉机构称为皇家检控署，分别划分为不同的区。皇家检控署是分级设置、上下统一的检察系统，它以检察长为最高首脑，指挥皇家检察官的起诉和其他诉讼工作。皇家检控署在地方是按新划分的检务区，设立首席皇家检察官及其办事处。在它下面按不同地区设立检察机构。皇家检控署的重要职责是在警察提起起诉程序后接管刑事起诉的责任。检察长和皇家检察官如果认为必要时，可以随时终止并接办私诉案件；检察部门有权了解警务部门正在处理的案件。为了使皇家检控署能够控制警察提出起诉后的起诉走向，《犯罪起诉法》赋予皇家检察官拥有维持原指控、变更指控或者决定终止诉讼的权力。通过这样的改革，英国建立了自上而下、统一的检察机关体系，加强了对公诉权的控制，扩大了检察机关的职权，改变了英国"私人起诉主义"传统。其刑事追诉制度在具有自身特点的同时，已经与现代其他国家趋于一致。

（三）检察制度的不同模式

检察制度在近现代的产生和发展，不同国家由于其司法的背景和各方面条件的制约，其演进过程各不相同，形成多样化的制度样态。但是，基于基本司法构造统一性基础上建立起来的各国的检察制度，又必然具有一些共性的职能、组织与活动特征。按照一定的标准将各国检察制度这种多样化的样态予以类型化研究，使我们对检察制度的共性规律及各种模式优劣的把握，既具体又全面，不会只见"树木",不见"森林"。根据检察机关的地位、职权、组织和检察官的养成中的共性问题,将检察制度大致可分为三大制度模式。

1. 英美法系以权利为主线的检察制度模式

自由主义的国家观念是英美法系宪政国家形成的指导性观念。自由主义的国家观念强调个人的自由和权利,视国家为侵害个人权利的主要渊源。自由主义的原则是个人的自由范围在原则上是无限的,而国家干预这一范围的能力在原则上是有限的,自由是不受权力干涉而自主实现的自由,其宪政核心是限制国家权力。如何限制权力主要不在于通过法律的分权和制衡,而是以权利制约权力,英美法系在诉讼中实行的当事人主义,正是这种宪政理念的写照。作为司法制度之组成的检察制度也渗透着优先保护个人权利,以公民权利制约司法权力的特征。

(1) 检察机关地位。在宪政制度中不管是英国的隶属于内政部的检察机关还是美国隶属于司法部的联邦检察机关,虽然是政府的部门,但在诉讼中的地位始终是受当事人平等原则支配,被看作与被告人具有同等地位的诉讼当事人。即检察官以一方当事人的身份参加诉讼,双方法律地位和诉讼手段平等。

(2) 检察机关的职能和职权。英美法系检察机关主要职能是代表政府进行公诉。英国在 1985 年《犯罪起诉法》实施以前并无统一的起诉机关,大部分刑事案件是由警察部门决定,然后指定私人开业的律师出庭担任"公诉人",提起诉讼。检察官一般只就以下三类案件向法院提起公诉:可能判处死刑的案件;内政部长交办的案件;特别重要或疑难而有必要由检察官干预的案件。该法实施后,终止了以前由警务部门直接向法院起诉的做法,确立了案件只能由警察部门侦查后,移送检察部门,再由检察机关起诉,并且检察机关对案件是否起诉或继续诉讼有独立的决定权。① 但是,检察

---

① 参见王运生、严军兴:《英国刑事司法与替刑制度》,中国法制出版社 1999 年版,第 20 页。

官至今还没有取得在刑事法院审判的所有案件中出庭担任"公诉人"的权力。在美国对犯罪的追诉只存在公诉方式。但检察官的公诉权受到陪审团或治安法官的分割。美国公诉权并不仅由检察机关行使，而且保留着大陪审团起诉的方式。对于重罪案件，提起公诉并交付审判必须由大陪审团决定。《美国宪法修正案》第5条规定："非经大陪审团提出公诉，人民不受死罪或不名誉罪的宣告。"对于法定需由大陪审团审查起诉的案件，由检察官将拟就的起诉书草案和有关案件材料，提交给有管辖权的法院组织的大陪审团，由大陪审团审查决定是否起诉。对于检察官决定起诉的案件，需提交法官进行预审，治安法官在由控辩双方及有关证人出庭的情况下进行调查，以确信是否具有起诉的合法条件。美国的大陪审团被视为是以外行的平民百姓分割公诉权，防止检察部门滥用起诉权损害无辜公民，是"一座牢固地屹立在普通公民与过分热心的公诉人之间的防御堡垒"。① 大陪审团和治安法官对审查起诉权的分割从而制约检察机关公诉权的行使，这种制度设计恰是以权利制约权力和以权力制约权力理念的体现。检察官基于一方当事人所具有的利益偏好与本性会促使他容易滥用权力，侵犯公民的合法权益，因而，对检察机关的提起公诉权设立制约机制。但是，正是基于保护权利原则又赋予检察官广泛的起诉裁量权，实行起诉便宜主义。美国学者雅各比指出："美国检察官的自由裁量权在三个重要的方面，已成为不可争辩的：他有权单独决定是否提起刑事诉讼；他单独决定在何种程度上指控某个人；在他认为应该或必须终止诉讼时，别人不能加以阻止。"② 美国检察官最重要的起诉裁量权是有权进行辩诉交易，即检察官与被告人或其辩护律师经过谈判达成由被告认罪，换取较轻的定罪或量刑的协议。辩诉交易达成后，法院不再对

① 左卫民、周长军：《刑事诉讼的理念》，法律出版社1999年版，第42页。

② ［美］琼·雅各比：《美国检察官研究》，周叶谦译，中国检察出版社1990年版，第37页。

案件进行实质性审判，而仅在形式上确认双方协议内容。

在英美法系的国家，刑事诉讼被视为政府与被告人之间关于刑事责任的一场争执，作为政府代表的侦查机关与被告人都是侦查的主体，有权各自独立收集证据，侦查机关的犯罪调查活动与被告人的辩护性调查活动同时展开，并相互制约，形成侦查机关与被告人平等抗衡的侦查状态。把审判结构中"三方组合"的格局引入到侦查中，通过对强制侦查的"令状"制度，以法官的权力对侦查人员的侦查行为进行监控。英美法系的检察官对侦查权力不具有领导、指挥和监督的权力。英美法系以权利为主线的诉讼制度，强调权利对审判权的制约①，以及判例法传统使具有造法功能的法官在英美法系国家形成法官至上观念，不容忍另外有权威的机构对法官进行监督。因此，检察机关对审判权不具有监督职责或极为有限。在美国，一般地说，检察官不具有大陆法系国家检察官那样广泛的上诉职权。美国的一些法律规定，在刑事案件中，包括检察官在内的控告一方不具有上诉权，即使有的法律规定了检察官的上诉权，也是很有限的。如果被告人被判无罪或者罪轻之后，即使发现证明这一犯罪的新的证据时，检察官也不能提出上诉，不得再重新审判被告人，因为美国联邦法律与判例均不允许检察官对无罪和罪轻判决提出上诉。对犯罪有可诉罪恶的被告人被宣告无罪释放时，总检察长有权提请联邦参议院就该案的法律问题进行复诉；同样地，地方检察官有权要求地方复审法院复议判决中的法律错误。② 在1988年《英国刑事审判法》颁布之前的相当长时期内，在理论上英国的检察官不具有上诉权，在该法律颁布之后，总检察长才具有对被

---

① 权利制约的审判权表现是将审判权中的事实认定和法律适用分离，陪审团享有事实认定权，对法官的审判权形成制约。详细内容参见杨亚非：《诉讼监督比较研究》，载《检察论丛》（第3卷），法律出版社2001年版。

② 参见刘兆兴：《两大法系国家检察机关在刑事诉讼中的职权比较》，载《外国法译评》1995年第3期。

告量刑过轻的上诉权。①

（3）检察机关的组织体系、检察官选任制度。在组织体系上英美法系国家检察机关表现出分散性特征。美国受分权观念和宪政体制影响，其检察体制具有"三级双轨、互相独立"的特征。②"双轨"是指美国的检察职能由联邦和州两级分别行使，二者平行互不干扰；"三级"是指美国的检察机构建立在联邦、州和市镇三个行政级别上。而且美国的检察机构无论是级别高低和规模大小，都是互相独立的，他们之间没有隶属关系。英国在 1985 年《犯罪起诉法》颁布以前，其检察机构也具有分散性特征。英国没有一个从中央到地方的完整的检察机关体系，其中央不设司法部，也没有中央检察机关，中央检察职权分别由内政大臣、国王的法律官员和公诉处长三者分别行使。③ 1986 年以后，在中央设总检察署，各地相应设地方检察署。各地方检察署任命的检察官直接受总检察长的领导，并向总检察长负责，英国检察机关的分散性特征有所改变。

英美法系的检察官来自律师，因而检察官队伍具有不稳定性特征。英国虽 1986 年起建立了统一的检察机构，但是对于检察官决定起诉的案件，他们只能在治安法院出庭支持公诉，在刑事法院、高等法院等则必须聘请大律师出庭支持公诉，因而出庭公诉人员固定性差。④ 在美国，检察官薪水和社会地位比法官和私人律师都低，检察工作吸引力不大，检察官往往只把检察工作作为以后从事其他工作积累经验和资本的"跳板"，而不是作永久性职业，检察

官队伍也体现出流动性大的特点。

2. 大陆法系以权力为主线的检察制度模式

约翰·亨利·梅利曼教授在《大陆法系》一书中指出，英美法系与大陆法系的一个重要区别是，前者盛行的是极端个人主义观念，而后者盛行的则是国家主义观念。国家主义指的是以国家权力为核心，以"权力至上"为价值基础的一种普遍存在于社会意识形态领域内的观念体系。国家主义观念并非不要个人权利和自由，而是认为："个人只有借助国家，而且只有作为国家的成员才能获得自由，国家的全能性不仅可以使个人的自治性得到完整的保留，而且只有这样方能保障个人的自治性。"① 从卢梭到康德、黑格尔的国家理论都表达出这样一个观念：相信个人只有通过国家才能找到实现其道德存在的途径；国家的权力是无限的，而且只有这种无限的权力才能保障个人的自治性。② 个人自由、权利是来自国家并通过国家权力而实现的。大陆法系的国家至上观念也就为在刑事诉讼中国家权力积极、全面地介入以及各诉讼权力机关之间的协同配合关系奠定了思想资源和正当化根据。职权主义特征是对大陆法系诉讼模式的概括，在检察制度上也深受国家主义观念的影响，形成了以权力为主线的制度模式。

（1）检察机关的地位。在大陆法系国家，犯罪被认为是对国家和社会利益的侵犯，国家负有保护社会秩序，对犯罪惩治的义务，因此，不仅"对每个罪行，检察院、警官原则性负有展开侦查的义务。有足够的行为嫌疑时，检察院必须提起公诉"。③ 而且法院也负有查明事实，惩罚犯罪义务。在诉讼架构中，检察机关和

---

① ［法］莱昂·狄骥：《法律与国家》，冷静译，郑戈校，辽海/春风文艺出版社1996年版，第263页。

② ［法］莱昂·狄骥：《法律与国家》，冷静译，郑戈校，辽海/春风文艺出版社1996年版，第263页。

③ 参见左卫民、周长军：《刑事诉讼的理念》，法律出版社1999年版，第44页。

侦查机关、审判机关一样是行使国家职权的机关，而非诉讼中平等的当事人地位。

（2）检察机关的职能、职权。大陆法系的检察机关是代表国家对犯罪追究刑事责任和提起公诉的机关，围绕这一定位其基本职能和职权有：

第一，对犯罪案件的侦查职能。在德国，检察机关具有追究犯罪或终止追究犯罪的权力，即具有对刑事案件的侦查权。基于共同寻求查明案件事实的义务，大陆法系检察官不仅直接行使侦查权，也有权指挥司法警察。在德国，检察官是侦查程序的发动者，警察机关发现刑事案件需进行侦查，必须得到检察官的批准。检察官还拥有指挥、调动警察实施具体侦查活动的权力。法律赋予检察官必要的侦查手段，以保证侦查职能的履行。作为犯罪嫌疑人在侦查中不承认是侦查主体享有侦查权，而且成为侦查的客体，不具有与检察官权力同等的对抗性权利。

第二，公诉职能。公诉是各国检察官的一般职责。但是在大陆法系国家强调了检察官公诉的"权力"特性，而非"权利"特性，没有给予检察官更多的自由处分的裁量权，而是予以严格的限制，如大陆法系检察制度的典型德国实行强制起诉程序，在20世纪60年代实行起诉法定主义，以限制检察官的自由决定权。日本以"检察审查会制度"来对检察官的不起诉决定进行审查，以避免检察官滥用不起诉权。所以大陆法系对检察官起诉权的制约重心是不起诉行为，而英美法系则通过审查起诉权的分割以制约检察机关起诉行为。我国有学者指出造成此差别的原因主要有两个：[①] 一个原因是大陆法系国家检察官地位较高，是一种准司法官，而不是被视为刑事诉讼一方当事人，因此，人们充分相信检察机关在法定的"客观追诉义务"的要求下会公正地开展犯罪追诉活动，一般不可能滥用权力。即使滥用起诉权，错误地提起公诉，还有法院的后一

---

① 参见左卫民、周长军：《刑事诉讼的理念》，法律出版社1999年版，第44页。

道程序把关。另一个原因是大陆法系国家的刑事诉讼设计的基本指导思想是不能轻易放纵一个坏人。而英美法系的刑事诉讼则是不能轻易冤枉一个好人。

第三，对侦查、审判行为的监督职能。大陆法系以权力为主线的检察制度的一个重要特征，是不仅承担公诉职能，还承担对侦查行为和审判行为的监督职能。在德国，检察官被认为是客观的"法律守护人"，"检察官乃一剑两刃的客观官署，不单单要追诉犯罪，更要收集有利被告的事证，并注意被告诉讼上应有的程序权利。简言之，检察官不是，也不该是片面追求打击罪犯的追诉狂，而是依法言法，客观公正的守护人，有利不利一律注意"。① 基于客观公正义务，检察官对警察的侦查活动有监督权，对侦查的合法性负责。在案件审理过程中，检察官对证据及其认定的合法性，对判决的合法、公正性负有监督义务。对一审判决，检察官认为不当的，有权提起上诉。在法国，检察长负责监督在上诉法院整个管辖区范围内适用刑事法律。如果检察官认为法院的裁判不当或具有明显的错误，则可以以上诉的方式声明不服。检察官可以为国家利益上诉，也可以为被告人利益上诉。针对已经具有既判力的裁判决定，总检察长有权为法律利益向最高法院上诉。为法律的利益提出上诉的目的是：对基层法官所做裁判中发生的法律上的错误进行审查、纠正，保证法院判决的统一，保证对法律的尊重。② 日本吸收和借鉴德国的经验，检察官在审判程序、上诉审程序和再审程序中的监督职能与德国基本相近，有权监督法庭审判的程序活动，并运用声明异议和抗告的方式行使监督权。

（3）检察机关的组织体制和检察官制度。大陆法系以权力为主线的检察制度中，尽管都奉行权力分立的宪政结构，将检察机关

---

① 林钰雄：《检察官在诉讼法上之任务》，载《检察官论》，学林文化事业有限公司1999年版。

② ［法］卡斯东·斯特法尼等：《法国刑事诉讼法精义》（下），中国政法大学出版社1999年版，第862页。

归属于行政机关的司法部或法务部（日本），但由于检察机关的特殊职责，尤其他在维护法律秩序和在刑事司法当中扮演的重要角色，检察机关往往在事实上被作为司法机关从一般行政机构中分离出来，建立起与法院组织机构相应的官僚体系，形成一体化的领导体制。[①] 与此相应，这种模式中的检察官和法官一样被作为司法官看待，在从业资格、培养途径、任职条件和特质、身份保障方面与法官一致。

3. 以苏联社会主义法系的监督权为主线的检察制度模式

从十月革命建立社会主义国家制度到解体之前，苏联在宪政架构上，实行的是不同于三权分立的宪政制度。在检察制度上形成了以监督权为主线的制度模式，并得到其他社会主义国家之普遍借鉴移植，成为社会主义法系独具特色的制度模式。

解体之前的苏联以监督权为主线的检察制度模式有以下特征：

（1）检察机关在国家宪政中具有独立的宪法地位，作为司法机关组成部分，其主要职责是为维护法制统一进行法律监督。

（2）检察机关作为司法机关享有广泛的法律监督权。检察机关不仅具有在刑事诉讼中侦查监督、审判监督、执行监督权，在民事诉讼中也享有监督权。前苏联检察机关对决议、命令和措施是否合法，国家机关工作人员和公民是否遵守法律均负有监督权。

（3）检察机关建立独立的组织系统并实行上下垂直的体制，以利于检察监督权的统一行使。检察官和法官一样作为国家司法官员，享有同等的待遇和保障，具有相同的任职要求。

1991 年年底苏联解体，独立国家联合体（简称独联体）成立后，苏维埃社会主义共和国联盟的检察机关改组为独联体检察机关。1991 年 11 月俄罗斯苏维埃联邦通过了《关于组建俄罗斯苏维埃联邦统一检察机关体系的决议》。该决议宣布，根据 1990 年 6 月

---

① 各国因宪政体制不同，一体化的表现不同，如德国实行联邦制，联邦和邦之间检察机关不存在领导与被领导关系，但在邦内上下检察机关则实行一体化领导体制。

《俄罗斯苏维埃联邦国家主权宣言》的规定，并根据当时生效的 1978 年俄罗斯苏维埃联邦宪法第 176 条、第 179 条的规定，俄罗斯苏维埃联邦最高立法机关决定在现有检察机关的基础上组建由俄罗斯联邦总检察长领导的统一的检察机关体系。该决议建议俄罗斯总检察长接管位于俄罗斯境内的各级检察机关以及原隶属于苏维埃社会主义共和国联盟检察院的各种机构。1992 年 1 月，俄罗斯通过了《俄罗斯联邦检察机关法》。该法与苏联时期颁布的 1979 年检察机关法在检察监督的目的、检察机关组织和活动原则、检察监督的对象和范围、检察长的任务与权限等方面都有重大区别。为贯彻该法，俄罗斯联邦总检察长颁布了一系列指导性命令。此后，俄罗斯联邦总统先后签署 12 个总统令，批准了 12 个检察机关法的修改补充法。此外，从 2000 年 2 月到 2003 年 7 月，俄罗斯联邦宪法法院又先后以决议形式对 1992 年检察机关法进行了 4 次修改补充。这些修改、补充与规定，使俄罗斯联邦检察机关制度逐步地趋于稳定。从俄罗斯联邦检察制度的历史嬗变，尤其是苏联解体之后，社会政治制度发生重大变革，受此影响，检察制度也发生一些变革。但是正如《检察监督》中文版译者刘向文教授在前言中所述，俄罗斯联邦的国家制度虽然发生变化，但它不可能一步迈入资本主义，其检察制度不可能一下子发生根本变化。从其已经制定颁布的、包括检察机关在内的司法改革法来看，一般都保留了 60% ~ 70% 的法律传统。[①] 从其变化的内容看，检察监督作为检察机关的重要职能并没有取消，却始终坚持并得到加强。

二、检察制度的功能与作用

检察制度作为一个后发生制度，是随着社会的变革、司法制度的发展而生发的。检察制度是基于一定的社会原因和条件而产生的，也就是说是一定社会需求的产物。检察制度的功能就是检察制

---

① ［俄］Ю. Е. 维诺库罗夫主编：《检察监督》（第 7 版），刘向文译，中国检察出版社 2009 年版，第 7 页。

度所具有的满足特定社会这种需求的作用，是检察制度存在的意义所在。

（一）检察制度建立起现代控、辩、审三方组合的诉讼架构，实现诉讼的公正

在现代检察制度建立之前，刑事诉讼的结构模式主要是纠问制度，刑事诉讼程序仅有纠问者（法官）与被纠问者（被告）的两面关系，由纠问法官包办自始至终的刑事程序（侦查、逮捕、查证、判决），既无追诉者与审判者之分，也无原告与被告的区别。在纠问制度下的诉讼，纠问法官独揽追诉审判大权，权力无所节制；因纠问法官自行侦查追诉，心理上易先入为主，常有偏颇之虞，更难说有公正客观的裁判了；在两造的关系中，被告只是纠问法官追诉活动的"客体"，毫无防御权可言。因此，在18世纪末期，纠问式诉讼制度因其上述流弊而深受诟病。1789年的法国大革命废除这种纠问制模式，改以控诉原则作为重新架构刑事诉讼的新蓝图。在这种新的诉讼架构中，形成原告、被告双方与裁判者的"三方组合"，控诉方与被控诉方处于一种诉讼对抗的状态，而裁判者居于其间、居于其上，独立而客观地进行裁决。为维系这种结构，必须实行不告不理的弹劾制度，必须实行控诉方与审判者的分离，禁止法官兼任控诉人，对案件不告而理或自诉自审。由此而使控诉者成为专门的、特定的诉讼角色。检察官，正是在控诉职能被剥离于审判职能后专门行使控诉职能的诉讼角色。控审分离的诉讼架构也催发了现代辩护制度的产生，从而以控、辩、审三大诉讼职能良性互动的现代刑事诉讼结构得以建立，诉讼更加科学、公正。

（二）检察制度实现了现代司法的合理分权制衡，保证了司法公正

现代检察制度的建立不仅改变了诉讼架构的模式，还通过司法内部的分权制衡，避免司法权力的滥用，保证司法公正。

首先，检察制度具有控制法官裁判入口、行使裁判把关者之功

能。检察官以垄断公诉权制衡审判权，没有检察官的控诉，法院不得自行裁判。这是世界各国检察权共同的职能，是检察权对审判权进行制衡的最基本的功能，是检察权从审判权中分离的结果。"在采行控诉原则的诉讼制度下，法官基于不告不理原则，必得待检察官提起公诉后，才能进行审理程序。反之，只要检察官不提起公诉，法院便无案可决。打个比喻，如果法官是车子，检察官便是引擎，再好的车子，若无引擎带动，也只是中看不中用的废机；检察官负责提起公诉，控制法官裁判入口的功能，就如同引擎（起动）车子的功能一样，无法想象其不存在。就此，诉讼法一方面赋予检察官控制入口的大任，另一方面则赋予法院最终裁决本案的权力，各有所同，也各有所长，乃诉讼上功能分配的另一范例，并无所谓谁大谁小的问题。相较于纠问制度而言，控诉原则所追求者，与其说是毋错，毋宁说是毋冤。须知，就打击犯罪言，纠问制度未必是较无效率的追诉制度，至于裁判结果是否较为客观公正，则是另一问题。控诉原则下，有罪确定裁判本来以控方（检察官）与审方（法官）达成共识为前提，须经两道门槛，求取程序之慎重。因而，检方不追诉时，院方基于不告不理原则，并无主动启动刑事程序之可能性，更无论有罪裁判了；反之，院方未确信被告有罪时，即便检方指证历历，当然也不能为有罪裁判。此等交互作用模式下，检察官在刑事诉讼程序中，自始至终扮演法官裁判之把关者角色。"① 透过这种诉讼分权模式，以法官与检察官彼此监督节制的方法，保障刑事司法权限行使的客观性与正确性。

其次，检察制度具有控制侦查权、防止侦查权滥用之功能。在现代刑事诉讼结构中，侦查权依附于公诉权而存在，公诉以侦查为基础，侦查质量直接决定了公诉的质量与结果。为了保证控诉职能的合法、有效行使，检察机关必须对侦查活动进行一定程度的控制，保证侦查活动的合法与有效。由于侦查活动往往伴随着强制力

---

① 林钰雄：《检察官论》，台北学林文化事业有限公司2000年版，第23页。

的行使，与人权保障存在着密不可分的联系。在侦查阶段是刑事诉讼控制犯罪与保障人权两种利益最容易发生冲突的阶段，侦查权很容易被滥用。"人们对政府往往打着控制犯罪的幌子而随意滥用国家公共权力，并肆无忌惮地践踏人权的现象已经深恶痛绝。""渴望刑事诉讼结构特别是在侦查与起诉阶段能够筑起一道铜墙铁壁，借以钳制往日如同洪水猛兽般的封建特权再度肆虐，更加有效地防止封建警察国家的专制主义暴政卷土重来而涂炭众生。""通过植入检察官制度……使历来由警察主导的秘密侦查程序在刑事诉讼结构中不再成为一种完全独立的诉讼程序，而是侦查程序与公诉程序以一体化的表现方式共同构筑了刑事诉讼程序所谓三角结构中的控诉一方，且警察的侦查行为只能附属于作为'法的守护者'——检察官的公诉行为……从而使强大的并且往往是无所不能的警察行为受到检察官的合理限制。"因此，为了防止公共权力异化为侵害公民权利的暴力，"检察官不仅仅只是担当公诉职能，而且同时被赋予控制侦查程序以防范警察滥权，维护法治秩序的历史重任"。①

（三）检察制度的确立有利于维护国家和社会的公共利益

由私人起诉主义向公诉制度转化，是刑事追诉制度的发展趋向。在现代社会，刑事犯罪侵犯的合法利益具有广泛性的特点，尤其是较为严重的刑事犯罪，不仅侵犯了有关的个体权益，而且首先侵犯了国家和社会利益，加之犯罪的侦查和起诉日益复杂，公民个人通常难以担当，同时刑事起诉需要客观冷静，需要把犯罪的轻重、社会影响、被害人的利益、犯罪人自身利益等多方面情况综合起来加以考虑，并站在公正的立场按照统一标准来决定起诉或不起诉，因此，现代各国普遍以代表国家和代表公益的检察官提起公诉，作为刑事起诉的主要形式，只允许对少数案件实行私人起诉。

① 林钰雄：《检察官论》，台北学林文化事业有限公司2000年版，第23页。

实行检察官提起公诉和支持公诉的制度，可以避免仅由被害人行使控诉权而使国家刑罚权难以实现。因为被害人自行行使控诉权，在起诉能力和起诉斟酌方面都受到较大限制。作为个人，不具有如检察官所具有的国家权力和司法能力，因此缺乏控诉举证能力；被害人还容易受个人感情的左右，而缺乏一种客观精神，而且难以合理斟酌刑事起诉中应当考虑的公共利益因素，有的会因为惧怕犯罪人而不敢起诉，有的因为贪图犯罪人给予的充分的损害赔偿而自行和解而不愿起诉，有的因事过境迁而懒于起诉，由检察官提起公诉则能够弥补上述不足。使国家与社会的利益以及被害人的利益得到比较充分的保护。

另外，采取公诉制度可以避免因被害人缺乏举证能力而由法院代行侦查职能而造成"纠问"弊端，有利于保持刑事诉讼的合理构架。刑事诉讼如果依赖于私人起诉，将使法院承受过重的诉讼负担，尤其对较为重大复杂的案件，它不仅要负责审判，还不可避免地要承担调查取证甚至一定程度上的控诉职能，从而成为一个实行"纠问制"的"全能法院"。这就在相当程度上取消了司法分工和制约制度，难以避免司法专横，显然与刑事诉讼的发展趋势相悖。[1]

（四）检察制度彰显了刑事诉讼中的人权保障功能

人权观念是现代检察制度建立的重要思想理论基础，检察制度产生又促进了人权的保障。18世纪，因为政治思潮的转变及人权观念的发达，逐渐有人攻击当时的司法制度——尤其是刑事诉讼制度。其攻击最激烈的莫过于纠问式的、秘密的、用刑讯的、不准用辩护人的刑事诉讼程序。在纠问式诉讼程序中，"个人的权利被牺牲得一干二净。个人可以在其本人不知情的情况下受到侦查。个人所面对的证据，本人不可能提出异议，直至出庭之时，才能组织辩护，并且可能受到极其残酷的拷打、刑讯；审判不公开进行，即使承认提出的证据不足，个人仍然处于官方的怀疑之下，并有可能再

---

[1]　龙宗智：《检察制度教程》，中国检察出版社 2006 年版，第 9 页。

次受到追诉。……纠问式诉讼制度甚至不能做到适当地保护社会的利益。丝毫用不着怀疑，通过酷刑拷打取得的忏悔常常是虚假的。在这种条件下取得的被告的供词以及收集到的控诉都会使法庭走入迷途。常常发生这样的情形，一方面，无辜者受到有罪判决，另一方面，犯罪人却没有受到惩罚而逍遥法外。"① 纠问式诉讼开始受到越来越多的批判，启蒙思想家孟德斯群鸠、贝卡利亚等严词抨击刑讯拷打以及诉讼程序所导致的不平等，并提出改革这种诉讼制度的主张。检察官制度即是当时废除纠问式诉讼的一个制度选择。我国台湾地区学者林钰雄指出："检察官制创设目的一方面乃为废除由法官一手包办侦查的纠问制度，制衡法官权力，二方面也为防范法治国沦为警察国，控制警察活动。换言之，检察官扮演国家权力之双重控制的角色，既要保护被告免于法官之恣意，亦要保护其免于警察之恣意。"检察制度创设的另一重要功能是，守护法律，使客观的法意——保护人权，贯通于整个刑事诉讼程序。设立检察官不仅仅是为了追诉犯罪，更重要的是保护被告人的人权。所以，"检察官不是，也不应该是片面追求打击犯罪的追诉狂，而是依法言法，客观公正的守护人"。②

检察制度对人权的保障功能表现为：一是检察官在审判前程序处于主导地位，监督警方的侦查活动，协调发现真实与程序公正性之间的矛盾，对那些有利、不利嫌疑人的事项一并注意，从而防止审前程序对人权的不当损害；二是通过追诉者与审判者相分离并实行不告不理，使审判受到起诉的制约来防止法官的恣意妄为；三是在审判活动中检察官执行公诉职务，通过辩诉对抗以及对法院裁判活动的监督来保证法官判决的公正性；四是在刑事执行活动中，监督裁判执行，监督监狱对服刑犯人的待遇，保证服刑犯人的人权。

---

① ［法］卡斯东·斯特法尼等：《法国刑事诉讼法精义》（上），罗结珍译，中国政法大学出版社1999年版，第82页。

② 参见林钰雄：《检察官论》，台北学林文化事业有限公司1999年版，第73～74页。

（五）检察制度维护了国家法制的统一

法制的统一是现代法治的基本要求之一。检察制度产生于国家从"分散法制"向"统一法制"的转变过程，维护法制统一的需要是检察制度产生的动因之一。① 从检察制度的演进过程看，法国的检察制度都起源于法国的"国王代理人"制度，英国的总检察长制度亦同。而"国王代理人"，具有维护国王利益，统一国家法制的明确使命。尤其是在法国封建割据的局面之下，这一使命的意义更为明显，因此国王代理人被称为"君主的耳目"。在现代检察制度中，东西方的检察制度，具有共同的设立目的：维护国家法制统一。列宁说："检察长的唯一职权和必须做的事情只是一件：监视整个共和国对法制有真正一致的了解。"欧洲大陆法系国家也普遍强调检察机关的护法功能。如在德国，认为检察官代表"国家的法律意志"。一般认为，检察机关具有突出的法律性，即以维护法制，严守法制原则为其行为的出发点和归宿。这种对法制的守护，主要是通过三个方面来实现的：一是行使公诉等诉讼职能，维护法制。即通过公诉等司法手段将违反法制的人送上法庭追究其责任，以修补恢复被损害的法制。二是坚守客观公正的法制立场，维护公民权利。检察机关不应当仅仅是追诉犯罪的机关，它也应当是客观公正地执行法律，对有利不利的各种情形予以全面关注，既注意打击犯罪，又强调保护人权的法制守护人。三是实施司法监督，保证依法办案。检察机关在司法活动中，担负监督警方侦查、制约法院裁判，监督判决执行的责任，旨在防止司法活动中对法制的破坏。

三、中国社会主义检察制度的基本特色

（一）清末现代检察制度的产生

自鸦片战争始，中国逐步沦为半封建半殖民地社会，国家的领

---

① 龙宗智：《检察制度教程》，中国检察出版社 2006 年版，第 27 页。

土完整和主权遭受严重破坏。殖民者通过所谓的"领事裁判权"制度和租界的"公审公廨"制度,获取了裁判权,从而排斥中国对外国人的司法管辖权,干涉中国内政。《辛丑条约》之后,外国殖民统治者又以放弃领事裁判权为诱饵,要求清王朝"整顿律例,期与各国改同一律",以全面保护他们的在华利益。如1902年,清政府与英国议订《中英续议通商行船条约》,其中有一条款规定:"中国深欲整顿本国律例,以期与各西国律例改同一律,英国允愿尽力协助以成此举。一俟查悉中国律例情形及其审判办法,及一切相关事宜皆臻妥善,英国即允弃其治外法权。"① 面对殖民列强的政治策略转变和风起云涌的资产阶级民主革命所倡导的"变法"运动,清朝统治者顺应改变策略,试图通过修律来换取殖民列强的支持,维护岌岌可危的统治。而在挽救统治危机的动力和压力下,"时间短、见效快"成为时代对当时司法改革提出的要求。要做到这一点,就要求改革应有全面性、彻底性和紧迫性,清末法制变革的这种要求决定了对包括检察制度在内的许多他国法律制度必须进行"照搬照抄"或"全面移植"。为此,清政府派员对世界强国进行考察之后,选择认为最适宜的制度进行移植。由于当时明治时期的日本正是国力强盛的发展时期,而日本在早期建立政权司法制度时曾受中国政治司法体制之影响,并且经清朝政府派员全面考察日本裁判所后得到多员大臣推崇,朝廷最终决定采用日本裁判制度,从而引进了日本的检察制度。②

---

① 转引自张晋藩:《中国法律的传统与近代转型》,法律出版社1997年版,第437页。

② 清末时期赴日本学习法政的人数众多也促成了对日本司法制度的认同。据统计,辛亥革命前毕业于日本法政大学的中国留学生,就达1364人。在清末翻译法学书籍方面,据统计,明确来自日本的123部、英国29部、美国18部、德国18部、法国11部、荷兰2部。这都使得移植日本法制更有认同基础和适用上的便利,也是当时选择日本为法制变革参照国的原因之一。参见谢如程:《清末检察制度及其实践》,上海世纪出版集团上海人民出版社2008年版,第29页。

光绪三十二年（1906 年）十月二十七日，清政府正式颁布《大理院审判编制法》，最终仿照日本正式建立现代检察制度。《大理院审判编制法》规定了新的审判机构采用四级三审制，各级审判厅附设检察局，各检察局置检察长一人，负责刑事案件的公诉、监督审判和监视判决执行。光绪三十三年（1907 年）颁布《高等以下各级审判厅试办章程》，对检察制度作了进一步的规定：除法律规定须亲告案件外，凡刑事案件，无论因被害者告诉、他人告发、警察的移送或检察官自行发觉，都由检察官提起公诉，并明确规定了检察官的具体职权。宣统元年（1909 年），清政府又颁布《法院编制法》，对检察制度作了进一步规定。而宣统二年（1910 年）颁布的《检察厅调度司法警察章程》则表明清朝末年设计的检察制度对于检察官有权调度司法警察以指挥侦查、批捕人犯、押送人犯、取保传人等非常重视。

在清末法制变革过程中，存在着激烈的部院之争、司法独立之争。而对于中国传统司法制度来说，检察制度是一项崭新的法律制度，其移植引进过程中却非常顺利，几乎没有遇到反对之声。有学者从当时司法改革的紧迫性、改革关注焦点、立法规律等角度分析了清末引进检察制度较为顺利的原因：第一，从检察权、审判权的相互依存关系层面看，现代检察权与审判权有相互依存的性质，这决定了引进现代审判制度就必须同时引进检察制度。第二，从追求法律移植的效益层面看，当时司法改革的紧迫性与同一国家检察审判制度的相互适应规律，使得引进检察制度的阻力较小。第三，从政治心理层面看，引进具有监督审判职能的检察制度有利于维护封建统治权，符合进行被动性司法改革的清末统治者的保守、求太平心理。第四，从社会心理学角度看，不属于法制变革焦点的检察制度所引发的关注及争议较少，非议也较少，引进过程较为顺利。第五，从传统司法体制的惯性影响看，检察官负责追诉犯罪又有监督审判之权，与控审合一的传统体制比较接近，容易被人所接受。①

在司法制度层面，清末引进检察制度有力地促进了司法的进一步分工，使得检察与审判之间的独立性增强，这对于保障犯罪嫌疑人人权，防止冤假错案，维护社会秩序都有积极意义。从中国司法制度演进的历史进程看，清末引进检察制度具有开创性意义，它对于民国时期司法制度的发展产生了重要影响。民国成立之后，仍沿袭清制。尽管民国年间司法制度几经变革，但均未突破晚清确立的审检合署、各自独立行使职权的检察制度的基本模式。

（二）新中国检察制度的建立和发展

新中国检察制度是伴随着中华人民共和国的诞生而建立起来的，是一种新型的、社会主义的检察制度。

早在新民主主义革命时期，随着人民革命政权的建立、发展，我国的人民检察制度逐步发展起来。第一次国内革命战争时期，1931 年 11 月，中央革命根据地江西瑞金召开了中华苏维埃第一次全国代表大会，成立了中华苏维埃共和国临时中央政府。全国苏维埃代表大会闭会期间的最高权力机关是中央执行委员会，下设人民委员会和最高法院（初期为临时最高法庭）。人民委员会是最高行政机关，下设司法人民委员部，主管司法行政工作。最高法院为最高审判机关，下设地方和军队的各级裁判部（科、所等），诉讼上采用一系列现代诉讼原则和方法，如合议制、人民陪审员制、辩护制等。这时，检察制度已经出现，但没有单独设立机构，而是采取"配置制"，将检察人员附设于审判机关内。当时，检察员负责管理刑事案件的预审、提起公诉和出庭支持公诉。但由于战争环境的限制和政法体系上的简陋，检察机关的法定职权落实的十分有限，并且存在着仿效苏联的工农检察院建立起来的四级苏维埃工农检察部，负责对法律实施情况的监督。

---

① 参见谢如程：《清末检察制度及其实践》，上海世纪出版集团上海人民出版社 2008 年版，第 37～39 页。

抗日战争时期和解放战争时期，检察机构和检察职能随着革命战争形势的需要而出现多种形式的变化。这一时期人民检察制度基本上是实行审检合署体制，各边区均未设立专门的检察机构。而当时各根据地司法机关的设置也不统一，主要根据实际状况和需要设置。如1939年颁布的《陕甘宁边区高等法院组织条例》规定，在边区高等法院拥有审判、检察、司法行政三种职能，内设检察处。总的来说，当时这些检察机构的主要职能仍然包括对犯罪行为实施侦查、提起公诉和监督刑事判决的执行。山东抗日根据地还首创了各级检察委员会。解放战争时期，各解放区基本沿袭了老根据地行之有效的检察制度，但也有些新的发展。各解放区的审判机关设置和名称未能统一，司法、行政合一的情况在基层比较普遍。检察机关仍不专设，实行"审检合署"或"配置制"，但各审判机关内设置专职检察人员的不多，主要由政治保卫部门或公安机关代行检察职务。受苏联检察制度的影响，东北解放区出现了"关东所有各机关各社团，无论公务人员或一般公民，对于法律是否遵守之最高检察权，均由检察官实行之"① 的规定，这是人民检察制度的内容进一步丰富和向法律监督迈进的重要一步，是新中国把检察机关的性质定位于法律监督机关的前奏，是对人民检察制度的新发展。

新民主主义革命时期，根据地检察制度的建立和发展，一方面承继了清末引进西方检察制度的尝试，另一方面也切实探索了人民检察制度的发展道路，为打击敌人，保护人民，巩固革命政权作出了重要贡献，也为新中国成立后人民检察制度的创建和发展，提供了宝贵的经验。②

新中国成立后，我国检察制度随着社会主义制度的发展而建立并逐步完善起来。其大体可以分为四个历史阶段，即创建、发展与

---

① 参见《关东地区各级司法机关暂行组织条例草案》第27条，最高人民检察院研究室：《中国检察制度史料汇编》，最高人民检察院研究室1987年编印，第187页。

② 孙谦主编：《中国检察制度论纲》，人民出版社2004年版，第38页。

波折、中断、重建与发展四个基本阶段。

1. 自 1949 年 10 月 1 日中华人民共和国成立，到 1953 年有计划的大规模的经济建设的第一年，为我国人民检察制度的初创时期。这一时期，新中国检察制度的建设主要表现为以下几个方面：

一是在制度的选择方面，中国检察制度既没有继承从清末改制以来建立的现代检察制度模式，也没有移植当时西方资本主义国家的检察制度模式，而是借鉴、移植了苏联的检察制度模式。在这个发展过程中，意识形态对制度的选择起到了决定作用。我们建立的是新型的社会主义国家，因此，国民党政府时期的司法制度包括检察制度都是作为旧政权的国家机器，是需要彻底打碎的。作为西方的大陆法系和英美法系的司法制度因为其资本主义性质，也是不能移植的。正是基于意识形态及经济、文化等方面的特性，借鉴和移植苏联社会主义的司法制度成为当时历史的必然选择。按照列宁的法律监督思想建立起来的苏联检察制度模式成为建立中国检察制度的主要参考对象。

1949 年 9 月 21 日，中国人民政治协商会议第一届全体会议在北京召开。会议通过了《中国人民政治协商会议共同纲领》（以下简称《共同纲领》）和《中华人民共和国中央人民政府组织法》（以下简称《中央人民政府组织法》）。这两部法律为组建中华人民共和国国家政权提供了法律依据。《共同纲领》规定要建立人民司法制度。《中央人民政府组织法》则具体规定："中央人民政府委员会组织政务院，以为国家政务的最高执行机关；组织人民革命军事委员会，以为国家军事的最高统辖机关；组织最高人民法院和最高人民检察署，以为国家的最高审判机关及检察机关。"同时规定："最高人民检察署对政府机关公务人员和全国国民之严格遵守法律，负最高的检察责任。"1949 年 10 月 1 日，中央人民政府委员会召开第一次会议，选举了最高人民检察署的检察长。10 月 22 日，最高人民检察署举行第一次检察委员会议，宣布最高人民检察署成立。11 月 2 日，最高人民检察署举行第二次检察委员会议，议定了《中央人民政府最高人民检察署试行组织条例》草案。同年 12 月 20 日,《中央人民政府最高人民检察署试行组织条例》经中央人民政府毛泽东主席批准颁布试行。这是新中国第一部关于检察制度的单行法规,它确定了我国检察制度初创时的基本内容,为全面系统地建立检察制度奠定了法律基础。这部组织条例主要规定了下列内容:(1)检察机关的职权主要有:检察全国各级政府机关及公务人员和全国国民是否严格遵守人民政协共同纲领及人民政府的政策方针与法律、法令;对违法判决提起抗议;对刑事案件进行侦查和提起公诉;检察全国司法与公安机关犯人改造所及监所之违法措施;对全国社会与劳动人民利益有关之民事案件及一切行政诉讼,均得代表国家公益参加;处理人民不服下级检察署不起诉处分声请复议的案件。(2)规定全国检察机关与审判机关分立,检察机关在国家机构体系中实行垂直领导的体制。(3)检察机关内部实行与检察委员会议相结合的检察长负责制的领导体制。①

从这些法律规定的内容可见,我国检察制度在初创时认真贯彻了列宁的思想,并吸取了根据这一思想建立的苏联检察制度的许多先进经验。当时虽然没有直接提出法律监督的概念,但是就检察机关的职权内容来看,检察权的定位接近保障国家法律统一、正确实施的法律监督权。检察机关的领导体制也主要是参考了苏联的经验,改变了新民主主义革命时期根据地和解放区检察机关一般设在审判机关内部的审检合署的体制。只是内部领导制度没有实行单纯的检察长负责制。

二是迅速建立起与国家结构形式相适应的各级检察机关,并根据社会实践的现实,不断调整检察机关的领导体制和运作模式。从 1949 年 9 月开始,根据《共同纲领》和《中央人民政府组织法》规定,组织成立了国家的最高检察机关——最高人民检察署。1950 年 9 月 4 日,中共中央向全党发出《关于建立检察机构问题的指示》,督促检察机构的建立。1951 年 9 月 3 日,中央人民政府审议

---

① 参见王桂五主编:《中华人民共和国检察制度研究》,法律出版社 1991 年版,第 57～59 页。

通过了《最高人民检察署暂行组织条例》和《各级地方人民检察署组织通则》，对检察机关的设置、职权等作了进一步规定。至1953年底，全国检察机关的建设已经初具规模。各级检察机关基本上按照我国的行政区划来设置，并且与我国基本政治制度和政权结构形式相适应。在检察机关建设的实践过程中，新中国成立之初借鉴苏联模式实行的检察系统垂直领导体制，因各方面的条件尚不成熟，实践中感到"有些窒碍难行之处"，在这两部法律中将检察机关的垂直领导体制改为双重领导体制。

2. 1954年至1966年为中国检察制度的发展与波折时期。从1953年起，我国进入社会主义改造和大规模的经济建设时期，并开始执行国家建设的第一个五年计划。适应这一形势发展需要，1954年3月召开了第二届全国检察工作会议，强调并推动了我国检察机关的组织建设和业务工作制度建设。1954年9月20日，第一届全国人民代表大会第一次会议通过了第一部《中华人民共和国宪法》，其中对人民检察院的设置、职权、领导关系和活动原则等作了原则规定。9月21日，会议又通过了第一部《中华人民共和国人民检察院组织法》，更为系统和具体地规定了检察制度的基本内容。这两部法律进一步发展和完善了我国的检察制度，主要体现在：（1）关于检察机关的性质，从宪法的角度将检察机关定位为具有"一般监督"特征的法律监督机关，对于国务院所属各部门、地方各级国家机关、国家机关工作人员和公民是否遵守法律行使检察权。（2）改变了检察机关的名称。即将各级人民检察署改为各级人民检察院，从而形成了"三院"体制。（3）调整了检察机构的设置。鉴于大行政区的党政机构已经撤销，取消了最高人民检察署在各大行政区分署的设置，增加了专门人民检察院的设置。（4）重新规定了检察机关的垂直领导体制。（5）调整了检察院内部领导体制，将"检察委员会议"改为"检察委员会"。检察委员会由检察长领导，实行民主集中制和合议制。（6）适当调整了检察机关的职权。鉴于当时尚无行政审判机构的设置，取消了检察机关参与行政诉讼的职权；删除了"处理人民不服下级检察署不起诉处分之声请复议事项"的职权；增加了对刑事判决执行的监督权和对侦查机关的侦查活动是否合法实行监督的职权。这两部法律的颁布以及在随后党的第八次全国代表大会路线的指引和推动下，我国检察制度得到了空前的发展，各项检察业务全面迅速地展开，在社会主义建设中发挥了重要的作用。1955 年底，全国各级检察机关已经基本建立起来，1956 年上半年，各级铁路、军事等专门人民检察院也基本建立。各级检察机关已全部担负起审查批捕、审查起诉工作，审判监督和执行监督以及监所检察监督工作也有所进展，并对检察机关参与民事诉讼的工作进行了试点。检察机关运用检察权，在保障国家实现过渡时期的总任务，保障社会主义事业的安全，侦查、起诉和宽大处理日本侵华战争犯罪分子等方面发挥了积极的作用，基本担负起了法律赋予它的职责。从 1954 年至 1957 年上半年这一时期，被称为我国检察制度发展史上的第一个"黄金时期"。

1957 年下半年开始至 1966 年，随着我国政治生活中"左"的思想的兴起，检察制度的发展遭受了严重挫折，对有关检察机关的法律监督职能、垂直领导体制等检察制度若干原则问题的认识出现了一定程度的混乱，检察机关一度与最高人民法院和公安部合署办公，这对检察制度后来的发展产生了很大的消极影响。这一时期是我国检察制度发展史上的第一个波折时期。

3. 1967 年至 1977 年是我国检察制度发展的中断时期。1966 年开始的"文化大革命"是中国社会发展史上的一次严重的社会动乱。1966 年 12 月 18 日，江青在接见红卫兵时，提出"公安部、检察院、最高人民法院都是从资本主义国家搬来的，是凌驾于党政之上的官僚机构，几年来一直是同毛主席对抗"。随后，全国检察机关迅速受到暴力冲击。1967 年 2 月 7 日，身为中央政法小组领导人、国务院副总理、公安部部长的谢富治提出：要从"政治、思想、理论、组织上彻底砸烂"公、检、法机关。到 1968 年全国各级检察机关的工作实际上被迫停止。1968 年 12 月，根据毛泽东主席批转的《关于撤销高检院、内务部、内务办三个单位，公安部、高法院留下少数人的请示报告》，最高人民检察院和军事检察院及地方各级人民检察院先后被撤销，人民检察制度由此中断。1975年1月17日，第四届全国人民代表大会第一次会议通过了第二部《中华人民共和国宪法》。该法第25条规定"检察机关的职权由各级公安机关行使"，肯定了撤销检察机关的事实。

4. 1978年党的十一届三中全会以来，我国检察制度步入重建和发展时期。1978年3月，第五届全国人民代表大会通过了我国的第三部《中华人民共和国宪法》，重新规定设置人民检察院，并对其性质、职权和领导关系作了原则规定。该法将检察机关的性质和职能规定为"最高人民检察院对于国务院所属各部门、地方各级国家机关、国家机关工作人员和公民是否遵守宪法和法律，行使检察权。地方各级人民检察院和专门人民检察院，依照法律规定的范围行使检察权"。这部宪法同时将检察机关的上下级"领导"关系改为"监督"关系。1979年修改宪法时，又将"监督"关系改为"领导"关系。1979年7月1日第五届全国人民代表大会第二次会议通过的《关于修正〈中华人民共和国宪法〉若干规定的决议》第8条规定："第四十三条第二款修改为：'最高人民检察院领导地方各级人民检察院和专门人民检察院的工作，上级人民检察院领导下级人民检察院的工作。'"

1979年7月，第五届全国人民代表大会第二次会议通过了我国第二部《中华人民共和国人民检察院组织法》，还颁布了《中华人民共和国刑法》、《中华人民共和国刑事诉讼法》等六部法律，我国的法制建设，包括检察制度的发展进入了一个新的时期。1979年《人民检察院组织法》吸收了1954年《人民检察院组织法》的基本内容，同时有了一些新发展。（1）它第一次明确规定了人民检察院是我国的法律监督机关。（2）在领导体制上，规定上级人民检察院领导下级人民检察院的工作，下级人民检察院同时对本级人民代表大会及其常委会负责并报告工作。（3）取消了"一般监督"职能。（4）完善了检察机关内部的民主集中制，即将检察长领导检察委员会工作改为检察长主持其工作，并明确了检察委员会少数服从多数的民主集中制原则。此外，对检察机关的职权、内部机构的设置等方面也作了相应的调整和补充。1982 年《中华人民共和国宪法》规定了"国家行政机关、审判机关、检察机关都由人民代表大会产生，对它负责，受它监督"，从而进一步明确了我国检察机关在国家机构中的地位及其与权力机关之间的关系。

从 1988 年到 1998 年这一时期是中国社会主义检察制度的快速发展时期。随着改革开放的深入和经济建设的飞速发展，重建后的检察机关也迎来了历史性的发展机遇。随着党和国家中心工作的转移，检察机关的业务工作重心也由过去一般的打击刑事犯罪向经济领域的反腐败工作重心的转移。具体表现为检察工作方针的提出、专门检察机关的设置、检察官制度的建立和检察业务工作的倾向性发展。①（1）检察工作方针的提出。第七届全国人民代表大会工作期间，最高人民检察院提出了"一要坚决，二要谨慎，务必搞准"的检察工作方针，把惩治贪污贿赂犯罪作为打击经济犯罪的第一位工作，充分发挥法律监督职能。第八届全国人民代表大会工作期间，最高人民检察院按照中央关于加大反腐败斗争力度的决策，提出了"严格执法，可抓办案，加强监督"的工作方针，并力争形成反腐败查办大案要案、打击严重刑事犯罪活动和执法监督三项工作为重点，带动检察工作全面发展的工作格局。反腐败作为中心工作是这一时期的工作特色。（2）专门机构的设置和检察官制度的建立。为了加强检察机关对贪污贿赂等腐败犯罪的查处，1988 年 3 月 8 日成立了全国检察机关第一个举报中心——深圳市经济罪案举报中心。1989 年 1 月 10 日最高人民检察院举报中心成立。1989 年 8 月 18 日，广东省人民检察院成立了全国检察机关第一个反贪污贿赂工作局，1995 年 11 月 10 日，最高人民检察院反贪污贿赂总局成立。这标志着检察机关惩治贪污贿赂工作逐步实现了正规化、专业化。1995 年 7 月 1 日《中华人民共和国检察官法》施行，这

---

① 朱孝清、张智辉主编：《检察学》，中国检察出版社 2010 年版，第 109 页。

标志着中国检察官制度的确立，使检察官走向了专业化、科学化管理的轨道。（3）检察业务工作重点向查处贪污贿赂案件方面倾斜。这一时期根据中央反腐败的决策，查处了一大批大案要案。

1996年3月17日，全国人大通过了《关于修改〈中华人民共和国刑事诉讼法〉的决定》，对我国刑事诉讼制度作了重大修改。其中对检察制度的内容尤其是检察机关在刑事诉讼中的职权和作用作了重要调整。新的《刑事诉讼法》规定了"人民检察院依法对刑事诉讼实行法律监督"的基本原则；加强了检察机关法律监督的范围、手段和程序；调整了检察机关自侦案件的范围以突出对职务犯罪行为的监督；废除了免予起诉制度，建立了酌定不起诉制度；强化了检察机关在刑事诉讼中的控诉职责；等等。这些修改，使得我国检察制度包括检察权的内容及其运行程序更加符合现代法治理念和司法规律，切实发展了我国检察机关的法律监督制度。

从1998年开始，中国特色社会主义检察制度进入了一个改革创新的发展时期。随着依法治国，建设社会主义法治国家战略目标的提出和国内国际经济发展变化的形势，检察制度进入了改革创新发展的时期。这一时期从创新检察工作方针的提出、检察体制和工作机制改革到检察队伍建设等方面都进行了创新发展。

（三）中国社会主义检察制度的基本特色

经过六十多年的发展，特别是党的十一届三中全会以来，中国社会主义检察制度基本完成了定型化的发展过程，成为中国特色社会主义制度的重要组成部分。现行中国检察制度是以马克思主义关于国家与法的理论、人民民主专政理论、人民代表大会制度理论、民主集中制理论和列宁的法律监督思想为指导建立和发展起来的。概言之，它是以马克思列宁主义在中国社会主义实践中形成的最新理论成果——中国特色社会主义理论体系为根本指导思想和理论基础的，是适应我国政权性质和政治体制、适应维护国家法制统一的需要、适应保障司法公正的需要建立和发展起来的，是在继承新民主主义革命时期检察工作的优良传统，吸收中国历史上政治法律制度的精华，借鉴国外检察制度建设经验的基础上，结合中国的实际情况建立和发展起来的，是中国特色社会主义检察制度。

特色是比较而言的，同一事物因比较的对象不同，而展现不同的特色。当代中国的检察制度，是社会主义性质的检察制度，具有社会主义制度的政治特性，因此有别于资本主义的检察制度。作为社会主义的检察制度，与其他社会主义国家的检察制度相比又具有许多自己的特色。

1. 检察机关在国家宪政结构中具有独立的宪法地位

中华人民共和国，是宪法所确认的人民民主专政的社会主义国家，这种国家性质，决定了它与其他非社会主义国家在国体上的根本区别，同时也导致了它在政体上不同于其他的、非社会主义的国家。在政体结构上，我国的一个最突出的特点，是不实行立法、行政、司法三权分立的分权与制衡政治体制，而以人民代表大会制度为基本政治制度。根据我国宪法的规定，检察机关在国家宪法层面的权力架构中具有独立的法律地位。表现为：一是检察机关是国家机构基本构成中的组成部分，是序列独立的国家机关，即单独设置，自成体系，而不是行政或审判机关的下属或附属机构。检察机关与其他国家机关的关系，除了权力机关以外，在宪法和法律上是一种并列的关系。二是检察机关对于权力机关具有上下位关系，即权力机关产生并监督检察机关，也就是说，检察机关的合法性地位由权力机关赋予，同时，应对其负责并向其报告工作。三是我国检察机关的性质是国家的法律监督机关。其工作职能由法律确定为实施法律监督，即在法律规定的范围内，运用法律规定的手段，通过对守法、执法、适用法律各个环节上严重违反法律的行为实行监督，并通过法定程序对具体案件或事件的合法性和公正性实行监督，以维护国家法律的统一正确实施。

中国检察机关的宪法地位与"三权分立"宪政制度下的国家的检察机关地位不同。在"三权分立"的宪政制度下，国家权力分别由立法机关、行政机关和审判机关行使，检察机关与立法机关、司法机关、行政机关不是同一层次的国家机构，往往隶属行政机关，在国家宪政结构中没有独立的宪法地位。

中国检察机关的宪法地位也不同于其他社会主义国家的检察机关。与苏联的社会主义检察制度相比，中国检察机关的法律监督具有以下特点：① 一是检察机关的法律监督是人大监督之下的专门监督，不是最高监督。苏联把检察长监督称为最高监督，其理由主要有两条：（1）从检察长监督的隶属关系和它与主管部门监督对比来说，认为检察长监督直接由最高国家权力机关授权，也是对那些本身拥有监督和监查权的国家机关是否遵守法律实行监督，因而是居于主管部门监督之上；（2）从检察长监督的范围和采取的监督形式来说，认为各部的监督只限于对其下级机关或在法律规定的一定范围内进行，而检察长监督则是对所有各部是否准确执行法律进行的，其范围远比其他监督广泛。按照我国的国家体制，最高国家权力机关监督宪法和法律的实施，是最高层次的监督。检察机关的法律监督职权来源于国家权力机关，受它的监督，因而并非"最高监督"。二是检察机关依法享有的监督权，不是"一般监督权"，而是法律监督权，即在法律规定范围内就法定事项的监督权。根据列宁的法律监督思想，苏联检察长有权对国家管理机关、企业、机关、组织公职人员和公民执行法律的情况实行监督，通过监督，使上述机关和组织发布的文件符合宪法和立法文件及政府决议，使公职人员和公民都准确、统一地执行法律。这种对机关、组织和个人所进行的"一般监督"是苏联检察监督制度的重要特点。我国现行宪法和人民检察院组织法没有规定人民检察院的"一般监督"职权。对行政决议和命令合法性的监督，由各级人民代表大会及其常务委员会进行。

2. 检察机关具有独立完整的组织体系和严密的组织结构

根据宪法的规定和授权，人民检察院组织法对全国各级检察机关的设置和组织原则等作出了明确的规定。这些规定体现了中国检察机关独特的组织特点：一是与人民代表大会制度、审级制度相对

---

① 龙宗智：《检察制度教程》，中国检察出版社2006年版，第92页。

应，按照行政区划原则建立起检察机关的组织体系。这既区别于苏联按照行政区划原则设置检察机关，也有别于两大法系国家按司法区域设置检察机关。二是实行由同级人大监督和上级领导下级的组织领导体制。按照宪法规定，全国检察机关由同级人民代表大会产生，对它负责，受它监督；在各级检察机关之间，实行最高人民检察院领导地方各级人民检察院和专门人民检察院的工作，上级人民检察院领导下级人民检察院工作的组织原则。这种体制既不同于苏联总检察长垂直领导地方各级检察长的组织体制，也有别于"两大法系"检察长受命于司法部长（法务部长），领导地方各级检察官的组织体制。三是严格的检察官任免程序。根据法律规定，各级人民检察院的检察长必须由同级人民代表大会选举或罢免，地方各级人民检察院的检察长的任免还必须由上一级人民检察院检察长提请同级人民代表大会常务委员会批准；各级人民检察院的副检察长、检察委员会委员、检察员必须由本院检察长提请同级人大常委会任免。这种严格的任免制度与其他国家检察官任免制度都有重大区别。四是内部决策机制上实行检察长负责制和检察委员会民主决策相结合的制度。根据人民检察院组织法的规定，检察机关实行检察长负责制，检察长统一领导检察院的工作。同时，各级人民检察院设立检察委员会，检察委员会实行民主集中制，在检察长的主持下，讨论决定重大案件和其他重大问题。这种决策机制既与资本主义国家大多实行检察官负责制不同，也与前苏联等社会主义国家大多实行检察长负责制相区别。五是检察机关的内部组织机构主要按照职权进行设置，各内设机构（侦查、批捕、起诉、诉讼监督）形成了在检察长统一领导下的分工合作、相互制约的关系，保证检察权的正确行使。分工合作与内部制约的紧密结合工作机制是中国检察机关在职权行使中区别于两大法系检察官独立行使职权的重要特点。

3. 检察机关以法律监督职能为核心，具有较为广泛的职权

我国法律对检察机关的职权作了明确的规定。根据这些规定，检察机关实施法律监督的范围和职权有：（1）对直接受理的刑事

案件进行立案侦查；（2）对刑事案件提起公诉；（3）对公安机关的侦查活动和警察的执行职务的行为进行监督；（4）批准和决定逮捕；（5）对刑事诉讼、行政诉讼和民事诉讼活动进行监督；（6）对监狱执行刑罚的活动、看守所的监管活动和劳动教养机关的活动进行监督；（7）最高人民检察院发布司法解释。这些职权都是检察机关履行法律监督的必要手段，是实施法律监督的具体形式。特别是检察机关对法院审判的实体、程序性违法实施法律监督，是许多国家检察机关一般不具有的职权。

4. 检察权的依法独立行使与完善的外部监督制约

我国《宪法》第 131 条规定："人民检察院依照法律规定独立行使检察权，不受行政机关、社会团体和个人的干涉。"人民检察院组织法和刑事诉讼法也作了相同的规定。人民检察院依法独立行使检察权是作为一项宪法原则规定的。我国检察权的独立行使与国外不同。在我国人民检察院依法独立行使职权，这种独立性，是一种集体独立，或称"官署独立"，而非个人独立即官员独立。应当说，在我国现时检察制度中，检察权的独立行使，主要是就检察机关而言，检察机关行使权力时，具有法律制度上的独立性。这种整体性独立，是以检察长负责制和检察委员会制度来保证的。在现行体制中，检察官受检察长领导，任何检察活动应服从检察委员会的决定，虽然检察官也是检察权行使的主体，但在法律制度上还没有确立检察官在检察机关内部的独立性，也就是说，法律还没有赋予检察官合法对抗行政指令权的能力。同时，诉讼法还是以人民检察院而非检察官为诉讼主体，检察官是检察院意志的执行者，其本身在诉讼法上还缺乏独立的地位。[①] 在国外，检察权独立行使除在检察一体制下检察机关独立行使检察权的集体独立形式之外，重要的是检察官的个体独立，即检察官为诉讼法上的主体，检察官具有独立行使诉讼行为的权利和能力。德国、法国、意大利、日本、韩国等国刑事诉讼法规定的诉讼主体都是检察官。在案件中承担检察职

---

① 龙宗智：《检察制度教程》，中国检察出版社 2006 年版，第 171 页。

能的检察官的诉讼决定具有诉讼法上的效力。即使是在上命下从的检察体系中检察官仍然具有相对的独立性。检察官可以以法制原则对抗指令权，有权根据公正原则，基于自己对案件公正的信念拒绝某些行政指令，以及在法庭上发表独立的诉讼意见等。

我国宪法和有关法律在肯定检察机关依法独立行使职权的独立性同时，也规定了检察权行使的制约与监督。

第一，检察机关相对于执政党与权力机关是不独立的，要受到党的领导和权力机关的监督。我国宪法和法律对检察机关独立性的表述是："人民检察院依照法律规定独立行使检察权，不受行政机关、社会团体和个人的干涉。"这一规定，要求检察机关"依照法律规定"独立行使检察权，也就是说，检察权的独立行使必须受到法律的限制。同时，宪法和法律只肯定了检察机关相对于行政机关的独立，而没有像俄罗斯检察院法一样，将权力机关也作为独立行使权力的相对方。只肯定了对于社会团体的独立性，却不包括政党（执政党）。这种对象与内容有限制的独立，是基于我国的国体与政体结构。由于我国实行人民代表大会制的基本政治制度，司法机关是由人民代表大会产生并对人民代表大会负责的国家机关。同时，在我国，中国共产党是全中国人民的领导核心，共产党在国家政治生活和政权组织中的领导地位在宪法中得以确认，因而司法机关也不能向共产党独立。然而，虽然独立行使司法权的原则未将权力机关与执政党作为独立的对象，但权力机关与执政党如何对司法机关实施监督与领导，并使监督、领导与司法机关的独立性相协调，却是一个需要解决及作出明确界定的问题。①

第二，检察机关要接受公安机关、人民法院等执法、司法机关的权力制约和诉讼参与人的权利监督制约。检察机关与侦查机关、审判机关在办理刑事案件中分工负责、互相配合、互相制约的关系是我国宪法确立的一项原则，是社会主义检察制度的重要内容之一，也是体现我国检察制度的中国特色的重要方面。我国《宪法》

---

① 龙宗智：《检察制度教程》，中国检察出版社 2006 年版，第 170 页。

第135条规定："人民法院、人民检察院和公安机关办理刑事案件，应当分工负责，互相配合，互相制约，以保证准确有效地执行法律。"刑事诉讼法和人民检察院组织法对此作了同样的规定。所谓分工负责，是指人民检察院、人民法院和公安机关依法有明确的职权分工，强调三机关应当在法定范围内行使职权，各司其职，各负其责，既不能相互替代，也不能相互推诿。互相配合，是指三机关在分工负责的基础上，相互支持，使案件的处理能够上下衔接，协调一致，共同完成查明案件事实，追究犯罪和保障人权的任务。互相制约，是指三机关应当按照诉讼职能的分工和程序上的设置，相互约束，相互制约，防止发生错误，及时纠正错误，以保证准确执行法律，做到不错不漏，不枉不纵。分工负责、互相配合、互相制约的原则，既不是仿效前苏联的，也不是借鉴西方国家的，而是在我国法制建设中发展起来的。它从刑事诉讼的角度规范和体现了我国基本的检警关系和检审关系：各司其职，互不隶属，但又互相配合，互相制约。在这种司法体制中，既不能简单地照搬"检警一体"模式，取代分工负责；也不能片面地强调审判独立，排斥检法之间互相制约。检察机关要完善接受公安、法院等执法、司法机关制约的程序，充分尊重其他执法机构的意见，依法接受制约，充分发挥我国社会主义司法制度的这种优越性。

检察机关还要受到诉讼参与人，尤其是律师及其委托人的监督，这既有利于保障当事人的权利，又有利于诉讼程序的合法、文明进行。要切实落实当事人权利义务告知制度，认真听取当事人及其委托的律师的意见。特别是对于反映检察机关侵犯当事人人身权利的意见和要求，更应当及时检查、严肃处理。积极推行检察文书说理制度，建立对不起诉、不抗诉案件的答疑说理制度和对重信、重访案件的公开听证制度，推行刑事申诉案件公开审查制度，自觉接受当事人的监督。

第三，检察机关要接受人民政协的民主监督。政治协商制度是我国的一项基本政治制度，"一府两院"的工作要接受政协的民主监督。民主监督是人民政协对国家宪法、法律和法规的实施，重大方针政策的贯彻执行、国家机关及其工作人员的工作，通过建议和批评进行的监督。要健全接受人民政协民主监督的制度和机制，确保人民政协、各民主党派和其他有关方面的民主监督畅通。一是健全检察机关与人民政协、各民主党派、工商联和无党派人士的有效沟通机制，主动通报工作情况，认真听取和研究人民政协提出的意见、批评和建议，认真办理政协委员对于检察工作的提案和建议；二是完善专家咨询委员制度，聘任不同领域的专家作为咨询委员，扩宽专家的知识覆盖范围，充分重视专家的意见，发挥专家的智力优势，帮助解决专业和疑难问题，增强自身处理复杂案件的能力；三是完善特约检察员工作机制，充分发挥特约检察员联系广泛、智力密集的特色和优势，适当增加特约检察员的人数，拓展特约检察员参与和监督检察工作的广度和深度；四是探索实行专家学者挂职制度，把外部监督引入决策层面，使监督更加直接和深入。

第四，检察机关要接受人民群众的监督和舆论监督。人民群众和新闻舆论对国家权力的监督，是民主政治的必然要求。检察工作的根本目的是为人民服务，必须保持同人民群众的血肉联系，争取最广大人民群众的支持。接受人民群众的监督，不断改进检察工作是保持检察工作与人民群众密切联系和争取人民群众支持的重要保证。检察机关不断建立、健全接受人民群众监督、舆论监督的制度和机制：一是全面推行人民监督员制度。人民监督员是人民群众对检察权行使进行监督的特殊形式。人民检察院办理职务犯罪案件，按照规定的程序和范围接受人民监督员的监督。近年来，检察机关试行人民监督员制度，作为社会监督的一种形式，对检察工作特别是对直接受理案件的撤销案件和不起诉决定的监督取得了明显的效果，既提高了检察工作的社会公信力，又促进了办案质量和执法水平的提高。当前还要进一步完善和规范人民监督员的产生方式、职责权限、组织形式和监督程序，推动人民监督员制度的规范化、法律化，全面推行人民监督员制度。二是建立举报制度和"检察长接待日"制度，热情接待人民群众的来信来访，认真处理对检察干警的投诉。三是建立刑事申诉案件、不起诉案件、民事行政抗诉案件等公开审查程序，让人民群众知情，增大办案透明度，接受人民群众监督。四是实行办案人员执法执纪情况征求意见和案件回访等制度，听取发案单位、案件当事人、律师及其他群众对检察干警执法情况的意见。五是完善群众评判检察工作机制，积极探索委托社会调查机构组织群众满意度测评，自觉接受群众评判监督。六是继续完善检务公开制度，增强法律监督工作的透明度，保障人民群众对检察工作的知情权、参与权和监督权，提高执法的公信力。七是规范检察信息新闻发布制度，加大检察信息发布力度，对社会关注的案件和检察工作的重大举措以及依照有关规定应当向社会公开的其他信息，通过新闻发布会、记者招待会、新闻通稿、检察院公报等形式向媒体及时发布相关信息，增强透明度，赢得社会各界的理解和支持。完善对新闻媒体反映的检察机关及检察人员在执法活动中存在的违法违纪问题，必须认真核实，及时处理等等。

曹建明检察长在第十三次全国检察工作会议上，更加明确提出了加强自身监督的极端重要性，要求牢固树立监督者必须接受监督的观念，切实把强化自身监督摆到与强化法律监督同等重要的位置，完善对检察权的监督制约制度，保障检察权为民所用，保障检察权行使的正当性、合法性和公正性。

第四章　检察机关

一、检察机关的机构设置和领导体制

检察权作为一项国家权力，需要通过一定的载体来实现。检察机关的组织结构就是检察权有效运行的组织载体，是检察制度的重要内容。检察机关的组织结构是指检察系统各级人民检察院之间、人民检察院内设机构之间及其与检察人员之间的基本关系。它使检察机关形成一个有机的组织体系，保证检察权的有效运作。

（一）检察机关设置的原则

各国宪政体制、文化传统的差异，使各国检察组织系统的设置模式不一，检察机关设置的原则也各不相同，当然，也有一些多数国家共同遵循的原则，如检察一体原则等。在我国，人民检察院组织法第 2 条和第 3 条规定了人民检察院设置的方式，但没有规定设置的原则。我们认为，检察机关设置的原则归纳起来主要有以下三项：

1. 依法设置原则。法治是现代国家权力设置的基本准则，它要求任何国家权力的设立、配置、运作都要依法进行。现代各国检察机构的设置也都是依照一定的法律规范，而且通常以宪法中关于国家机构的规定为基本规范，通过检察院组织法、司法组织法、法院组织法或政府组织法等，对检察机关的组织体系作出明确的规定。检察机关组织系统依法设置，也须依法变更或撤销，而不能超越法律随意改变、增加或减少。包括各种专门检察院、检察院派出机构的设置和变更，也必须遵循法律、法令的明确规定。检察机关组织系统设置上所体现出的法定性与规范性，是依法治国及国家权力依法行使原则的重要体现。

2. 与审判机关对应设置原则。从检察机关履行的职能看，检察活动主要是在诉讼过程中，围绕控诉职能和监督职能进行的，因此必然与审判机关有对应关系。所以，各国一般都实行检察机关与审判机关对应设置的原则。不过，这种对应设置有不同的表现形式，多数是审检分立，对应设置。

3. 按区域设置兼顾实际需要原则。检察机关一般按照行政区域或司法区域设置。这种设置方式与刑事案件的地域管辖相适应，有利于划分纵向的和横向的检察机关的区域管理范围，有利于及时有效地处理案件。同时，在一些由地方选举或任命检察长和检察官的国家或地区，按区域设置便于检察长和检察官的产生。按行政区域设置检察机关是一个基本原则，诸多国家如俄罗斯、日本的地方检察系统等，均按行政区划设置。也有些国家如美国联邦检察系统是按司法区域设置，可能跨行政区划，或在一个行政区划中设多个检察机关，以区别于行政区域。

按区域设置是一般原则，但为适应社会变化和检察工作的实际需要，检察机构设置也可能作出某些调整，或设置某些特别的检察功能单位，如专门检察院、临时检察机构、派出检察机构等。

（二）中国检察机关的设置

我国宪政制度的特殊性决定了我国检察机关的组织结构和设置具有自己的特色。我国检察机关的设置遵循一些各国共通的依法设置、按行政区划设置、与审判机关对应设置，以及根据检察工作需要设置的原则。但是在贯彻这些原则时，我国又结合了自己的政治体制，如在按行政区划设置时又要与人民代表大会制度结合，建立了四级检察机关。各级人民检察院在其管辖的区域内开展工作。人民检察院与人民法院对应设置，适应了我国司法审判制度的特点，有利于诉讼活动及时、顺利地进行。根据行业、区域、单位的特点和检察工作的实际需要设置专门人民检察院和派出机构，有利于检察工作的开展。

根据我国宪法和人民检察院组织法的规定，现行检察机关的具体设置如下：

1. 最高人民检察院

最高人民检察院是中华人民共和国最高检察机关，由最高国家权力机关全国人民代表大会产生，对全国人民代表大会及其常务委员会负责并报告工作。

最高人民检察院依法行使下列职权：

（1）领导权。最高人民检察院领导地方各级人民检察院和专门人民检察院工作，有权指导、部署和检查地方各级人民检察院的工作，有权制定检察工作条例、规则和规范性文件。

（2）司法解释权。根据法律授权，最高人民检察院对检察工作中如何具体应用法律有司法解释权。这种解释对各级人民检察院具有普遍的约束力。

（3）检察权。最高人民检察院依法行使法律赋予检察机关的各项检察权，包括按照管辖范围和管辖级别，侦查直接受理的刑事案件；对国家公安机关、安全机关的侦查活动是否合法实行监督；对有关全国性的或具有重大影响的重大刑事案件，向最高人民法院提起公诉并支持公诉；对法院审判活动是否合法实行监督；对各级人民法院已经发生法律效力的判决和裁定，如发现确有错误，有权按审判监督程序提出抗诉；对刑事案件判决和裁定的执行实行监督，对监狱、看守所和劳动改造机关的活动是否合法实行监督。

（4）干部管理权。最高人民检察院按照法律规定的权限管理检察机关干部，对有关检察人员有提请任免的权限，以及协同国家编制委员会确定全国检察机关的人员编制，主管检察官等级评定等工作。

（5）对违宪或违法的行政法规、地方法规等的提请审查权。

最高人民检察院由检察长1人、副检察长和检察员若干人组成，设立检察委员会、若干检察厅和其他业务机构。

2. 地方各级人民检察院

地方各级人民检察院为以下各级检察机关：

（1）省、自治区、直辖市人民检察院；

（2）省、自治区、直辖市人民检察院分院，自治州、省辖市人民检察院；

（3）县、市、自治县和市辖区人民检察院。

省级人民检察院和县一级人民检察院，根据工作需要，提请本级人民代表大会常务委员会批准，可以在工矿区、农垦区、林区等区域设置人民检察院，作为派出机构。

地方各级人民检察院由其同级人民代表大会产生，对同级人民代表大会及其常务委员会负责并报告工作。地方各级人民检察院接受最高人民检察院领导，下级人民检察院接受上级人民检察院领导。地方各级人民检察院与地方各级审判机关的设置相一致。

地方各级人民检察院按照法律规定的管辖范围和权限，行使下列各项检察权：侦查直接受理的刑事案件；对侦查机关的侦查活动是否合法实行监督；对受理的刑事案件向同级人民法院提起公诉并支持公诉；对人民法院的审判活动是否合法实行监督；在刑事诉讼中，对同级人民法院第一审案件的判决、裁定认为确有错误时，按照上诉程序提出抗诉；上级人民检察院对下级人民法院已经发生法律效力的判决、裁定，如发现确有错误，按审判监督程序提出抗诉；监督人民法院的判决、裁定的执行，对监狱、看守所和劳动改造机关的活动是否合法实行监督。此外，上级人民检察院对下级人民检察院还具有领导权。

地方各级人民检察院设检察长1人，副检察长和检察员若干人，设立检察委员会，并设若干检察业务机构。

3. 专门人民检察院和派出人民检察院

（1）专门人民检察院

专门人民检察院是在特定的组织系统内设置的检察机关，以其专属的管辖权和所保护的特定社会关系而有别于其他检察机关。我国设置的专门人民检察院是军事检察院。

军事检察院是国家设置在人民解放军系统的法律监督机构，属于军队建制，是我国检察机关的组成部分，在最高人民检察院和解放军总政治部领导下工作。军事检察院的职权是对军职人员的犯罪案件行使检察权，按照专属管辖权的原则，受理现役军人、军队文职人员和在编职工的犯罪案件，按照刑事诉讼法和军委有关文件的规定，对上述人员的贪污、贿赂犯罪，侵权、渎职犯罪以及利用职务实施的违反军人职责的犯罪实施侦查，对军队保卫部门侦查的刑事案件审查批捕和审查起诉，依法对军队保卫部门、军事审判机关实施侦查监督、审判监督以及刑罚执行监督。

按照地区设置和系统设置相结合的原则，军事检察院设置分为三级，即中国人民解放军军事检察院；大军区、空军、海军军事检察院；地区军事检察院、空军军一级军事检察院和海军舰队军事检察院。各级军事检察院的检察委员会由同级政治部批准组成。

（2）派出人民检察院

派出人民检察院，是省一级和县一级人民检察院根据人民检察院组织法和检察工作需要，在特殊区域或场所设置的派出机构，如在监狱、劳教场所、林区和工矿区设置的人民检察院。设置派出机构，需由有关的省或县级人民检察院提请本级人民代表大会常务委员会批准。人民检察院对其派出机构实行领导，并按法定程序任免检察人员。

第九届全国人大常委会第六次会议于 1998 年 12 月 29 日通过了《全国人民代表大会常务委员会关于新疆维吾尔自治区生产建设兵团设置人民法院和人民检察院的决定》，规定新疆维吾尔自治区人民检察院在生产建设兵团设置新疆维吾尔自治区生产建设兵团人民检察院、新疆维吾尔自治区生产建设兵团人民检察院分院、农牧团场比较集中的垦区的基层人民检察院，作为自治区人民检察院的派出机构。新疆维吾尔自治区生产建设兵团人民检察院领导生产建设兵团人民检察院分院以及基层人民检察院的工作。

铁路运输检察院是国家设置在铁路运输系统的检察机构，是我国检察机关的组成部分。铁路运输检察院由铁路运输检察分院、基层铁路运输检察院组成，由所在的省、自治区、直辖市人民检察院领导。其基本任务是按照法律规定行使检察权，打击和防范在铁路运输系统所辖区域中（包括铁路沿线、列车、车站、铁路企业事业单位等）发生的各种违法犯罪活动和铁路工作人员危害交通运输的违法犯罪活动，维护国家的法律、法令在铁路运输系统统一实施，维护铁路运输秩序、生产秩序和工作秩序，保护铁路财产和铁路运输物资不受非法侵害，保护旅客和铁路职工的人身权利、民主权利和其他权益不受侵害。

1954 年和 1979 年的人民检察院组织法，把铁路检察院规定为专门检察机关。1983 年修订人民检察院组织法时，考虑到铁路系统要逐步改制为企业，删除了铁路运输检察院作为专门检察院的内容，此后对铁路运输检察院作为派出检察院管理。实践证明，根据检察工作的特点和要求，设置检察院派出机构是必要的。检察院派出机构是检察院组织系统中的组成部分，在一些特定区域、行业和单位发挥了重要的法律监督职能作用。但是，随着依法治国进程的推进，检察院派出机构的现行管理体制已经严重不适应新形势的要求，问题和弊端日益显现。检察院派出机构的设置比较混乱，不规范；派出机构的设置权限不清，审批不规范；派出机构的经费由所住单位承担，缺乏有效保障；多数派出机构由企业负责办、负责管理的体制，造成派出机构在执法中难以克服和抵制部门保护主义，妨碍甚至破坏国家司法制度的统一性和权威性。① 改革检察院派出机构的管理体制，将检察院派出机构纳入国家统一司法管理体系，成为司法体制改革的重要内容之一。2004 年《中央司法体制改革领导小组关于司法体制和工作机制改革的初步意见》提出："改革现行铁路、交通、民航、林业、石油、农垦、矿山等部门、企业管理公安机关、人民检察院、人民法院的体制，纳入国家司法管理体系。"根据中央精神，铁路公安机关、人民检察院、人民法院一次性整体纳入国家司法管理体系。2008 年《中央政法委关于深化司法体制和工作机制改革若干问题的意见》，又改革完善了政法经费

---

① 参见童建明、万春主编：《中国检察体制改革论纲》，中国检察出版社 2008 年版，第 398～399 页。

保障体制，建立明确责任、分类负担、收支脱钩、全额保障的体制，解决了派出检察机构的经费保障问题。派出机构完成管理体制改革之后，将发挥越来越重要的作用。

（三）中国检察机关的领导体制

检察机关领导体制，是指由上下级检察机关之间，以及检察机关与对检察机关有官员任免、业务指挥及工作监督权限的其他国家机关之间形成的组织关系。检察机关的领导体制是检察权有效行使的组织保障。由于检察业务及检察机关所具有的一定意义上的行政性，检察机关的隶属性体制是检察制度建设中的常态。不过，各国检察机关的领导体制，由于其性质、法律地位、工作任务以及政治制度与司法制度的特征等因素影响，又呈现出自身的特点。大致可分为以下几种类型：① （1）不依附于行政机关的垂直领导体制。这种领导体制的主要特点是：上级检察机关领导下级检察机关，最高检察机关领导各级检察机关；检察机关不受政府和地方权力机关的领导，仅在最高一级对国家权力机关负责。如英国、意大利以及一些属于大陆法系类型的检察机关，成独立建制而不依附于行政机关。属于社会主义检察制度类型的前苏联、东欧多数国家及越南、朝鲜等国也实行上述独立性体制。（2）对行政机关有一定附属性的垂直领导体制。多数大陆法系检察机关以及英美法系部分检察机关在行政机关体制内实行垂直领导体制。这种体制可分为两个部分：一是检察机关内部，上下级机关之间具有领导指挥关系；二是最高检察机关与作为其上级的行政机关之间，具有受监督和特定情况下接受指挥的关系。检察机关与其上级行政机关之间的这种关系，被认为是检察活动正确反映国家意志，防止行使检察权中出现失误的需要。日本是这一体制的代表。（3）双重领导与监督体制。这种体制的特点是检察机关既要受同级国家权力机关或政府的领导

---

① 参见龙宗智：《检察制度教程》，中国检察出版社 2006 年版，第 115 ~ 116 页。

或监督，同时又要受上级检察机关的领导。如法国检察机关属于政府系统，行使具有行政性质的权力，但派驻于法院内，检察官受上级检察机关和同级司法行政长官的双重领导。又如前南斯拉夫，根据前南斯拉夫宪法和法律的规定，南联邦检察长同其他检察长的关系，按照联邦制原则以及联邦、共和国、自治省分权的原则确定。除各级检察院的正、副检察长由相应的议会任免并在工作中对议会负责外，上级检察长有权力就有关行使职权的问题，向下级检察长发出有约束力的训令；上级检察长应当监督并考察下级检察长的工作，并有权从下级检察长那里提取特定的案件由自己直接办理。

（4）多元化体制。如美国检察机构，在联邦和州分别设立检察机关，二者没有隶属关系。联邦司法部长即总检察长对派往各司法管辖区执行职务的联邦检察官有一定的指挥权，但无权指挥地方检察官。地方州和市镇一级检察官办事处各自独立，检察官由普选或任命方式产生，对本地区选民或任命机关负责，但与当地行政当局或议会通常并无隶属关系。这种体制与美国特有的分权制相适应，但就一般意义而言缺乏普遍适用性。

我国检察机关的领导体制，新中国成立以来经历了多次变化。1949 年 12 月《中央人民政府最高人民检察署试行组织条例》第 2 条明确规定："全国各级检察署均独立行使职权，不受地方机关干涉，只服从最高人民检察署之指挥。"这表明我国检察机关在建立之初实行的是垂直领导体制。

1951 年 9 月公布的《各级地方人民检察署组织通则》将检察机关的领导体制由垂直领导型改为双重领导型，即各级地方人民检察署受上级人民检察署的领导，同时，各级地方人民检察署（包括最高人民检察署）为同级人民政府的组成部分，受同级人民政府委员会的领导。

1954 年 9 月通过的《中华人民共和国宪法》和《中华人民共和国人民检察院组织法》恢复了检察机关垂直领导体制，规定地方各级人民检察院独立行使职权，不受地方国家机关的干涉；地方各级人民检察院和专门人民检察院在上级人民检察院的领导下并且一律在最高人民检察院的统一领导下进行工作。

1966年5月开始的"文化大革命",使国家法制遭受严重破坏。在这场动乱中,检察制度的发展被中断,机构被撤销,人员被遣散。1975年1月17日,第四届全国人民代表大会第一次会议修正并通过了第二部中华人民共和国宪法。《宪法》第25条规定,"检察机关的职权由各级公安机关行使",使检察机关被非法撤销的事实被国家根本法确认。

1976年10月"文化大革命"结束,中国历史发生重大转折,国家开始步入民主与法制建设的轨道,人民检察制度因而获得新生。1978年3月,第五届全国人民代表大会第一次会议通过了修改后的《中华人民共和国宪法》。在该法第43条中,对检察机关的职权和领导关系作了原则规定。它肯定了1954年宪法所确定的审检并立体制以及检察机关对国家机关、国家机关工作人员和公民是否遵守宪法和法律行使检察权的职能,但在领导体制上未沿用1954年宪法的垂直领导的规定,而采取了上级检察院监督与地方领导结合的体制。

1979年7月制定的《中华人民共和国人民检察院组织法》将检察机关上下级之间的监督关系改为领导关系。该法第10条规定:"最高人民检察院对全国人民代表大会和全国人民代表大会常务委员会负责并报告工作。地方各级人民检察院对本级人民代表大会和本级人民代表大会常务委员会负责并报告工作。最高人民检察院领导地方各级人民检察院和专门人民检察院的工作,上级人民检察院领导下级人民检察院的工作。"检察机关实行这样的领导体制,有利于"保证检察院对全国实行统一的法律监督"。1982年宪法确认了这种领导体制,也就是我国现行的检察机关领导体制。

1. 检察机关必须接受权力机关的监督

在我国,一切权力属于人民,人民行使国家权力的机关是全国人民代表大会和地方各级人民代表大会。检察机关由人民代表大会产生,对它负责,受它监督。国家权力机关与检察机关之间的核心关系是监督关系。人民代表大会监督检察机关和检察工作的途径,主要是行使设置权、授命权、监督权、批准权、人事任免权、重大问题决定权、视察权、质询权、特定问题的调查权等权力。权力机关监督检察机关工作的主要方式是听取和审议检察机关的工作报告、执法检查和代表视察、工作评议和执法评议、对重大违法案件实施监督、督促执法责任制和错案追究制的落实、决定检察机关提交的重要事项等。

2. 检察系统内部实行最高人民检察院领导地方各级人民检察院和专门人民检察院工作，上级人民检察院领导下级人民检察院工作的体制

现行《宪法》第 132 条第 2 款、《人民检察院组织法》第 10 条第 2 款、《检察官法》第 5 条都规定了"最高人民检察院领导地方各级人民检察院和专门人民检察院的工作，上级人民检察院领导下级人民检察院的工作"。这种体制对于保证全国检察机关集中统一行使检察权，有效监督法律的统一正确实施，维护国家法制统一具有重大意义。上级人民检察院领导下级人民检察院工作的主要方式有：（1）了解工作情况，包括调查研究、指令作专题汇报等。（2）通过指示、批复、规范性文件指导工作。（3）检查执法工作情况和落实有关指示、要求的情况。（4）领导办案，包括案件调取、交办、决定管辖和指挥、协调办案。（5）指令纠正或撤销下级人民检察院不正确的决定。（6）备案、报批制度。检察院查办的重大案件应按照规定报送上一级检察院备案，上级检察院有权提出指导和纠正意见；下级检察院变更或撤销由上级检察院批准的逮捕措施时，应当报经原批准逮捕的人民检察院同意。（7）本级人民代表大会常务委员会提出建议，撤换下级人民检察院的检察长、副检察长和检察委员会委员。最高人民检察院除制定全国检察机关的人员编制外，其特有的领导下级人民检察院的权力主要是司法解释权。最高人民检察院对检察工作中如何具体适用法律问题所作的解释，对全国各级人民检察院都具有约束力。

检察机关上下领导关系的一个重要体现，就是上级检察院对下级检察院开展业务工作的指挥、指导和监督。近些年来，检察机关

不断强化上下级之间的这种领导关系，进一步健全了上级人民检察院对下级人民检察院办理案件的监督机制。如明确规定被害人、公安机关不服不起诉决定，向上级检察机关申诉或提请复核的，上级检察机关应当及时受理申诉和进行复核；强化上级人民检察院对下级人民检察院办案工作的管理控制机制，完善省级以下人民检察院办理职务犯罪案件的备案、批准制度。省级以下人民检察院办理职务犯罪案件的立案，要报上一级人民检察院备案审查，决定撤案、不起诉由上一级人民检察院批准；改革完善检察机关办理职务犯罪案件的审查逮捕程序，实行省级以下人民检察院立案侦查的案件，需要逮捕犯罪嫌疑人的，由上一级人民检察院审查决定；上级检察院有权直接或指令纠正下级检察院的错误决定；等等。

总结我国检察机关领导体制建设上的经验教训，应当看到，我国宪法规定的检察机关现行的领导体制，是总结长期历史经验形成的，符合我国国情，是中国特色社会主义检察制度的重要组成部分，基本适应了检察工作的特点和现实需要。但是，这种领导体制在实践中也存在一些问题，如检察一体化的程度比较低，人、财、物的管理体制还不能为检察工作提供充分的保障，等等。这些问题有待于进一步的完善。

二、检察机关的法律地位与外部关系

（一）中国检察机关在宪政结构中的定位

在分权制衡的宪政结构中，国家权力被划分为三种权力，即以议事、决策和立制为特征的立法权，以命令、统筹和执行为特征的行政权，以协调、中立和裁判为特征的司法权。在这三种权力中，检察权究竟属于行政权还是司法权，虽然理论上长期以来都存在争议，但实践中一般隶属于行政机关，在大陆法系则比较强调其司法属性，被称为"准司法机关"，所以在三权分立的宪政结构中检察机关没有独立的宪法地位。

在中国，人民代表大会制度是我国的根本政治制度。在人民代表大会制度中，人民代表大会即国家权力机关在整个国家机构体系中居于主导和支配地位，国家行政机关、审判机关和检察机关都由它产生，对它负责，受它监督。如果说在三权分立的宪政结构中国家权力呈现出一个平面三角形的话，那么在人民代表大会制的宪政结构中，国家权力则呈现出一个立体三角形。人民代表大会居于三角形的顶端，统一行使国家权力以保证国家权力的完整性。在人民代表大会之下，分别设立国家的行政机关、审判机关和检察机关，分别行使国家的行政权、审判权和法律监督权。在这样的宪政结构中，检察机关就有了独立的宪法地位。检察机关作为国家的法律监督机关，在人民代表大会制中，是隶属于人民代表大会，与国家行政机关、审判机关并行的国家机关，享有独立的法律地位。

在人民代表大会制度中，行政机关、审判机关和检察机关都由国家权力机关产生，对它负责，受它监督。这是一个必要的监督机制。但是，仅有这一个监督机制是不够的。人民代表大会作为国家的权力机关肩负着繁重的任务，它对行政权和审判权的监督，主要是通过人事任免、听取和审议工作报告、就重大事项作出决定等方式进行的，不可能全面、具体地进行日常的监督，也不宜直接介入、取代或启动行政处罚程序和司法审查程序。因此，设立检察机关作为与行政机关、审判机关平行的法律监督机关，专门行使法律监督权，是加强国家权力机关监督职能必要的制度安排。从这个意义上说，法律监督职能是国家权力机关监督职能的延伸，是其派生的、执行性的监督职能。换言之，我国检察机关的法律监督职能是从人民代表大会的监督职能中派生出来的。这就决定了检察机关与国家权力机关的关系，这种关系集中表现在以下三个方面：

1. 检察机关是由人民代表大会产生的法律监督机关

按照宪法第 3 条的规定，检察机关由人民代表大会产生。这意味着检察机关的机构设置和职权必须由人民代表大会通过法律予以规定，检察机关的领导成员必须由人民代表大会及其常委会选举或任命产生，检察机关行使职权的活动必须以人民代表大会及其常务委员会制定的实体法和程序法为依据。正如宪法中规定的，全国人民代表大会选举最高人民检察院检察长；全国人民代表大会常务委员会根据最高人民检察院检察长的提请，任免最高人民检察院副检察长、检察员、检察委员会委员和军事检察院检察长，并且批准省、自治区、直辖市的人民检察院检察长的任免；县级以上的地方各级人民代表大会选举并且有权罢免本级人民检察院检察长，选举或者罢免人民检察院检察长，须报上级人民检察院检察长提请该级人民代表大会常务委员会批准。检察机关的这种产生机制，就决定了检察机关与国家权力机关的关系和检察机关在宪政结构中的地位，即检察机关是一个隶属于国家权力机关的国家机关，其法律地位居于人民代表大会之下，其职权和活动永远都不能超越人民代表大会的授权范围。

2. 检察机关必须向人民代表大会负责，接受人民代表大会的监督

检察机关既然是由人民代表大会产生的，它就理所当然地要向人民代表大会负责并受人民代表大会的监督。宪法在规定检察机关依法独立行使检察权的同时，也规定：全国人大常委会的职权之一是"监督国务院、中央军事委员会、最高人民法院和最高人民检察院的工作"。因此，人民代表大会及其常委会对检察机关的工作具有监督权也是一项毋庸置疑的宪法原则。全国各级检察机关和全体检察人员要树立接受人大监督的意识，自觉地把自己的工作置于人大的监督之下。

人民代表大会监督检察机关的工作，除了审议检察机关的工作报告、任免检察机关的组成人员、审查检察机关作出的司法解释之外，一个很重要的方面就是对检察机关所办理的案件提出质询或者交办具体案件。这种质询或交办并不是要干涉检察机关依法办理案件，并不意味着检察机关必须按照人大的意见来办理具体案件，而是为了促使检察机关依法对具体案件进行审查，保障检察机关严格依法办理案件。

3. 检察机关是独立的国家机关，依法独立行使检察权

检察机关虽然隶属于国家权力机关，但是它又具有一定的独立

性。这种独立性突出地表现在两个方面：一是机构设置上的独立性；二是行使职权时的独立性。

由于检察机关在宪政结构中享有独立的法律地位，所以检察机关作为国家结构中一个独立的系列，设立了统一的机构并具有完整的组织体系。《宪法》第 130 条规定："中华人民共和国设立最高人民检察院、地方各级人民检察院和军事检察院等专门人民检察院。……人民检察院的组织由法律规定。"这就从组织结构上保障了检察机关在机构设置上的独立性。

除了机构设置上的独立性之外，宪法还确立了检察机关依法独立行使检察权的原则，强调检察权行使的独立性。1954 年 9 月 20 日第一届全国人民代表大会通过的《中华人民共和国宪法》第 83 条规定："地方各级人民检察院独立行使职权，不受地方国家机关的干涉。"1982 年 12 月 4 日第五届全国人民代表大会通过的《中华人民共和国宪法》第 131 条专门规定："人民检察院依照法律规定独立行使检察权，不受行政机关、社会团体和个人的干涉。"这些规定，以根本大法的形式确立了人民检察院依法独立行使检察权的宪法原则。

为了强调检察机关依法独立行使检察权的重要性，1954 年人民检察院组织法和 1979 年颁布、1983 年修订的人民检察院组织法，1979 年颁布、1996 年、2012 年修订的刑事诉讼法和 1995 年颁布、2001 年修订的检察官法都重申了依法独立行使检察权的宪法原则。

当然，依法独立行使检察权绝不意味着检察机关可以不受监督和制约，更不意味着检察机关可以为所欲为。独立行使职权是有前提的，即必须按照法律规定的程序在法律规定的范围内活动。而且，独立行使检察权只是相对于审判机关、行政机关、社会团体和个人而言的，检察机关不能以独立行使检察权为由，拒绝或排斥执政党的领导和人民代表大会的监督。

（二）检察机关在诉讼结构中的定位

检察机关作为法律监督机关的地位，不仅表现在国家政治体制中，而且表现在司法体制和各种诉讼程序中。检察机关在国家政治体制中是专门的、独立的法律监督机关，在司法体制和诉讼程序中是履行法律监督职能的司法机关。检察机关在政治制度和司法制度中都定位为法律监督机关，这是法律监督一元论的必然要求。但是，检察机关在政治制度和司法制度中的角色和功能以及发挥作用的途径是不同的，必须与其活动的具体环境和条件相适应，必须遵循政治规律和司法规律。检察机关在司法体制和诉讼程序中的地位是其在国家政治体制中的地位的反映和体现，其司法职能或诉讼职能是法律监督职能的重要实现途径和方式。我国的政治体制特别是党的领导和人民代表大会制度决定了我国司法体制和诉讼程序的性质和特点：公安机关、检察机关和审判机关在党的统一领导和人民代表大会的监督下，在办理刑事案件中，实行分工负责、互相配合、互相制约；各机关内部实行民主集中制。

检察机关在诉讼结构中的定位是履行法律监督职能的司法机关。在刑事诉讼中，检察机关负有对职务犯罪立案侦查、对公安机关的侦查活动进行监督、审查逮捕、提起公诉和出庭支持公诉、对确有错误的判决裁定进行抗诉、监督刑罚的执行等职责。在民事诉讼和行政诉讼中，按照现行的法律规定，检察机关负有对民事诉讼活动和行政诉讼活动实行法律监督的职责以及对人民法院已经发生效力但确有错误的判决、裁定提出抗诉的权力。随着社会主义市场经济的发展和法制建设的推进，检察机关在民事诉讼、行政诉讼中的作用还会进一步加强。

我们必须看到，诉讼程序属于司法的范畴，是社会主义法制的一个环节。检察机关在诉讼程序中的职能和地位只是检察机关在国家政体中的地位的一个方面的表现，与检察机关在政体中的地位有一定的相关性甚至存在内在的联系。但是，检察机关在诉讼中的具体角色和作用毕竟具有一定的特殊性。首先，检察机关在诉讼程序中的地位和角色要适应诉讼结构合理化的趋势和需要，也只有在尊重司法规律的前提下，检察机关才能更好地发挥职能作用。其次，我们应当认识到政体结构与诉讼结构是两个不同层面的问题（诉讼制度从属于司法制度，而司法制度又从属于政治制度）。它们之间既有联系，即诉讼结构是政体结构的派生物，从属于政体结构；也有区别，即诉讼结构和政体结构分别调整不同性质和不同内容的权力关系，因而必须遵循不同的规律和要求。因此，我们不能以检察机关在政体结构中的地位代替或者否定检察机关在各种诉讼程序中的地位，也不能以检察机关在诉讼程序中的地位代替或者否定检察机关在国家政体中的地位。同时，我们也要看到检察机关在政体结构中的地位与其在诉讼程序中的地位之间的内在联系，即法律监督是检察机关一切职能活动的共同特点和基本定位。

正确认识检察机关在诉讼结构中的定位，关键是正确认识检警关系和检审关系。近年来，法学理论界对检警关系和检审关系进行了许多思考，提出了一些构想，其出发点都是为了进一步理顺公、检、法三机关在诉讼中的关系，更好地实现司法公正。但是，我们认为，探讨检警关系和检审关系，不能脱离我国的根本政治制度和法治建设的实际情况，不能离开宪法的规定。其中，宪法关于检察机关法律地位的规定和关于"人民法院、人民检察院和公安机关办理刑事案件，应当分工负责，互相配合，互相制约，以保证准确有效地执行法律"（第135条）的规定，是理解和理顺检警关系和检审关系的宪法基础。我们必须遵循宪法的规定和精神，根据我国政体的特点来探讨和解决检警关系和检审关系方面存在的问题。

1. 检警关系

检警关系，即检察机关与公安机关在刑事诉讼中的关系。人们关于检警关系的讨论，重点是在刑事诉讼的审前程序中如何处理公安机关的侦查活动与检察机关的批捕、公诉活动之间的关系。

从国外有关检警关系的制度设计上看，检察机关与警察（公安）机关的关系主要有两种模式：一是警检分立模式，即检察机关与警察机关各自独立，分工负责，互不干涉，警察机关全面负责刑事案件的侦查工作，检察机关不得干涉侦查活动；警察机关侦查完毕，将案件移送检察机关审查起诉。二是警检合一模式，即警察机关的侦查活动原则上被视为检察机关公诉活动的一个组成部分，警察的侦查活动在法律上完全听命于检察官，在侦查活动的任何阶段，只要检察官出现，警察的侦查活动就要受检察官的指挥，从而形成一个统一而不可分割的控方阵营。

在我国，按照宪法第 135 条的规定和刑事诉讼法第 7 条的规定，人民检察院和公安机关在刑事诉讼中的关系，可以概括为三个方面：第一，分工负责，各司其职。检警关系的基础是分工负责。在我国，公安机关与检察机关是两个各自独立、互不隶属的国家机关，具有明确的分工。特别是在刑事诉讼中，法律对公安机关和检察机关的职责权限作了明确规定。检警双方都应当按照法律规定的职责权限，认真履行各自的职责，不能混淆各自在刑事诉讼中的角色定位。如果任何一方放弃自己的法定职责，不能按照分工完成诉讼任务，检警关系就丧失了合法性基础。第二，互相配合，目标一致。在刑事诉讼中，公安机关的侦查活动与检察机关的公诉活动具有相同的目标，都是为了有效地揭露和证实犯罪，将真正的犯罪人绳之以法，使无辜的人不受追诉，都是为了维护社会的稳定，伸张法律正义。因此，检警两家应当互相配合，共同完成刑事诉讼的任务。但是这种配合是以分工负责为前提和基础的，而不是相互融为一体，不分彼此，也不是检察机关指挥侦查机关。第三，监督制约，防止出错。按照法律的规定，一方面，检察机关对公安机关的侦查活动具有法律监督的职责。具体到刑事诉讼中，检察机关对公安机关的侦查活动具有监督和制约两方面的作用。检察机关对公安机关侦查活动的监督作用，主要表现在对公安机关侦查活动中存在的违反法律的情况特别是侵犯犯罪嫌疑人合法权益的情况，通过审查发现后，及时提出纠正意见，防止错误的发生或持续。检察机关对公安机关侦查活动的制约作用，主要表现为诉讼程序上的制约，如审查批准逮捕。检察机关应当根据法律规定，全面履行对公安机关侦查活动的监督和制约职责，以防止侦查活动出现错误。

　　另一方面，公安机关对检察机关的监督行为和诉讼活动也具有制约作用。不仅侦查活动的质量直接影响到检察机关公诉活动的效果，而且公安机关对检察机关作出的与公安机关侦查活动有关的决定，有权提请作出决定的检察机关或其上级机关重新审查该决定的正确性，以防止错误决定。例如，公安机关对检察机关作出的不批准逮捕决定，如果认为有错误时，可以要求复议。如果意见不被接受，可以向上一级检察机关提请复核。上级检察机关应当立即复核，作出是否变更的决定，通知下级检察机关和公安机关执行。

　　从制度设计上看，我国检警关系具有两个特点：一是吸收了检警分立模式的优点，检察机关与公安机关保持一定的距离，两机关分工负责，相互独立，这有利于发挥侦查机关的优势和积极性。二是吸收了检警合一模式的优点，注重检察机关对侦查活动的参与和监督。通过检察机关对公安机关侦查活动的监督，防止侦查权的滥用。但是，我国没有实行"检警一体化"体制，主要原因是：（1）它不符合我国的宪政体制。"检警一体化"要求实行检察机关领导警察机关的体制，而我国检察机关和公安机关是两个不同组织系统的机关，二者之间不具有领导和被领导的关系。（2）它不符合我国检察机关的性质。"检警一体化"体制要求检察机关与警察机关的关系是领导与被领导的行政关系，而不可能是监督关系，而我国检察机关是国家的法律监督机关，检察机关与公安机关之间是监督与被监督的关系。（3）我国检察机关缺乏领导警察的力量。在我国，普通刑事案件的侦查一直由公安机关负责，这类案件的侦查不仅需要巨大的人力资源，而且需要专业的技术、经验和能力，检察机关历来不负责这类案件的侦查，也缺乏领导公安机关进行侦查的能力。

　　2. 检审关系

　　关于检察机关与审判机关之间的关系，我国法律作了明确的规定。人民检察院与人民法院在刑事诉讼中的基本关系，也是分工负责，互相配合，互相制约的关系。但是，由于侦查、检察和审判三项职能的性质和内容不同，所处的诉讼环节也不同，因而检审关系与检警关系在分工负责，相互配合，相互制约这一基本关系的前提下又表现出不同的内容、形式和特点。

在刑事诉讼中，检察是侦查的后续程序，检察以批准逮捕、侦查监督和审查起诉等职能对侦查活动形成监督和制约，公安机关则以享有拘留、逮捕等强制措施的执行权，通过决定权与执行权分离对检察机关形成制约；审判又是检察的后续程序，审判机关以审查公诉案件的材料和开庭审判对检察机关提起的公诉作出裁决，检察机关则以起诉、抗诉和检察建议对审判形成监督和制约。检察机关的公诉活动，不仅具有启动审判程序的功能，而且具有为审判活动设定范围的功能，刑事审判的对象不能逾越公诉的事实，这体现了检察机关公诉权对审判权的程序制约。但是，人民法院是审判程序的主导者，检察机关的公诉活动必须受到人民法院审判活动的检验，必须服从人民法院经过审判所作出的终局裁判，这体现了审判权对公诉权的制约。

检察机关除了在刑事诉讼中行使公诉权之外，在刑事诉讼、民事诉讼和行政诉讼过程中，还承担着对人民法院的审判活动是否合法实行法律监督的职责。在诉讼监督中，检察机关与人民法院的关系，不同于公诉活动中的检审关系，而是一种监督与被监督的关系。检察机关对审判活动的监督，具有引起法院对自己的有关行为或决定进行再审查的效力。譬如，检察机关对法院已生效裁判的抗诉，必然引起法院对自己作出的已生效裁判进行再审，体现了检察机关对人民法院审判活动的监督。

对于检审关系中检察机关的法律监督权，近年来，有些人提出了一些不同看法。有的人认为，应当改变目前检审之间的关系，取消检察机关的审判监督权。其主要理由是：履行公诉权和部分案件侦查权的检察机关，同时担负着法律监督权，而这种监督权直接指向人民法院的审判活动，不利于审判权的独立行使，不利于维护司法权威，对审判所具有的终局性是一种威胁甚至破坏。有的人认为，虽然目前检审之间的关系不应改变，但是应当对检察机关的审判监督加以限制。其具体理由是：为了树立法律的权威，必须维护人民法院裁判的稳定性，为此应当对检察机关的审判监督范围进行必要的限制：一是应当受一事不再理原则的限制，即对再审理由、时效和再审抗诉次数等进行限制。二是对审判监督的对象进行限制，即检察机关只能对法官个人的违法违纪等行为进行监督。三是对审判监督的方式进行限制，即检察机关只能对审判活动实行事后监督，不能进行事中监督。

我们认为，检察机关对审判活动的监督不但不应取消或限制，反而应当进一步加强。其主要理由是：第一，从诉讼规律上看，司法人员办理案件的过程，是一种对案件事实进行认定的过程，由于案件事实是复杂的而且是过去发生的，因而认定案件事实要受诸多主客观因素的限制，这就决定了认识产生错误的可能性，以及由这种认识导致的裁判错误的可能性。为了防止和纠正可能出现错误的判决和裁定，就有必要在刑事诉讼中建立审判监督制度以督促审判机关纠正错判。第二，从权力制约的角度看，任何权力都具有"善"与"恶"两种倾向性，要防止权力的滥用即"恶"的倾向性，就必须对权力进行监督和制约。这是被历史反复证明了的一条客观规律。具体到刑事诉讼活动来说，要保证国家审判权的正确行使、不被滥用，就必须建立起对审判权进行有效监督的机制。第三，从我国的司法实践看，审判活动中的违法现象还比较严重，司法腐败和司法不公仍然是人民群众反映强烈的问题之一。这既影响了法律在人民群众心目中的形象和审判的权威，也削弱了在全社会实现公平和正义的司法保障。这种客观现实，要求在诉讼程序中必须有一种有效的救济途径，使不公正的裁判得以纠正，而通过检察机关提起抗诉的程序比其他任何监督程序都更为有效。因此，加强对审判活动的法律监督，是保障裁判的公正从而防止审判权滥用的现实需要，也是维护司法权威的客观需要。当然，检察机关对审判机关的监督和制约毕竟与其对公安机关的监督和制约有所不同，检察机关应当尊重审判规律和裁判权威，在维护法制统一和司法公正的前提下，保持必要的克制和谦抑。

三、检察机关的内部结构与内部关系

（一）国外检察机关内部机构设置的模式

检察机关内部机构是指检察机关根据其性质和职能以及人数和工作量的大小设立的部门组织。这些被称为"厅、处、科"等的内部机构，可以称为内部功能单位。这些内部机构在其职权范围或业务分工范围内完成检察机关的任务。检察机关内部组织机构配置是否合理，各职能部门之间职责划分是否科学，直接关系到检察机关的职能作用和工作效率。

各国检察机关的内部组织机构配置的情况不仅因国家类型不同而各异，而且同一类型的不同国家也因各自国情不同而有所差别。概括起来，各国检察机关内部组织机构的设置有以下几种情况：

1. 领导或决策机构

各国检察机关内部领导和行使检察权的机构是总检察长、检察长和检察官。其中各级检察长是领导或决策机构。如英国 1985 年《犯罪起诉法》规定，"英格兰和威尔士被称为皇家检察机关的检察机构组成如下：（1）作为检察机关的首脑是检察长；（2）依法指定的首席检察官，监督检察机关在其地区的活动，向检察长负责；（3）由检察长指定的其他人员。"

苏联《宪法》和《检察院组织法》都规定，由苏联总检察长及其所属各级检察长行使检察权。苏联总检察长领导各级检察机关的职权是，领导各级检察机关的活动，并对他们的工作进行监督；根据法律并为了执行法律，发布命令、指令和作出对所有检察机关都有约束力的指示；关于侦查工作的指示，所有侦查机关都必须遵守执行；决定各级检察长和检察院侦查员的任免办法；等等。

2. 业务和事务机构

各国检察机关都在内部按行使职权的业务分工，分设不同的业务机构。在配置业务机构方面，有的国家，如前苏联等国原则上是上下对应的，都有相同的业务和事务机构。而大陆法系或英美法系

国家的检察机关就不完全如此。如日本，根据《检察厅事务章程》的规定，区检察厅因职员较少，其内部机构不同于地方检察厅的内部机构严格对应设置，只设少数的几个业务机构，像总务部、事务局、公判部这样的机构，在区检察厅均没有设置。

世界各国检察机关内部的业务机构设置有很大区别，概括有以下几种类型：[①]

一是以法律监督为中心设置内部机构的模式。主要是前苏联、东欧国家和越南、蒙古、古巴等国家的检察机关，其内部检察职能机构，一般是以检察机关法律监督的不同职能为基础设置。即由对国家管理机关、企业事业单位、公职人员和公民是否遵守法律实行监督的一般监督部门，对侦查机关和其他调查机关的执法实行监督的侦查监督部门，对法院审判案件的活动进行监督的审判监督部门，对拘留所、羁押场所和执行刑罚及其他强制性措施的执法活动实行监督的执行监督部门，以及实施工作保障的有关部门等组成。

二是以公诉为中心设置内部机构的模式。根据日本法务省发布的《检察厅事务章程》及其附表，日本最高检察厅、高等检察厅、地方检察厅分别内设3~6个部。其中日本最高检察厅和东京高等检察厅内设置刑事部、公安部和公判部。而东京和大阪两个地方检察厅为设部最多的检察机关，分别内设6个部，即总务、刑事、交通、公安、特别侦查和公判部。其他地方检察厅一般也设刑事、交通、公安、公判及总务部，而不设置特别侦查部。根据日本《检察厅事务章程》规定，总务部负责调整各部局间的事项以及管理其他部不管的检察事项等；刑事部主管刑事案件的侦查和决定处理事项等；交通部主管有关交通案件的侦查和处理事项等；公安部主管公共安全和劳动争议案件并进行侦查和决定处理的事项等；特别侦查部主管预先指定案件的侦查和决定处理等；公判部主管公判活动事项及公判终结的有关事项以及特别上告的事项处理等。此外，

---

① 参见龙宗智：《检察制度教程》，中国检察出版社2006年版，第115~116页。

最高、高等和地方三级检察厅内均设置事务局，管理检察厅的会计、人事、文书、薪金、职员福利等事项。

三是含有相当数量的承担侦查任务的刑事警察组织的内设机构模式。如意大利检察机关主要有三个内部机构：（1）书记处，由书记长负责，主要负责检察机关内部司法文书的整理，非检察官人员事务的管辖，财物、收支、结算等；（2）司法警察处，下设宪兵警察分处、国家警察分处、财政警察分处；（3）检察官办公室。意大利现约有 3000 名检察官，秘书与检察官的比例一般在 3∶1以上。

四是弹性编组模式。美国检察机构具有分散性特点，各检察机构职能不同，其内部工作机构也有很大区别，呈现出弹性编组和内部结构多样性的明显特征。大体上说，在大中型的检察机构中，适应专业化分工的内设机构有两种模式：一种是以纵向分工或程序分工为主；另一种是以横向分工或案件分工为主。纵向分工如同工厂里生产"流水线"上的分工。检察人员根据工作程序上的阶段划分，分别负责受案、预审听证、大陪审团调查、法庭审判、上诉等阶段的检察工作。横向分工则是根据案件种类进行的分工。而这种分工可有不同层次：如刑事案件首先可分为重罪和轻罪两类；重罪和轻罪又可以分为侵犯人身罪和侵犯财产罪；侵犯人身罪和侵犯财产罪又可以具体划分为杀人罪、强奸罪、抢劫罪、盗窃罪、诈骗罪等，而且每一种犯罪仍可以进一步细分。目前，美国的大中型检察机构多采用纵向分工与横向分工相结合而以横向分工为主的模式，但具体情况又有所不同。

（二）中国检察机关的内部组织机构设置的原则及其组织结构

1. 中国检察机关内部组织机构设置的原则

2000 年最高人民检察院制定的《检察改革三年实施意见》第 8 条规定，"根据中央关于机构改革的总体部署，按照权责一致的原则，从有利于保障公正执法和充分履行法律监督职能的要求出发，科学调整检察机关内设机构，充实加强业务部门，精简、调整非业务机构，根据业务归口的原则，进一步调整检察机关业务部门的职责范围。精简基层检察院的内设机构。"2001年中央批准的《地方各级人民检察院机构改革意见》对人民检察院机构改革的原则作了具体规定，明确提出了四项原则：（1）依法独立行使检察权的原则；（2）精简、统一、效能的原则；（3）优化队伍结构、提高人员素质的原则；（4）实事求是、因地制宜的原则。综合《检察改革三年实施意见》和《地方各级人民检察院机构改革意见》以及近年来有关理论研究成果，根据我国政体和检察机关承担的职能及其现实状况，检察机关的内部组织机构的设置和分工遵循以下原则：

（1）全面履行法定职责原则。宪法和法律规定了检察机关专门法律监督的职责，而法律监督表现为若干具体职能，每一项具体职能都应该有相应的机构和人员来行使。

（2）相对统一原则。为便于上级检察机关对下级检察机关的业务领导，检察机关从最高人民检察院到地方各级人民检察院，所有职能部门的设置应基本对应。但我国地区差别较大，因此，这种对应统一设置内部机构是相对的，对于基层检察机关的内部职能部门设置要结合实际，因地而异，有些部门可以不设，但必须有专人负责该项工作。

（3）内部分工与制约原则。检察机关的法律监督权是由检察机关统一对外行使，但这并不排除在检察机关内部根据检察权的具体表现形式进行适当的分工，即内部实行职能分工。因为法律监督的各项具体职能都是一项相对专业化的工作，只有分工明确，职责清晰，专业化的管理程度才能提高。只有内部职能的适当分工，才能有效地实行内部制约，保证检察权不被滥用。检察机关是国家的法律监督机关，同时也是一个受到各方面监督的机关。为了保证正确地履行检察职能，检察机关在内部组织机构的设置上应当自觉地贯彻必要的内部制约原则。

（4）精简、效率原则。检察资源的有限性，要求在贯彻全面履行法律监督职责和内部分工与制约原则时，也要兼顾精简、效率原则。精简原则要求内部机构的设立并非一应俱全，对于职能交叉、重叠的部门应合并。效率原则要求内部分工要适当而不能过细，制约是有限的，内部分工和机构设置要有利于检察工作效率的提高。

2. 中国检察机关内部组织结构

根据上述原则，我国检察院为了有效履行法律监督职能，设立了若干内部机构。这种内部机构根据其行使的检察职能不同可分为三种类型：一是决策机构。包括检察长及检察委员会；二是业务机构。即执行检察业务的各职能部门；三是行政服务、保障机构。包括政治工作、秘书与综合协调、财务装备、教育训练、外事等工作部门。人民检察院的机构设置由《人民检察院组织法》规定。执行各种检察职能的业务机构是检察机关的主体。各级人民检察院一般设立下列检察业务机构和综合业务机构：公诉机构（原称审查起诉机构）、侦查监督机构（原称批捕机构）、贪污贿赂检察机构、渎职侵权检察机构、民事和行政检察机构、监所检察机构、控告申诉检察机构、检察技术机构。

（1）决策机构

检察长和检察委员会是我国检察机关的决策机构。从世界范围看，各国检察机关内部决策体制均实行检察长负责制，由检察长统一领导检察机关的工作并进行决策。在这一前提之下，又分为两种类型：一是检察长负责制，另一种是检察长负责与集体领导相结合的决策体制。

检察长负责制是由总检察长或检察长统一负责检察机关的工作，以总检察长或检察长的名义作出决定。即使有集体讨论重大问题的制度，但集体意见只对检察长起咨询作用，对于一切重大问题，检察长具有最后的决定权。多数国家采用这种体制。其优点是权力集中、权责明确、行动迅速、效率较高，其弊端主要是容易导致独断专行。

检察长负责与集体领导相结合的决策体制是指检察机关由检察

长领导，但对检察工作中的重大事项，可交由检察机关的集体领导机构讨论并作出决定。但这种决定，由检察长组织贯彻执行。然而，检察长如不同意集体领导的多数意见，通常不按少数服从多数的原则处理，而是交由在组织上处于上位的监督机关决定。这种体制有利于发挥集体智慧，防止检察长独断专行，但有时可能影响工作效率。

我国检察机关实行的内部决策体制属于后一种类型。其特点是将检察长负责制与集体领导民主决策制结合在一起，发挥二者的长处，同时，又使两种制度相互限制。现行的《人民检察院组织法》第3条规定，"检察长统一领导检察院的工作"。同时又规定，"各级人民检察院设立检察委员会。检察委员会实行民主集中制，在检察长的主持下，讨论决定重大案件和其他重大问题。如果检察长在重大问题上不同意多数人的决定，可以报请本级人民代表大会常务委员会决定"。根据2008年2月通过的《人民检察院检察委员会组织条例》第14条的规定：地方各级人民检察院的检察长在讨论重大案件时不同意多数检察委员会委员的意见的，可以报请上一级人民检察院决定；在讨论重大问题时不同意多数检察委员会委员的意见的，可以报请上一级人民检察院或者本级人民代表大会常务委员会决定，在报请本级人民代表大会常务委员会决定的同时，应当抄报上一级人民检察院。可见，检察委员会制度是对检察长负责制的限制。但检察长的特殊地位，包括将问题提交上一级检察院和同级人大常委会的权力，又使检察委员会制度中少数服从多数即民主集中制原则的贯彻受到限制。

检察长是检察机关的首长。检察长在检察机关中的领导地位和统辖作用，表明检察长系人民检察院的决策机构。检察长的基本职权是：①组织领导权。《人民检察院组织法》规定，检察长统一领导检察院的工作。检察长对检察机关的工作负有全面的领导责任，检察长主持检察委员会会议，并负责执行会议决定。②决定权。检察长对各项工作在行使职权时依法享有决定权，如人民检察院批准逮捕犯罪嫌疑人时由检察长决定，检察长还有权决定参与诉讼的检察人员是否回避等。③任免权。根据法律规定，检察长有权任免和提请任免检察人员，建议撤换下级人民检察院检察长、副检察长和检察委员会委员。④代表权。检察长对外代表人民检察院，各级人民检察院检察长代表本检察院向同级人民代表大会报告工作。⑤办理案件权。检察长可以直接办理案件。

人民检察院设副检察长，协助检察长工作。根据分工，他们主管某些方面的检察工作，或负责检察院的日常事务。

检察委员会是依据人民检察院组织法而设立，是我国各级检察机关实行集体领导，讨论决定重大案件和检察工作中其他重大问题的机构。目前我国检察机关的检察委员会是人民检察院内部实行集体领导决策的最重要的组织形式，是一项具有中国特色的检察制度。检察委员会的职责是：①审议、决定在检察工作中贯彻执行国家法律、政策和本级人民代表大会及其常务委员会决议的重大问题。②审议、通过提请本级人民代表大会及其常务委员会审议的工作报告、专题报告和议案。③总结检察工作经验，研究检察工作中的新情况、新问题。④最高人民检察院检察委员会审议、通过检察工作中具体应用法律问题的解释以及有关检察工作的条例、规定、规则、办法等；省级以下人民检察院检察委员会审议、通过本地区检察业务、管理等规范性文件。⑤审议、决定重大、疑难、复杂案件。⑥审议、决定下一级人民检察院提请复议的案件或者事项。⑦决定本级人民检察院检察长、公安机关负责人的回避。⑧其他需要提请检察委员会审议的案件或者事项。

检察委员会委员就身份性质而言具有双重性：一方面，这一职务通常是担任一定检察职务或行政职务的检察官，如本院检察长、副检察长、部分中层领导、少量检察员的一种兼职性职务；另一方面，检察委员会委员又具有一定的职务独立性。因为其一，检察委员会委员是检察官法明确规定的一种检察官职务类型，属于"依法行使国家检察权的检察人员"。因此，检察委员会委员既可以是兼职的，又可以是专职的。其二，检察委员会委员有专门的、高于普通检察官的任职条件、任免和管理程序。根据《检察官法》第7

条的规定，检察委员会委员与检察长、副检察长一样，除履行检察职责外，还应当履行与其职务相适应的职责。

检察委员会制度是一种集体决策、集体领导的制度，与检察长个人负责制有机结合，形成了中国特色的检察机关内部领导决策体制。这种决策体制的意义在于：首先，它既能保证集体领导避免出现决策偏差，并由集体决策而形成对个人行为的有效制约，又能保证尊重检察长的权威，使他虽然不能直接否定多数人的意见，却又可能采用提请同级人大常委会研究的方式，通过人大常委会的决定来否决多数委员的意见。因此这种制度既有利于防止单一首长制的独断专行，在重大决策上思虑不周；又有利于避免只讲民主，忽略检察一体制所需要的检察长的权威。其次，它与我国国家机关运作的总体方式相协调。我国国家机关体制运作的特点，是实行民主集中制与个人负责制相结合，并因此而有别于西方类型的多元制衡体制。检察体制中的单一首长制与我国检察机关的性质、总体的体制背景不太吻合。而实行检察长负责制与检察委员会制度相结合，则比较适合。

检察委员会制度在有限制的情况下议决个案的功能具有法理和实践的双重合理性。[①] 一是因为检察活动是一种兼有行政性的活动，而对行政性活动，如刑事侦查中的问题，由行政上级决定或者由集体议决是符合行政活动特点与规律的。二是因为检察活动是一种政策性较强的活动，这与审判强调严格依法判决有所不同。贯彻刑事追诉政策，实行起诉便宜主义，有时需要检察长或检察委员会从全局的高度统一把握标准。三是检察体制上的一体化特征，为贯彻检察活动中的一体化精神，也需要在尊重检察官相对独立性的同时，由检察机关的首长或领导群体来决定某些案件。

我国检察委员会制度在检察制度建设中具有重要的地位和作用，多年来它所发挥的功效应予充分肯定。然而，应当看到我国检

---

① 参见龙宗智：《检察制度教程》，中国检察出版社 2006 年版，第 132 页。

察委员会制度还不完善，实践运行中也存在一定的问题，如人员构成的专业化程度不高，检委会议事的程序化、规范化不足，公开性不够因而缺乏监督，以及责任制度难以贯彻等。随着依法治国方略的实施，为了使检察工作适应于新形势的需要，对检察委员会制度应当提出新的、更高的要求，要进一步改革完善检委会制度。1999年最高人民检察院推出检察委员会改革，高检院和各地检察机关出台了一系列文件，按照宪法和人民检察院组织法、检察官法等法律的规定，积极探索完善检察委员会工作机制、提高检察委员会工作的效率和质量，检察委员会工作取得了前所未有的发展。各地经验和做法有：一是设立专门检察委员会办事机构，配备专职人员，明确工作职责；二是改善检察委员会委员结构，提高议事水平；三是健全工作机制，提高工作效率和质量；四是实行例会制、列席制等，落实民主集中制原则；五是加强督办落实，树立检察委员会权威等。为了系统地总结检察委员会改革的实践经验，2008年2月最高人民检察院通过了《人民检察院检察委员会组织条例》（以下简称《条例》）。针对检察委员会工作中存在的突出问题，进一步明确了检察委员会的议事范围；增加规定了议案的提起、讨论、表决、决定、复议等程序；明确了检察委员会委员的任职资格、任免、职责和义务；原则规定了检察委员会专职委员的设置；明确规定了检察委员会召开和作出决定的人数要求，进一步完善了贯彻民主集中制的工作机制；增加规定了例会制、列席制、回避制等制度；规定了检察委员会办事机构的设置原则及其工作职责等。此后，最高人民检察院又制定了《人民检察院检察委员会议事和工作规则》、《人民检察院检察委员会专职委员选任及职责暂行规定》、《人民检察院检察委员会议题标准（试行）》，就检委会具体的会议组织、议题的范围、提请、审议及决定的执行和督办环节、过程及要求，检委会专职委员的选任和职责等做出详细规定。《条例》的修订及一系列规则的制定基本形成了全国统一的检察委员会制度规范体系，使检察委员会工作更加制度化、规范化，有效地落实了民主集中制原则，进一步完善了中国特色的社会主义检察制度。

（2）业务部门

检察机关的内设业务机构是检察机关的主体，分别承担检察机关的相关职能。业务部门的设立使得检察职能得以具体化，从而更好地发挥作用。1983年修改人民检察院组织法时，对内部业务机构只作了原则性规定，没有规定业务机构的具体名称和职能。这给检察机关内设机构的改革留下了空间。内部业务机构也一直围绕检察机关的职责不断地调整和变化。如预防职务犯罪是人民检察院的一项重要职责，各地检察机关始终高度重视。1992年最高人民检察院在原贪污贿赂检察厅内部设立贪污贿赂犯罪预防处。1995年更名为反贪污贿赂总局贪污贿赂犯罪预防中心。随后各地检察机关先后在反贪污贿赂局内部设立预防机构。1998年河北省、黑龙江省、海南省检察机关将预防机构从反贪污贿赂局分离出来，成立独立的职务犯罪预防机构。实践表明他们的做法更有利于加强职务犯罪预防工作。从近年来查办贪污贿赂犯罪案件的情况看，贪利性职务犯罪与渎职性职务犯罪相互交织的特点越来越明显，惩治、预防贪污贿赂犯罪必须与惩治、预防渎职犯罪结合起来。基于此，经中华人民共和国国家编制委员会批准，2000年8月最高人民检察院成立独立的职务犯罪预防专门机构——职务犯罪预防厅，并要求各省、自治区、直辖市检察院成立相应的专门机构，进一步加强预防职务犯罪工作。

现行的内部业务机构设置，一般与检察机关的具体职能和任务相对应。这种设置有利于检察机关有效行使职权，从发挥检察机关的职能作用上看是合理的。一方面，检察机关的职能具有多样化的特点，既有对职务犯罪的侦查职能，又有公诉职能和监督职能等。这些职能具有各自不同的特点，由同一个主体行使会产生交叉和冲突。在这种情况下，在机关内部设立不同的职能机构或部门进行职能划分可以避免职能交叉、缓解冲突。另一方面，检察机关行使的不同职能之间也存在监督和制约的问题。如自侦案件的侦查也要受到监督和控制。这种内部的监督制约机制只有通过设立不同的机构才能得以建立和运行。经过近年来的改革和探索，各级人民检察院一般设立下列检察业务机构和综合业务机构：

①侦查监督机构。对公安机关、国家安全机关和人民检察院侦查部门提请批准逮捕的案件审查决定是否逮捕，对逮捕后的羁押必要性进行审查，对公安机关、国家安全机关和人民检察院侦查部门提请延长侦查羁押期限的案件审查决定是否延长，对公安机关应当立案侦查而不立案的或者不应立案而立案的进行监督，以及对侦查活动是否合法进行监督。

②公诉机构。对公安机关、国家安全机关和人民检察院侦查部门移送起诉或不起诉的案件审查决定是否提起公诉或不起诉，出席法庭支持公诉，对侦查活动和人民法院的审判活动实行监督，对确有错误的刑事判决、裁定提出抗诉以及对死刑执行进行临场监督等。

③贪污贿赂检察机构。即反贪污贿赂局，主要开展对人民检察院直接受理的贪污贿赂犯罪案件的侦查。

④渎职侵权检察机构。对国家机关工作人员的渎职犯罪和国家机关工作人员利用职权实施的非法拘禁、刑讯逼供、报复陷害、非法搜查、暴力取证、破坏选举等侵犯公民人身权利和民主权利的犯罪案件进行立案侦查工作。

⑤监所检察机构。对执行机关执行刑罚的活动，减刑、假释、保外就医等变更执行和对监狱、看守所、劳动改造机关的活动是否合法以及对超期羁押进行监督；对刑罚执行和监管改造过程中发生的虐待被监管人案，私放在押人员案，失职致使在押人员脱逃案，徇私舞弊减刑、假释、暂予监外执行等案件进行立案前调查、侦查、批捕和起诉。

⑥民事、行政检察机构。对民事经济审判、行政诉讼进行监督；对人民法院已经发生法律效力的，确有错误的民事、经济、行政判决和裁定，按照审判监督程序提出抗诉；对人民法院开庭审理的，人民检察院抗诉的民事、经济、行政案件，出庭履行职务；对在办理申诉案件过程中发现的审判人员受贿案，民事、行政枉法裁判案，执行判决、裁定失职案，执行判决、裁定滥用职权案进行

侦查。

⑦控告、申诉检察机构。主要业务工作是受理控告、申诉案件，处理来信、来访事务；承办受理、接待报案、控告和举报，接受犯罪人的自首；受理不服人民检察院不批准逮捕、不起诉、撤销案件及其他处理决定的申诉；受理不服人民法院已经发生法律效力的刑事判决、裁定的申诉；受理人民检察院负有赔偿义务的刑事赔偿案件等工作。2000 年最高人民检察院实行控告、申诉两项业务分立，分别由刑事控告厅和刑事申诉厅负责。

⑧法律政策研究机构。主要工作是参与立法及法律的修订，研究起草有关检察机关适用法律问题的司法解释、协助检察长和检察委员会解决法律政策适用中的疑难问题和重大疑难案件。

⑨检察技术机构。主要工作是对案件证据进行技术检验、鉴定、复核等。承办对有关案件的现场进行勘验，收集、固定和提取与案件有关的痕迹物证并进行科学鉴定，对有关业务部门办理案件中涉及技术性问题的证据进行审查或鉴定等工作。

⑩案件管理机构。该机构是在深化检察改革中，探索符合检察业务特点，适应执法办案规律，建立具有检察工作特色的科学管理机制的需要而设立的，对检察机关的执法办案活动进行集中管理的内设机构。主要职能是统一受理、登记、分流案件和对外移送案件，把住进出口；统一接待律师和当事人的查询；统一管理重要法律文书；对办案过程特别是重要节点进行实时监控，通过网上巡查等措施，对超期办案等异常情况向办案人员进行提示；对办案质量组织业务部门进行评查；对扣押、冻结款物的处理进行监督，对于随案移送的赃证物品，监督进行接收、登记、保管；统一负责办案数据的统计、分析和信息发布；统一开展业务考评等。

在最高人民检察院，除上述各机构外，还设立了铁路运输检察厅，对铁路运输检察分院和基层铁路运输检察院实行业务指导和依法办理铁路运输系统的案件。

在检察机关内部业务机构设置中，在注意职能相对分离，避免交叉重叠，又相互制约，避免权力的滥用同时，也要注重检察内部资源的整合，提高效率，避免因内部职能分离过细，使本来就有限的检察资源更加分散，难以形成合力。检察体制改革中，重庆市、深圳市、沈阳市将贪污贿赂检察机构与渎职侵权检察机构合并设立统一的职务犯罪侦查机构就是有益的探索。贪污贿赂检察机构和渎职侵权检察机构是检察机关的两个直接受理案件的侦查机构，自分设之后，两项业务齐头并进，为检察机关专门打击两类职务犯罪，扩大检察机关的影响，起到了历史性的积极作用。但是，随着检察事业的不断发展和形势的不断变化，两机构分设所带来的弊病也日益暴露出来。① 一是两项业务的开展呈现出不平衡发展的趋势。一般来说，各地反贪污贿赂工作进展比较迅速，取得的社会影响较大，而渎职侵权犯罪查处的力度相对较小，开展的也比较艰难，这与此类案件的实际发案率相比很不相称。二是造成检察机关人力、物力资源的浪费和案件线索的流失。特别是贪污贿赂犯罪与渎职侵权犯罪同属于职务犯罪范畴，当前相互交织的情况日益突出。大多滥用职权、徇私枉法等渎职犯罪背后往往隐藏着贪污、贿赂等犯罪；不少贪污贿赂也往往因给国家、集体或人民利益造成重大损失，从而伴随滥用职权、玩忽职守等犯罪的发生。在司法实践中，由于两机构的分设，常常使得线索资源只能得到部分利用。两机构合并之后，两类案件统一由职务犯罪侦查机构办理，侦查人员就必须考虑如何综合利用案件线索，从而避免了线索资源的浪费，提高了工作效率。合并之后，也有利于侦查人力资源和侦查的物质保障合理调配，使两个拳头合二为一，把分散的力量凝聚成合力，加大了打击职务犯罪的力度。

（3）行政管理服务保障机构

检察机关在履行宪法规定的检察职能的同时也因为内部管理而产生行政职能。在检察院的内设机构中，除了业务部门外，还有专门的行政管理服务保障机构。各级人民检察院所设立的内部行政服

① 丁磊：《谈成立职务犯罪侦查局之必要》，载《检察实践》2003 年第 1 期。

110

务保障机构一般包括以下部门：

①行政管理部门。主要职责是协助院领导处理检察政务，组织安排全院性的重大活动；负责起草本院综合材料，编发本院检察工作信息、简报；承办公文处理、机要文件及信息处理、督办、统计、档案、保密、公务接待、门卫值班、文印；负责本院机关行政事务、对外联络交流等工作。

②政治工作部门和党务部门。负责全院思想政治教育、干部培训、纪检监察、人事任免、工资福利和党务等工作。

③服务保障部门。主要职责是负责本院的财务计划、物资技术装备、交通工具、办公设施、通讯设备、检察或法警服装的统筹计划、购置配备和管理工作；负责本院各项经费的申请、核算和财务管理及赃款赃物管理工作；负责本院机关房地产、基本建设、固定资产、医疗保险、车辆的管理工作。

行政职能因检察机关内部管理的需要而产生，因此需要设立相应的司法行政部门并配置司法行政人员。但是也应当看到，检察官是依法行使检察权的司法官员，检察官的性质决定了对检察官的管理模式既不同于行使行政权的行政官员，也应有别于依法行使审判权的法官。在后勤管理和政治工作等综合部门从事内勤和内部行政管理的工作人员与从事检察业务的检察官也应当区别对待分类管理。在内部关系上，必须明确区分检察业务职能和行政职能，使检察机关内部的行政管理、人事管理和服务保障机构更好地为检察业务部门履行法律监督的职能活动服务。

四、检察机关的职能和作用

（一）检察机关的职能

我国检察机关，以法律监督为基本职能，在这一总的职能之下，又承担由其任务所决定的各项具体职能，履行这些具体职能，是实现法律监督这一基本职能的手段和途径。检察机关的具体工作职能，是通过法律对检察机关职能的有关规定所确认的。根据我国宪法、人民检察院组织法和刑事诉讼法的规定，检察机关主要职能是：一是职务犯罪监督；二是审查逮捕；三是公诉；四是诉讼监督包括对刑事诉讼的监督和对民事诉讼、行政诉讼的监督；五是法律赋予的其他职能。检察机关这五个方面的内容，都是围绕着法律监督这一总的职能，而有机联系、互为衔接的，体现了我国检察机关作为国家的法律监督机关的职能属性，也是与我国检察机关在人民代表大会制度下的法律地位和检察权的本质要求相一致的。

1. 职务犯罪侦查

检察机关对公职人员的监督主要是通过对职务犯罪的侦查实现的。职务犯罪侦查权，是指检察机关依法对于国家工作人员实施的与其职权相关的犯罪进行立案侦查的权力。根据《人民检察院组织法》第5条和《刑事诉讼法》第18条第2款的规定，对于贪污贿赂犯罪，国家工作人员渎职犯罪，国家机关工作人员利用职权实施的非法拘禁、刑讯逼供、报复陷害、非法搜查的侵犯公民人身权利的犯罪和侵犯公民民主权利的犯罪，由人民检察院立案侦查。对于国家机关工作人员利用职权实施的其他重大的犯罪案件，需要由人民检察院直接受理的时候，经省级以上人民检察院决定，也可以由人民检察院立案侦查。

法律之所以规定由检察机关行使对于职务犯罪的侦查权，是由我国检察机关的法律监督性质和这类犯罪的职务性特点所决定的。检察机关作为法律监督机关，要保证法律的统一正确实施，理所当然地应具有对于法律的执行者——国家工作人员是否依法履行职务的监督权。国家工作人员依法享有管理某个方面的公共事务的职权，这些职权是国家法律制度的组成部分。利用这种职权实施犯罪，实际上是对国家法律的统一正确实施的破坏。因此，对这类犯罪进行追究，具有维护法制统一的法律监督性质。依法治国，重在依法治权、依法治吏。国家工作人员的职务犯罪严重亵渎职守，破坏国家法律的正确实施，从本质上说是一种权力腐败现象，是国家公职人员在履行法定职责的过程中实施的利用、滥用以及误用人民赋予其的国家权力，侵吞国家财产，损害国家利益，或者行使职权时严重超出法律授权对公民合法权利造成侵害的行为，其直接危害的是国家正常的管理秩序。因此，查处职务犯罪是监督国家公职人员依法履行职责的行为，是依法治国的根本要求。检察机关作为国家法律监督机关，有责任对国家工作人员在职务活动中是否正确行使权力进行监督，促使其严格执法、廉政勤政。监督的方式是对国家工作人员的职务犯罪依法立案侦查和进行追诉，以便将其提交法院进行审判。① 需要特别指出的是，对司法工作人员职务犯罪的侦查，不仅体现了检察机关对国家工作人员职务活动合法性的监督，更是对诉讼活动实行强有力的法律监督的重要保障。司法实践表明，执法不严、司法不公现象的背后往往隐藏着职务犯罪。只有通过侦查查清执法、司法人员的职务犯罪，才能查明和有效纠正诉讼中的违法情况。检察机关如果没有职务犯罪侦查权，对诉讼的监督就会变得软弱无力，甚至变得可有可无。为此，2010 年 7 月最高人民法院、最高人民检察院、公安部、国家安全部、司法部联合签发了《关于对司法工作人员在诉讼活动中的渎职行为加强法律监督的若干规定（试行）》，进一步加强了对司法工作人员在诉讼活动中的渎职行为的法律监督，完善和规范监督措施，保证司法工作人员公正司法。

检察机关对于职务犯罪侦查权的行使，必须严格依照法律规定的管辖范围和程序进行。按照《刑事诉讼法》和有关刑事案件管辖分工的文件，我国检察机关当前有权直接受理立案侦查的犯罪案件是：（1）《刑法》分则第八章规定的贪污贿赂犯罪及其他章中明确规定依照第八章相关条文定罪处罚的犯罪案件，包括贪污、挪用公款、受贿、单位受贿、行贿、对单位行贿、介绍贿赂、单位行贿、巨额财产来源不明、隐瞒境外存款、私分国有资产、私分罚没财物 12 种犯罪案件；（2）《刑法》分则第九章规定的国家工作人员渎职犯罪案件，包括滥用职权、玩忽职守、徇私舞弊、泄露国家

---

① 孙谦主编：《中国特色社会主义检察制度》，中国检察出版社 2008 年版，第 126 页。

秘密、枉法追诉裁判、私放在押人员等 34 种犯罪案件，以及全国人大常委会《刑法修正案（四）》和《刑法修正案（六）》所增加的执行判决、裁定失职和执行判决、裁定滥用职权的犯罪案件和仲裁枉法裁决的犯罪案件；（3）《刑法》分则第四章规定的国家机关工作人员利用职权实施的侵犯公民人身权利的犯罪和侵犯公民民主权利的犯罪案件，包括非法拘禁、刑讯逼供、报复陷害、非法搜查、暴力取证、虐待被监管人、破坏选举 7 种犯罪案件；（4）国家机关工作人员利用职权实施的其他重大的犯罪案件，需要由人民检察院直接受理的时候，经省级以上人民检察院决定，也可以由人民检察院立案侦查。目前，由检察机关直接立案侦查的犯罪案件共涉及 50 余个罪名，除行贿罪等个别与国家工作人员职务犯罪密切相关但本身不属于职务犯罪的罪名外，其余均为国家工作人员的职务犯罪。

检察机关侦查职务犯罪案件的程序，包括立案和侦查两大诉讼环节。依照修订后的《刑事诉讼法》和《人民检察院刑事诉讼规则》等的规定，检察机关对于依法应当管辖的职务犯罪案件的报案、控告、举报和犯罪嫌疑人的自首，应当及时受理和进行审查，需要进行初查的，经检察长或者检察委员会决定，可以采取询问、查询、勘验、鉴定、调取证据材料等不限制被查对象人身、财产权利的措施进行初查。初查时，不得对被查对象采取强制措施，不得查封、扣押、冻结被查对象的财产。经过初查，认为有犯罪事实需要追究刑事责任的，经检察长决定，制作立案决定书，予以立案侦查。在侦查过程中，检察机关有权采取讯问犯罪嫌疑人、询问证人、被害人、勘验、检查、搜查、调取、扣押物证、书证和视听资料、查询、冻结存款、汇款、债券、股票、基金份额等财产、鉴定、辨认等各种侦查手段；对于重大的贪污、贿赂犯罪案件以及利用职权实施的严重侵犯公民人身权利的重大犯罪案件，根据侦查的需要，经过严格的批准手续，可以采取技术侦查措施，按照规定交有关机关执行；可以采取拘留、逮捕、拘传、监视居住、取保候审等强制措施；需要逮捕犯罪嫌疑人的，应当报上一级人民检察院审查决定；需要通缉犯罪嫌疑人的，检察机关可以作出决定，通知公安机关发布通缉令。在侦查中，应当严格遵守法定期限，不得超期羁押。

检察机关侦查部门经过侦查，认为犯罪事实清楚，证据确实、充分，依法应当追究刑事责任的案件，应当写出侦查终结报告，并且制作起诉意见书；对于犯罪情节轻微，依照刑法不需要判处刑罚或者免除刑罚的案件，应当写出侦查终结报告，并且制作不起诉意见书。经检察长批准，起诉意见书或者不起诉意见书以及相关案卷材料应当移交公诉部门审查，以决定是否起诉。侦查中发现以下情形的，应当经检察长或检察委员会决定，撤销案件：（1）具有刑事诉讼法第15条规定情形之一的；（2）没有犯罪事实的，或者依照刑法规定不负刑事责任和不是犯罪的；（3）虽有犯罪事实，但不是犯罪嫌疑人所为的。对于共同犯罪的案件，如有符合上述情形的犯罪嫌疑人，应当撤销对该犯罪嫌疑人的立案。

检察机关依法直接受理侦查职务犯罪案件，是检察机关对国家工作人员不依法履行职务的犯罪行为进行法律监督的重要手段。但是，检察机关对职务犯罪的法律监督也要受到有效的外部和内部的监督制约，确保自身严格执法。在司法体制改革中，检察机关不断强化自身监督意识，完善对职务犯罪侦查权的监督制约机制。特别是近年来，检察机关在全国范围内试行人民监督员制度，加强对检察机关职务犯罪侦查的外部监督。最高人民检察院2010年10月制定了《关于实行人民监督员制度的规定》。根据该规定，人民监督员对人民检察院办理直接受理立案侦查案件的下列情形实施监督：（1）应当立案而不立案或者不应当立案而立案的；（2）超期羁押或者检察机关延长羁押期限决定不正确的；（3）违法搜查、扣押、冻结或者违法处理扣押、冻结款物的；（4）拟撤销案件的；（5）拟不起诉的；（6）应当给予刑事赔偿而不依法予以赔偿的；（7）检察人员在办案中有徇私舞弊、贪赃枉法、刑讯逼供、暴力取证等违法违纪情况的。人民监督员制度的实践表明，实行这一制度，有利于保障检察机关职务犯罪侦查权的正确行使，维护司法公正；有利于增加检察工作的透明度，促进人民群众对检察工作的理解和支持，提高检察机关的执法公信力。同时检察机关也完善了对职务犯罪侦查权的内部监督制约机制。为强化上级检察机关对下级检察机关的领导和监督，最高人民检察院 2005 年 9 月通过并下发了《关于省级以下人民检察院对直接受理侦查案件作撤销、不起诉决定报上一级人民检察院批准的规定（试行）》、《人民检察院直接受理侦查案件立案、逮捕试行备案审查的规定（试行）》，根据这两个规定，从办理职务犯罪案件的四个容易出现权力滥用的关键环节入手，加强了上级检察机关对下级检察机关的监督。根据2008 年《中央政法委关于深化司法体制和工作机制改革若干问题的意见》中优化司法职权配置，改革完善对侦查活动的法律监督精神，2009 年 9 月最高人民检察院通过并下发了《关于省级以下人民检察院立案侦查的案件由上一级人民检察院审查决定逮捕的规定（试行）》，将对直接受理案件的逮捕向上一级备案审查改为由上一级决定，进一步加强了对限制犯罪嫌疑人的人身自由实行逮捕措施的监督力度，更有力地保障人权。检察机关在加强上级对下级领导和监督同时，也深入推进制度创新，制定了《关于加强检察机关内部监督工作的意见》、《关于完善抗诉工作与职务犯罪侦查工作内部监督制约机制的规定》、《关于全面推行检察人员执法档案制度的意见》、《最高人民检察院检务督察落实办法》等，完善办理职务犯罪线索管理制度，严格实行举报中心统一管理线索制度。强化对查办职务犯罪立案活动监督，完善抗诉工作与职务犯罪侦查工作内部监督制约机制。实行检察长分管业务分离制度，明确主管业务的检察长或副检察长不能同时分管举报、侦查、侦查监督、公诉、监所检察、申诉等具有互相制约功能的检察业务，进一步强化了内部的横向监督制约，保证内部制约的有效性。

2. 审查逮捕

逮捕是由法律规定的执法机构依照正当的法律程序审查或者决定，并经法律规定的执法机构执行，针对可能判处一定刑罚的犯罪嫌疑人、被告人采取的，具有一定时限的羁押、剥夺其人身自由的最严厉的刑事强制措施。逮捕作为刑事诉讼强制措施的一种，其目的与刑事诉讼的目的是一致的，是"为了保证刑法的正确实施，惩罚犯罪，保护人民，保障国家安全和社会公共安全，维护社会主义社会秩序"。逮捕目的决定了其在保障国家刑法的实施，保障国家刑罚权的实现和保障人权方面具有重要作用。可见，逮捕的作用并不仅仅是保证侦查和审判工作的顺利进行。逮捕的目的决定了逮捕既要保证侦查和审判工作顺利进行，又要保障犯罪嫌疑人、被告人的人权。

我国《宪法》第37条第2款规定，"任何公民，非经人民检察院批准或者决定或者人民法院决定，并由公安机关执行，不受逮捕"。新修订的刑事诉讼法根据宪法的规定，对逮捕权行使的机关、逮捕的条件、审查批准和决定逮捕的程序等又作出了进一步的规定。

根据我国宪法和刑事诉讼法的规定，对于公安机关侦查的刑事案件，公安机关认为需要逮捕犯罪嫌疑人的，应当提请人民检察院审查批准。人民检察院直接受理立案侦查的案件，需要逮捕犯罪嫌疑人的，由人民检察院决定。

人民检察院依法行使审查批准和决定逮捕权，是由中国检察机关法律监督性质决定的。宪法规定，人民检察院是国家的法律监督机关。审查批准和决定逮捕是法律监督权的具体权能，是对侦查机关侦查活动进行监督和控制，实现检察机关法律监督权的重要途径。人民检察院依法行使审查批准和决定逮捕权，也是我国检察机关在刑事诉讼中的法律地位以及检察机关与公安等侦查机关、审判机关之间的职能分工决定的。在世界一些国家对侦查机关的侦查行为的控制，包括逮捕的审查决定，采取由法院审查的手段。对此，我们不能盲目照抄照搬。在检警分立型国家，检察机关在性质上属于政府的一个职能部门或者政府部门的下设单位，检察官是政府的公诉律师或者王室法律顾问。在刑事诉讼中，检察官和警察一起，充当"一方当事人"的角色。在这种体制下，不可能要求检察官监督侦查机关的行为是否侵犯了另一方犯罪嫌疑人、被告人的权利和利益。所以，在该体制下，对侦查行为的监督包括逮捕措施的审查决定权只能赋予法官。在检察官指挥侦查型国家，警察接受检察官的领导或者是检察官的附属官员，应当说，在该种模式下，检察官在刑事诉讼中对警察的控制能力是相当强大的，其间的关系也因此而变得异常密切。但是，正是由于这种密切关系，决定了检察官对警察监督的有限性。使检察官与警察这种本应当是监督和被监督的关系变成了合作关系，从而使检察官对警察的监督效力受到削弱。因此，为了防止警察侦查中的不当行为，同时也是为了防止检察官对警察的监督不力，防止检察官在侦查中的不当行为，有必要建立司法审查机制，通过法院对一些强制性侦查行为包括逮捕的审查，保证侦查的正当性、合法性。这是与该国家的三权分立的宪政体制、检察机关的地位和性质及其与警察的关系来决定的。但是，无论是检警分立型国家还是检察官指挥警察型国家，负责对侦查行为控制与监督的法院，与负责该案件的实体审判的法院都是分设的。即预审法院或者治安法院、侦查法院和刑事审判法院属于不同的裁决系统。如有的国家是通过治安法官来控制侦查行为的，有的国家则是通过侦查法官或者预审法官来控制侦查行为。之所以如此，就是为了避免刑事审判法官受侦查、预审的影响，先入为主，保证刑事审判法官在审判时的中立性，保证审判的公正性。因此，如果不顾我国的宪政体制、检察机关的性质、检察官与警察的关系等实际情况，盲目地提出把逮捕权交给法官，在目前的法院体制下，就必然有损于审判法官的中立性，审判的公平也就缺乏制度上的基本保障了。

3. 公诉职能

公诉是指国家赋予检察机关代表国家提起诉讼，要求法院予以审判，使国家刑罚权得以实现的重要活动。通过审查决定起诉、提起公诉和支持公诉，依法行使公诉权，是我国检察机关的一项重要和基本的权能，是检察机关依法履行法律监督职责的重要手段之一。公诉的本质是法律监督。

（1）公诉权的实质是国家追诉。公诉权，其实质是国家主动对犯罪进行追诉的一种权力。任何犯罪都是对统治阶级利益和社会公共秩序的侵害，尤其是严重的刑事犯罪，对国家和社会的危害更为严重，如果对犯罪的追诉权由个人行使，因为受各种因素的影响，国家就很难实现追究犯罪的任务和目的。因此，世界各国采用了由国家追诉犯罪的公诉形式。这既是人类同犯罪斗争的需要，是社会发展的要求，也是社会发展的标志。在我国，各种犯罪活动，不论其表现形式如何，不论其侵犯的是国家安全或者是社会公共秩序，还是公民个人的人身权利、财产权利，归根结底都是侵害了国家和人民的利益。因此，我国《刑事诉讼法》规定，凡需要提起公诉的案件，一律由人民检察院审查决定。这说明，我国法律把国家追诉刑事犯罪的权力专门赋予了人民检察院。由人民检察院代表国家，对认为是犯罪的被告人提出指控，要求人民法院对指控的事实予以确认并追究其刑事责任。

（2）公诉权是实施法律监督的一种重要手段。在我国，人民检察院是国家的专门的法律监督机关。法律监督权在实践中得以实现，则必须落实到检察机关的具体诉讼权力即检察权上。也就是说，法律监督权与检察权是一体的，检察权是法律监督权的具体体现和表现形式，法律监督权是检察权的本质和属性。在检察机关实施法律监督的各种手段中，公诉权具有不同于其他手段的特点。第一，公诉权是检察机关最根本的监督手段。与其他权力不同，公诉权从产生之日起，就是检察机关的一项基本权力。这与我国检察机关的性质结合起来，也就成为检察机关进行法律监督的最根本手段。第二，公诉权是国家追诉犯罪的关键手段。在诉讼活动中，公诉权既可以制约和监督侦查权的行使，又可以制约和监督审判权的行使，因而公诉权在国家追诉犯罪的活动中起着承前启后的关键作用。第三，公诉权具有丰富的内容。公诉权包括审查起诉、决定起诉和不起诉、提起公诉、出庭支持公诉、抗诉等权能，这些权能为检察机关履行法律监督职责提供了有力的手段保障。所以，公诉权是检察机关实施法律监督的一种重要手段。

（3）公诉权的功能决定了公诉具有法律监督的性质。就公诉权来说，其功能就是检察机关行使公诉权所起的作用。从我国法律规定看，公诉的对象是犯罪，犯罪可以分为两类：一类是一切社会活动主体都可能实施的犯罪；另一类是依照法定职责行使国家权力或者公共管理职能的国家工作人员在职务活动中实施的犯罪。检察机关无论对哪种犯罪提起公诉，都具有控诉犯罪的功能和程序方面的功能。控诉犯罪是检察机关公诉权最基本的功能，在诉讼中，具有维护诉讼正常进行的作用。公诉权在与侦查权、审判权互相作用的过程中，具有控制侦查程序和审查侦查结果、启动审判程序和限定审判范围等作用。这种作用从法治建设的角度看，就是维护法律的统一正确实施。这两项功能决定了公诉权具有共同的属性，即法律监督的性质。

（4）公诉权的内容决定了其具有法律监督的性质。关于我国检察机关公诉权的内容，根据我国法律规定，公诉权包括审查起诉权、决定起诉和不起诉权、出庭支持公诉权、公诉变更权和抗诉权五项权能。这些权能都在不同程度上具有维护法律统一正确实施的作用，体现着法律监督的性质。其中最能体现法律监督性质的是审查起诉权和抗诉权。在审查起诉中，检察机关必须审查犯罪嫌疑人的行为是否构成犯罪、警察是否存在违法取证的行为、所收集的证据是否合法、是否符合法定起诉条件的要求、警察所认定的犯罪性质和罪名是否正确等。这种审查活动本身就体现了法律监督的性质。抗诉也是集中能体现法律监督性质的诉讼行为。对于法院的判决，如果检察机关认为判决确有错误或者违反法律规定时，应当向上一级法院提出抗诉，要求依法予以纠正。从而达到纠正法院错误判决的目的，保证国家法律的统一正确实施。

公诉权具有法律监督性质，与保持科学合理的诉讼结构不仅不矛盾，而且在根本目的上具有一致性。公诉权具有法律监督性质，并不意味着检察机关在刑事诉讼中处于居高临下的独立监督者的地位，因而也不会影响控、辩、审这一基本的诉讼结构。① 检察机关的法律监督不是一种"上对下"的监督，而是同级机关不同职能之间的监督。且这种监督是刑事诉讼程序内的监督，是通过提起公诉、出庭支持公诉等具体法定职能来实现的，并没有超越和影响刑事诉讼的基本结构。公诉权的监督性质是公诉权的内在属性，而不是与公诉权并列的另一种权能。即公诉是对国家追诉犯罪活动的外在形式的表述，法律监督是对其本质属性的表述。因而公诉与法律监督二者是一体的，具有共生关系。公诉权只是法律监督权的一种实现形式。在刑事诉讼中，公诉人参加庭审活动，当庭提起公诉和指控犯罪，本身就具有法律监督性质，属于履行法律监督职责。对庭审中的违法行为提出纠正意见，或者对确有错误的判决等提出抗诉，则是公诉人实施法律监督的另一种形式。可见，在控、辩、审三方之外，并不存在独立的监督者。公诉权具有法律监督的性质同样也不会影响"控辩平等"的诉讼结构。检察官是国家利益、公共利益的代表，其既要代表国家指控犯罪，又要履行保护人权，维护当事人合法权益，维护司法公正的职责。对于诉讼中的违法行为，包括侵害被告人合法权益的行为予以监督纠正，是检察官的当然职责，是检察官客观公正义务的必然要求。检察官不是，也不应当是片面追求打击犯罪的追诉狂，而是客观公正的法的守护人。因此，公诉权的法律监督性质不仅不会妨碍辩护方的诉讼权利的行使，而且有利于保护被告人合法权利。

公诉权在行使的过程中，对审判权确有也需要有制约和监督的功能。这不仅不会影响审判的权威，而且还通过监督保障司法公正，维护司法的权威。公诉权的行使，在根本目的上，与通过审判来实现公平正义是一致的。检察官通过公诉，制约法官的审判范围，监督法官的庭审活动，这对于防止法官的滥权和恣意，具有重要意义。可以说，公诉权的行使，为公平正义的实现提供了制度和

---

① 参见朱孝清、张智辉主编：《检察学》，中国检察出版社2010年版，第377页。

程序上的保障。而且，公诉权的监督性质，也并没有改变其应有的诉讼职能，因而也不可能侵犯审判权的权威和地位。公诉权在本质上是一种控诉请求权，对法院只具有程序性制约的作用，且并不会因为其法律监督性质，而增加对实体的处分权。检察官发现法院审理案件违反法律规定的诉讼程序，向法院提出纠正意见，或者认为判决、裁定确有错误，而提出抗诉，都只是启动了法院的纠错程序，这相对于法院的裁判权来说，只是一种程序性权力。因而公诉权的法律监督性质与审判机关的终局性裁决并无矛盾之处。相反公诉权的法律监督性质还会在一定程度上强化审判的权威性。维护司法权威，实质上是维护裁判的公正性，公正是司法权威的根源。公正的判决体现了司法公正，也体现了司法权威；不公正的判决既损害了司法公正，也损害了司法权威。对不公正的判决，检察官通过公诉权的行使，通过抗诉等手段，促使法院纠正，这样既维护了司法公正，也维护了司法权威。维护司法公正和司法权威，保障国家法律的统一正确行使，是检察机关公诉权的最终目的。

4. 对诉讼活动的法律监督

检察机关对诉讼活动进行法律监督是检察机关的一项重要职能。刑事诉讼法、民事诉讼法和行政诉讼法分别将人民检察院依法对刑事诉讼、民事诉讼活动、行政诉讼实行法律监督作为一项基本原则。检察机关通过履行对诉讼活动的监督职能，促使诉讼中权力行使的违法行为得到纠正，维护公民和法人的合法权益，保障诉讼的顺利进行，减少和避免司法不公，维护司法公正和法制统一。

检察机关对刑事诉讼的法律监督主要有立案监督、侦查活动监督、审判活动监督、刑罚执行监督。检察机关在刑事诉讼中对公安机关和人民法院存在的违法行为主要是通过以下途径发现的：（1）通过办理审查批准逮捕、审查起诉案件；（2）通过介入侦查机关的侦查活动；（3）通过对批准逮捕、不批准逮捕等决定的执行情况进行监督；（4）通过参与法院的审判活动；（5）通过受理有关控告、检举、申诉等活动。

检察机关根据刑事诉讼中发现的各种违法行为的性质、程度，选择不同的诉讼监督方式。根据法律规定和司法实践，检察机关对刑事诉讼中的违法行为的监督方式主要有：（1）口头通知纠正。即人民检察院对于有关机关在诉讼活动中存在的情节较轻的违法行为，以口头言词的方式予以纠正的一种方法。这一般由履行职责的检察人员直接提出。（2）发出纠正违法通知书。即人民检察院对于有关机关情节较重的违法行为以书面形式要求纠正的监督方法。如对于严重违反诉讼程序，可能导致错误追究或者放纵犯罪的；多次口头纠正仍不改正的等。人民检察院发出纠正违法通知书，应当经过检察长批准。（3）提起抗诉。检察机关对于人民法院生效的刑事判决裁定，如果认为确有错误的，有权提起抗诉。（4）追究刑事责任。对于侦查、审判中违法行为情节严重，构成犯罪的，检察机关应当立案侦查，以追究有关人员的刑事责任。对于不属于检察机关管辖的，应当移送有管辖权的机关处理。

当前检察机关对刑事诉讼的法律监督应始终把人民群众的关注点作为监督工作的着力点，坚持经常性监督和专项监督相结合，切实加强对司法不公不廉的监督。在刑事立案监督中，重点纠正有罪不究、以罚代刑和动用刑事手段插手经济纠纷等问题；在侦查活动监督中，重点监督纠正违法采取强制性侦查措施和刑讯逼供、暴力取证，以及错捕漏捕、错诉漏诉等问题；在刑事审判监督工作中，重点监督纠正有罪判无罪、无罪判有罪、量刑畸轻畸重以及严重违反法定程序等问题，加强对职务犯罪案件、法院自行决定再审案件和死刑复核案件的监督。在刑罚执行和监管活动监督中，重点监督纠正违法减刑、假释、暂予监外执行以及超期羁押、体罚虐待被监管人员等问题，依法妥善处理在押人员非正常死亡等事件；推进与监管场所信息联网和监控联网，推动建立刑罚变更执行同步监督机制；加强对社区矫正各执法环节的法律监督；完善换押制度和久押不决备案制度，加大纠防超期羁押力度；规范死刑执行临场监督，保障死刑执行依法进行。

对民事诉讼、行政诉讼进行监督，是基于人民检察院的法律监督职能，为保证民事案件公正审判和行政诉讼依法进行而确立的一项原则。人民检察院依法对民事诉讼和行政诉讼实行法律监督，不仅是完善我国法律监督制度的需要，也是保证司法公正，实现公平正义的需要。实践证明，检察机关对民事诉讼和行政诉讼进行监督，对于维护司法公正是必要和有效的。检察机关的民事诉讼、行政诉讼法律监督作为检察机关法律监督的重要组成部分，其性质是对公权力的监督，监督对象是民事诉讼、行政诉讼活动。检察机关的法律监督是居中监督，代表国家行使法律监督权，在当事人之间应保持客观、中立、公正立场，不代表任何一方当事人。检察机关对民事诉讼、行政诉讼的法律监督是在法律授权的范围内对发生的违法情形或者生效的错误裁判进行监督，在现行的法律框架下，民行检察监督的效力主要是依法启动相应的法律程序、提出相应的司法建议或意见，促使人民法院依法启动再审程序和纠正违法情形，检察机关既不代行审判权，也不代行行政权。检察机关通过依法监督纠正诉讼违法和裁判不公问题，维护司法公正，维护社会主义法制的统一、尊严、权威，维护人民权益，维护社会和谐稳定、服务经济社会发展。检察机关在不断强化对民事诉讼、行政诉讼的法律监督职能同时，又要把握检察机关民行监督的特点和规律，保证法律监督权依法正确行使。检察机关对民行诉讼活动的监督应遵循司法规律，符合诉讼原理，有利于民事、行政诉讼活动有序高效运行，实现办案数量、质量、效率、效果的有机统一；要遵循当事人意思自治原则，尊重当事人在法律规定范围内的处分权，除损害国家利益、社会公共利益和以违法犯罪损害司法公正的以外，一般应以当事人申诉作为审查案件、提出抗诉的前提和基础；要遵循当事人平等原则，保障双方当事人平等对抗的权利，维护诉讼结构的平衡；对民事诉讼和行政诉讼要求遵循其不同的规律，尊重审判机关根据双方举证和证据的证明力依法作出的裁判；要正确处理加强法律监督与维护裁判稳定性的关系，反对将裁判的既判力绝对化，但又要充分考虑维护生效裁判既判力的需要，准确行使抗诉等监督权，努力寻求公正与效率的合理平衡。当前要着力构建以抗诉为中心的多元化监督格局，充分运用抗诉手段所具有的能直接启动人民

124

法院再审程序的效力，监督纠正确有错误的裁判。同时，要注意综合运用抗诉与再审检察建议、纠正违法通知书、检察建议等其他监督手段，并有效衔接，从而充分发挥各种监督手段的整体效能。

5. 法律赋予检察机关的其他职能

除上述主要职能外，法律还赋予了检察机关一些其他的法律监督职能，包括对劳动教养机关活动的监督，参与社会治安综合治理、预防犯罪，最高人民检察院的司法解释，等等。这些职能与前述几种主要职能的不同之处在于，前述几种职能的履行都是与诉讼活动有关的，要么是通过诉讼行为进行，要么是针对其他机关的诉讼活动进行；而这些职能活动却是针对一些特定的非诉讼活动而进行的监督。

（二）　中国检察机关的作用

检察机关的作用是指检察机关通过履行法定职能对国家和社会生活所产生的影响。检察机关的性质、地位、任务不同，检察机关所发挥的作用也不一样。在我国，只有在正确认识和把握检察机关性质和地位的基础上，才能科学地评价检察机关的作用，充分发挥检察机关在维护秩序、保障人权、维护法制统一和司法公正中的作用。

1. 维护秩序作用

秩序是人类生存的需要，也是人类发展的要求。建立和维护一定的秩序，是任何国家统治的基本前提和要求。建立检察机关并通过法律赋予其特定职能，就是要发挥检察机关在国家和社会生活中特有的秩序维护作用。

维护人民民主专政的国家政权。检察机关是国家上层建筑的重要组成部分，要为巩固和发展自己的经济基础和整个上层建筑服务，要维护人民民主专政的国家制度和政权。人民检察院自创建以来，通过履行法律监督职责，为巩固和发展人民民主专政的国家政权发挥了重要作用。从1949年10月1日中华人民共和国成立，到1953年开始有计划的大规模的经济建设，这是我国人民检察制度的初创时期。这一时期检察机关积极投身于镇压反革命、"三反"、"五反"等一系列旨在巩固人民民主政权的政治斗争和社会改革运动。1954年随着第一部《中华人民共和国宪法》和《中华人民共和国人民检察院组织法》的颁布实施，有力地推动了检察机关建设，各级检察机关的组织和业务基本建立起来，检察机关已经能够基本担负起国家赋予它的职责。1956年3月第三届全国检察工作会议确立了深入推进镇反工作的斗争策略，贯彻执行了党的惩办与宽大相结合的政策，促进了反革命势力分化瓦解。由于这次镇压反革命是在进一步加强法制的情况下进行的，检察机关的法律监督特别是侦查监督、审判监督和对死刑判决执行的监督作用得到了比较充分的发挥。无论在国民经济恢复时期，还是在社会主义改造和建设时期，检察机关都积极投身于当时的中心工作的实际斗争中去，并发挥了积极的职能作用。特别是检察机关恢复重建后，无论是关于检察机关职权的规定还是检察机关的业务实践，都始终以服务于人民民主专政为重要目标。1979年《人民检察院组织法》第4条再次明确规定："人民检察院通过行使检察权，镇压一切叛国的、分裂国家的和其他反革命活动，打击反革命分子和其他犯罪分子，维护国家的统一，维护无产阶级专政制度，维护社会主义法制……"

维护国家权力运行秩序。国家权力有序运行是社会稳定的一个重要条件。国家权力依法配置和运行是现代法治的基本要求，也是权力有序运行的保障。职务犯罪是国家权力运行中最为严重的违法行为，也是对权力运行秩序破坏最大的违法行为。我国检察机关通过依法履行职务犯罪侦查职能，对国家权力运行进行法律监督，严查权力行使中的腐败、滥用和渎职行为，防止权力腐败、权力滥用和渎职，保证国家权力运行的廉政与高效。

维护社会秩序。犯罪是对社会秩序最为严重的破坏。检察机关通过依法及时准确的追究犯罪，使犯罪得到公正的惩罚，从而恢复被犯罪破坏的社会秩序。不受犯罪侵害或者受到犯罪侵害后能够得到及时公正的司法救济，是个人安全感的起码要求，也是社会秩序的基础。因此，检察机关追诉犯罪的职能实际上是国家维护社会秩序的最低保障。如果这一保障尚且不能实现，社会秩序就难以维持。①

2. 保障人权作用

保障人权是全世界各国检察机关的共同责任和使命。这不仅被大多数国家关于检察机关的立法所规定，而且被 1990 年在哈瓦那由第八届联合国预防犯罪和罪犯待遇大会通过的《关于检察官作用的准则》所确认。该准则第 12 条规定："检察官应始终一贯迅速而公平地依法行事，尊重和保护人的尊严，维护人权从而有助于确保法定诉讼程序和刑事司法系统的职能顺利地运行。"第 13 条（d）规定："在受害者的个人利益受到影响时应考虑其观点和所关心的问题，并确保按照《为罪行和滥用权力行为受害者取得公理的基本原则宣言》，使受害者知悉其权利。"可见，通过职能活动保障公民权利应该成为各国家检察机关的共有作用。

我国《宪法》规定，国家尊重和保障人权。新修改的《刑事诉讼法》第 2 条将"尊重和保障人权"作为刑事诉讼法的任务予以规定，这同时也是刑事诉讼的一项基本原则。在刑事诉讼中检察机关的人权保障作用具有更加普遍的意义。尊重和保障人权不仅是检察权行使的目标，而且贯穿于检察机关执行法律的全过程。检察机关在行使职权时，不仅负有尊重人权的义务，不得侵犯或有损于公民权利，而且负有保障人权的义务，要保障公民权利的实现，纠正侵犯公民权利的行为。在我国，检察机关的人权保障作用主要通过三个方面来实现：一是检察机关通过依法行使审查批准或决定逮捕等权力，对直接限制或临时剥夺公民人身自由的侦查活动进行司法审查，防止逮捕权的滥用；二是检察机关通过履行对刑事诉讼、民事诉讼和行政诉讼的法律监督职能，依法纠正侵犯人权的行为，保障人权不受非法侵害；三是检察机关为权利的实现提供法律上的救济，直接受理有关当事人的申诉、控告或者检举，依职权给予保

①　参见朱孝清、张智辉主编：《检察学》，中国检察出版社 2010 年版，第 231 页。

障。可以说我国检察机关作为法律监督机关，保障人权的作用贯穿于刑事诉讼的整个过程，体现于检察机关执法的各个环节，实现于各项检察权的行使。

3. 维护法制统一作用

法制统一是现代法治的基本要求和前提。法制统一首先要求调整社会关系的一国法律体系必须是统一、合理、不能相互抵触；其次，统一的法律规则要在其法律效力范围内得到一体的遵守和适用。检察机关在维护法制统一中承担着重要作用。其一，维护法律体系的统一。法律体系是一国现行的全部的法律规范按照不同的法律部门分类组合而形成的一个体系化的有机联系的统一整体。结构严密、内在协调是法律体系的基本特点。由于我国实行中央和地方多层次的立法体制，法律规范呈现多层次性。法律体系的统一要求宪法、法律、行政法规、地方性法规和规章等不同层次的法律规范之间不仅效力位阶明确，内容也不得相互抵触。为了维护法律体系的统一，我国《立法法》对不同等级的法律规范效力和内容作出明确规定。同时还专门规定了法律体系统一的维护机制，即国务院、中央军事委员会、最高人民法院、最高人民检察院和各省、自治区、直辖市的人民代表大会常务委员会认为行政法规、地方性法规、自治条例和单行条例同宪法或者法律相抵触的，可以向全国人民代表大会常务委员会书面提出进行审查的要求，由常务委员会工作机构分送有关的专门委员会进行审查、提出意见。其二，维护法律适用的统一。在法律体系中，刑法是各部门法的保障之法，犯罪是对法制的严重破坏，检察机关通过行使公诉权，及时追诉犯罪维护法律适用的统一。在刑事诉讼、民事诉讼和行政诉讼中检察机关通过行使抗诉权等职能活动，保障和促进审判机关在适用法律上的统一。最高人民检察院还通过司法解释权统一各级检察机关对法律的理解，以具有约束力的司法解释来经常性和有针对性地指导各级检察机关正确依法履行职权，维护法律的统一适用。

4. 维护司法公正作用

通过司法实行正义，是在全社会实现正义的机制、体制和制度中的一个重要方面，而且是社会正义保障机制中的一道重要防线。司法公正主要是指司法机关在适用法律解决纷争过程中所体现出来的程序公正和实体公正。检察机关维护司法公正的作用，主要体现在两个方面：一是通过权力制约形成合理的诉讼结构，保障司法权的正确行使；二是通过诉讼监督，纠正司法活动中的违法行为，保障司法权的正确行使。在我国，通过司法机关之间的分工，实现司法权力的相互制约，检察机关在维护司法公正中的作用表现更为突出。第一，从我国的权力结构来看，检察机关是与审判机关、行政机关并列的法律监督机关，都由国家权力机关产生，对其负责，受其监督。检察机关不从属于任何行政机关、审判机关，具有独立的宪法地位。这就为检察机关发挥法律监督作用创造了有利条件，提供了体制上的保障。第二，从我国检察机关的性质来看，法律监督是我国检察机关的职能定位。法律监督的本意是对于行政执行和司法进行监督和制约。这种职能定位和权力配置有利于检察机关对司法和行政执法活动进行监督和制约。第三，我国检察机关的职权配置不仅体现了检察权对其他权力的监督和制约，也体现了其他权力对检察权的制约。譬如，审查批准和决定逮捕权由检察机关行使，但逮捕的执行仍由公安机关承担。抗诉权由检察机关行使，但抗诉后的审判权仍然由审判机关行使。从这个意义上说，检察权主要是一种程序性权力，既对其他司法权形成监督和制约，又处于其他司法权的监督和制约之中。①

---

① 参见朱孝清、张智辉主编：《检察学》，中国检察出版社 2010 年版，第 233 页。

第五章　法律监督

一、法律监督的含义与特征

（一）监督的语义分析

在我国，"监督"被作为术语广泛使用，含义极为丰富。也正因为监督所含内容的丰富，致使人们在理论建构和学术交流中，对同一概念所负载的意义和内容的信息不相同，甚至截然相反，得出的结论难免大相径庭。而且语义的混乱致使概念之争掩盖了真正的理论争论。因此，澄清"监督"理论上的争讼就要运用语义分析方法，找出同一词语、概念、命题的语义差度，并使同一词语所表达的实际思想内容的差别尽可能缩小，确认要回答的是什么问题，不是什么问题以及这个（些）问题是否真的存在，有些争论是可以避免的或得到澄清和解决的。①

"监督"一般在如下场景中使用：

1. 基于权力的所有与行使的分离而产生的监督。"监督起源于社会生产和分配中的记事和契约活动，后引用于公共治理之中。经历近代和现代社会民主政治发展和市场经济的形成，监督已从原来的督军和自上而下的检查督促，更多地转向了社会公共事务管理中的控制和国家权力运作中的监控与制约，转向了权利的维护。"② 监督根源于国家权力的所有权与行使权的分离。权力的终极来源，

---

① 张文显：《法哲学范畴研究》，中国政法大学出版社 2001 年版，第 19 页。

② 尤光付：《中外监督制度比较》，商务印书馆 2003 年版，第 1 页。

归根结底是构成社会这个整体的每个公民的权利。法律即社会公约，是公民将自身权利让渡给集体而形成的约定。国家权力就是在这种约定之上产生的。正如 1789 年法国《人权宣言》所宣告的："国民是一切主权之源；任何个人或任何团体都不具有任何不是明确地从国民方面取得的权力。"① 也就是说，国家权力的所有者是全体公民。但是，国家的治理不能通过全体公民来直接完成，必须由公民选定的特定人群，组成特定组织来进行具体运作。权力的所有者和行使者相分离就成为必然。这又导致新的问题：公民如何才能保证其意志得到严格的遵守与正确的执行？如何才能避免权力行使者滥用他们得到的权力？

于是，对权力的监督应运而生。国家权力的所有者为了实现对权力行使者的制约，创制出各种监督权力的机制。"民主制的首要含义是防止国家权力脱离其所有者的控制。而对国家权力所有者威胁最大，即最易于、最便于、最有可能将国家权力所有者的权能从其所有者手中夺走的却正好是他们的'仆人'——国家机构及其官员，因为后者是一种有组织的力量，掌握着国家权力行使权。为了保证国家权力行使权的运用能够最大限度地符合国家权力所有者的利益与意志，就需要通过分散国家权力行使者的权能并在分别掌握这些权能的不同机关之间建立一定的监督和平衡关系，至少是在它们之间明确划分权限，禁止越权。"②

由此可见，监督是基于国家权力的归属存在所有权与行使权相分离的实际状态，国家权力的所有者——公民基于保障自身权利，而限制权力的行使者——各级国家机关及其工作人员的实际需要。对权力进行监督，源于防止权力被滥用的终极目标。这种场景下的"监督"在我国通常指人民对其民主选举而产生的人大代表进行的监督（如罢免）、对权力机关进行的监督。党员对经其民主选举而产生的党的代表、党的领导权力机构的监督等。

---

① 童之伟：《法权与宪政》，山东人民出版社 2001 年版，第 309 页。

② 童之伟：《法权与宪政》，山东人民出版社 2001 年版，第 310 页。

2. 基于权力的决策与执行的分离而产生的监督。权力是一种作出决定而予以执行的力量，权力的决策与执行的同一能够有效保证决策的意志实现。但是，现代社会管理的复杂性使权力的决策与执行经常分离，决策者的意志如何在执行中不被歪曲和篡改，因此，需要对执行的监督。这种场景下的"监督"包括：权力机关对行政机关的监督、行政机关内部的上下管理监督、权力机关基于立法权的定制决策对司法机关的监督；党的中央委员会对下一级党组织进行的监督；等等。

3. 基于权力的分立制约而产生的监督。现代的政治价值观认为，要保障人民政治自由就要限制政府权力，而限制的最好方式是通过在政府内进行职能、机构分立，防止权力集中于一群人手中。没有分权并实现制衡的政府，不论是一个人、少数人或许多人，不论是世袭的、自封的或选举的，均可正确地断定是暴政。[①] 一个政府有没有实行分权便成为衡量该政府统治下的公民有无自由的一个标准。为保障公民的个人权利，必须谋求对权力的制约。现代国家权力的结构原则发生了根本性变革，权力分立取代了权力集中。国家的权力不再集中到个人、集团或机关，而是由不同的国家机关行使，并且相互监督和制约，以避免滥用权力，保护公民的个人权利。这种场景下的"监督"在西方社会表现为权力的制衡，在中国社会表现为权力之间的监督。如检察机关对侦查机关的监督和对审判的监督等。

监督在不同的场景下使用时，其所表达的含义和意蕴是有差别的。但是，人们在使用这个概念时忽略了，从而引起争议。比如，说起监督，有人就认为必须是居高临下的单向监督、监督者一定要凌驾于被监督者之上的观点，就是把监督中的决策与执行的分离而产生的上级对下级的监督绝对化的结果，它否定了现代社会政治生活中其他场景监督形式客观存在的事实，在理论上是失之偏颇的。

---

① ［英］W. Ivor. 詹宁斯：《法与宪法》，龚祥瑞、侯健译，三联书店1997年版，第20页。

正如我国有学者所指出的，"监督"一词有不同用法："（1）上级对下级的监督；（2）平等主体之间的监督；（3）下级对上级的监督；（4）外界的监督。监督的主体不同，监督的目的和功能也就不同：上级对下级的监督是为了行使管理权，因而具有管理的功能；平等主体之间的监督是为了相互制约，①因而具有制衡的功能；下级对上级的监督则是为了提请上级注意自己的行为，具有提示的功能，同时，作为一种民主权利，具有参与管理的功能；至于人民群众的监督和新闻媒体的监督，则是通过举报、控告和申诉，或者通过披露权力行使过程中出现的问题，以引起有关机关和人员的重视，因而达到帮助其改正错误的目的，这是实现人民民主的一种方式。"② 例如，我国《宪法》第3条规定："全国人民代表大会和地方各级人民代表大会都由民主选举产生，对人民负责，受人民监督。国家行政机关、审判机关、检察机关都由人民代表大会产生，对它负责，受它监督。"这里的人大及其常委会受人民监督，与国家行政机关、审判机关、检察机关受人大监督，就具有不同的含义。前者是基于权力的所有与权力行使的分离而产生的权利对权力的监督，后者却是因决策权与执行权的分离而产生的自上而下的监督。

（二）法律监督

法律监督是我国对权力监督体系中的重要一环，是我国法制中具有特定含义的活动。但是，由于对法律监督这一专门术语的泛化理解，混淆了法律监督与其他监督行为的性质，③ 从而对其在权力

---

①　权力制约是指权力主体之间的相互监督，具有双向性、独立性、权力性，它在实行三权分立的国家表现为立法、行政与司法权的相互制约，在我国表现为行政机关、审判机关、检察机关之间的相互监督。在这个意义上，监督和制约是对等的，都是指相对独立的权力主体之间的相互制约。

②　张智辉：《法律监督三辨析》，载《中国法学》2003年第5期。

③　对此问题的专门论述参见张智辉：《"法律监督"辨析》，载《人民检察》2000年第5期。

监督和保障法律实施监督体系中的地位和作用得不到应有的重视。因此，要厘清法律监督的界限，正确认识其在维护法制中的功能。

1. 法律监督的再认识

"法律监督"在法制中具有重要地位，但是由于这一概念在使用中出现的随意，导致在理论与实践中众说纷纭。理论的纷争往往源于对概念术语的歧义。因此，澄清"法律监督"理论上的争讼就要运用语义分析方法，找出人们在"法律监督"概念的语义差度，从而确认要回答的是什么问题。

我国学者在法律监督概念理解和使用上的分歧有以下几种情况：

（1）对法律监督的主体认识不同。主要有三种观点①：其一，认为法律监督是指国家检察机关对法院审判活动和有关机关的职能活动是否合法所进行的监督，这是最狭义的法律监督。法律监督主体只限于检察机关。其二，认为法律监督是国家机关在各自权限范围内依法对法律实施所进行的监督，这是广义的监督。法律监督的主体是国家机关，不限于检察机关。其三，最广义的法律监督，即除了上述含义的法律监督外，还包括政协、各政党和社会团体、新闻机构、社会公众对法律实施的监督，即凡是对法的实施发挥保证作用的监督形式，都可称为法律监督。法律监督主体包括所有的国家机关、社会团体、企事业单位和公民个人。显然，最狭义的解释所使用的场域是宪法规定检察机关是国家的专门法律监督机关，除了人民检察院之外，其他任何机关、团体和个人，虽然对法律的实施有保障作用，但不属于法律监督权，其活动不能称为法律监督，其不能成为法律监督主体。这种解释实际上是对检察机关法律监督的理解，它是有意地将法律监督的外延缩小以达到其理论上的一致。广义的解释将其他国家机关对法律实施的监督都视为法律监

① 参见石茂生：《试论法律监督的内容和范围》，载《中外法学》1994年第2期；邵诚、朱继萍：《试论我国法律监督的概念》，载《法律科学》1991年第3期。

督，但是，不同机关对法律实施监督的内容、方式和效力是不同的，这就难以将不同机关对法律实施的监督与检察机关法律监督区别开来，就难以解释法律监督所具有的特殊保障功能。最广义的解释则是不适当地扩大了概念所使用的场域，将监督法律实施的所有活动都视为法律监督，这使法律监督究竟要解决什么问题显得模糊不清。

（2）对法律监督存在阶段的认识不同。有的认为，法律监督是对法律实施进行的监督；有的则提出：把法律监督的内容限定在法律实施方面是有片面性的，法律监督是对法制的整个运行阶段合法性进行监督，不仅包括对执法、司法、守法状况的监督（所谓法律实施），也包括对立法活动的监督。[①] 这种分歧、争论是否真的存在？我们认为是不存在的，关键是对"法律实施"及"法律"一词的理解，如果把法律实施解释为包括宪法实施在内，显然权力机关的立法活动是宪法实施的重要内容，对立法活动的监督当然也是法律监督内容及存在的阶段。但是在我国的宪政结构下，宪法和法律规定全国人民代表大会不仅制定、修改宪法和法律，而且监督制定法律的活动。因为，全国人民代表大会不仅是立法机关，更为重要的是国家最高权力机关，其他一切国家机关都是由其产生并向其负责的，因此，全国人民代表大会制定的宪法和法律具有最高的法律效力，任何其他国家机关都没有权力对其制定的宪法和法律进行监督。[②] 也就是说，对立法的监督是权力机关进行的活动，其他机关不能进行监督。所以，法律监督与立法监督是不同的内容，不能等量齐观。

---

① 参见石茂生：《试论法律监督的内容和范围》，载《中外法学》1994年第 2 期。

② 对此有学者已提出质疑，认为人大具有"双重"公法人格，作为一切权力的所有者和立法权的行使者，这是两种不同的公法人格。作为立法者其行为应受到监督。我国在宪法上将对人大的立法监督权赋予立法机关自身行使，而不是像三权分立国家授予司法机关（普通法院或宪法法院）。参见孙谦：《检察：理念、制度与改革》，法律出版社 2004 年版，第 117 页。

那么在法律实施中，保障法律公正实施的监督有哪些呢？为便于对问题的理解，有必要对法的运行过程进行简略的和必要的考察。

法律的实施行为从合法性角度可分为合法行为和违法行为。显然对法律实施行为的监督之对象是违法行为，"违了法，才监督，不违法，就不管"。①对法律实施的监督就是通过对违法行为的发现和处理，疏通被阻塞的权利义务，保证法律运作的畅通。对法律实施的监督具有一种纠错、保证功能。违法行为存在于法的运行的各个阶段，对法律实施的监督诠释也须从法的运行过程考察。法从运行的角度可分为立法、法的遵守、法律的适用。立法是一定的国家机关按照法定职权和程序，制定、修改和废止法律以及其他规范性法律文件的一种专门活动，法即是立法机关对一般规范的创造。而立法行为也要遵守立法规范，严格遵守宪法，可以说立法行为是宪法实施行为之一。对立法行为的监督是对宪法实施的监督。法的遵守是公民和社会组织（积极义务的履行和禁令的遵守）按照法律规定行使权利和履行义务的活动，把法的要求变成自己的行为，形成法律所要求的现实社会关系。在这个过程中，是不需要专门机构适用法的阶段，没有国家机构运用强制力进行干预。守法是法律实施的一种基本形式。

法的适用是指法的实现过程中运用国家权力的一种活动，它表明了社会活动中存在着这样一种状况，在这种状况中，主体的自治已无法使法律的调整继续进行，如果不运用国家权力把法的一般规范用于对具体事件的处理，法的运作就会中断。这种状况或表现为法律关系不能产生或变更（法律规范不能具体化）；或表现为在法律关系的形式下，法不再向现实化运作，权利不能享用，义务不被

---

① 全国人大常委会办公厅编：《发展社会主义民主，健全社会主义法制》，法律出版社 1988 年版，第 183 页。

履行。这种状况是法的适用的根据，是国家权力运用的必要性之所在。① 法的适用的这种情况有以下几类：

（1）按照法律（包括行政法规等）规定行使职权，要求相对人履行义务。如税务机关确认某人有一定收入，根据税法命令他缴纳税款。

（2）根据法律规定必须由国家主管机关向具体主体授予资格、分配某种资源或福利、或基于社会管理需要对具体主体（无职权义务关系）施行强制命令（措施）。这种适用法的行为是一种单方面的意志宣告。如：为执行关于含有酒精饮料的生产销售的行政法，主管行政机关就必须授予或不授予法定执照。

（3）当某种社会关系或事实处于不确定状态，有关机关根据法律排除不确定状态。如宣告死亡、确认某种法律关系。

（4）公民、社会组织之间发生权利义务纠纷，需要追究法律责任。

（5）国家执行机关行使职权对违法行为施加制裁（行政制裁）。

（6）相对人对执行机关的职权行为的合法性发生争议。

（7）对严重违法行为即犯罪追究法律责任。

上述情况按行政和司法一般意义上划分，可将法的适用归纳为：行政行为（包括职权—义务双向关系和单方面意志的宣告行为）、行政强制行为、行政制裁行为、行政司法行为（复议和诉讼）和司法行为。上述可知违法行为可以存在于法的整个运行中，因此，监督法律的活动也必然作用于法的整个运行中。由于法适用的情形不同，对其监督的形式、手段、效力是不同的。这样，就把对法的实施中的各种监督区别开来，有的是行政执法监督，有的是司法（审判）监督。当执法和守法中的违法极其严重达到犯罪的程度，严重破坏法制；或司法的监督保障机制中出现违法，就要启

---

① 黄建武：《法的实现——法的一种社会学分析》，中国人民大学出版社 1997 年版，第 47 页。

动专门的监督机制，即法律监督。因此，对法律实施的监督和法律监督是不同层次上进行的监督。

对法律监督应当从政治制度层面来认识。我国实行的是人民代表大会下的"一府两院"制。依照人民主权原则，全国人民代表大会作为代议机关，代表人民集中行使最高国家权力，处于我国权力架构的顶端；由其产生的政府、法院和检察院分别行使行政权、审判权和检察权，处于我国权力架构的第二层。行政权、审判权和检察权分工负责，共同向最高国家权力机关负责，形成了稳固的三角锥形的政权组织结构。这与西方国家三权分立的平面三角权力架构明显不同。但是，正如三权分立通过在立法、行政和司法机关之间设置种种牵制从而实现权力制衡一样，人民代表大会制在真正体现人民主权并提高权力运行效率的同时，也存在着防止权力因缺少制约而导致腐败的客观要求。人民代表大会作为处于权力架构顶端的国家权力机关，如果采取直接干预、监督行政、审判事务的方式来制约行政权和审判权，又很可能出现由"宏观监督"变成"指令"的情况，造成更大的权力专断。如果将其降格至与行政、审判机关在同一平面内相互牵制的地位，又与它的权力属性不符。此外，行政或审判机关下属的职能部门由于其权力层级低，更缺乏独立地位，由它们来实行这种制约，也是不恰当的。因此，人民代表大会之下必须设立专门的机关，使其与行政、审判机关一道，实现权力运行的相互制约。这个专门的机关就是检察机关。人民代表大会将具体监督法律实施的权力通过宪法授予检察机关，形成检察权与行政权、审判权在同一平面上相互制约的格局，保证权力正确运行而不被滥用。

基于上述认识，我们认为，法律监督是指检察机关依法对法律的遵守、执行和适用情况进行的有法定效力的监察、督促工作。

2. 法律监督的特征

正确认识检察机关的法律监督，还需要将其放在国家监督体系中，与其他监督相比较，来分析认识法律监督的特有属性，从而正确把握法律监督：

（1）法律监督的法律性。首先，作为法律监督对象的是特殊的法律行为（犯罪行为或司法中的违法行为），一般的违法行为有其他监督实施的机制纠正。其次，法律监督主体的法定性和职权的法定性。法律监督的主体是检察机关。检察机关是宪法规定的唯一的法律监督机关，其他主体实施的各种监督都不能称为法律监督。① 检察机关法律监督权的行使都有法律规定。最后，作为监督行为的判断标准是法律。检察机关是"法律"的监督机关，检察机关职权的范围仅限于对法律的遵守和执行情况进行监督，而对行政法规、地方性法规以及政府和部门规章执行的监督不属于法律监督的范围。②

（2）法律监督的程序性。法律监督仅仅是程序意义而非终局意义，它是一种提示与提醒，是一种启动救济的机制，监督所指向的违法是否存在，需要由相关职能部门的裁决、判决来作出终结。另一个层面，监督的程序性还表现为法律监督同样要遵循程序。法律监督程序性的两层含义，说明两个问题：一是法律监督并不存在"法官之上的法官"，或"法院之上还有个监督者"的问题，它仅仅是平行机构之间的一种提醒和防错机制，终局决定权在法院；二是把法律监督与社会生活中一般意义和随意使用的"监督"区别开来。因为一般意义上的社会监督没有程序性限制。

（3）法律监督的最后保障性。法律监督在作用方面也是有限的。它不可能也不必要解决所有违法，它解决的是达到法律实施保障的最低限度问题。③ 法律监督的一项重要职能是刑事公诉，但它监督的不仅仅是刑事法律的实施。我们知道，民事、经济法律，包

---

① 参见朱孝清、张智辉主编：《检察学》，中国检察出版社 2010 年版，第 189 页。

② 参见韩大元、刘松山：《论我国检察机关的宪法地位》，载《中国人民大学学报》2002 年第 5 期。

③ 参见孙谦：《检察：理念、制度与改革》，法律出版社 2004 年版，第 54 页。

括选举法等，都有"刑事罚责"，即对那些严重破坏法律的行为要追究刑事责任。检察机关对破坏婚姻家庭罪、合同诈骗罪、破坏选举罪提起追诉，就是对婚姻法、合同法、选举法的保障。只不过不是对所有违反婚姻法、合同法、选举法的行为的监督，而是对达到一定严重程度的违法行为——犯罪的控告。对没有构成犯罪的违法行为，通过其他渠道如调解、有关单位和组织教育、新闻舆论以及党政纪加以解决，专门法律监督的启动是有条件的，必须达到一定程度，它是社会秩序保障、法律实施保障的最后一道防线，只有当其他维护法律实施机制无法排除违法时，才能启动。所以，它是维护法律的最低可容忍限度，它对所有法律的实施都有保障作用。

二、法律监督的渊源与作用

（一）法律监督的思想渊源

在检察改革的理论探讨中，一种观点提出中国检察机关是法律监督机关的宪法定位是错误的。所以，检察改革就是取消检察机关的法律监督地位，使其回归为公诉机关的地位①。甚至有学者以作为中国检察制度建立之理论基础之一——列宁的法律监督思想是不科学的、过时的，从而否定、重构中国的检察制度。应当说，列宁的法制统一和检察监督的思想对苏联检察制度建立起了重要指导作用，对中国社会主义检察制度的建设也发挥了直接的指导作用。

1. 列宁的法律监督思想

列宁的法律监督思想是其法制思想的一个组成部分，它随着苏联社会主义的实践和法制发展逐步形成的。列宁的法律监督思想主要包括法制必须统一、检察机关是维护法制统一的专门机关、检察

---

① 此观点的代表性著作有：郝银钟：《论检察机关的角色定位与诉讼职能的重构》（《刑事法评论》第 4 卷）、《检察权质疑》（《中国人民大学学报》1999 年第 3 期）；夏邦：《中国检察院体制应予取消》（《法学》1999 年第 7 期）；崔敏：《论司法权的合理配置》（《依法治国与司法改革》，中国法制出版社 1999 年版）；等等。

权集中统一行使等内容。

（1）法制必须统一。十月革命胜利后，列宁领导建立了无产阶级专政的国家政权。在从资产阶级制度到社会主义制度的这一过渡时期，是否需要法制、如何建设新的法制是列宁在建立和维护新生的苏维埃政权所面临的重大问题。列宁坚持并发展了马克思主义关于无产阶级革命和无产阶级专政的理论。无产阶级革命必须夺取政权、摧毁旧法制、创立社会主义的法制。无产阶级专政的国家性质决定无产阶级专政不可能在资产阶级的法权关系内部自然产生，因此，列宁指出："无产阶级的革命政权是由无产阶级对资产阶级采用暴力手段来获得和维持的政权，是不受任何法律约束的政权。"①"如果没有政权，无论什么法律，无论什么选出的机关都等于零。"② 这揭示了社会主义法制产生的前提是无产阶级必须通过革命，夺取国家政权。

社会主义法制对无产阶级专政的政权固然重要，但是法制不会因制定了社会主义的法律就会自动实现，法律必须得到社会的遵守，法律的功能才能得以显现。在新的国家里，法律如何得到民众的遵守和国家的执行贯彻呢？列宁的这些法制思想经过了从民众自觉遵守到法律必须依靠国家的强制力来实施的转变。在十月革命胜利初期，列宁对于社会主义建设过于乐观的估计，当时，他认为法律的主要功能是唤起民众，号召群众进行革命的行动，主要起教育和指导作用。法律、法令主要靠群众自觉遵守来实施，不需要特殊的强制执行，甚至不需要建立专门司法机构而根据无产阶级的革命法律意识来适用法律。而社会的实践证明，在人们的法律意识、文化水平及觉悟的程度还没有达到应有的高度时，试图使法律仅靠人们的觉悟自觉遵守来实施法律，而忽视甚至取消法律的特殊强制性，忽视法律执行和适用的特殊专业性，这只能是善良的主观愿望而已。后来，列宁就逐步改变了这种观点，认识到这种观点是错误

① 《列宁全集》第35卷，第237页。
② 《列宁全集》第11卷，第98页。

的。在 1918 年春，当新生的苏维埃政权面临协约国帝国主义的武装干涉和内部反动势力的武装叛乱，列宁认识到法律对维护政权的极端重要性和法律必须依靠国家的强制力来实施。苏维埃国家过渡到和平建设之后，法律调节的范围扩大，法制建设的重要性更加突出。因此，在生活各方面确立严格的革命法制各项原则便成为当时的任务。列宁在 1921 年 12 月指出："我们的政权愈稳固，民事流转愈发展，就愈加迫切需要提出实施更多的革命法制的坚决口号——"①要"根据法制来管理国家"。② 从第七届苏维埃代表大会开始，苏维埃政府便着手制定各项法典，加强司法制度建设。1922 年还实行了司法改革，将全俄肃反委员会原来的审判职权交给法院，由法院统一实行司法权。而当时由于许多工作人员，特别是下级苏维埃机关很不容易抛弃过时的，多半带有军事性质的管理国家方法。正如加里宁所说：国内战争造成了一个工作人员阶层，他们的唯一准则是合理地行使权力。管理，对他们来说意味着完全独立地发号施令，而不是服从规定的法律条文。③ 如何对法律执行实施监督、维护法制统一是苏维埃法制当时面临的重大问题。

（2）检察机关是维护法制统一的专门机关。维护法制统一的任务应由国家哪个机关承担？列宁选择了检察机关。但是在十月革命前，沙俄检察机关是极端反动的沙皇政府机构组成部分，人们十分憎恨。在 1917 年"关于法院的第一号法令"宣布废除沙俄检察制度，宣布成立新的司法制度时，并没有立即成立新的检察机关。列宁对十月革命前作为维护旧政权工具的检察机关也是极端批判的。他曾指出：在这个法庭上谁会对案件的社会正义感兴趣？……是检察官吗？是跟警察局的关系最密切、对于拘留被捕者和对他们的态度也要负一部分责任的官吏吗？根本就不要希望检察官会揭露

---

① 《列宁全集》（第 33 卷），第 220 页。

② 《列宁全集》（第 10 卷），第 353 页。

③ 参见［苏］C. F. 诺维科夫《苏联检察系统》，群众出版社 1980 年版，第 166 页。

和反对我国警察专制的横行霸道的行为。① 检察机关是资产阶级国家系统中最反动的环节。检察甚至在形式上也是民主最少的资产阶级民主制度。它往往是借口维护法制和秩序，但实际上是保卫"钱袋"利益的工具。因此，无产阶级革命所绝对必需的，不是改革司法机关，而是完全消灭、彻底扫除整个法院及其机构（检察院附设在法院内）。在十月革命苏维埃建立政权后首先就要打碎的是检察机关这样一个国家机器，为何后来列宁又要拿来让它承担维护法制统一、监督法律实施的职能。而没有选择已经建立起来并正统一行使司法权的法院或其他机关呢？

有关成立怎样一种维护法制的机关当时曾出现争论，争论主要表现在苏维埃一般监督机关、行政法院、检察长（检察机关）这三者之间监督机关的选择上。② 为什么在这一重大争论中选择了苏联检察长（检察机关）监督为社会主义法制统一、法律正确实施的法律监督机关呢？其原因不外乎以下几个方面：第一，虽然早在苏维埃建国初期就有一系列对法律实行监督和检查的机关，诸如各级苏维埃及其执行委员会、司法人民委员部及其下属地方机关、工农检查院、中央主管部门等，但是这一法律监督系统的作用显然是不够的，特别是对省一级地方执行委员会缺少监督，同时在对各人民委员部及其下属机构和组织的活动是否合法的监督上，又带有明显的主管部门的性质，致使主管部门的利益在与国家利益发生冲突时，可能牺牲或损害国家利益。此时，一个统一的、集中的国家法律监督机构的产生极为必要。第二，"与建立检察机关的思想对立的是1922年提出的行政法院的思想"。③ 这一思想的实质在于：不设置作为专门的执法监督机关的检察机关，而是赋予全体公民以权

---

① 《列宁全集》（第 4 卷），第 352～353 页、第 358 页。

② 金明焕主编：《比较检察制度概论》，中国检察出版社 1991 年版，第177 页。

③ 金明焕主编：《比较检察制度概论》，中国检察出版社 1991 年版，第177 页。

利,使他们有权对地方行政权和公职人员的不合法行为向特别行政法院提出控诉。但由于依照这一思想建立的行政法院是隶属于省执行委员会并由该委员会的工作人员组成,这样便使公民控告省执行委员会的不合法行为存在相当大的矛盾与困难。① 第三,列宁选择设立一个检察机关来对法律的遵守情况监督是由当时要建立集权的中央政治和经济制度等社会状况决定的。当时苏联要解决国家任务中实行统一的路线,要在中央建立集中的有目的领导。列宁指出,没有集中的领导,就不能建成社会主义,因为建成社会主义就是建成集中的经济……②保障法制的统一就成为社会主义建设中实现无产阶级专政的必要条件。而十月革命后,在建立联邦国家之前,各加盟共和国和自治共和国都可以制定自己的法律和颁布各种行政命令,地方立法享有很大的自主权。当时国内各自为政,妨碍中央政令统一,妨碍集中统一的经济建设。地方主义和本位主义的倾向对于苏维埃国家的发展和巩固,对于建成社会主义具有很大危险。为克服这种障碍在客观上需要建立维护革命法制的专门机关,这种机关不受地方机关的干涉,并且就其权力和结构来说能够在苏维埃国家生活的一切方面实行统一的社会主义法制。当时司法人民委员部所属机关和法院在维护法制方面起了重要作用,但是其权力和结构却难以抗拒地方干涉。法院通过诉讼以裁判方式适用法律维护法制统一,其权力行使具有被动性。而当时不遵守政令的主要是作为管理机关的工作人员所表现的官僚主义,可这些却不能通过诉讼予以纠正。况且根据民主原则建立的苏维埃政权中强调了官员的民主选举,"中央对地方居民选出的公职人员没有批准权问题"这被认为是保障苏维埃是民主政权防止官僚政体的原则性问题。③ 因此,法

---

① 金明焕主编:《比较检察制度概论》,中国检察出版社1991年版,第177页。

② 《列宁全集》(第28卷),第378页。

③ 参见吕世伦主编:《列宁法律思想史》,法律出版社2000年版,第485页。

院作为由地方民主选举产生的机关也使它难以摆脱地方干预。

根据列宁的这一思想和倡议，俄罗斯联邦共和国司法人民委员会在1921年拟定了第一个检察机关条例草案。在起草和事先讨论条例草案的过程中，对检察活动的实质出现了有原则分歧的观点。① 克雷科夫依据列宁观点，主张检察机关不仅必须是公诉机关，而且必须是"监督法制的机关，是法律的维护者"，是"国家政权的眼睛"，"检察长不能从属于任何地方行政机关……""检察长作为国家和国家权力的代表由上级委派是检察长的特殊地位的重心"。而以加米涅夫、李科夫、季诺维也夫等多数委员在检察机关的领导关系和职权问题上提出反对意见。认为规定地方检察长只服从共和国检察长，而不受地方执行委员会管辖，检察长的任命、解职、调动和停职，只能由共和国检察长办理，这将导致地方出现双重政权，使省执行委员会陷于瘫痪。在职权问题上，多数委员否决了地方检察长有权从法制观点上抗议省执行委员会及一般地方当局的任何决定。因而当时的斗争不单是为了建立检察机关，而首先是反对地方主义。② 列宁认为检察机关的问题是"重要的法制问题"，针对多数委员的反对意见，他在给中央政治局《论"双重"领导和法制》的信中，阐明了他对苏维埃检察机关的基本组织和活动原则的思想。他指出："检察机关和任何行政机关不同，它丝毫没有行政权，对任何行政问题都没有表决权。检察长的唯一职权和必须做的事情只有一件：监视整个共和国对法制有真正一致的了解，不管任何地方的差别，不受任何地方的影响……""检察长的责任是使任何地方政权的任何决定都与法律不发生抵触，检察长必须仅仅从这一观点出发，对一切非法的决定提出抗议，但是他无权停止

---

① 参见［苏］C.F.诺维科夫：《苏联检察系统》，群众出版社1980年版，第10～11页。

② 参见［苏］C.F.诺维科夫：《苏联检察系统》，群众出版社1980年版，第10页。

决定的执行。"① 据此，可以看到，列宁所主张的检察机关法律监督具有两大特点：一是检察机关的法律监督是专门的法律监督，它不具有任何行政职能，不管法律监督以外的事情。二是法律监督机关不具有决定问题的行政权力。检察机关有权对违法决定提出抗议，但不能停止决定本身的执行。行政机关在行使决定问题的权力时，必须接受检察机关的监督。法律监督权和行政权的这种明确划分，有利于避免权力过分集中的缺陷，能够更好地发扬民主，健全法制，改善国家机关的工作。

（3）检察权应当集中统一行使。为了保证检察权的行使，列宁主张实行自上而下的中央垂直领导。中央检察机关，直接受党中央的领导（当时列宁设想把党和国家的最高领导层合而为一），地方各级检察机关分别受各自的上级检察机关领导，并且一律受总检察长的领导，以便克服当时严重存在的官僚主义、地方主义和法制不统一现象。列宁把检察权称为"中央检察权"，他认为党的中央机关是反对地方影响和个人影响最可靠的保证，建立一个受党中央密切监督的中央检察机关，才能做到充分行使检察权，"实际地反对地方影响，反对地方的其他一切的官僚主义，促使全共和国、全联邦真正统一地实行法制"。② 列宁的观点得到政治局多数的赞同。并通过了如下决议："否决'双重'领导，确定地方检察当局只服从中央领导……检察当局有权和有责任从地方当局的决定或决议是否合法这一观点出发，对地方当局的任何决定提出异议。"③

1922 年 5 月 18 日，全俄中央执行委员会第三次会议通过了《检察监督条例》。根据条例，新型的苏维埃检察机关建立起来。这个新建立的检察机关不单是公诉机关，更重要的是监督法制的机关。因而，苏维埃检察机关不仅在自己的政治使命、任务、组织和

---

① 《列宁全集》（第 33 卷），第 326～327 页。

② 《列宁全集》（第 33 卷），第 328 页。

③ 参见［苏］C. F. 诺维科夫：《苏联检察系统》，群众出版社 1980 年版，第 11 页。

活动原则方面，而且在职能的法律表达方面，都具有崭新的内容。

2. 邓小平的法律监督思想

中国检察制度在建构和发展过程中不仅对以列宁的法律监督思想为指导的苏联检察制度进行了本土化改造和发展，还以中国的实践对列宁的法律思想进行了发展。这一发展的重要标志是邓小平建设有中国特色的社会主义法学理论的形成及其在此理论指导下实行依法治国，建设社会主义法治国家目标的确立。

邓小平的法律监督思想主要有：

（1）提出法制对政治民主的极端重要性及社会主义的法制原则。在列宁时代，由于其所处的历史环境，列宁强调了社会主义法制的根本任务就是巩固无产阶级专政的国家政权，镇压敌人，而未充分注意法制对人民民主和其他权益的保障问题。邓小平继承和发展了毛泽东思想关于民主立国的理论，并在新的历史条件下，使其具有更加丰富、更加生动的内容，明确指出了"没有民主就没有社会主义，就没有社会主义的现代化"。① 邓小平针对"文革"不要法制所造成的政治集权化对民主破坏的惨痛教训，明确指出："为了保障人民民主，必须加强社会主义法制。必须使民主制度化、法律化，使这种制度和法律不因领导人的改变而改变，不因领导人的看法和注意力的改变而改变。"② 在如何实现法制问题上，邓小平提出了"有法可依、有法必依、执法必严、违法必纠，在法律面前人人平等"的社会主义法制原则，并强调了要"加强检察机关和司法机关，做到有法可依、有法必依、执法必严、违法必纠"。③ 从而使法律监督成为社会主义法制的一个重要环节和原则。

（2）法律监督是权力制约的重要机制。权力制约就是指对人民授予而由国家组织以其强制力来推行的支配力的一种制约与监控。它通过特定的民主原则和法定程序来配置权力资源、制约权力

---

① 《邓小平文选》（第2卷），第168页。

② 《邓小平文选》（第2卷），第146页。

③ 《邓小平文选》（第2卷），第146页。

行使的主体、约束权力运行过程、监控权力的运行效益，以防止和纠正权力运行的偏误和紊乱。其根本目的则在于协调国家权力与人民权利的相互关联，力图避免以权力损害权利，将权力凌驾于权利之上的本末倒置现象，保证国家权力运行的人民性、民主性、合理性与公正性，真正实现一切权力属于人民的最高价值。[①] 权力制约是国家权力本质属性的科学反映，也是权力运行成败得失的深刻总结。邓小平针对过去"权力过分集中，妨碍社会主义民主制度和党的民主集中制的实行——容易造成个人专断"的弊端，提出要对权力进行监督、制约。对权力的制约机制有两种：一是基于民主原则，通过人民权利的行使对国家的权力形成监督、制约；另一个是通过对国家权力的合理划分和界定，使权力之间形成相互制约。在列宁和毛泽东时代，民主是首要的考虑因素，列宁、毛泽东都把建立的新型人民民主制度作为新旧社会相区别的首要特质。基于民主集中制度而建立起不同于三权分立下制衡制度的监督制度。在这种监督制度中强调了国家权力的集中、统一、服从和以人民的权利实现对权力的监督。但是人民基于民主的监督权利如果没有规范化、程序化的法律保障，则极易被虚化。邓小平对国家权力具体监督模式选择和建构，从有中国特色的社会主义实际出发，认为首先应坚持人民主权原则，以是否有利于实现人民当家做主的主人翁地位为目的，着眼于发挥社会主义民主。其次，国家权力要进行分工，实现权力之间的相互制约，但是中国"不能照搬西方的，不能搞自由化。……如果过分强调搞相互制约的体制，可能也有问题"。[②] 中国不能实行三权分立，但并不是不要权力的合理划分，中国应在人民主权原则的支配下，根据职权分工原则，对国家的各种权力及其行使进行划分，以形成权力之间的相互制约。最后，权力的制约须实行法治原则。权力制约的法治原则要求在民主、宪政

[①] 参见李龙、徐亚文：《论邓小平的依法治国思想》，载《法理学论丛》（第 1 卷），法律出版社 1999 年版，第 20 页。

[②] 《邓小平文选》（第 2 卷），第 178 页。

的条件下，对权力的配置、运行、滥权的责任及其矫正都要有规范、制度和程序上的依据和保证，要法定化。邓小平十分重视此点，在修改 1982 年宪法时就指出，关于权力限制的原则，也将在宪法中体现出来。法律监督就是通过对法律运行的保障实现对权力的法律化制约。

（3）社会主义法制道路的选择必须从中国国情出发。邓小平指出："我国的法制现代化模式，必须从中国的实际出发。要学习和借鉴外国的经验，但是照抄照搬别国经验、别国模式，从来不能得到成功。"① 中国的事情要按照中国的情况来办，不能照搬西方的民主和法制模式。但是，从法制和法律监督制度上，如何认清中国国情特点和条件？邓小平提出法制一是要体现社会主义的本质，二是要从社会主义的初级阶段的实际出发。就是在人民代表大会制度下，以法律监督来完善权力制约机制；通过法律监督维护社会主体的权利，使人们养成尊重法律，依法办事的现代法律意识；党必须在宪法和法律范围内活动，党必须带头遵守宪法和法律，要把党的领导和法律监督完善结合起来，并试图解决列宁法律监督思想中没有解决的党权与法律关系问题，实现党对国家领导的法制化问题。

在人类社会跨入 21 世纪之时，党的第三代领导人提出全面建设小康社会的奋斗目标。把发展社会主义的民主政治，建设社会主义的政治文明，依法治国，建设社会主义法治国家作为全面建设小康社会重要目标。从而把法律监督纳入依法治国内容之中，将法治精神中的人权保障、权力制约与法律监督紧密结合在一起。提出要按照公正司法和严格执法的要求，完善司法机关的机构设置、职权划分和管理体制，进一步健全权责明确、相互配合、相互制约、高效运行的司法体制，从制度上保证检察机关依法独立行使检察权。

---

① 《邓小平文选》（第 3 卷），第 2 页。

（二）法律监督的作用

检察机关作为国家专门的法律监督机关，是国家法制监督系统之构成部分。"法制监督最基本的性质和功能是它的制控性，一是制控法的运行过程，防止、控制和纠正偏差或失误；二是制控权力运作过程，防范、控制和矫制权力的扩张、滥用、腐败。"① 因此，法制监督是法的运行不可或缺的构成性机制和维护法的统一、保证法的实现的机制。

1. 护法作用

法制统一是法治国家的一个基本征表。法制统一不仅是指国家的立法和谐，不相矛盾，更重要的是指法能够得到普遍一致的实施。如何实现法制实施中的统一？其一，通过审判制度（审级制度）的设计，经过法官司法中的法律适用，实现法制的统一；其二，通过设立专门的法律监督机关，对违法行为的主动追究，予以纠偏从而维护法制的统一。两种机制中，前一种因法院行事原则（不告不理）限制，对法制统一的维护具有被动性。检察机关，无论东西方，从其设立的目的上，都具有共同性，即维护国家的法制统一。欧洲大陆法系国家也认为设置检察官的一项重要法治功能就是守护法律，制裁破坏法律的行为。我国检察机关既属执法机关，又属负有监督职责的法律机关，是"法制守护人"及"法律监督者"。它对法制的守护，主要是通过三个方面来实现的：一是行使侦查职能，对国家工作人员职务犯罪进行察究，以保障国家法律在国家职能活动和权力行使中得到统一正确实施；二是通过公诉，将违反法制的人送上法庭追究其责任，以修补恢复被损害的法制；三是对诉讼活动进行监督，保障国家法律在刑事诉讼、民事诉讼、行政诉讼的全过程中得到统一正确实施。另外，检察机关应坚守客观公正的法制立场，它不仅仅是追诉犯罪的机关，而且是客观公正地

---

① 张文显主编：《法理学》，高等教育出版社、北京大学出版社 1999 年版，第 316 页。

执行法律，对有利不利的各种情形予以全面关注，既注意打击犯罪，更要注重保护人权。

2. 权力制约作用

在现代社会，法律监督是权力制约体系的基本构成部分，是防范权力专横、滥用、腐败的独特的运作机制。法律监督是以法律制约权力的基本形式。因为，法的运行过程往往就是权力的运作过程，对法的运行的监控，也就是对权力的运作的监控。在当代中国，国家机关对立法权、行政权和司法权的运用都应有法律上的根据，并接受法律的监督。中国检察机关通过法律监督职能的履行，保障行政权和司法权行使的合法性，实现对行政权、司法权的制约。更确切地说，这种监督在保障行政权、审判权合法性方面在一定程度上是有一定范围的，是最低限度的保障，而不是全方位的保障。任何国家都没有设计出全能的、彻底的监督制约机制，任何一种监督的作用都是有限的，同时它必然地与其他形式的监督相连接、相依存。因此，夸大检察机关的法律监督作用或由于"有限性"而否定检察机关在监督制约行政权、审判权中的作用都是错误的。另外，我国检察机关对国家工作人员职务犯罪侦查，也具有充分的权力制约性质。国家工作人员滥用权力、以权谋私、亵渎职守而实施的职务犯罪，是国家管理权力在具体工作人员身上发生异化的标志，这种异化，背离了国家对其授权的初衷，对国家权力的正常运作产生巨大的危害，是行政权、司法权滥用的最集中表现。检察机关对职务犯罪监督，体现的就是以法治权。

3. 实现法治和民主政治的保障作用

我国社会实行的是间接的民主政治形式，即由人民通过选举产生的代表来行使国家权力。间接民主是以少数执政者与人民之间一定程度的分离作为代价的，如果这种分离无限制的扩大，导致国家权力不依人民的意志运作，民主便不复存在了。因而，以有效的监督制约机制把这种不可避免的分离规制在一定的限度内，防止权力的任性、专横，使权力始终按体现人民意志的法律运行，就成为法治和民主政治的实质内容。检察机关作为国家法制监督系统之子系统，通过对代表人民行使行政权和司法权的人员的法律监督，保障了现代民主政治的实现，检察机关的法律监督就成为实现法治和民主政治有效运作的具体保障机制。

三、法律监督的范围与模式

（一）检察机关法律监督的范围

检察机关的法律监督是国家监督体系中的重要一环，正确认识检察机关的法律监督范围对于理解检察机关的性质和地位，检察机关在国家监督体系中的作用，是非常重要的。法律监督的范围是由宪法和法律规定的。由于对检察机关法律监督地位的认识不同，检察机关法律监督的范围经历了从全面监督到刑事监督，再到全面监督的历史嬗变过程。

新中国成立后，在检察机关建立的初期，在列宁的全面法律监督思想指导下，检察机关实行全面的法律监督。它所监督的法律部门，包括起临时宪法作用的共同纲领、刑法、民法、行政法；等等。1954 年的宪法和组织法，从更高的法律层次上进一步肯定了检察机关的全面法律监督职能。但是在检察实践上，检察机关主要是从事对刑法和刑事诉讼法的监督。1979 年的人民检察院组织法同以前检察立法相比较，取消了对宪法的监督、将一般监督职权改为对特定的刑事案件的检察权，取消了重要民事案件的提起公诉或者参加诉讼的职权，而只留下了对刑事法律的监督和对监狱、看守所和劳改机关的监督。从而，在立法上由全面的法律监督改变为局部的法律监督。后来随着法制建设的不断推进和检察机关法律监督实践的发展，一些法律法规对检察机关法律监督的领域和范围作了进一步的完善。1979 年全国人大常委会批准的《国务院关于劳动教养的补偿规定》中规定了"人民检察院对劳动教养机关的活动实行监督"，1982 年的《民事诉讼法》（试行）中规定了"人民检察院有权对民事审判活动实行法律监督"，2012 年修改的《民事诉讼法》将人民检察院对民事审判活动实行法律监督改为对民事诉

讼活动进行法律监督。1989 年的《行政诉讼法》规定了"检察机
关有权对行政诉讼活动实行监督",拓展了检察机关的法律监督的
范围,检察机关的职能又从局部法律监督向全面法律监督的回复。
我国有学者指出,检察机关法律监督范围曲折变化的原因,是由于
在检察立法上存在着两种不同的指导思想:列宁的关于实行全面法
律监督的指导思想和"唯刑事论"的指导思想。进而提出全面的
法律监督的主张,认为全面的法律监督既包括对国家根本大法宪法
实施的监督,又包括对各个部门法的实施的监督;既包括对犯罪行
为的监督,也包括对其他违法行为的监督;既包括对执法的监督,
也包括对守法的监督。检察机关是国家的法律监督机关,如果只是
实行局部的法律监督,就不是完整的、名副其实的法律监督
机关。①

　　如何认识检察机关的法律监督范围,首先要正确认识"一般
法律监督"问题。在苏联,检察机关是代表国家对国家机关及其
工作人员是否遵守法律实施全面监督的机关,其职权是保证中央国
家机关的部委、地方国家权力机关(苏维埃)、一切企业和其他社
会组织发布的决议、命令、文件符合宪法、法律和地方国家机关的
决议;保证苏联公民执行法律。这种所谓"一般监督"的职能和
权力,使苏联检察机关在社会生活的广泛领域扮演了法律监督者的
角色,因此而成为宪法和法律所确认的法律监督机关。但是,我国
检察机关法律监督虽然具有一定的广泛性,但并不具有普遍监督的
职能和权限,因此不是一般意义上的法律监督,而属于国家监督系
统中的一种专门性法律监督。在我国,国家权力机关的监督包括宪
法和各类法律的实施,包括司法、行政以及立法活动,因此,国家
权力机关的监督才能称为一般的法律监督。我国检察机关的法律监
督与列宁的检察监督思想及苏联模式是有区别的,我国检察机关从
事犯罪监督和司法监督,不监督机关、组织和个人的一般违法行

---

　　① 王桂五主编:《中华人民共和国检察制度研究》,法律出版社 1991 年
版,第 264 页。

为，不监督国家机关和社会组织的规范性法律文件的合法性，较之列宁的设想与苏联的做法，我国检察机关法律监督的范围显然比较狭窄。但是否就是像有些人主张的扩大检察机关法律监督范围，要按照列宁思想，借鉴苏联做法，在监督形式上，除诉讼监督外，应发展非诉讼形式的监督；在监督内容上，实施普遍性法律监督，将机关、组织的职务活动以及规范性法律文件的合法性，纳入监督范围，从而成为名副其实的法律监督机关呢？我们认为确定检察机关法律监督范围，应当结合检察机关的工作职能与业务性质，结合我国政治结构，注意其合理性与可行性。现行法律确定检察机关以刑事法律监督为主，以民事诉讼、行政诉讼监督为两翼，结合办案即诉讼业务，以检察建议等方式对机关和组织其他活动的合法性进行一定的监督，这种模式是比较适当的。单纯将检察机关限制于刑事法律监督，使检察监督范围过于狭窄，其结果是不利于检察监督职能的有效发挥，不利于国家监督体系的完善。另外，不注意检察机关的特点，过分要求扩大检察机关的监督范围也是不现实、不合理的。尤其超出诉讼监督范围，实施"一般监督"，即对机关、组织一切活动的合法性包括其规范性文件的合法性实施监督，对检察机关可谓"强其所难"。其一，从我国的政治体制看，我国的人民代表大会制度决定检察机关难以实施"一般监督"。人民代表大会是国家权力机关，检察机关是由它产生，对它负责的机关，这种关系就排除了检察机关对权力机关和对立法活动监督的可能性。在我国法律制度中，对行政机关进行"一般监督"的任务是由人民代表大会承担的。人民代表大会担负着保证行政法规、命令、措施不同法律相抵触，监督政府行政行为合法性的职能，这也就使检察机关对行政行为进行"一般监督"的可能性难以实现。其二，从现代社会"一般监督"的要求和检察机关监督能力的差距看，检察机关难以实施这种监督。在现代社会中，公共事务增多，国家权力膨胀，国家管理以及社会组织活动中的专业化程度大大提高。适应这种情况，必须发展多种监督制度和手段，以不同的监督方式和手段保证法律在各个方面和各个环节的实施。为了对不同的监督领域、

154

监督对象实施有效的监督，监督的主体、监督的程序和手段应当是各不相同的，这就决定了检察机关一个机关不可能包揽现代社会活动中一切合法性监督任务。而且，由检察机关的业务性质和法律地位所决定，在作为国家权力机关的人民代表大会的法律监督都困难重重的情况下，检察机关的全面法律监督将更是难以有效实施。

检察机关不能实行全面的一般监督，但不能说检察机关不能进行一般监督。对于行政执法中权力的不作为、滥作为等严重违法行为，侵犯公共利益的，检察机关可以依法提出监督意见，要求予以纠正。要建立检察机关对于行政执法行为一般监督与行政诉讼相衔接的机制。

（二）检察机关法律监督的模式

根据我国宪法和法律规定，结合检察工作实践，我国检察机关法律监督可以概括为以刑事法律监督为主，以民事诉讼、行政诉讼监督为两翼，结合办案即诉讼业务，以检察建议、纠正违法等方式对机关和组织其他活动的合法性进行一定的监督的模式。

1. 检察机关法律监督的对象

根据宪法和法律的规定，检察机关法律监督的对象分为两类：一是犯罪行为。人民检察院运用刑事诉追权，即侦查、逮捕及公诉的权力，将严重侵害社会的一切犯罪行为包括职务犯罪行为，提交给审判机关审理和裁决。公民和组织的一般违法行为，属于行政执法和监督机关的查处对象，检察机关一般不干预。检察机关对犯罪行为进行监督的意义在于依据刑法规定，采用最严厉的法律维护手段——刑事制裁，监督一切公民、单位在法律范围内活动，从而维护法律秩序，维护法制的统一。二是司法过程中的权力违法行为。检察机关依照法律授权和法定程序，在诉讼活动中发现和纠正违法的活动，包括刑事诉讼中对侦查活动、审判活动和刑罚执行活动的监督以及民事诉讼监督和行政诉讼监督。与犯罪监督的对象是一切公民和组织的犯罪行为相对应，司法监督的对象是司法机关（侦查、审判、执行机关）的违法行为。其他机关，如行政机关在执法活动中的一般违法，机关和组织的规范性法律文件，不属于检察机关的司法监督的范围。检察机关对司法过程中的权力违法行为进行法律监督的意义在于司法是社会公正的最后防线，任何司法过程的权力违法行为都可能动摇人们对司法公正的公信力。因此，对司法过程中的权力违法行为进行监督是为了维护司法公正、实现司法公正。

2. 检察机关法律监督的内容和方式

从广义上讲，我国检察机关法律监督的内容就是检察权行使的内容。但在检察实践中，检察机关法律监督常常被区分为办案程序中行使侦查、起诉权的诉讼行为，以及超越一般诉讼程序权利，而根据检察机关的监督职能与权限，即狭义的法律监督权限，所实施的监督行为。此外，还有的监督行为则属二者兼而有之。因此，根据现行法律规定，结合检察机关法律监督实践，对检察机关法律监督内容在理论上作具体划分，可以分为三种类型：① 第一种类型，主要基于检察机关的办案职权，即公诉权所实施的诉讼监督行为，这种监督所针对的对象是个人和单位被追究刑事责任的行为，实践中这类监督行为常被称为检察机关的办案业务。如检察机关对自侦案件的侦查包括决定逮捕等强制性措施；提起和支持公诉。第二种类型，主要基于司法监督权实施的监督行为，这种监督针对有司法权的机关及其工作人员的司法行为。这是严格意义上的诉讼监督。如对公安机关应当立案而不立案实施的立案监督；对法院确有错误的民事、行政判决、裁定提出抗诉；对侦查活动、审判程序以及对刑罚执行活动的合法性实施监督等。第三种类型，既是基于公诉权又是基于诉讼监督权的诉讼监督行为，这类行为既针对有关个人和组织的违法犯罪行为，又针对司法机关及官员的司法行为，其主次难以明确区分，因此既可以视为办案行为也可以作为监督行为，实践中根据情况可作灵活掌握。如对公安侦查提请批捕的案件审查批捕，它既是一种诉讼监督行为，又是一种办案业务。再如刑事抗

① 龙宗智：《检察制度教程》，中国检察出版社 2006 年版，第 170 页。

诉。刑事抗诉是人民检察院行使公诉权的一种诉讼行为，可以说是公诉行为的延伸。在我国刑事诉讼中，审查起诉、提起公诉、出庭支持公诉，以及对人民法院确有错误的判决裁定提出抗诉，构成了完整的公诉制度体系。其中，审查起诉，是公诉的准备，提起公诉和出庭支持公诉，是公诉的实施，而抗诉，则是公诉被审判所否定或部分否定后采取的一种救济性措施，因此，它是公诉制度的必要构成。但在另一方面，刑事抗诉，也是检察机关诉讼监督权的重要体现。抗诉是一种程序性的诉讼监督行为，其目的是促进和保证人民法院公正司法，这种对法院确有错误的判决、裁定提出抗诉的行为，是检察机关诉讼监督权力的重要体现，是检察机关审判监督的重要内容。

除了上述监督内容和方式以外，检察机关在监督实践中，还应当结合办案即诉讼业务，以检察建议的方式对机关和组织其他活动的合法性进行一定的监督。如通过办理某单位、某行业的案件，对其在执法、守法方面的突出问题提出整改建议，尤其是结合检察机关职务犯罪监督职能开展犯罪预防，健全落实有关制度，加强违法防范等。这也是检察机关的一贯做法和有效经验。

四、法律监督的原则与效力

（一）法律监督的原则

法律监督的原则是指检察机关在行使法律监督权，从事法律监督活动中应遵循的行为准则。法律监督的原则是由宪法和法律所规定，或者体现于宪法或法律中，反映检察机关法律监督活动的根本目的和基本规律，并贯穿于法律监督活动始终的行为准则。依法独立行使原则、检察一体原则、客观公正原则反映了检察机关法律监督的基本特点和法律监督活动的基本规律，对检察机关开展法律监督工作具有普遍的指导意义。

1. 依法独立行使原则

依法独立行使原则是指检察机关依照法律规定独立行使检察

权，不受行政机关、社会团体和个人的干涉。法律监督权的依法独立行使包括合法性、独立性和排除干涉性三个方面。

（1）合法性。合法性是指检察机关必须在法定职权范围内，按照法律规定的程序行使法律监督权。它要求检察机关的职能活动严格限定在法律规定的范围内并在法律的轨道上进行，无论是法律监督的对象，还是法律监督的手段和方式，都必须具有法律依据。首先，法律监督活动必须以宪法和法律规定为界限。任何公权力都是有边界的，法律监督权也不例外。法律监督权是由宪法和法律赋予的，检察机关必须在法律规定的范围内，运用法律规定的手段，并依照法定程序进行法律监督，没有超越宪法和法律的特权，更不能违法行使。其次，法律监督要严格依照法律程序进行。人民检察院组织法对各级人民检察院行使的职权范围和程序作出了概括性的规定。刑事诉讼法和行政诉讼法规定了人民检察院对于诉讼活动实行监督的原则和程序，民事诉讼法规定了人民检察院对民事诉讼活动实行法律监督的原则和程序，除诉讼法外，其他一些法律和法规，也对检察机关的职权作了相应的规定。检察机关必须严格按照宪法和法律规定的原则和程序，在法定权限范围内严格依照法律程序行使。法律程序，反映了诉讼的基本规律，为所有诉讼主体设定了活动的规则，也为检察机关在诉讼中行使职权设定了边界和依据，体现了规则对法律监督权的控制和制约。法律程序提供了一套保护自由和排斥恣意性的机制，为法律监督权的正确行使提供了合法性基础。法律根据检察机关法律监督的对象不同，规定了法律监督的不同程序规则。譬如，对职务犯罪立案侦查有立案侦查的程序，对刑事犯罪提起公诉有提起公诉的程序，对人民法院已经生效的判决裁定提起抗诉有提起抗诉的程序，纠正违法有纠正违法的程序。检察机关在进行法律监督时，只有严格遵守这些程序性的规定，监督才是有效的。

（2）独立性。独立性是指检察机关必须独立地行使法律监督权。法律规定的法律监督是专门化的国家权力，只能由检察机关代表国家来行使，对于法律监督的过程和结果，检察机关必须承担全部责任。其他机关、团体和个人非经法律授权不得替代行使或参与行使法律监督权，对于法律监督的过程和结果也不承担责任。独立性是保证检察机关法律监督职能充分发挥和责任明确落实的前提和基础。要加强检察机关的责任，就必须加强其独立性；要加强检察机关的法律监督职能，也必须加强其独立性。

（3）排除干涉性。排除干涉性是指检察机关依法独立行使职权，不受行政机关、社会团体和个人的干涉，不受地方保护主义和部门保护主义的干涉，以维护国家法制的统一和尊严。排除干涉性是独立性的必然要求，也是合法性的必要保障。

法律监督权的依法独立行使原则，根源于我国政体、检察机关的宪法地位和法律监督职能的特殊需要，是中国特殊社会主义检察制度的必然要求。一是在人民代表大会制度下，检察机关与行政机关、审判机关一样，由人民代表大会产生，对它负责，受它监督，因而是独立于行政机关和审判机关的专门国家机关；同时，检察机关作为国家的法律监督机关，对一定范围的行政行为和审判行为依法享有监督的权力。如果行政机关和审判机关具有干涉检察的权力，检察机关就不可能履行好法律监督的职能。二是检察机关的法律监督包括职务犯罪侦查、公诉和诉讼监督等活动，是专门同违法犯罪行为作斗争的执法工作。检察机关在执法过程中，必然要介入一定的社会利益关系和权力关系之中，涉及一些机关、团体和个人利益，利害关系人就可能对检察机关施加影响，甚至对检察机关的执法活动进行干涉。特别是在办理侵犯人权的职务违法和职务犯罪案件中，对司法腐败和司法不公进行斗争中就必须保证检察机关具有必要的独立性。

经过多年的实践探索和理论研究，对检察机关法律监督性质和职能定位的认识越来越全面、准确和深入，保证了检察工作整体上的顺利发展。同时，也要看到，个别检察人员对检察权的认识仍然存在一些错误认识，在工作上仍然存在一定的违法倾向。贯彻依法独立行使原则，就要正确认识、纠正这些错误观点和做法。一是"包打天下"的观点，认为检察机关的监督范围越大越好，凡是可能出问题的地方、领域，检察机关都要去监督，什么事都想管。二是片面强调监督的刚性和效力，认为被监督的机关或者部门都要完全按照检察机关的意见办。三是只能监督别人而不愿或者难以接受其他部门的监督和制约，只想扩大权力而不想承担责任。四是不愿监督、不敢监督、监督不规范甚至滥用监督权。这些错误的思想认识和做法，容易使检察机关的法律监督脱离法治轨道，超越法律监督的职责范围，违背依法治国的基本要求。严格贯彻依法行使原则，要求我们既不能因其作用有限而贬低或否定它，看不到它在维护国家法治中的重要意义；也不能因其作用重要而夸大或者滥用它，忽视它的法律边界。同时依法独立行使原则的实现，也要靠相应的体制、机制和制度的保障。如果没有健全的、符合检察工作规律的业务制度、人事制度和财政制度等检务保障制度支持，检察机关也不能依法独立行使法律监督职权。①

2. 检察一体原则

检察一体原则是多数国家，特别是大陆法系国家把检察系统和检察职能的一体化作为保障检察机关统一有效地行使检察权，从而维护国家统一和法制统一的制度安排和检察活动的基本原则。各国检察体制和制度不同，检察一体原则的内容和要求不同。根据我国法律规定和法制实践，检察一体原则内容为：一是在上下级检察机关和检察官之间存在着上命下从的领导关系。最高人民检察院领导地方各级人民检察院，上级检察院领导下级检察院。最高人民检察院的决定，地方各级人民检察院必须执行。最高人民检察院可以撤销或者变更地方各级人民检察院的决定。在检察院内部，检察长和检委会对检察官实行集体领导，上级检察官领导下级检察官。二是各地和各级检察机关之间具有职能协助的义务。三是检察官之间和检察院之间在职务上可以发生相互承继、移转和代理的关系。

贯彻检察一体原则，必须立足中国国情和检察工作的实际，探

---

① 孙谦主编：《中国特色社会主义检察制度》，中国检察出版社2009年版，第236页。

究符合中国特色社会主义检察制度内在要求的检察一体的体制和工作机制，保障法律监督的有效、统一。一是要根据检察工作规律和国情，逐步推进检察一体的体制和工作机制。由于检察系统的一体化比较弱，检察院内部的一体化比较强，所以当前强化检察一体主要在于强化检察系统的上下级领导关系。根据制度的安排和现实的运作机制，检察系统一体化的实质就是在检察系统逐步或在一定程度上实行业务、人事和经费的统一领导和调配，而这些都要涉及政治体制和财政体制的改革。二是检察一体应以各级人民检察院依法独立行使检察权为基础，增强检察工作整体上的一体化，不能片面强化上下级检察院内设机构或部门之间的一体化。要克服当前存在的脱离各级人民检察院检察长和检察委员会领导的"部门主义的一体化"倾向。检察一体不只是业务部门在系统内的一体化，不应将"整体的一体化"演变成"部门的一体化"。因为我国宪法和法律规定"人民检察院"独立行使职权，不是业务部门或检察官独立行使检察权。三是在检察院内部，要处理好检察一体化业务工作机制与检察官责任制的关系。在检察院内部，按照检察一体与检察官独立相结合的原则，进一步明确界定检察长、上级检察官对下级检察官的领导、指导和监督关系。一要确立检察长、上级检察官对下级检察官的领导权（主要是指令权和监督权）。二要对检察长、上级检察官的领导权作出必要的限制；必须以书面形式下达指令以及检察官有权拒绝执行违法指令。三要确立检察官之间的配合与协作关系。检察官独立即检察官依法独立行使检察权，是现代司法的一般原则，符合司法规律，有利于保证司法公正。我们要建立的检察一体制不应是排斥或否定检察官独立的单纯的一体化机制，而是要既有利于发挥检察官独立办案的作用，保证高效和公正地行使检察权，又有利于检察职能的统一有效履行的检察一体制。因此，应当在确立检察长、上级检察官对下级检察官享有指令权和监督权的同时，确立检察官不仅是一种职务或官名，而且是一种机关，有权代表所属检察院履行检察职能，并对超越法定职责范围的指令有权拒绝执行。检察机关包括检察院和检察官，而不仅仅是检察院。检察机关依法独立行使检察权本身就包括检察官依法独立行使检察权，这是国际上的通例。近几年来，我国探索和实行的主诉（办）检察官办案责任制就是一种检察官依法独立办案机制，是检察官独立机制的初级形式或过渡阶段，体现了检察官独立的一般规律和检察改革的发展方向。① 现行《检察官法》（2001 年修订）第4 条规定："检察官依法履行职责，受法律保护。"第6 条规定了检察官代表国家进行公诉和依法进行法律监督等职责。这些法律规范，虽然在严格意义上说，并没有确立检察官独立，但为检察官独立提供了一定的发展空间。检察官作为一种机构设置和一项工作制度，应当主要通过检察院组织法来规定。通过组织法的修改，在我国建立检察一体制框架下的检察官独立制，明确检察官的独立地位、职权范围、保障机制和监督制约机制。

3. 客观公正原则

客观公正原则是指检察机关在行使法律监督权的过程中要坚持客观立场，忠实于事实真相，实现司法公正。其中，坚持客观立场是基石，忠实于事实真相是核心，实现司法公正是目的。检察机关和检察官在诉讼中不是一方当事人，而是实现真实正义的忠实公仆，在追诉犯罪的同时要注意维护被追诉人的合法权益，无论是有利于或者是不利于被追诉人的事实和证据都有关注，至执行职务有偏颇的嫌疑时要依法回避。②

概括世界各国法律和联合国文件的规定，客观公正原则具有以下三个方面的基本内涵：（1）坚持客观立场。检察官必须站在客观立场，而不应站在当事人立场上进行活动。（2）忠实于事实真相。检察官必须努力发现并尊重案件事实真相，并严格依据案件的事实真相为诉讼行为。（3）实现司法公正。检察官必须通过自己

---

① 谢鹏程：《论检察官独立与检察一体》，载《法学杂志》2003 年第3 期。

② 参见孙谦：《检察：理念、制度与改革》，法律出版社 2004 年版，第194 页。

的诉讼活动使案件的办理达到公平正义的目标。

客观公正原则是我国检察机关特殊定位的要求。法治社会试图达到的目标就是用法律来维持和恢复社会秩序，实现社会正义，保障人权的实现等。要达到这一目标，一个首要的前提是要求已公布的法律得到普遍的服从，任何违反法秩序的行为都要得到及时的纠正和处理。法官、检察官、律师都承担着对法秩序的维护职能，但法治对法官的裁判角色定位使法官对法秩序的维护是被动的。基于不告不理原则，没有当事人的诉讼请求行为，法官不能主动地纠正对法秩序的破坏行为。法治对律师的辩护角色定位要求基于当事人的请求，通过对当事人提供必要的法律帮助，以维护其合法利益，以实现对法秩序的维护。检察官则是不仅代表国家对犯罪进行追诉，维护法律秩序，而且检察官还负有保护人权之责，即检察官负有"客观性义务"，检察官在任何时候和任何情况下，对犯罪行为要严格按照法律的规定进行追究，对法律的实施不折不扣，既不能使犯罪者逃避法律的制裁，又不能让无罪的人受到错误的追究。检察官肩负着法律监督的职责，对国家和社会来讲，检察官的行为是实现法律秩序，保持社会稳定的最后一道防线；对个人而言，检察官又肩负保护个人权利，实现法律公正之责。检察官是官方的"护法人"，而不是"当事人"。检察官不但要侦查被告人有罪的情况，还要侦查被告人无罪方面的情况。而且，还要为被告人的利益而进行上诉。检察官是一剑两刃的客观官署，不单单要追诉犯罪，更要收集有利被告的事证，并注意被告诉讼上应有的程序权利。就是说，检察官为了发现真实情况，不应站在当事人的立场上，而应站在客观的立场上进行活动，检察官不是、也不应当是片面追求打击罪犯的追诉狂，而是依法言法，客观公正的守护人，有利不利都要一律注意。这就是赋予检察官以"客观义务"。客观求实要求检察官：一是必须以事实为根据，以法律为准绳，秉公执法，不得徇私枉法；二是检察官应当站在法律的立场，而不是当事人的立场，客观全面地调查案件事实，既注意对犯罪嫌疑人不利的情况，也注意有利的情况，以使案件得到公正地处理。

在我国，强调检察机关和检察官的客观公正义务，更为重要。一方面，我国检察机关是国家的法律监督机关，负有维护法制统一，促进依法行政和公正司法的职责，公诉只是实现其法律监督的一条途径或者一种方式，而且在公诉中既要追诉犯罪，又要坚持客观公正的立场和实现维护司法公正的使命，因而客观公正原则对我国检察机关的要求更加全面和突出。另一方面，我国检察机关在行使检察权的过程中存在一些违背客观公正义务的问题，主要表现为：一些检察官存在重打击、轻保障人权，重实体、轻程序，重配合、轻监督等思想；还有些将自己定位于犯罪控诉者和惩治者，而不是法律监督者和守护者，在证据的收集、采信上重有罪、罪重证据，轻无罪、罪轻证据；在抗诉权行使上，重视有罪判无罪、量刑畸轻案件的抗诉，轻无罪判有罪、量刑畸重案件的抗诉。

客观公正原则的基本要求：（1）客观全面地收集、保全对被告人不利、有利的各种证据。（2）客观全面地提供对被告人不利、有利的各种证据，包括客观全面地向辩护方开示与指控犯罪事实有关的各种证据，客观全面地向法院提供与公诉犯罪事实有关的各种证据，而不得隐瞒对被告人有利的证据。（3）客观公正地行使公诉权和求刑权。根据案件的事实和证据客观公正地决定是否起诉，而不得违背证据和公平原则进行差别起诉，如果庭审中证据调查结果表明公诉的犯罪事实缺乏足够的证据，检察机关应当依法请求法院判决无罪。（4）客观公正地行使救济权。如果认为法院的判决违背事实和法律，检察官可以提起上诉或再审，这种上诉或再审的提起既可以不利于被判决者，也可以有利于被判决者。（5）检察官如果存在可能影响案件公正处理的情形，应当自动回避。（6）检察官如果违反客观公正义务，故意对应当起诉的人不起诉或者对无罪的人提起指控，或者隐匿、伪造证据，则要被追究责任。

（二）检察机关法律监督的效力

1. 检察机关法律监督的手段

检察机关实施法律监督的基本手段有三种：一是侦查手段，即对职务犯罪进行司法弹劾所采用的专门性调查手段以及有关的强制性措施，同时包括对公安侦查不足的案件进行具有监督性质的补充侦查。二是公诉手段（指狭义的公诉，广义的公诉应包括侦查），即刑事追诉的提起，要求法院依法裁判，确认并追究违法犯罪者的刑事责任。三是司法监督手段。包括采用依法采取通知立案、抗诉、要求纠正违法、检察建议等手段，对侦查活动、审判活动、刑罚执行活动实施的监督。

2. 检察机关法律监督的效力

检察机关法律监督行为的效力，根据其监督手段的特点，可以分为五种类型，即程序启动、变更及终结效力；法律行为准行效力；直接强制效力；有限范围内的实体处理效力，以及建议影响效力。[①]

（1）程序启动、变更及终结效力。检察机关的监督行为可以起到发动法律程序、推动法律程序进行、变更程序，以及终结某一程序的效力。这种程序效力，是检察监督手段的一种主要的法律效力。这是因为，检察监督权，主要是一种程序权力，即它提出某种法律要求（主要是诉讼请求），或作出某种决定，能够发动、或推动某一法律程序，变更或终结某一法律程序，从而到达特定的法律目的。例如提起公诉、抗诉、立案监督等。均能够引起审判程序（包括再次审判程序）的发动，引起侦查程序的发动等。而发动这些法律程序，是追究某一犯罪或纠正某一违法的法律行为，实现国家刑罚权，维护司法公正必不可少的，十分重要的手段。

（2）法律行为准行效力。法律行为准行效力，是指检察机关相对被动地对提请它审查的法律事项进行审批，这一审批行为具有允许某一法律措施实施或不允许其实施的效力。例如，检察机关的审查批捕，是由公安机关对其侦查的案件中，需要采取逮捕措施的犯罪嫌疑人，将有关材料报送检察机关，提请批准逮捕，检察机关进行审查，决定批捕或不捕。如果批捕，即表示对犯罪嫌疑人长期

---

① 龙宗智：《检察制度教程》，中国检察出版社 2006 年版，第 97 页。

羁押这一法律行为的准予实施。

（3）直接强制效力。在法律程序进行过程中，检察机关作为具有国家强制权力的侦查检控机关，有权直接决定依法对违法犯罪人员采取强制措施，如拘传、取保候审、监视居住、拘留乃至逮捕；有权对案件涉及的款项、物品等采取搜查、扣押、冻结、强制提取等强制性侦查手段。这种直接强制效力，是检察机关法律监督的刚性与有效性的重要保障。

（4）有限范围内的实体处理效力。这种效力主要是指检察机关采用不起诉以及撤销案件的手段，对案件的刑事问题，所作出的否定性实体处理，从而产生的一种对实体法律关系进行确认和处理的效力。应当看到，检察机关对于经过立案侦查，侦查终结的案件决定不起诉，不仅是一种终结刑事程序的一种程序性处理，而且也是确认嫌疑人行为不构成犯罪或者不需要追究刑事责任的一种实体性处分。在这个意义上，检察机关的不起诉与法院作出的无罪或免刑判决应无本质上的区别。当然，这种实体性处理可能受到某种限制。例如，我国1996年修改后的刑事诉讼法建立了公诉转自诉的制度，规定被害人有证据证明被告人侵犯了自己的人身、财产权利的公诉案件，检察机关不起诉的，被害人可以直接向人民法院起诉。这一制度一方面是对公诉的救济，而另一方面的法律效果，是使部分不起诉决定的确定受到影响。在这种情况下，检察机关的不起诉决定随着法院受理公民自诉而实际丧失法律效力。

（5）建议影响效力。这是指检察机关对侦查活动、审判活动、刑罚执行活动的合法性实施监督，提出要求有关机关纠正违法行为的意见，以及结合办案对发案单位和有关系统提出要求其整改的检察建议，所产生的影响力。这里的所谓影响力，是指依靠检察机关所提意见本身的正确与合理性，以及检察机关作为国家法律监督机关的权威与公信力（公众信任的能力）所产生的影响，而不是依靠法律所赋予监督行为的法律约束力。在检察机关对侦查、审判以及执行活动进行监督时，实施的有程序发动效力的措施，如立案监督、检察机关对减刑、假释提出书面纠正意见等，因其具有法律约束力，不属于这种建议性法律监督行为。为规范检察建议的适用，2009 年 11 月最高人民检察院制定了《人民检察院检察建议工作规定（试行）》，明确了检察建议的性质、内容、适用的情形、格式、决定主体、备案、落实等，有利于充分发挥检察建议的作用。

第六章　检　察　权

一、检察权的特征与类型

（一）检察权的概念与特征

1. 检察权的概念

从一般意义上理解，所谓检察权就是检察机关依据宪法、检察院组织法、各类诉讼法以及其他法律中对检察权限的规定，检察机关在法律上及实际活动中所享有的权力。[①]

（1）这一定义揭示了正确理解检察权的前提或基础条件，这就是：检察权的含义或内容取决于各国的法律制度及宪法与法律的具体规定。由于世界各国检察机关的法定权力范围宽狭不一，检察权亦可划分为迥然有别的多种类型。因此虽同为检察权，但在不同法系、不同国家，其权力内容却有着重大差异。这就要求在界定检察权时不能脱离各国具体的法律规定，不能采用约分的方式，只取其共性而做结论，更不能将检察权简单地等同于公诉权，并视其他权力均为检察权之异化。

（2）这一定义还指出：检察权系检察机关的权力，即官署权力，而非检察官个人之权力。如同司法独立系官署独立而非官员独立一样，[②] 检察权亦应定位为检察机关的权力。尽管检察权需由检察官具体行使，但并不意味着检察权是检察官的权力。依据法律规定，检察权是检察机关的法定权力，专属于检察机关，检察官受命

---

① 龙宗智：《检察制度教程》，法律出版社 2002 年版，第 83 页。

② 龙宗智：《论司法独立与司法受制》，载《法学》1998 年第 12 期。

于检察机关的侦查、公诉、抗诉等行为均应视为官署行为，而非个人行为。

（3）这一定义还隐含着分权与制衡的国家权力架构的理论与实践。正是由于各国遵循着不同的分权理论，实践着不同的国家权力架构，才导致检察制度的千差万别和丰富多彩。因此，在"三权分立"模式下的检察权就不可能与"议行合一"模式下的检察权相提并论，更不能用"三权分立"模式下的检察权定义来图解"议行合一"模式下的检察权，甚至为求所谓"接轨"而作出削足适履之举。也正是由于检察权性质的差异，使我们清楚一国之定义仅在其本国范围内可为真理，并非放之四海而皆准。

2. 检察权的特征

根据检察的功能、检察制度的作用、检察机关的一般性质以及检察权与审判权之比较，检察权具有以下特征：

（1）从检察权的权源上看，检察权具有国家代表性和公益代表性。检察权作为具有一定强制性的国家权力，与其他国家权力一样，都具有公共性，即权力来源于公众，服务于公众。检察机关的检察活动首先是代表国家的利益，以国家的名义进行的。国家根据其职能拥有维护法律秩序和社会安全的各种权力，包括惩治触犯刑律行为的刑罚权。国家刑罚权的行使需由执法官员作出判断，其中检察官起着关键的作用，他们有权进行侦查或监督指导侦查，有权确定是否追究当事人的刑事责任，有权提出处罚建议，并作为国家代表提起公诉。检察权不仅具有国家代表性，同时还具有公益代表性。当公共利益遭受损害时，检察机关就应当为维护和恢复这种利益而实施必要的行为。

（2）从检察权的性质上看，检察权具有法律监督性和司法诉讼性。虽然明确赋予检察机关享有法律监督权的国家为数不多，但大多数国家的检察机关实际上都或多或少地负有监督法律特别是刑事法律实施的职权。因此，在一定范围内，检察权是具有法律监督性的。在我国，检察权的这一特征则较为明显。尽管我国检察机关的法律监督目前仍局限于诉讼活动中的司法监督，但宪法明定检察机关为国家的法律监督机关显然为检察权的拓展预留了一定的空间。在这个意义上讲，检察权的行使就是要保证国家法制的统一，纠正一切违反法治要求的行为。

鉴于检察制度是国家司法制度的组成部分，检察权与司法程序紧密相连。因此，检察权具有明显的司法诉讼性特征。决定检察权这一特征的原因，一是检察官在现代诉讼制度中的角色，二是法律的可诉性。检察权维护法律秩序的基本手段，就是将其依法管辖和处理的事件交付诉讼，通过诉讼作出最后的判定和处置。诉讼中的检察权主要由诉讼法赋予，通过诉讼程序来行使，并采用诉讼手段来加以实现。

（3）从检察权的效力上看，检察权是司法请求权，具有非终局的程序性特点。检察权是一种程序性的司法请求权，而非处分权。在一般情况下，检察权的行使通常属于一种程序性处分，如犯罪调查、决定逮捕犯罪嫌疑人、提起公诉、提起抗诉等，均属程序性手段，而非实体性处置，终局性处置均需诉讼后由法院确定。至于检察机关所拥有的决定不起诉和撤销案件的权力，这只是检察权作为司法请求权的某种例外，具有"消极裁判权"的性质，并不影响检察权的非终局性的程序性特点。

（4）从检察权的行使来看，检察权具有积极的主动性特点。与审判权所具有的"不告不理"的被动性特点不同，检察权都要主动行使，不仅检察机关的自行侦查权要主动行使，就是公诉权也要积极主动地行使，以体现检察机关代表国家对犯罪嫌疑人刑事责任的主动追究。因此，检察权在行使上应为积极主动的。

（二）检察权的产生与类型

1. 检察权的产生

虽然不同国家检察权的产生与发展都有其独特的司法背景、具体途径和个别缘由，但从总体上看，检察权的产生主要取决于法律制度、法律文化和司法活动的变化。就其成因而言，主要表现为：

（1）公诉制度的确立，是检察权产生的直接原因。在公诉制度产生前，各国普遍实行的是"私诉"制度。在私诉制度下，对犯罪嫌疑人或被告人刑事责任的追究，只能由被害人及其近亲属来直接行使刑事诉权。显然，在私诉制度下并无检察权赖以存在的基础。考察检察权产生与发展的历史，可以看到，各国的刑事诉讼几乎无一例外地走过了一条共同的演进路径，这就是从私诉制度向公诉制度的转化。正是公诉制度的确立，催化了检察制度和检察权的诞生。同理，也正是公诉制度的不断发展，促进了检察权的日趋健全与完善。

（2）分权制衡的需要，是检察权产生的基本动因。各国早期的法院，与所采取的纠问式诉讼程序相适应，大都包办侦查、起诉和审判，被称为"全能法院"。这种法院享有广泛的职权，可以积极主动地发动审判权，审判官可以直接调查证据发现事实，审判官兼任指控者，自诉自审，不告而理，而且在审理中可以依职权审理法官认为需要审理的一切问题。尽管后来侦查权被分解给警察，但同样存在着警察滥权和法官恣意的可能。随着近代宪政制度的确立，诉讼程序及诉讼技术的发展，特别是分权制衡理论的出现，要求无论是法院的审判活动还是警察的侦查活动都必须受到一定的监督和制约。正是基于分权制衡的目的，西方的国家权力在三权分立的基础上又进行了重新分配和整合，检察权亦随之产生。新生的检察权作为行政权对司法权的制衡（亦有人表述为"第二种权力"对"第三种权力"的制约）被普遍赋予监督功能，并不断得以强化。在西方国家，检察权监督功能的强化在形式上表现为"全能法院"职能的弱化，表现为"全能法院"向"裁判法院"的转变。

（3）统一法制的要求，是检察权产生的法治要因。维护统一法制的使命在各国检察机关诞生伊始就有明确的体现，在现代检察制度中，维护国家法制的统一，已经成为检察机关的基本职责。检察官主要通过采用刑事追诉的手段，同一切破坏法制的行为作斗争。而具有统一性的检察机关，更使法制的统一得到维护。

综上可见，公诉制度的确立、分权制衡的需要以及维护法制的统一是各国检察制度得以产生的共性因素。申言之，检察权产生于

"私诉制度"向"公诉制度"的转变，产生于"全能法院"向"裁判法院"的转变，产生于"分散法制"向"统一法制"的转变。①

2. 检察权的类型

对检察权进行类型化处理的比较研究，是研究检察权的重要方法。一般说来，在具有统一性的基本司法构架的法系基础上形成的检察制度，必然具有一些共同的职能、组织与活动特征。然而，由于各国社会政治、经济制度的不同和法律文化的差异，以及检察权产生的历史背景和具体缘由的不同，即使是处于同一法系的不同国家，检察权的性质、内容亦可能大相径庭，呈现出一种多元化体制共存的局面。反之，由于诉讼程序与诉讼理念的日益趋同，加之各国检察权在具体实践中的交汇融合，又使不同法系国家的检察权具有了某些共同的职能、组织与活动特征。正是检察权在类别上超越法系的丰富多彩和纷繁复杂，致使简单地以法系作为类型化处理和比较研究的方法，在一定程度上已失之于浮泛，难以说明一些跨法系的特殊情况。基于上述考虑，我们不以法系作为分类研究的基础，而采用另一种类型化方法，即以检察权的内容不同作为检察权类别划分的依据，并在此基础上，对检察权进行类型化的比较和研究。据此，可以将当代各国的检察权大致区分为狭义检察权、中义检察权和广义检察权三种。

（1）狭义检察权。所谓狭义检察权，是指检察机关仅行使部分公诉权的检察权。英国检察机关的检察权即属典型的狭义检察权。

在英国，其检察机关虽可代表政府提起民事公诉，但在刑事诉讼中不仅没有侦查权或侦查监督权，就连刑事案件的公诉权也是残缺不全的，其中许多刑事案件的公诉权被大陪审团、验尸官、海关、税务局、打击经济犯罪办公室及警察机关所分解，检察机关实

① 参见龙宗智：《检察制度教程》，法律出版社2002年版，第29～34页。

172

质上只是一个单纯的部分刑事案件的检控机关。英国检察权权能的简单化与狭隘化，一方面表现着英国在刑事诉讼中长期奉行"私诉"的传统；另一方面，也彰显着英国检察制度尚不成熟。与英国成熟的、发达的普通法系传统形成鲜明的对比，其检察制度的影响却极为有限。

（2）中义检察权。所谓中义检察权，是指检察机关享有包括公诉权、侦查权、侦查监督权（或指挥权）及审判监督权等权能的检察权。法国、德国、日本等大陆法系国家以及美国的检察权，均可归类为中义检察权。

在享有中义检察权的国家里，其检察权一般包括下列具体的权能：第一，侦查权能。在中义检察权的国家里，检察官既是侦查程序的发动者，又是侦查活动的实施者和领导者。从理论上说，检察官不仅享有侦查任何刑事案件的权力，而且拥有指挥、调动警察实施具体侦查活动的权力。第二，公诉权能。在这些国家里，由于普遍实行刑事诉讼的国家垄断主义，检察机关在刑事公诉方面一般都享有较为全面的权力。第三，自由裁量权能。在行使中义检察权的国家里，检察机关不仅有权作出起诉的决定，而且有权作出不起诉的决定，享有较为广泛的自由裁量权。在这方面，美国检察官的权能尤为突出，享有几乎不受制约的自由裁量权。第四，执行权能。在德国，凡经检察官提起公诉的案件，法院依法作出判决并发生法律效力的案件，都要连同判决执行文书返回原检察机关，由检察官送达判决通知书并负责判决的执行。第五，监督权能。德国检察官除对警察的侦查活动享有监督权外，对法院的刑事审判活动亦享有实施监督的权能。与这种监督权能相适应，检察官负有客观公正执行法律的义务，在诉讼中负有全面收集证据（包括有利于被告的证据）的义务。据此，德国的检察官被认为是"官方的护法人"，而不被视为诉讼当事人。第六，民事公诉权能。在这些国家里，有些检察机关还享有民事行政案件的公诉权。除履行刑事案件的追诉职能外，法国的检察机关有权参与民事诉讼，提起民事案件的公诉。美国联邦检察机关还设有主管民事、税收、反托拉斯、保护自然资源和环境等案件的分支机构。这些机构从保护国家利益和公共利益出发，行使参加民事诉讼的职能。

中义检察权只是对归类于狭义检察权和广义检察权之外的所有检察权的类的概括，并不排除在中义检察权中仍有类的区别。以德国和美国为例，其检察权虽有相同之处，但在侦查权能、公诉权能和自由裁量权能等诸方面也存在着种种差异。

（3）广义检察权

所谓广义检察权，是指检察机关除享有包括中义检察权的权能外，还享有法律监督权的检察权。俄罗斯、乌克兰、白俄罗斯等独联体国家以及中国等国检察机关的检察权，可归类为广义检察权。在这些国家里，检察机关一般被定位为法律监督机关，检察机关除享有一般检察权外，还享有较为广泛的法律监督权。

二、检察权的性质与界定

检察权性质是检察制度的核心问题，也是检察理论研究中的基石性问题。同时，也是迄今为止分歧较多、争议较大的问题之一。综观学者们对我国检察权性质的界定，较有影响的学术观点主要有四种，即检察权"行政权说"、"双重属性说"、"司法权说"及"法律监督权说"。其中，"司法权说"主张检察权是司法权的一种，我国司法权由审判权与检察权构成；"法律监督权说"则是依据宪法对我国检察机关的法律定位，直接引申出来的检察权的基本属性。我们赞同这两种学说。而"行政权说"和"双重属性说"则是在司法改革研讨中部分学者对我国检察权性质作出的新的解析，其中尤以"行政权说"影响为大。对检察权性质的界定不仅直接涉及对我国现行宪政体制的评价，涉及我国检察机关在国家宪政体制中的定位，而且关系到对我国司法体制改革目标和价值取向的确定。因而，对"行政权说"作出实事求是的分析和评价，是正确阐述我国检察权的性质必须首先回答且不容回避的重要论题。

（一）对检察权"行政权说"的质疑

1. "行政权说"的立论依据

主张"行政权说"的学者们认为，我国的检察权在本质上应属行政权，检察机关是行政机关，检察官是行政官。之所以得出这一结论：一是基于对检察机关自身性质的认识；二是基于与狭义司法权（审判权）特征之比较。

（1）在对检察机关自身性质的认识上，"行政权说"强调检察机关的组织体制具有行政性。认为检察机关组织与活动的一项基本原则是"检察一体制"，即检察机关上下形成一个整体，其突出表现是"阶层式建构"和上级的"指令权"。这种纵向位阶制和上下领导关系是典型的行政性关系，也是检察权行政性最突出的体现。同时，"检察一体制"还包含"职务收取"和"职务转移制"。这些制度与法官制度迥异，法官"除了法律没有上司"，不实行职务收取和职务转移制；参审法官不能更换，否则前段审判无效。由此可见，"检察一体制"具有明显的上命下从的行政属性，"检察权在本质属性上应该归并于国家行政权"。

（2）在对检察权与狭义司法权的比较上，"行政权说"认为司法权与行政权相比，具有明显的终局性、中立性、独立性和消极被动性的特征。而检察官的主要功能是刑事追诉，包括犯罪调查与检控，是一种为维护法律秩序所实施的积极而主动的行为，不是消极与被动的裁判行为。司法权的这种消极性和被动性，与检察权所表现出来的积极主动性和自发性形成明显区别。由于检察权不具备司法权的上述属性，因而检察权只能是一种行政权。

诚然，从"三权分立"的宪政体制出发，把检察权归类为行政权是有一定道理的。立法、行政、司法的三权分立与制衡，是西方政制的基本结构。在这一构造中，检察权不属立法权，也不属于具有依法裁判功能并受宪法独立性保障的司法权。检察官被认为是政府在诉讼中的"代言人"，是代表"第二权"（行政）对"第三权"（司法）实施监督制衡的机关。

175

2. "行政权说"在我国不能成立

（1）"行政权说"的立论基础与我国现行的宪政体制相悖。众所周知，我国在国家权力设置上没有效仿西方国家传统的三权分立制，而是设置了四种国家权力（有人认为国家权力还应包括国家主权及军事权等），并形成"一统三"的权力配置的特殊格局。在这种格局下，立法权作为国家最高权力，统辖行政权、审判权和检察权三项基本权力，并由国家权力机关分别赋予专门的国家机关独立行使。我国的国家权力机关正是通过划分行政机关、审判机关、检察机关三者之间的职权范围而形成了三项权力彼此监督、相互制约的权力运行机制。同时，这三项权力的行使又都受到来自立法机关的最高法律监督，从而实现公正行使国家权力的双重保证。① 人民代表大会下的"一府两院制"与"三权分立制"在权力的构成、配置、内容上迥然有别。这就决定了研究中国检察权的性质必须立论于"人民代表大会制"，而不是"三权分立制"。而"行政权说"在分析论证我国的检察权性质时，几乎无一例外地都立论于三权分立制，完全不符合我国现行的宪政体制。建立在这种错误前提下的理论，自然不可能正确界定我国检察权的性质。

（2）以我国检察机关具有某些行政性特征为由，认定我国检察权属于行政权的观点也是不能成立的。毋庸讳言，目前，我国检察机关的组织与活动（包括检察权的行使方式）仍具有较为浓厚的行政性色彩，审判机关也不例外。具体分析，当前依附于检察机关和审判机关的行政性色彩可以细分为两种：一是违背司法规律的司法活动行政化；二是为实现司法职能，在内部管理或系统内活动中采取的必不可少的行政性措施。对于前者，必须在司法改革的过程中逐步加以解决。因此，按照司法规律来行使检察权与审判权，依然是检察院和法院在司法改革中必须着力加以解决的共同课题。对于后者，则应另当别论。首先，作为内部管理的行政性措施是任

---

① 刘立宪、张智辉主编：《司法改革热点问题》，中国人民公安大学出版社 2000 年版，第 54 页。

何机关都不可缺少的，不能设想存在着不采取任何行政管理手段的法院和检察院。作为管理措施，行政手段并非为行政机关所专设。同理，行政机关在履行其职能时也并非仅仅依赖行政手段。其次，为了确保检察权的独立行使，在检察机关内部实行"检察一体制"、"垂直领导体制"乃至于行使必要的"指令权"，也不能成为将检察权归属于行政权的充足理由。因为对检察权性质的界定原则上是对检察机关在宪政体制上的定位，确定的是检察机关的外部关系，即检察权与行政权、审判权的关系。至于其内部采用何种管理方式，则取决于是否有利于维护法制的统一，是否有利于检察权的独立行使，与其在宪政体制上的定位无涉。

（3）以检察权不具备司法权特征为由，否认检察权的司法权属性的观点，在语境和逻辑上存在着不能自圆其说的重大缺陷。主张检察权系行政权的学者们，立论的主要依据是检察权不具备司法权的基本特征。他们认为，司法权具有终局性、中立性、独立性、被动性或消极性等特征，只有具备了这几个特征的权力，才能被称为司法权。在预设了这样一个前提的基础上，反证检察权不具备这些特征，从而否认检察权的司法权属性，并以此作为对检察机关性质定位的理论依据。需要指出的是，这个理论依据在逻辑上具有明显的偷换概念的错误，即把司法权简单地等同于审判权，他们所归纳的所谓司法权的特征，实际上只是审判权的特征，也就是在三权分立语境下的司法权特征。在三权分立的体制下，从狭义角度理解司法权，把它等同于审判权，归纳概括出这四个特征是可以理解的。但是，把它推而广之，认为司法权都要具备这四个特征，并以此来反证检察权不属司法权，在方法论和逻辑关系上是有问题的。在我国，对司法、司法权、司法机关等概念也一直存在着不同的理解和重大的分歧。这种分歧可以概括为"广义司法"、"中义司法"和"狭义司法"三种，就目前我国的法律规定和人们一般使用词语的习惯看，似乎更倾向于中义概念。在这一概念下，司法涵盖审判和检察，司法权是包括审判权和检察权的"二元架构"，司法权的二元架构是我国司法制度不可动摇的基石。

（4）检察权的性质问题归根结底是宪政体制问题，而绝非一个简单的诉讼程序问题，更不可能仅仅是刑事诉讼问题。在司法改革的研讨中，有的学者习惯于从刑事诉讼专业的角度来思考检察权的性质，以为检察机关只是一个公诉机关，检察权只是公诉权，从而忽略了检察权实际上是一种集合性权力，是一个权力束。尽管公诉权是检察权的重要权能，但它并非检察权的唯一权能，更不可能将检察权直接等同于公诉权。

综上所述，将我国检察权定性为行政权的观点实际上并无新意可言，此种观点只不过是对西方国家在"三权分立"政体下检察权定位理论的简单移植。用"行政权说"来诠释中国检察机关的性质，不可能正确、准确地反映我国宪法对检察机关性质的定位，因而"行政权说"在我国只能是一种没有正当、科学、合法依据的"理论"。

（二）我国检察权的基本属性是法律监督权

1. 法律监督的模式

尽管本书第五章已对法律监督作出了较为详尽的阐述，但为了搞清法律监督权与检察权的关系，仍有必要正确认识我国检察机关的法律监督模式。就检察机关的法律监督模式而言，主要有两种：一是前苏联检察机关的法律监督模式；二是我国检察机关的法律监督模式。前苏联检察机关的法律监督包括一般监督和司法监督。一般监督是由苏联总检察长和他领导下的各级检察长对各部、国家委员会和主管部门、企业、机关和组织、地方各级苏维埃执行和管理机关、集体农庄、合作社组织和其他社会团体、公职人员和公民执行法律的情况所实行的监督（这种法律监督亦可称之为广义上的一般监督），目的是保障国家法制的统一，保证公职人员和公民都能准确统一地执行法律。

我国虽然在1954年的宪法中赋予了检察机关广义的一般监督权，但实际上检察机关从未真正全面行使过这种权限。随着我国宪法的修改，自1978年检察机关恢复重建以来，我国检察机关的法律监督权虽屡有变动，但其概念已日渐明晰，其权能亦基本定型。根据《人民检察院组织法》第 5 条的规定："各级人民检察院行使下列职权：（一）对于叛国案、分裂国家案以及严重破坏国家的政策、法律、法令、政令统一实施的重大犯罪案件，行使检察权。（二）对于直接受理的刑事案件，进行侦查。（三）对于公安机关侦查的案件，进行审查，决定是否逮捕、起诉或者免予起诉；对于公安机关的侦查活动是否合法，实行监督。（四）对于刑事案件提起公诉；对于人民法院的审判活动是否合法，实行监督。（五）对于刑事案件判决、裁定的执行和监狱、看守所、劳动改造机关的活动是否合法，实行监督。"概括上述职能，我国检察机关法律监督权的具体权能是侦查权、公诉权、侦查监督权、审判监督权和执行监督权。据此，可以把我国检察机关的法律监督限定为：一般是指检察机关根据法律的授权，对法律执行和遵守情况进行的监督。①亦可表述为，法律监督特指人民检察院通过运用法律赋予的侦查监督权、职务犯罪侦查权、公诉权、诉讼监督权以及执行监督权等，追诉犯罪和纠正法律适用中的违法行为，以保障国家法律在全国范围内统一正确实施的专门工作。② 在这个意义上理解，我国检察权的本质属性就是法律监督权。在检察权的所有权能中都蕴含着法律监督权的权能，而法律监督权的权能与检察权的权能完全同一。③由此可见，法律监督权与检察权应是同一位阶的概念，而不是检察权的下位概念；在同一位阶中，二者含义同一，而非各自另有定义的并列概念。

2. 法律监督权的特征

我国检察机关依法所实施的法律监督与其他各种类型的法律监督相比较，主要具有以下特点：

---

① 张穹：《当代检察机关的架构》，载《检察日报》1999 年 5 月 29 日。

② 张智辉：《"法律监督"辨析》，载《人民检察》2000 年第 5 期，第 43 页。

③ 对此，本题第三部分将予以专门阐述，在此从略。

（1）监督机关的专门性。检察机关是在权力机关之下与行政机关、审判机关和军事机关并列的"专门"的法律监督机关。这种"专门性"表现在：其一，它是国家专门设立的法律监督机关，代表国家并以国家的名义专门负责对法律的实施和遵守进行监督。法律监督权是由国家权力机关授予的、由宪法规定的，与行政权、审判权和军事权相平行的专门的国家权力，具有很高的权威性和强制性。其二，它是专门负责监督法律实施的国家机关，而不是全面监督法律实施的机关。检察机关并未统揽法律监督权，从宪制上说，只有人民代表大会才有这一权力，检察机关的法律监督权是由权力机关授予并受权力机关领导和监督的，其职权范围由权力机关以宪法或法律限定。

（2）监督手段的诉讼性。这是检察机关的法律监督与其他机关监督的重要区别。检察监督的诉讼性特点表现在：其一，检察机关的法律监督权除在宪法中有概括性的宣示外，在我国的三大诉讼法中都有具体的规定；其二，检察机关的法律监督权是通过参加诉讼程序具体行使的，无论是侦查监督、公民守法监督，还是职务犯罪监督和各种审判监督，都是在诉讼过程中完成的。因而，检察机关的法律监督权是一种通过具体的诉讼职能来实现的权力，而不是超脱于监督对象之外以旁观者的姿态行使的权力；其三，检察机关的法律监督是通过运用诉讼手段或司法权力来实现的。侦查权、批捕权、公诉权、审判监督权等检察权都是国家的司法权力，也是法律监督权的具体权能，具有鲜明的国家强制性。因此，检察监督必须遵循诉讼规律，使之符合客观性、判断性、亲历性、独立性、公正性等诉讼要求。

（3）监督效力的程序性。一般说来，检察机关的法律监督权只有启动实体解决问题的程序功能，它本身不具有实体处分权。因而，程序性特点是检察权与行政权、审判权的重要区别。检察监督的程序性特点表明，检察机关的法律监督权只是执法或司法过程中的权力，而不是决定执法结果的权力。

(三) 我国检察机关的法律监督一元论

对于我国检察机关法律监督的含义以及法律监督权与检察权的关系，历来有"多元论"和"一元论"两种不同的理解。"多元论"者一方面强调法律监督机关的多元化，把人大监督、行政监督和法律监督混为一谈，另一方面，主张检察权能的多元化，把检察权能区分为监督职能、侦查职能、公诉职能等（多元论的实质在于：或者把法律监督职能与检察职能并列，或者把法律监督职能作为检察职能的一种，把法律监督权视为检察权的下位概念），且认为对这些多元职能不可能作出一元概括。"这样一来，就使检察职能多元化，既不符我国宪法和法律关于人民检察院是国家法律监督机关的规定，也缺乏理论上的彻底性。"① 所谓法律监督的一元论，其含义有二：一是指在我国的权力结构中，即在国家权力机关的隶属下，只能有一个专门行使法律监督权的机关，即检察机关；二是指检察机关的各项权能都应当统一于法律监督，而后者是由前者决定的。我们赞同法律监督一元论的观点，认为只有坚持法律监督的一元论，才能正确理解检察权与法律监督权的关系，才能正确界定我国检察机关在国家权力机关中的地位和属性。否则，就不可能正确理解检察权与法律监督权的关系，就必然会人为地刻意突出二者之间的所谓矛盾，得出检察机关在行使具体的检察职能时一身而二任的错误结论。例如，在检察机关履行公诉职能时，其公诉职能与诉讼监督职能就经常被一些同志视为不可共存的矛盾和冲突，并以此为由，否认检察机关的法律监督职能。在"一元论"的基础上理解检察权与法律监督权的关系，就会看到在检察权的所有权能中都蕴含着法律监督的属性，在检察权的每一项具体权能中都体现着法律监督的实质，都是法律监督权的具体表现形式，法律监督的权能与检察权的权能完全同一。如果将检察权的全部权能分

---

① 王桂五主编：《中华人民共和国检察制度研究》，法律出版社 1991 年版，第 164 页。

解为公诉权、侦查权、侦查监督权、审判监督权和执行监督权，不仅可以清晰地显示出侦查监督权、审判监督权和执行监督权的法律监督功能和属性，而且对公诉权和侦查权也完全可以作出法律监督的科学解析。公诉权作为检察权的重要组成部分，自其诞生时起，就含有监督刑法实施的功能，就含有监督公民和社会组织遵守刑法的作用。在诉讼过程中，公诉权也是法律监督的基本形态和主要手段，一方面公诉是对侦查活动实施监督的结果，另一方面，公诉作为审判的启动程序，又使诉讼监督得以在审判活动中全部展开。因此，公诉权蕴含着丰富的法律监督理念和内容。同理，检察机关的自行侦查权也具有鲜明的法律监督特色。检察机关的自行侦查权作为法律监督权不仅取决于侦查对象的特殊性，即以国家机关工作人员的职务犯罪或权力犯罪作为侦查监督的对象，而且还因权力主体的性质使其更加彰显法律监督的属性。换言之，检察机关侦查权的法律监督性质也是由其机关属性和权力属性决定的。由此可见，检察权与法律监督权虽称谓不同，然其义一也。从二者的逻辑关系上看，法律监督权与检察权应是同一位阶的概念，而不是检察权的下位概念；在同一位阶中，二者含义同一，而非各自另有定义的并列概念。

三、检察权的权能与属性

尽管人们对检察权的内容或权能的概括不尽一致，但一般说来，将检察权的全部权能分解为公诉权、职务犯罪侦查权、侦查监督权、审判监督权和执行监督权的观点较为普遍且较为准确。鉴于本书分论部分将从检察活动的角度逐一阐述检察权的各项具体权能及其行使，故本章仅从宏观的角度和实证层面，进一步揭示检察权的法律监督权属性，证明法律监督权"一元论"观点的成立。由此出发，本章对检察权每一具体权能的解析不在于全面展开，而在于重点揭示和阐释其法定的和内含的法律监督权属性。

（一）公诉权：法律监督权解析之一

公诉是与私诉相对应的一种起诉方式，是诉讼的一个重要阶段。起诉是诉讼活动的开始阶段，无论刑事、民事还是行政诉讼，都以起诉为起点。私诉是由个人、个体行使起诉权，公诉则是由国家行使起诉权。就刑事案件来说，公诉是国家被害意识的产物，是国家追究犯罪的一种起诉方式，是人类诉讼走向文明的标志。在现代社会，不仅刑事诉讼主要采用公诉形式，民事和行政案件的公诉也日益增多。公诉权的主体是国家，需要设置特定的机关行使这一职权，当代世界各国，主要由检察机关代表国家行使公诉权，检察机关是履行公诉权的职能主体，公诉权亦成为检察权的重要内容。

一般来说，公诉权是指代表国家对危害国家和社会利益的行为进行追诉的权力。① 公诉权在不同国家的权力体系中有不同的定位。在有的国家（如实行狭义检察权的英国），检察机关只行使公诉权，此外，不再享有其他权力，因此公诉权等于检察权，二者是内涵与外延完全重合的概念。在一些大陆法系国家（实行中义检察权的各国），虽然公诉权也是检察权的基本权能，但因检察权不以公诉权为限，除公诉权外，检察机关还享有其他权能，故公诉权不能简单地等同于检察权。在检察机关享有广义检察权的俄罗斯等国，公诉权只能是检察权的下位概念，更不可能与检察权等量齐观。在我国，检察机关依其宪法定位，也享有较为广泛的权力，而公诉权无论多么重要，它也只是检察机关的权能之一，而非检察权能之全部。在这样一种逻辑关系中，公诉权不可能等于检察权，检察权也不能由公诉权来加以整合。在我国，提起刑事公诉在形式上表现为由人民检察院代表国家要求人民法院审理指控的被告人，以确定被告人刑事责任并予以刑事制裁的诉讼活动；在实质上，公诉

---

① 张穹主编：《公诉问题研究》，中国人民公安大学出版社 2000 年版，第 2 页。

权则是检察机关依法检察社会主体遵守国家法律情况的法律监督活动，是以公诉形式追究违法者的法律责任的国家法律监督行为。因此，公诉权的实质也是一种法律监督权。公诉权作为法律监督权，它的监督客体是公民和组织的行为，通过公诉权的行使，监督公民和组织正确行使权利、履行义务，以确保法律全面、正确地实施。据此，那种将公诉权仅仅理解为以审查起诉为起点到提起公诉、出庭支持公诉、抗诉为终点的一系列诉讼活动的观点，虽然从形式上看不无道理，但是从本质上看，则是只见树木而不见森林。其要害是割裂了公诉权与法律监督权的本质联系，忽略了融于公诉活动之中的法律监督实质，混淆了形式与内容、手段与目的、特色与身份的关系，遮蔽了法律监督的视线，造成了法律监督的空白和盲点。

（二）侦查权：法律监督权解析之二

在我国，依据刑事诉讼法的分工，检察机关、公安机关、国家安全机关、军队保卫部门和监狱等都享有对不同刑事案件的侦查权。《刑事诉讼法》第18条第2款规定："贪污贿赂犯罪，国家工作人员的渎职犯罪，国家机关工作人员利用职权实施的非法拘禁、刑讯逼供、报复陷害、非法搜查的侵犯公民人身权利的犯罪以及侵犯公民民主权利的犯罪，由人民检察院立案侦查。对于国家机关工作人员利用职权实施的其他重大犯罪案件，需要由人民检察院直接受理的时候，经省级以上人民检察院决定，可以由人民检察院立案侦查。"这里所要阐释的归属于法律监督权的侦查权，就是指检察机关对上述刑事案件的自行侦查权或曰职务犯罪侦查权，是特定语境下的侦查权。

检察机关的自行侦查权之所以应当归属于法律监督权，不仅因为这部分权力由检察机关行使，因权力主体的性质而使其具有法律监督的属性；也不仅因为它是检察权的组成部分，部分的性质取决于整体的性质，更主要的是因为检察机关的自行侦查权本身就承担着特殊的法律监督任务，具有鲜明的法律监督特色。

首先，法律赋予检察机关的侦查权以法律监督的特色和使命。

人民检察院是国家的法律监督机关，其根本任务是维护法律的尊严，保证法律的统一实施。在民主政体下，法律监督的重点是国家机关及其工作人员，国家机关是实施宪法和法律的法定机关，国家机关的工作人员所进行的各种公务活动对于维护宪法和法律的统一和尊严具有特殊重要的意义。对法律监督的重要客体要有不同于一般客体的监督形式，将国家机关工作人员实施的犯罪作为检察机关侦查权的客体，实际上就是使侦查权承担起特殊的法律监督的使命，通过将实施犯罪行为的国家工作人员与一般的犯罪主体分离开来，置于检察机关的法律监督之下，使他们的犯罪行为成为法律监督权的特殊客体和重要客体。

其次，法律对侦查权行使范围的规定，使法律监督的指向十分突出。检察机关自侦权的范围包括贪污贿赂犯罪、国家工作人员的渎职犯罪和国家机关工作人员利用职权实施的侵犯公民人身权利和民主权利的犯罪等。这类案件主体特殊，主要是国家工作人员；发生的方式和过程特殊，主要发生在执法过程中；对社会的危害特殊，不是对一般社会秩序的破坏，而是对法制统一的极大破坏。处理这些案件的主要目的是为了维护国家法制的统一，为了维护国家机关及其工作人员公正廉洁的社会形象。正因如此，国家在对侦查权进行整合配置时，就将这部分主体的犯罪同一般公民、组织的违法犯罪分离开来并突出出来，使之从诉讼活动的起始阶段，就处于国家法律监督机关的监督之下。

（三）侦查监督权：法律监督权解析之三

与前两种监督权不同，侦查监督权的行使，使法律监督进入到另一个层面，由对公民和组织的监督，进入到对专门国家机关的监督，对国家侦查权力运行的监督。

侦查监督权是法律赋予检察机关的对刑事侦查工作进行监督的

权力。① 侦查监督权首先源于宪法的授权，检察机关根据宪法对国家法律的实施进行监督，侦查活动是国家侦查机关实施法律的活动，必然要纳入到法律监督的范围之中。侦查监督权也是由刑事诉讼法对宪法授权具体化的结果，《刑事诉讼法》第 8 条规定："人民检察院依法对刑事诉讼实行法律监督。"据此，检察机关的监督活动要贯穿于刑事诉讼的全过程。侦查是审前阶段的主要活动，依法应受检察机关的法律监督。

刑事案件在进入审判程序之前，往往要经历复杂的侦查和检控程序。在这一程序中，有权的国家机关要对案件进行专门的调查，收集有关犯罪的证据和事实，追查有关的犯罪嫌疑人，并对案件是否具备提起公诉条件进行必要的审查，从而为审判作好准备。这一阶段在整个刑事诉讼中的重要性是不言而喻的，它与其他程序之间存在内在的联系，对其他程序有着重要的影响。

侦查是有关国家机关依职权进行的活动，除了国家授权的机关和人员外，其他机关和人员都无此权力。根据我国法律对侦查权的分配，侦查权实际上是由两类机关行使，一类是公安机关（广义），一类是检察机关，这两类机关按照管辖分工各自独立地行使侦查权。侦查权取得和享有的合理性、合法性，并不必然地延续到具体的侦查活动之中。相反，由于侦查权本身所具有的独立性、强制性、主观能动性等特性，更容易使其越界和出轨，即超出合法性和合理性的界限，从而使侦查阶段成为警察机关违法的高发阶段。侦查权的异变和滥用既可以由于客观条件导致，比如，在紧急情况下采取侦查措施必然具有较高的失误风险，也可以因主观上的故意导致侦查权的滥用，比如刑讯逼供，超期羁押，任意拘留和逮捕，非法搜查、查封和扣押，殴打、虐待犯罪嫌疑人等；既有积极的滥用职权的形式侵犯公民的权利，也有消极的怠于行使权力，而轻纵

---

① 如同法律监督权的其他权能一样，侦查监督权也是一个存在颇多争议的问题。囿于篇幅的局限，不能逐一分析各种观点，而是只着眼于对其合法性、合理性和必要性的分析。

犯罪。

侦查权的滥用在世界各国都是带有普遍性的现象，因此各国都根据各自的国情建立起防止侦查权滥用的约束机制，其思路可以概括为"以权力制约权力"和"以权利制约权力"两种模式。我国没有采取以审判权制约侦查权的模式，也没有采用以"辩护方"的权利来制约侦查权的模式，[①] 而是采取大陆法系国家的通常做法，以检察权制约侦查权，以检察权对侦查权的有效控制来防止警察滥权，从而做到有效地维护人权并避免堕入"警察国家的梦魇"。

与前两种监督权不同，侦查监督权是对国家行政权力的监督，在法律监督权体系中处于特殊的地位，有着不可替代的功能。具体表现为以下三个方面：制约和监督侦查权力的行使，防止和纠正可能的权力滥用和偏差；在诉讼过程中与其他监督权力的衔接配合；通过监督权力的运行，更好地保证法律的统一实施，以实现法律的惩罚犯罪、保障人权的功能。

（四）审判监督权：法律监督权解析之四

这里所述的审判监督不是诉讼法规定的人民法院的审判监督程序，而是专指人民检察院依法对人民法院审判活动的监督。审判监督权是人民检察院依法对人民法院的刑事、民事和行政审判活动是否合法进行专门监督的权力。在审判监督中，监督权的主体是人民检察院，监督权的客体是人民法院的审判活动，监督的任务和内容是审判活动是否合法、判决结果是否公正。与公诉权、侦查权不同，审判监督权的客体是国家机关，属于对国家权力的监督；与侦查监督权不同，它是对国家审判机关的监督，对审判权的制约。人民检察院的审判监督权同样源于宪法和三大诉讼法律的授权，人民

---

① 尽管修改后的刑事诉讼法允许律师在侦查阶段介入，亦可在一定程度上形成对警方侦查权的制约，但在现行司法体制下，律师的介入尚不足以构成对侦查权的有效约束。

检察院依法对刑事诉讼、民事诉讼、行政诉讼实行法律监督的规定，将法院的审判活动纳入了法律监督的范围，并使之成为法律监督权的重要组成部分，体现了检察权对审判权的制约与制衡。

（五）执行监督权：法律监督权解析之五

执行监督权是人民检察院对人民法院已经发生法律效力的判决、裁定的执行是否合法进行法律监督的权力。依据案件的性质，人民法院的判决和裁定分为刑事判决和裁定、民事判决和裁定、行政判决和裁定，这些判决和裁定的执行都要受到人民检察院的监督。

对执行活动进行监督具有十分重要的意义。一方面，判决、裁定具有的稳定性、严肃性、权威性，需要通过执行来体现，不能得到正确、及时的执行，生效判决和裁定无异于一纸空文，而且将使先前的一切司法活动均归于无效，极大地破坏了法律的统一和尊严。另一方面，执行的权力具有强制性和独立性的特点，它的行使潜藏着更大的社会风险。执行权的滥用或者导致放纵罪犯，使国家的刑罚权落空；或者导致执行与判决的背离，造成当事人人身权与财产权的损害。我国刑事诉讼法、民事诉讼法明确授权人民检察院行使执行监督权，执行监督权是检察机关法律监督权的具体表现和组成部分。

第七章　检 察 官

根据检察官法的规定，检察官是依法行使国家检察权的检察人员，包括最高人民检察院、地方各级人民检察院和军事检察院等专门人民检察院的检察长、副检察长、检察委员会委员、检察员和助理检察员。检察官是检察权的具体行使者，它直接关系到国家检察权的正确行使和检察职能的有效发挥。建立严格的职业准入、遴选和保障制度，实行符合检察官职业特点的科学化管理，对于保障检察官依法履行职责，充分发挥检察机关法律监督职能，保障司法公正，具有重要意义。

一、检察官的资格与遴选

检察官的资格是国家对检察官的一种特定的职业资格要求。以法律的形式确定担任检察官的资格，是建立检察官制度的首要环节，也是保障检察官队伍整体素质的根本性措施。检察机关是国家的司法机关，检察工作具有特殊性和专业性，只有经过专门训练、具有专门知识和能力、并经严格选拔的人才能从事检察工作、履行检察官的职责。同时，检察官依法行使国家检察权，只有高素质的检察官才有可能保证检察工作的高质量。因此，为了保证检察官的基本素质、优化检察官队伍的结构，从而提高法律监督水平、保证检察机关正确履行职权，法律明确规定担任检察官的资格条件，严把检察官队伍的入门关，是十分必要的。

（一）检察官的任职资格

检察官的任职资格，是指国家对担任检察官这一特定职业者所应具备的身份条件、政治品行条件、专业条件、资格条件等方面的具体要求，它从总体上决定了检察官队伍的素质。检察官作为一种特殊的法律职业，其素质高低直接关系到法治的实现程度。因此，世界各国对检察官的法律知识、法律经验、职业伦理具有较高要求。在我国，1995 年之前，国家对担任检察官的条件只有行政职级上的要求，而无其他任职条件的规定。1995 年检察官法首次全面地规定了担任检察官的条件。2001 年检察官法修正案根据法学教育发展情况和法制发展状况，对检察官任职条件进行了调整：一是提高了检察官任职的学历要求；二是提高了初任检察官考试的规格，从过去检察系统组织初任检察官考试，改为由国家组织统一司法考试。根据修订后的检察官法的规定，担任检察官应当具备以下几方面的条件：1. 身份条件。根据检察官法规定，担任检察官必须具有中华人民共和国国籍；年满 23 周岁；身体健康。检察官属于国家公职，由本国公民担任检察官是世界各国通行的做法。检察官作为行使国家检察权的官员，必须具有独立判断的能力，而判断力通常以一定的法律知识、生活阅历和社会实践为前提。这些能力的养成需要年龄的积淀。法律规定年龄条件非常必要。2. 政治和品行条件。检察官法规定，担任检察官，必须拥护中华人民共和国宪法；有良好的政治、业务素质和良好的品行。这是担任检察官的政治和品行条件。3. 专业素养条件。随着法律规则的系统化和法律活动的专门化，检察官如果没有一定的法律素养、法律知识和专业技能，就难以准确地适用法律。作为专门从事法律监督的官员，检察官职务由精通法律、具备较高专业素质和较强专业能力的专门人才担任，是由检察工作的规律性和特殊性决定的，也是法治国家的一个重要标志。1995 年检察官法即对担任检察官必须具备的法律专业知识、学历和法律工作经历等专业条件作了明确规定。此后，为保证检察官的业务素质，提高检察工作水平，2001 年检察官法修正案提高了对检察官的学历要求和法律工作经验要求：高等院校法律专业本科毕业或者高等院校非法律专业本科毕业具有法律专业知识，从事法律工作 2 年，其中，担任省、自治区、直辖市人民检察院、最高人民检察院检察官，应当从事法律工作满3年；获得法律专业硕士学位、博士学位或者非法律专业硕士、博士学位具有法律专业知识，从事法律工作满1年，其中担任省、自治区、直辖市人民检察院、最高人民检察院检察官，应当从事法律工作满2年。其中，具有相应的法律工作经验，是检察官审查证据、认定事实、适用法律的前提，也是担任检察官的必要条件。4. 资格条件。1995年之前，担任检察官无须通过法律考试。1995年检察官法规定，初次担任检察官，应当通过检察官资格考试。自1995年起检察系统开始实行初任检察官资格全国统一考试。初任检察官资格考试是检察官资格条件的最初表现形式，它对于提高检察官专业化程度发挥了积极重要的作用。针对法官、检察官、律师的职业资格考试各开"一扇门"的弊端，统一职业标准，2001年第九届全国人大常委会修订了检察官法、法官法和律师法，规定国家对初任检察官、法官和取得律师资格实行统一司法考试，从资格条件上对检察官、法官、律师适用统一的标准。自2002年起，国家实行统一的司法考试制度。统一司法考试不仅仅是考试规格的提高，更重要的是其考试内容与评价标准的变化，通过消除三类法律职业的行业考核测评差异，实现了法律职业者的同质化要求，有利于在法律职业者之间形成统一的理念和思维方式。实行统一司法考试，对检察官制度的积极影响是显而易见的。其一，它在很大程度上提高了检察官职业的准入门槛，有利于提高检察官队伍素质，有利于提高检察官队伍专业化程度。其二，它有利于检察官对法律业务的全面了解，有利于促进不同法律职业的相互尊重，从而既有利于法律职业者队伍共同法律理念和法律素养的形成，也有利于树立法律职业者的良好形象。其三，它为面向社会选拔检察官和面向社会录用检察人员奠定了制度基础，有利于规范检察人员录用制度，从而有利于检察官素质的提高。其四，它使检察官、法官的选拔建立在一个共同基础之上，有利于检察官与其他法律职业者根据工作需要和个人意愿调任或者流动。①

除上述条件外，检察官法还规定了排除条件。曾因犯罪受过刑事处罚的或曾被开除公职的人员，不得担任检察官。

（二）检察官的遴选

检察官的遴选，是指按照国家有关的法律，具有管理权限的机关按照一定的程序，选拔具备检察官资格的人员担任检察官职务，从事检察活动的一种管理行为。包括检察官的招募、考试、录用、试用、任命、晋升、调任等环节。严格、规范、科学的遴选制度是检察官具备较高素质的重要保障。检察官的遴选包括初任检察官遴选、检察长的选任、上级检察院从下级检察院进行的检察官遴选。

1. 初任检察官遴选

《检察官法》规定："初任检察官采取严格考核的办法，按照德才兼备的标准，从通过国家统一司法考试取得资格，并且具备检察官条件的人员中择优提出人选。"选拔录用初任检察官人选，实质上是择优选拔担任检察官的合格人选，因此，必须按照德才兼备的标准，采取公开招录、严格考核、择优录用的方式进行遴选，这既是检察工作特殊性质的客观要求，也是检察官管理规范化的需要。公务员法规定，确定初任法官、初任检察官的任职人选，可以面向社会，从通过国家统一司法考试取得资格的人员中公开选拔。这是现在关于检察官遴选制度的一项重要改革举措。为保证选拔录用的公正及选拔录用工作的质量，在面向社会公开选拔中，应当遵循公开、平等、竞争、择优的原则，为精通法律、品行端正、广受尊重的，符合检察官任职条件的优秀人才进入检察官队伍创造条件。一是面向社会选拔检察官时，应当事先公告，公开录用程序和录用标准、方式和结果。二是凡具备条件的公民，都享有参加竞争和按照统一标准录用的平等权利。三是坚持德才兼备的标准，通过

---

① 孙谦主编：《中国特色社会主义检察制度》，中国检察出版社2009年版，第360页。

公开、平等竞争，选拔录用优秀的合适的人才。检察机关面向社会通过公开竞争、择优录用的方式招录的检察人员，从事检察业务工作满法定年限，完全符合检察官任职条件的，在检察院缺额的情况下，经考核合格，可以被任命为检察官。

在初任检察官的遴选制度中，重要的是建立初任检察官人选的任职前的培训和实习制度。具有适应检察工作要求的基本技能和经验，是初任检察官应具备的条件。建立任职前的培训和实习是初任检察官人选被任命为检察官前的一个必经途径，是初任检察官人选正式任职前必需的准备和实习阶段。设置职前的培训和实习保证他们得到必要的培训和岗位锻炼，获得胜任检察工作的岗位技能。大陆法系国家为解决这一问题，都建立了与司法考试制度相连接的初任司法官的培训和实习制度。如法国通过国家司法考试者，要到司法官学院研修 31 个月，其中包括到法院、检察院、律师机构等实习。经过培训考核后，才能任命。2007 年最高人民检察院《检察官培训条例》明确将初任检察官培训作为资格培训予以规定，对已通过国家司法考试拟任检察官的人员，必须进行包括检察官职业道德和职业规范、检察制度、检察实务和办案技能等内容的培训，时间不少于 90 天。重点是使其具备检察官基本履职能力。由于培训资源的有限，对于初任检察官任职前培训目前实行国家检察官学院示范培训，主要由各分院或省级培训机构进行实施培训。为保证培训的质量，规范对初任检察官的培训，国家检察官学院对初任检察官培训建立了统一培训时间、统一培训方式、统一课程设置、统一师资选用、统一颁发合格证书的"五统一"制度。随着司法员额制度的建立，初任检察官人员数量将予以相对固定，应实行国家检察官学院统一实施培训初任检察官制度。

2. 检察长的遴选

检察官法规定：检察长、副检察长应当从检察官或者其他具备检察官条件的人员中择优提出人选。也就是说，检察长应当主要从具有丰富经验和理论素养的检察官中产生，在检察官中没有合适人选的情况下，也可以从其他具备检察官条件的人员中择优提出人选；检察长应当是检察官中的优秀者或者优于普通检察官的人员。我国检察官法对各级检察长应该具有的资格条件没有明确具体的要求。但实际中，对于不同级别的检察长选任从干部选任方面是有任职条件和时间要求的。国外对于检察长的遴选一般都有明确的任职时间要求。如《大韩民国检事厅法》规定检事总长（最高检察长）必须从担任下述职务 15 年以上者中任命：一是法官、检事或者律师；二是具有法官、检事或者律师的资格，在国家机关、国营或者公营企业、根据《政府投资机关管理基本法》第 2 条的规定设立的政府投资机关、其他法人团体中，从事有关法律业务者；三是具有法官、检事或者律师资格，担任大学法律学副教授以上职务者。对于各级检察长、副检察长的选任方式，根据宪法和法律规定，有选举制、任命制、选举和任命结合制。最高人民检察院检察长的任免实行选举制，由全国人民代表大会选举和罢免；地方各级人民检察院，即省、市、县人民检察院检察长的产生，实行选举和批准相结合，由地方各级人民检察院选举和罢免，但须报上一级人民检察院检察长提请该级人大常委会批准；省级人民检察院分院和派出检察院检察长，由其主管上一级检察院检察长提请本级人大常委会任免；军事检察院检察长的任免，适用特别程序。为了保证检察长等检察官符合法律规定的任职条件，检察官法特别赋予了上级检察院监督纠正权，对于违反法定程序被选举为人民检察院检察长的，上一级人民检察院检察长有权提请该级人大常委会不批准；最高人民检察院和省级人民检察院检察长可以建议本级人大常委会撤换下级人民检察院检察长、副检察长和检察委员会委员。

3. 上级检察院从下级检察院进行的检察官遴选

近年来，国家正在推行上级检察院从下级检察院工作人员中公开选拔检察官的做法，从高检院到一些分州市检察院，面向全国检察系统或本辖区检察系统公开选拔检察官，这既为基层检察人员开辟了一条新的职业发展道路，又有利于保证上级检察院检察官具有丰富的检察实践经验。而逐级遴选在大陆法系国家几乎是一个普遍的模式。

二、检察官的等级与保障

检察官的等级及其晋升制度是检察官职级系列的组成部分，是确定检察官工资待遇的基本依据之一，是检察官管理的一个重要制度。科学的检察官等级及其晋升制度对于提升检察官的职业满足感，强化激励竞争机制，促进检察事业的发展，具有重要意义。检察官职业保障制度也是检察官制度中的一项重要内容，在一定程度上是检察官制度是否完备的重要标志。建立完善的职业保障制度对于检察官依法履行法律监督职能，切实维护公平正义，维护社会主义法制的统一、权威、尊严，至关重要。

（一）检察官的等级及其晋升制度

检察官等级是检察官法确立的一项与检察官职务紧密联系的身份等级制度，是检察官身份、地位的标志称号，是国家对检察官专业水平的确认，也体现了国家给予检察官的荣誉。[①] 建立检察官的等级和晋升制度是改革检察官职级体系，规范检察官的职位划分，建立中国特色检察官管理制度的重要内容。

根据检察官法的规定，检察官建立了等级和晋升制度。检察官等级的设置是检察官等级制度的核心，检察官等级如何设置，级别层次多少，各等次内级别如何安排，直接关系到检察官等级与检察官职务的对应关系，关系到检察官等级的晋升方法和晋升年限的确定。检察官法根据我国检察官的实际情况和检察官管理的客观需要，并参考了国家公务员级别工资层次的设置和人民警察警衔的级别层次设置情况，将检察官的等级设置为四等十二级等级制。2007年中共中央组织部、人事部、最高人民检察院下发《中华人民共和国检察官等级暂行规定》，根据该规定，检察官等级依据检察官的职务编制，即实行职务编制等级，从最高人民检察院检察长到县

---

① 于萍主编：《检察官管理制度教程》，中国检察出版社2007年版，第107页。

级人民检察院助理检察官每一个检察官职务，按照其在职务等级序列中的地位，分别规定其检察官等级的级别和幅度。根据检察官职务及检察官职务等级层次设置的实际情况和检察官队伍人员结构状况，检察机关职务编制等级规定，最高人民检察院检察长和省级人民检察院检察长的职务编制等级为一个职务对应一个级别，而其他检察官分别对应两个或多个等级，不同检察官职务之间等级编制可以交叉。这样既考虑了不同检察官职务与等级的对应关系，也考虑了不同行政职级与等级的对应关系，使检察官等级与检察官的不同职务和不同行政职级之间形成有规律的交叉，同一职务和行政职级对应两个或多个等级。由于检察官的资历、能力、专业水平等方面存在差别，这样就可以将相同职务和行政职级的检察官在等级上加以区分，同时也为因客观原因难以晋升检察官职务和行政职级的检察官通过晋升检察官等级解决此类问题。

根据检察官法和检察官等级暂行规定，检察官等级的确定，以检察官所任职务、德才表现、业务水平、检察工作实绩和工作年限为依据。由于德才表现、业务水平、检察工作实绩情况是检察官任职的重要依据，所以，检察官所任职务和工作年限是确定等级的最基本依据。同时检察官的行政职级也是参考的标准。

检察官等级晋升，是指检察官等级初次评定后，按照规定的年限和条件，经过严格的考核和培训，经有权机关批准而晋升为上一等级检察官。根据规定，晋升一级大检察官、二级大检察官、一级高级检察官、二级高级检察官和最高人民检察院其他检察官的等级，由最高人民检察院检察长批准；省以下各级人民检察院的三级高级检察官、四级高级检察官、一级检察官、二级检察官和省级人民检察院的其他检察官的等级，由省级人民检察院检察长批准；省级人民检察院分院、市级及县级人民检察院的三级检察官、四级检察官、五级检察官，由省级人民检察院分院和市级人民检察院检察长批准。

按照有关规定，检察官等级的晋升分为随职务提升而晋升、按期晋升和择优晋升三种情况：（1）随职务提升而晋升。检察官由于职务提升，其等级低于新任职务编制等级的，应当晋升至新任检察官职务编制等级的最低等级。（2）按期晋升。在所任职务编制等级幅度内按照规定的年限，经考核合格逐级晋升。这种方式适用于较低等级检察官的晋升。按期晋升范围内的检察官，在检察工作中有突出贡献的，可以提前晋升。但为了保证提前晋升的质量和维护等级晋升制度的严肃性，其批准权限也不同于一般的等级晋升，须由最高人民检察院检察长批准。（3）择优晋升。根据限额和需要，按照规定的条件择优晋升。择优晋升适用于晋升为高级检察官和高级检察官的晋升。高级检察官主要是担任了较高的检察官职务或工作年限较长的资深检察官，地位较高。高级检察官必须保持一定的结构比例，以维护检察官等级的荣誉性和严肃性。所以，晋升高级检察官须在有空缺的前提下，根据工作需要和检察官的德才表现和工作实绩，实行择优晋升。[①] 2007 年的《检察官培训条例》规定，晋升高级检察官的必须进行不少于 30 天的任职资格培训。经培训合格方能晋升，培训内容包括法学前沿理论、检察管理、司法改革理论与实践、高级检察官实务和重大疑难案件分析处理技能等。重点是使其具备高级检察官履职能力。从 2007 年开始晋升高级检察官资格培训，由最高人民检察院政治部统一规划，国家检察官学院统一进行教学指导，国家检察官学院及其分院和省级检察官培训机构具体实施。对经培训考试考核合格者，颁发高检院统一制作的《晋升高级检察官培训合格证书》。这些规范制度，保证了晋升高级检察官资格培训的质量。建立起"五统一"的晋升高级检察官任职资格培训制度。

检察官的晋升除等级晋升外，还有检察官职务晋升和检察官行政职级晋升。检察官职务的晋升，是指检察官在检察官职务序列中所处位置的上升，职权的加重，责任范围的扩大以及工资、福利等方面待遇的相应提高。检察官法规定了检察官的法定职务序列：检

[①]　于萍主编：《检察官管理制度教程》，中国检察出版社 2007 年版，第 107 页。

察长、副检察长、检察委员会委员、检察员和助理检察员。这五种职务，呈等级排列。检察官法没有专门规定检察官职务晋升制度。但是，该法规定：检察长、副检察长应当从检察官或者其他具备检察官条件的人员中择优提出人选。实践中，检察官职务晋升是一种普遍存在的现象。随着检察官专业化程度的提高，检察官职务晋升将成为大多数检察官职业生涯中越来越重要的发展阶梯。检察官职务晋升制度，关系到检察官个人的职业前途和人生追求，应当成为任用检察官的一种激励竞争机制。而且，检察官职务晋升所承载的巨大利益，也决定了其重要的导向作用。它既有可能促进检察事业的发展，提升检察官的职业满足感，也容易刺激不良动机和占有欲望。这要取决于是否具有科学的检察官晋升制度。

根据我国干部管理制度，检察官还存在一个行政职级，即检察官要区分科、处、厅、部等不同行政级别。这种行政职级制度对于检察官是具有非常实质意义的等级制度，因为它决定检察官的工资、福利待遇。因此，大多数检察官更为关心的是行政级别的晋升。行政职级的晋升也常常伴随的是检察官职务晋升。

在这三种等级制度中，检察官职务类别等级制是确定检察官岗位、职责和权力的根据；行政职级制是决定检察官地位和待遇的主要依据；检察官等级制，则是体现检察官特点的，在确定检察官身份、地位以及待遇方面的补充。应当说，检察官等级作为检察官身份等级体系，立法设立该项制度的目的，是为了体现检察官管理制度的特点，使之与检察官单独的职务序列相适应。但是，从该制度运行的实际情况看，检察官等级制度的应有功能并没用发挥出来。同时，在检察官管理中，因存在着检察官职务、行政职级、检察官等级不同的等级体系，各自分离又相互依赖，客观上造成了检察官管理工作的复杂性。检察官等级编制和评定的依据过于复杂，照顾因素过多，影响了等级制度的公平性和合理性，检察官等级制度很难反映检察官的法律专业水平和业务能力。检察官等级制度的问题，从根本上说与我国现行的干部人事制度、检察官管理制度和管理体制以及国家机关的工资制度状况密不可分。我国的检察官制度是在"不改变现行干部管理体制和现行工资制度,不改变现行检察官行政职级"的前提下建立起来的,从其建立之初就受到了现行干部人事管理制度中"单一化"的管理体制的制约,具有浓厚的行政色彩,很难体现检察官的职业特点和适应检察官管理的特殊规律要求。① 因此,要改革和完善检察官等级制度,必须改革我国干部人事制度,按照分类管理原则把检察官从一般党政干部管理模式中分离出来,根据检察机关工作的性质和特点,按照检察官的培养规律,建立单独的检察官职务序列和与之相应的工资序列,才能从根本上解决检察官管理"单一化"、"行政化"的管理模式问题。②

(二) 检察官的职业保障制度

检察官法规定,检察官是依法行使国家检察权的检察人员。宪法和法律规定的检察机关法律监督职能,必须通过检察官依法公正行使职权、履行职责才能实现。检察权的正当行使,有赖于检察官的独立判断。检察官履行职责,应当以法律为依据,在办理案件中只服从法律,不为监督对象或其他干扰因素所左右。法律监督工作的特性决定,检察官在现实的履行职责过程中不可避免地会受到各种干扰、面临种种压力,甚至是打击报复。因此,要使检察官独立、公正地行使职权,依法履行监督职责,必须建立完善的职业保障制度。检察官的职业保障制度包括履职保障、身份保障和经济保障。

1. 履职保障

《检察官法》规定:"检察官依法履行职责,受法律保护。"检察官的履职保障包括应赋予检察官履行职责的职权和工作条件、依法独立履行职责和人身、财产和住所安全受法律保护。检察官拥有

① 参见于萍主编:《检察官管理制度教程》,中国检察出版社 2007 年版,第 119 页。

② 参见童建明、万春主编:《中国检察体制改革论纲》,中国检察出版社 2008 年版,第 377 页。

检察职权不仅是其履行法律监督职责的必要条件，而且是检察机关依法独立公正地行使检察权的基本保障。国家赋予检察官职权的同时，应当为检察官行使职权提供必要的工作条件，包括办公场所、技术装备、交通通信工具、服装及办公用品等。检察官法规定，检察官"依法履行检察职责不受行政机关、社会团体和个人的干涉"。这是检察机关依法独立行使检察权的宪法原则在检察官法中的体现，是宪法和法律为检察官依法履行职责而提供的保持检察官对外独立性的保障。我国检察官行使检察权是以检察机关的名义进行的，是代表检察机关在行使检察权，因而不受行政机关、社会团体和个人的干涉和不当影响。检察官履行职责过程中，对任何来自行政机关、社会团体和个人的干涉，有权予以抵制。检察官法还规定，行政机关、社会团体或者个人干涉检察官依法履行检察职责的，应当依法追究其责任。

2. 身份保障

对检察官予以特殊的身份保障，是由检察活动的性质和特点决定的。检察官作为从事法律监督的司法官员，要贯彻其追求真实和正义的准则以及合法性与客观性的义务，缺乏相应的身份保障是不可能实现的。检察官法规定的身份保障主要包括：检察官依照严格的法定程序任命，非因法定事由、非经法定程序不被免职、降职、辞退或者处分；非因法定事由不退休；检察官对检察机关的免职、降职、辞退或者处分决定不服的，可以依法提出申诉或者控告。检察官的公正执法在很大程度上依赖于其身份的稳定性。检察官一经任命，其身份不能随意剥夺。如果受到身份随时被剥夺的威胁，检察官在执法时必然会瞻前顾后，容易受到各种内在、外来因素的影响，从而无法独立公正地履行职责。为此，检察官法对任免、辞退和处分检察官的条件和程序作了明确规定。不具备法定条件、未经法定程序，任何组织或个人不得随意剥夺或改变检察官的身份。检察官法规定了检察官应享受的退休权利：检察官退休后，享有国家规定的养老保险金和其他待遇。退休保障制度可以使检察官免除后顾之忧，更加珍惜检察官的身份和工作。国家对检察官退休的年龄一直未作专门规定，实践中很多是参照公务员的做法。在一些地方进行人身制度改革中，出现了将具有丰富实践经验、身体健康、尚未达到法定退休年龄的检察官被强制提前退休的现象。为此，中共中央组织部、最高人民法院、最高人民检察院、人力资源和社会保障部联合颁发了《关于切实解决法官、检察官提前离岗、离职问题的通知》，要求要严格执行国家关于公务员退休年龄的规定，对于未达到退休年龄的法官、检察官不得强制提前离岗退养，也不得简单地划分年龄界限使得担任院级或内设机构领导职务的法官、检察官改任非领导职务。尚未达到退休年龄、不再担任领导职务的法官、检察官，可以改任同一职务层次的审判员、检察员，继续从事执法办案工作。

检察官作为国家检察权的载体，尽管其专业能力使其掌握了影响社会的强大力量，但是，检察权一旦被利用作为牟取私利的手段，必然会贻害社会。检察机关能否依法公正行使检察权，很大程度上依赖于检察官能否遵守法定职责和职业操守。为防止检察官的行为损害法制尊严，检察官法专章规定了检察官惩戒制度，对应受惩戒的行为、惩戒的种类、惩戒的权限和程序作了明确规定。为落实检察官法的规定，最高人民检察院先后制定了《检察官纪律处分暂行规定》、《人民检察院错案责任追究条例》、《检察人员纪律处分条例（试行）》等规范，进一步明确地规定了应受惩戒的行为、相应的惩戒措施以及惩戒程序。惩戒是影响检察官权益的制裁行为。开除、辞退等惩戒措施不仅影响检察官权益，而且会影响检察官的公民权益。为了切实保障检察官的合法权益，惩戒检察官必须依法进行，包括：由法律规定的有权机关作出惩戒决定，惩戒措施针对法定情形而适用，按照法定权限和程序作出。为了有效发挥检察官惩戒制度的作用，同时保障依法履行职责的检察官不受追究，应当完善检察官惩戒制度，重点解决以下问题：一是提高检察官惩戒制度的法制化程度。惩戒检察官是严肃的执法活动，必须严格依据法律实施，建议由全国人大常委会制定《检察官惩戒法》或者修改检察官法，详细规定惩戒机构、惩戒条件、惩戒种类、惩戒程序等内容。二是确立公正的程序规范，将检察官惩戒制度与健全检察官职业保障制度结合起来，保障检察官申辩的权利。三是变部门惩戒为国家惩戒，考虑到防止长官意志和部门保护主义的必要性，检察官惩戒权与检察官任免权相一致，检察官惩戒程序与任免程序相协调等因素，有必要论证建立相对独立的检察官惩戒机构的可行性。四是建立开放式的检察官惩戒程序启动机制，将保障宪法赋予公民的控告、检举权与有关机关发现检察官违法违纪情况、履行监督惩戒职责结合起来，充分发挥纪检监察和信访工作的联系沟通、信息反馈、监督保障作用。五是将惩戒检察官程序与检察机关业务工作中的监督程序衔接起来，发现错案，及时调查，确定责任承担者。

3. 经济保障

检察官的经济保障，是指为了使检察官能够依法公正地行使职权，国家设定的检察官在职和退休后获得经济收入、物质待遇方面的法律保障。如果检察官的经济地位缺乏有力的法律保障，可能导致检察官为物欲所动，产生腐败，从而破坏司法公正。因此，现代西方各国普遍注意提高检察官待遇，通过高薪养廉来保障检察官公正执法。我国检察官法专设"工资保险福利"一章，确立了我国检察官的经济保障。一是检察官的工资制度和工资标准，根据检察工作特点，由国家规定。二是检察官实行定期增资制度。检察官经考核确定为优秀、称职的，可以按照规定晋升工资；有特殊贡献的，可以按照规定提前晋升工资。三是检察官享受国家规定的检察津贴、地区津贴、其他津贴以及保险和福利待遇。检察官法施行十几年了，其间围绕落实检察官待遇问题，各级检察院作了大量的工作，由于种种原因，法律关于检察官经济待遇的规定仍未落实。现在，检察官的准入门槛提高了、素质提高了，但检察官的待遇却没有相应的提高。而且，我国实行分级负担的经费保障体制，在经济欠发达地区，检察官待遇无法落实，检察官岗位对法律人才缺乏吸引力。为了维持检察官队伍的合理年龄结构，落实检察官待遇的问题，必须尽早解决。建立与检察职能相适应的经费保障体制，是从制度上解决检察官经济保障的根本出路。

三、检察官的地位与职责

检察官是检察权行使的具体主体，检察官的法律属性不同，检察官在检察组织体系中地位也不相同，检察官的职权及其行使的程度、方式也不一样。正确认识检察官的地位，对于充分发挥检察官作用具有重要价值。

(一) 检察官的地位

检察官的法律地位，历来是检察制度中最具争议的话题之一，在检察官制度诞生之初，即因此而引发法律界的广泛讨论，且绵延至今仍未有定论。检察官的法律地位一是涉及检察官的身份地位问题，即检察官究竟是司法官还是行政官？二是涉及检察官在检察组织体系中是一个独立的官署还是一种职务？

1. 检察官的身份地位

关于检察官的身份定位，历来有"行政官说"、"等同法官说"、"司法官署说"等观点。

"行政官说"认为，检察官是行政官员，主张维持检察官"上命下从"的原则，但以法定主义为限。因为，作为行政官员，检察官"上命下从"的规定既不违背宪法，也符合法理。其论据是：法律规定检察官"上命下从"，而司法权只能由具有人身和事务独立性的法官行使，且检察官的追诉活动既不属于司法事项也不属于立法事项，因而属于行政事项。因而检察官被确定为行政官。虽然"行政官说"自有检察官制度以来就被提出，但一直受到人们的质疑。

"等同法官说"主张检察官同法官一样享有身份和职务保障；检察官不受行政机关首长的指挥；检察系统内部的上级指令权并不违反宪法。其根据是：检察官如同法官，执行司法领域的重要功能，其行为准则与法官的是最接近的；检察官和法官认定事实和作法律判断，应当依据同一目标行事；尤其在法定主义之下，基于强制追诉的义务，检察官职务严格受制于法律的程度，与法官的裁判职能相同。"等同法官说"在理论上和实践中仍然存在一些问题：一是它认为检察官的工作指向及其行事准则与法官具有高度的近似性，值得赞同。然而，从近似性到等同性，中间尚有一段距离。二是它最重要的推论是否定行政机关首长的指挥监督权，但在实务中各国行政首长很少介入检察机关对个案的处理，这一推论已无实践意义。三是它并不主张废除检察系统内的"上命下从"，而法官在审判系统之内绝无"上命下从"的问题。这样，检察官与法官在最关键的地位上并不等同。

"司法官署说"认为检察官是居于行政与司法之间的具有双重性的司法官署。检察官在执行职务趋近刑事司法范围时，应按照自我负责和自主办案的司法准则行事，在其执行职务趋近一般行政政策的范畴时，则依"上命下从"的行政原理处理。"司法官署说"的主张主要集中在两个方面：一是关于"上命下从"，其基本立场是维持检察机关内部的阶层式建构，但应严格设定"上命下从"的法定界限。检察官作为"法律守护人"，应该而且只能探求法律的意旨，而非上级或他人的意旨。就功能分配来说，法官虽然拥有裁判权，但决定把什么被告以及什么案件提交法庭的是检察官。如果这个重要决定取决于行政首长，无异于纵容行政权限制审判权。二是关于身份保障，"司法官署说"主张检察官应该与法官适用相同的身份保障和任用资格。

"行政官说"、"等同法官说"和"司法官署说"的共识是：法律关于检察官"上命下从"的规定应有界限，不得逾越刑事诉讼法为检察官所设的强制义务；在法定的裁量幅度内，检察机关内部实行上级指挥监督下级是必要的；检察官与法官应当实行相同的任命资格和薪俸报酬。唯一不同的，"行政官说"没有涉及检察官的身份保障问题；"等同法官说"认为检察官的身份保障问题是基于宪法的要求；而"司法官署说"也认为检察官的身份有保障的必要，但是属于法律而不是宪法层次上的要求。"司法官署说"与其说是理论上解决了争论百余年的行政官—司法官之争，不如说是跳出了争论的思考窠臼。"司法官署说"承认欧陆检察官的固有属性，从检察官具体的任务与义务出发，探究"上命下从"的界限和身份保障的必要，这是该学说提出后获得通说地位的原因。根据"司法官署说"，检察官不是"上命下从"的行政官，也不是独立自主的法官，而是处于两者之间，实现客观法意旨并追求真实与正义的司法官署。①

我国检察官制度经历了一个独特的发展过程，它是随着社会主义法制的发展而逐步建立和发展起来，根据维护国家法制统一和尊严的实际需要确立的。新中国成立以后的四十多年里，我国并没有关于保障检察官和检察人员履行职责的系统的规范，法律和政策均未对检察人员的法律专业素质提出特别要求，国家对所有检察人员适用管理"国家干部"的模式进行管理。虽然没有法律文本的正式规定，但长期以来，官方和公众一直将检察院和法院视为司法机关，将检察人员视为司法人员，从而区别于行政机关工作人员。1995 年检察官法明确了"检察官"的法律称谓和法律地位，规定了检察官的任职条件、权利义务、任免、考核、奖惩和保障，初步建立了体现检察工作和检察官职务特殊要求的检察官制度。根据检察官法规定，最高人民检察院先后制定了有关检察官选拔任用、培训、考核、奖励、回避、辞职、辞退、纪律处分的规范性文件。2001 年，全国人大常委会通过了检察官法的修正案，进一步完善了检察官制度。从检察官职责来看，我国检察官属于专事国家法律监督职责的官员。法律监督活动是一种适用法律的专门活动。检察官法规定，检察官负有依法进行法律监督工作，代表国家进行公诉，对法律规定由人民检察院直接受理的犯罪案件进行侦查，以及法律规定的其他职责。可以说，检察官职责的核心内容就是进行法律监督，目的是维护国家法律的统一正确实施。我国检察官属于专事法律监督职责的司法官员，这也是由检察机关的特殊性质和职能

---

① 参见孙谦：《维护司法的公平和正义是检察官的基本追求——〈检察官论〉评介（二）》，载《人民检察》2004 年第 3 期。

决定的。

2. 检察官在检察组织体系中的地位

根据历史文化传统、诉讼结构模式及司法体制的差异，检察官在组织体系中的地位大致分为两种情况：一是官署式的检察官。在这种组织体系中，检察官在行使职权时具有较大的独立性，每个检察官都是一个相对独立的办案机构。检察官是一个独立的官署而非职务。检察官是诉讼法上的主体，具有独立行使诉讼行为的权利和能力。在案件中承担检察职能的检察官的诉讼决定具有诉讼法上的效力。检察官在检察组织体系中的地位比较高。检察官能够更好地按照法律所赋予的权力独立地行使检察权，在刑事诉讼过程中充分发挥检察权的各项职能，以促进司法公正的有效实现。大陆法系的法国、德国、日本、韩国等都是这种模式。英美法系的美国、澳大利亚等也属于这种模式。二是检察官是一种职务，而不是官署，检察官没有行使职权的独立性。在检察工作中，检察官必须接受行政职务比自己高的上级的领导和指挥，检察官不能完全按照自己的意见处理案件并作出最终的决定。检察官的职务行为是代表检察院而非代表检察长。我国即属于这种模式。在我国检察官作为一种职务，检察官是代表检察院行使权力，在内部实行检察长和检察委员会集体领导相结合的体制，而不是检察长负责制和检察官负责制。在我国检察组织体系中，检察官既是检察权行使的主体，宪法、法律赋予检察机关的各项检察职权都要通过检察官来实现，但检察官又不是独立的机构，不能自行处理案件，行使检察职权。

关于检察官的独立地位，要明确检察官是一种机关，而不仅仅是一种官职和身份。一个检察院主要是由若干独立的检察官构成的，而不是由若干公务员性质的"检察干警"或"检察人员"构成的。检察长、上级检察官的指令权和监督权都是以检察官独立为前提的。

关于检察官的职权范围，检察官的职权原则上应当包括各项具体检察权能和与其等级相适应的指令权和监督权。除了无权制定一般性规则或政策外，检察官能够代表所属检察院进行各项职能活动。目前这种由检察长统一领导检察院的工作、副检察长分管若干内设机构的工作、各内设机构负责人领导部门工作的体制具有过于强烈的行政性质而缺乏司法体制所必需的制度安排，应当通过改革，弱化副检察长的分管职能和部门负责人的领导职能，形成以检察官（检察长、副检察长、部门负责人首先都是各自独立的检察官）为主体、按检察官等级实现领导和监督职能的管理体制。[①]

（二）检察官的职责

检察官的职责，是指检察官在检察工作中，应当行使的职权和必须承担的法定责任。对检察官来说，职权和责任互为一体，不可截然分开。检察官的义务，是指为保证法定职责的实现，检察官必须担当的任务和必须遵守的行为准则。检察官的职责和检察官的义务是不同的法律范畴，但二者有着内在的一致性：职责是核心，义务是保证。我国检察官法对检察官的职务作了明确规定：（1）依法进行法律监督工作；（2）代表国家进行公诉；（3）对法律规定由人民检察院直接受理的犯罪案件进行侦查；（4）法律规定的其他职责。同时，检察官法还规定：检察长、副检察长、检察委员会委员除履行检察职责外，还应当履行与其职务相适应的职责。法律规定检察官职责的意义在于：一是明确检察官依法履行职责，受法律保护；二是检察官不履行职责或者不依法履行职责，要承担相应的法律责任。具体地说，检察官职责包括以下内容：

一是依法进行法律监督工作。法律监督是我国宪法和法律确定的检察机关的基本职责，因而成为检察官的首要任务。根据有关法律规定，检察官的法律监督职责是通过行使具体的职权而体现在各项诉讼活动中，即主要通过对公安机关的侦查活动进行监督，对报请批准逮捕的案件进行审查，对刑事、民事和行政审判活动进行监督，对刑罚执行活动进行监督等，以保证国家法律的统一正确

---

① 谢鹏程：《论检察官独立与检察一体》，载《法学杂志》2003 年第 3 期。

实施。

二是代表国家进行公诉。公诉是检察机关代表国家对各种犯罪行为提出指控，要求人民法院对被告人进行审判，追究其刑事责任的重要活动。这是检察官的一项重要职责，检察官通过对刑事案件进行审查、作出起诉或不起诉决定、提起公诉、出庭支持公诉、提出抗诉等工作，履行公诉职责。

三是对法律规定由人民检察院直接受理的犯罪案件进行侦查。人民检察院直接受理的案件，主要是国家工作人员滥用职权实施的犯罪案件，包括贪污贿赂犯罪案件、国家机关工作人员渎职犯罪案件、国家机关工作人员利用职权实施的侵犯公民人身权利、民主权利的犯罪案件；国家机关工作人员利用职权实施的其他重大犯罪案件，需要人民检察院直接受理时，经省级以上人民检察院决定，可以直接受理。对于这些案件的侦查，由检察官负责进行。

四是法律规定的其他职责。除上述三项职责外，检察官还承担着其他职责。例如，检察工作中发现有关单位存在诱发犯罪的制度隐患，检察官有提出检察意见或检察建议的职责。此外，基于检察机关自身管理需要，检察员有指导助理检察员和书记员的职责，助理检察员有协助检察员工作的职责，等等。对于法律赋予的各项职责，检察官应当依法履行。

五是检察长、副检察长、检察委员会委员除履行检察职责外，还应当履行与其职务相适应的职责。检察长、副检察长、检察委员会委员是担任一定职务的检察官，首先应当履行检察官的职责，同时还应当履行与其职务相适应的职责。比如检察长要履行统一领导检察工作的职责，负责全面的检察业务管理及其他组织协调、指挥、决策性工作，并代表人民检察院向同级人民代表大会负责并报告工作；副检察长应当履行协助检察长工作的职责；检察委员会委员应当履行法律规定的相应的职责。

四、检察官的作用与职业操守

（一）培养检察官形成良好职业操守的意义

依法治国，建设社会主义法治国家是党领导人民治理国家方式的转变和战略目标。依法治国要求必须树立宪法和法律权威，维护社会主义法制的统一和尊严，对任何破坏法制的行为都要予以监督和纠正。我国检察官法规定，检察官是依法行使国家检察权的检察人员，其职责是依法进行法律监督，维护司法公正和法制的统一。通过依法查办贪污受贿和渎职侵权犯罪，监督国家机关工作人员的贪污受贿和渎职侵权行为；通过批准逮捕、决定起诉或不起诉等方式，依法监督侦查活动的合法性；通过参与审判活动特别是依法提起抗诉等，监督审判机关审判活动的合法性，同时，对刑事案件的判决、裁定执行和对监狱、看守所和劳教机关的活动合法性进行监督。检察官的法律监督职责和维护公平正义的使命，要求检察官必须增强法律监督能力。法律监督能力是指检察官正确履行宪法和法律赋予的各项职责，维护法律统一正确实施的本领。它包括履行检察职能，打击预防刑事犯罪，维护社会稳定的能力；依法打击职务犯罪，促进廉政建设的能力；正确处理群众诉求，化解矛盾纠纷，促进社会和谐的能力；敢于监督、善于监督、规范监督，促进严格执法和公正司法的能力；强化自身监督和制约，严格、公正、文明执法的能力等等。增强法律监督能力建设是一项系统工程，加强检察官职业道德建设，形成良好的职业操守，对于增强检察官法律监督能力具有独特的作用。

一是提高检察官职业道德认识，恪守检察官职业道德"三个至上"原则，是增强检察官法律监督能力的重要前提。增强检察官法律监督能力必须首先解决的一个根本问题就是执法观问题。"执法观是执法活动的灵魂，是第一位。只有树立了正确的执法观，才有正确的执法思想指导，能力才能沿着正确的方向发挥，能力的提高才会有不尽的动力。"①树立正确的执法观，就是要根据科学发展观的要求，在社会主义法治理念指导下，坚持"立检为公、执法为民"。《检察官职业道德准则》明确将高举中国特色社会主义伟大旗帜，深入贯彻落实科学发展观，坚持党的事业至上、人民利益至上、宪法法律至上作为检察官职业道德原则要求。检察官只有不断提高职业道德认识，恪守"三个至上"原则，才能实现"立检为公、执法为民"的检察工作目的。

二是陶冶检察官职业道德情感，履行检察官职责，是增强检察官法律监督能力的逻辑起点。检察官的职业道德情感是检察官在职业活动中形成的，在处理检察官与职业对象之间关系中而产生的内心体验和主观态度及感受，是检察官对其所从事的职业的看法。检察官职业道德情感的有无、浓淡，往往表现出一个检察官职业责任心的强弱、大小。列宁说过："没有'人的感情'，就从来没有也不可能有人对真理的追求。"因此，检察官如果没有真挚热烈的职业感情，就不可能主动自觉地履行职业责任。即使认识到了"善"，但也爱不起来，即使认识到了"恶"，但也"恨"不起来，即使"理智"地去做了，但也总是勉为其难，甚至往往会"情不自禁"地作出与其职业道德要求相反的事情。因此，陶冶和升华检察官的职业道德情感是检察官履行法律监督职责的内在动力。检察官以履行法律监督，维护公平正义，保护人权为己任，检察官的职业活动常常涉及公民的财产、自由甚至生命，任何懈怠、疏忽和散漫都可能给国家、社会和公民个人造成无法弥补的损失。因此，必须要求检察官以高度的自觉性和责任心对待本职工作。认真履行职责就是要正确地理解法律设定的职责的前提下，以积极的态度完成职责要求的每一项工作。唯有满腔热情、奋发进取、恪尽职守，才能提升能力，有所作为。

三是锤炼检察官职业道德意志，严守检察官职业纪律，是增强

---

① 贾春旺：《法律监督与公平正义》（上卷），中国民主法制出版社2008年版，第295页。`

检察官法律监督能力的坚强保证。恪守职业道德，是最高标准的纪律要求。严守纪律，是最低限度的职业道德要求。纪律严明、意志坚强既是严肃执法、秉公办案、纯洁检察官队伍的必然要求，也是加强检察官职业道德的重要方面，还是增强检察官法律监督能力的重要保证。只有养成坚强的道德意志，才能在职业实践中，面对各种道德冲突时，不为权曲，不为名昏，不为利困，不为情惑，始终做到百折不挠，尽职尽责，令行禁止。因此，要以纪律教育为基础，以加强管理为重点，以规范执法行为为核心，以制度建设为保证，使检察官牢固树立正确的权力观和利益观，严格的执法观和纪律观，做严守纪律的模范，做严格守法的模范，做清正廉洁的模范。

四是树立检察官职业理想，坚定职业道德信念，是增强检察官法律监督能力的重要核心。检察官的职业理想和职业道德信念，是检察官职业道德行为的思想基础、精神支柱和前进方向。检察官法律监督能力的一项重要内容就是执法理念问题。理念的缺失、信念的动摇、理想的破灭、支柱的倒塌、方向的迷失，往往会导致职业道德滑坡和法律监督能力下降的严重后果。没有理想和信念，就没有凝聚力和战斗力，也就没有一切。因此，深入开展社会主义法治理念教育，牢固树立"立检为公、执法为民"的工作宗旨，努力加强检察官自我职业道德修养，在教育和自我教育之中，凝聚人心，鼓舞斗志，坚定信念，追求理想，努力树立科学的世界观、正确的人生观和价值观，牢固筑起抵御各种腐朽没落思想的心理防线，全面激发检察官的职业使命感、自豪感和尊荣感，养成奋发向上的职业情操，弘扬无私奉献的职业精神，恪尽职守，勤于工作，甘于奉献，在全系统形成一种人人爱检、奉献为荣的崇高精神氛围。这是加强检察官职业道德建设的中心环节，也是增强检察官法律监督能力的核心内容。

五是养成检察官职业道德习惯，提高检察官职业技能，是增强检察官法律监督能力的根本标志。法律监督能力的增强表现为检察官侦查技能、公诉技能、诉讼监督技能等的提高。而职业技能的提高又是良好职业道德习惯养成的重要条件和手段，良好职业道德习惯的形成又是职业技能充分发挥作用的保证。所以，加强检察官职业道德建设和增强检察官法律监督能力，必须养成职业道德习惯，必须周而复始地经过这样一种过程：正确的道德认识——切实的道德行为——良好的工作生活习惯。① 因此，道德习惯的形成过程，也是职业技能不断提高的过程，也是检察官法律监督能力增强的过程。

（二）检察官职业操守的基本要求

检察官职业操守，也称职业道德，是指以检察官为主体的所有检察人员在从事检察职业活动中，应该遵循的行为规范和应该具备的道德品质，以及调整检察官与各种社会关系的道德规范的总和。它是检察官职业观念、职业态度、职业技能、职业纪律和职业作风的集中体现，是对检察职业的特殊要求。

我国检察官职业道德是一个历史发展的过程。相关的法律法规、行业规范、国际公约、社会道德规范等对检察官职业道德提出了总体要求。比如《有关检察官作用的基本准则》等国际公约、《中华人民共和国检察官法》、《执法人员行为守则》，以及"八要八不要"、"九条硬性规定"等检察人员职业纪律都涉及检察人员职业道德问题。2002 年 3 月，最高人民检察院发布了《检察官职业道德规范》，对检察官职业道德进行了高度凝缩和提炼，明确提出"忠诚、公正、清廉、严明"八字规范。在继承吸收了原有规定的精华，并补充新鲜内容基础上，2009 年 9 月 29 日，最高人民检察院颁布《中华人民共和国检察官职业道德基本准则（试行）》。《检察官职业道德基本准则（试行）》从坚定政治信念、保障公正执法、保持清正廉洁、加强自身修养等方面，规定了检察官在行使检察权、履行检察职能以及公务外的活动中，应当遵循和恪守的基

① 马强：《法官职业道德建设对于增强法官司法能力的意义》，来源于中国法院网 2008 年 6 月 6 日。

本道德规范。检察官职业道德的基本要求是忠诚、公正、清廉、文明。这八个字看似简单，含义也不复杂，但具体到各个方面，却有着非常广泛的内涵，包容很多的内容。

忠诚是践行检察官职业道德的政治和法律基础，是检察官应具备的基本的政治品格。主要体现在"五个忠于"，即忠于党，忠于国家，忠于人民，忠于宪法和法律，忠于人民检察事业。其中首要的是忠于党的领导。检察机关是国家法律监督机关，检察官要履行好职责，就要坚决服从党的领导，坚决维护国家的稳定和安全，坚决实现好、维护好、发展好人民利益。

公正是检察官的价值追求。公平正义是中国特色社会主义的内在要求，是社会和谐稳定的重要保证。维护社会公平正义是执法者的神圣职责，也是执法者的职业道德底线。公正要求检察官公正无私，严格执法，秉公执法，坚持以事实为依据，以法律为准绳，不偏不倚，不枉不纵，切实维护程序公正和实体公正。检察官作为法律监督的执行者，就要牢固树立公正执法的意识，不断提高公正执法的能力，真正成为党、国家、人民和法律的忠诚卫士。

清廉是践行检察官职业道德的人格和纪律要求，是检察官应严格遵守的职业操守。检察机关作为法律监督机关和反腐败重要职能部门，自身是否清正廉洁，不仅关乎检察机关整体形象和公信力，而且影响案件公平公正，影响社会公平正义。因此，检察官要不贪名，不贪利，严格自律，遵纪守法，拒腐防变。

文明，是检察官践行职业道德的思想和业务根基，是检察官应树立的良好的执法形象。检察工作要科学发展，就必须以人为本。这就要求检察官坚持宽严相济刑事政策，该严则严，当宽则宽；要求检察官弘扬人文精神，体现人文关怀，做到执法理念文明，执法行为文明，执法作风文明，执法语言文明。

忠诚、公正、清廉、文明既有各自的独立性，从四个不同的侧面基本反映了检察职业活动的本质要求和基本规范，又是一个相辅相成、缺一不可的有机整体，构筑起了检察官职业道德规范的完整框架。

第三编

分　论

第八章　职务犯罪侦查

一、职务犯罪侦查概述

（一）职务犯罪的特征与特性

1. 职务犯罪的特征

职务犯罪是国家公职人员利用职权或者亵渎职责，以破坏国家管理职能和职务行为勤勉廉洁性为特征的犯罪。[①] 职务犯罪是公权力异化和失控的极端表现，这种犯罪存在时间久远而又不断变化更新，危害巨大却颇难查办。与普通刑事犯罪相比，职务犯罪呈现以下特征：

（1）职务犯罪本质上是公共权力的异化和失范。权力的违法使用大体具有四种情形，即利益交易、基于不当动机运用权力、超越职权、不履行或不正确履行职权。[②] 职务犯罪实际上是这四种情形的相对极端表现，换个角度而言，其实就是权力行使者目的的异化和权力行为的严重失范。

（2）职务犯罪主体为国家公职人员。与普通刑事犯罪相比，这类犯罪主体有一定的特殊性。一方面，职务犯罪主体有一定的职权和社会地位，掌控着相应的社会资源，在一定范围内具有影响力；另一方面，他们的文化水平比普通刑事犯罪主体要高，法律知

[①]　朱孝清等：《我国职务犯罪侦查体制改革研究》，中国人民公安大学出版社 2008 年版，第 1 页。

[②]　张明楷、劳东燕、吴大伟等：《司法工作人员犯罪研究》，中国人民公安大学出版社 2008 年版，第 5 页。

识要多，实施犯罪行为时具有规避刑事追诉的意识。此外，这类犯罪主体社会阅历丰富，往往以职权和地位为依托建立了相对复杂的关系网，可以上下融通，消解对其不利的因素。

（3）职务犯罪日益呈现群体性和团伙性特征。职务犯罪群体化趋势日趋明显，主要表现为犯罪主体相互勾结，形成窝案、串案。一是同事之间、上下级之间基于办事的需要相互勾结，共同贪污或收受贿赂。得到所谓"好处"时，总要分一部分给搭档或上级。二是公务人员与其他人员之间形成内外勾结，有的甚至逐渐形成相对固定的小团体。检察机关在查办职务犯罪案件过程中，往往会出现一个案件涉及多人、抓住一个带出一串的情况。

（4）职务犯罪隐蔽性强。职务犯罪侵犯的客体是国家工作人员职务行为的廉洁性和国家机关、国有公司、企业、事业单位、人民团体的正常管理活动。一些职务犯罪只有犯罪客体，没有犯罪对象。一些职务犯罪没有具体的被害人或者虽然有被害人，但被害人是单位而不是具体的自然人，不会立即报案，导致职务犯罪发生后难以及时被发现。此外，犯罪行为在职务行为的掩盖下，一般公众难以察觉，这使得职务犯罪对内可能呈现半公开化，但对外则呈现较强的隐蔽性。

（5）随着社会流动性的增强，职务犯罪涉及的地域越来越广。主要表现为三个方面：一是为避人耳目而异地实施贪污行为或异地收受贿赂；二是异地转移赃款赃物；三是实施犯罪行为后异地潜逃。从发案的情况看，跨区跨省实施职务犯罪的现象越来越多，潜逃到境外或者将赃款赃物转移到境外的情形也有所增加。

（6）行业特征越来越明显。在不同领域、行业和部门，职务犯罪的情况具有不同的特色。一方面，在不同的行业、领域和部门，发生职务犯罪案件的严重程度和表现形式存在差异；另一方面，在相同的行业和领域，发案环节和主要作案手段又具有相似性，存在一定的规律可循。

2. 职务犯罪案件的特性

（1）证据上的特殊性。职务犯罪案件主要包括贪污贿赂案件、渎职侵权案件两大类型。这两类案件在证据上都有一定的特殊性。

贪污贿赂案件没有具体的被害人，而且犯罪现场可收集的证据种类较少。首先，由于没有具体的被害人，也就没有被害人陈述。其次，由于没有典型的犯罪现场，行为过程影响现场环境的因素不多，很少留下痕迹，难以为侦查确定方向，因此一般很少会出现勘验、检查笔录。此外，贪污贿赂案件涉及的物证少。贪污贿赂犯罪的行为对象主要有两种，一种是可以特定化的实物，即赃物；另一种是可以流通的有价证券或现金，即赃款。后者难以特定化，缺乏作为物证的条件。有些现金上虽然留有指纹等痕迹，但往往会随着流转而失去鉴定价值。即便侦查中搜查、扣押有现金和存款，也难以单独认定为赃款。由于证据种类的限制，获取案件信息和证据的途径不多，犯罪嫌疑人的口供在案件中具有相对重要的作用，这使得诉讼证明中对口供具有某种天然的依赖性。渎职侵权案件一般有具体的被害人和典型的犯罪现场，证据种类相对丰富，然而在主观故意和因果关系的证明上存在现实困难。

（2）侦查中具有特殊的对抗性。由于犯罪嫌疑人具有一定的文化知识和法律知识，具有反侦查的能力和意识，犯罪嫌疑人特殊的职权和地位又使其具有对抗侦查的客观条件。同时，犯罪嫌疑人复杂的关系网也会给侦查带来相应的干扰和阻力。因此，职务犯罪侦查中的对抗性不同于普通刑事犯罪。相对于普通刑事犯罪嫌疑人而言，职务犯罪的嫌疑人拥有更多对抗侦查的人力资源和社会环境优势。侦查人员在职务犯罪侦查中遇到的直接暴力对抗并不普遍，但来自外部的社会阻力和干扰要更多一些。

（3）侦查需要同时投入大量办案力量。职务犯罪涉及的地域越来越广泛，时空跨度越来越大，案发后转移赃款赃物、毁灭证据、潜逃速度加快，窝案、串案增多。在调查取证、追赃和追逃方面需要多方面侦查力量的协调和合作，尤其是在大案、要案的侦查中需要同时投入大量的办案力量。查办这类案件，靠单个侦查人员的力量，或以搭档的方式办案就显得势单力薄。有些情况下，甚至单靠一个基层院或一个地区检察院的侦查力量，也会贻误侦查时机。

（二）职务犯罪侦查职能的分化与专业化

职务犯罪以及职务犯罪案件的特殊性，制约着职务犯罪案件的侦查效率，也影响惩治职务犯罪的力度和效果。基于惩治职务犯罪的需要，这类案件的侦查手段和组织方式也在不断调整。在这一调整过程中，职务犯罪侦查的专业化趋势逐步显现。具体表现如下：

1. 职务犯罪侦查职能的分化

职能分工的细化是人类社会发展的趋势。在刑事诉讼领域也是如此，职能分工呈现越来越细化的趋势。职务犯罪侦查职能的分化大致经历了以下几个阶段：

（1）刑事诉讼与民事诉讼的分化。在西方社会早期，社会关系简单，纠纷解决的方式相对单一，民事诉讼和刑事诉讼基本不分，都实行弹劾式诉讼模式。而在我国古代诉讼制度中，一直是司法与行政合一，民事与刑事不分，也没有诉讼职能的区分。随着社会发展，由于刑事犯罪的复杂性和严重性，以及国家追究犯罪的必要性，[①] 使得刑事司法权国有化，诉讼形态发生分离。刑事诉讼开始区分于民事诉讼而独立存在，形成了国家追诉犯罪的纠问式诉讼模式。

（2）控诉职能与审判职能的分化。在纠问式诉讼模式中，法官集追诉与审判权于一身，没有诉讼职能的明确区分。随着近代资产阶级革命的胜利，在分权理论的影响下，欧洲大陆法系国家开始设立检察机关来承担控诉职能。检察官和法官的职权区分使得刑事诉讼领域出现了控诉与审判职能的分离，从而形成了控辩式诉讼模式。控、审分离是控辩式诉讼模式的核心特征。在这一模式早期，审判前的侦查被视为起诉的准备程序，侦查职能为公诉职能所包含，检察机关集公诉和侦查职权于一体。

---

① 参见谢佑平、万毅：《刑事侦查制度原理》，中国人民公安大学出版社 2003 年版，第 112 页。

（3）侦查职能与公诉职能的分化。随着犯罪形势的发展和变化，侦查的技术性要求越来越高，专业化特征也越来越明显，侦查职能开始与公诉职能分离。在英格兰，亨利·菲尔丁于1750年组建了第一支现代侦探力量——"弓街侦查队"，并逐步发展成为由政府支付薪水的侦探。1829年，英国议会通过了《伦敦大都市警察法案》，从而正式建立了职业化的警察力量。① 此后，英国警察机关慢慢接管了犯罪侦查工作，治安法官逐渐不再直接介入犯罪的侦查。而在欧洲大陆，也发生了警察与检察官的职能分化，检察官虽然也是侦查权的主体，但从"一线侦查"退居"二线侦查"，成为形式上的侦查机关，而警察机关则实际从事"一线侦查"，成为实质上的侦查机关。这种分化实质上体现了侦查专业化、技术化的趋势。

（4）职务犯罪侦查职能与普通犯罪侦查职能的分化。职务犯罪侦查职能与普通犯罪侦查职能的分离始于第二次世界大战后。有的国家的职务犯罪侦查职能是由追查战争问题演变而来的。如印度的专门反腐败机构——中央调查局，其前身是1941年英国统治下的印度政府建立的德里特殊警察组织，该组织的主要任务是调查印度在"二战"期间有关战争和军需物品生产和供应方面的行贿和受贿案件，本来隶属于国防部，后来职能扩大到政府各部门，并划归内政部监管。印度独立后命名为中央调查局，并于1987年起，设立反贪污贿赂部。又如日本东京地方检察厅的反腐败常设机构——"特别搜查本部"，其前身是东京地方检察厅1947年为追查战后混乱中侵吞国家大批救济物资成立的"隐退藏事件搜查部"。②

职务犯罪侦查职能分化的外在表现是在许多国家和地区成立的专门侦查机构。这种专司职务犯罪侦查的机构有三种表现形式：第

---

① ［美］尼尔·C.谢美林、查尔斯·R.斯旺森等：《刑事犯罪侦查》，但彦铮等译，中国检察出版社2007年版，第4～5页。

② 匡科：《刑上大夫——治理腐败与刑事司法制度的演进》，法律出版社2008年版，第57～58页。

一种形式是在警察系统内部成立专门的职务犯罪侦查机构。如法国国家警察局及巴黎和其他城市警察局财经处、加拿大皇家骑警反贪处、美国联邦调查局，等等。第二种形式是在检察机关内部设立专门的职务犯罪侦查机构。如日本东京、大阪、名古屋等地方检察厅设立的"特别搜查部"，专门侦查职务犯罪案件；俄罗斯在各级检察院设立侦查局，负责贪污贿赂犯罪案件的侦查；德国 1993 年在各州检察院设立腐败案件清理中心；意大利检察机关的内设反腐败行动小组；韩国大检察厅及地方各级检察厅内设置了不正腐败事犯特别搜查本部和特别搜查部（班），专门负责受理、侦查、起诉国家公务员贪污贿赂等腐败的犯罪案件。① 英国 1988 年根据《1987年刑事司法法案——严重欺诈局法》建立的反重大欺诈局，归属总检察长领导。第三种形式是在检察机关和警察机构之外设立专门的职务犯罪侦查机构。如我国香港地区的廉政公署、新加坡 1952年设立的腐败调查局、印度尼西亚 1968 年成立的腐败清查队、印度的中央调查局、泰国的反贪污委员会，等等。

随着各国对于职务犯罪问题的认识逐渐深入，职务犯罪案在诉讼上的特殊性逐步得到认可。透明国际认为："随着腐败变得越来越复杂，传统的法律强制执行机构侦查和揭发腐败的能力变得越来越弱。此外，在一个腐败成为普遍现象的体系里，传统的法律强制机构自身就有可能产生腐败的官员。"② 显然，职务犯罪侦查职能的强化，既与职务犯罪案件自身较为复杂有关，又有侦查主体因素的影响。由一个相对独立的侦查主体来专门承担职务犯罪侦查职能，是有效打击职务犯罪的内在要求。这一点在《联合国反腐败公约》中也得以体现。该公约第 36 条规定："各缔约国均应当根据本国法律制度的基本原则采取必要的措施，确保设有一个或多个

---

① 梁国庆主编：《国际反贪污贿赂理论与司法实践》，人民法院出版社 2000 年版，第 82~83 页。

② 参见国际透明组织：《独立的反腐败机构》，载胡鞍钢主编：《中国：挑战腐败》，浙江人民出版社 2001 年版。

机构或者安排了人员专职负责通过执法打击腐败。这类机构或者人员应当拥有根据缔约国法律制度基本原则而给予的必要独立性，以便能够在不受任何不正当影响的情况下有效履行职能。这类人员或者这类机构的工作人员应当受到适当培训，并应当有适当资源，以便执行任务。"这一规定实际上反映了职务犯罪侦查专业化的趋势。由于各国宪政体制、刑事诉讼制度传统以及司法文化存在差异，职务犯罪侦查机构的表现形式有所差异，职务犯罪侦查的专业化程度上也各不相同，但职务犯罪侦查的专业化趋势十分明显。

总体上看，从刑事诉讼形态的演变到诉讼职能的分化，再到侦查职能的进一步分化，体现了一种诉讼职能专业化的趋势，而职务犯罪侦查职能与普通犯罪侦查职能的分化也是这种专业化趋势的体现。这种发展趋势既是基于职务犯罪的发展和侦查效率的诉求而出现的，也是国家控制职务犯罪的内在需要。

2. 职务犯罪侦查的专门化

（1）侦查手段的专门化

职务犯罪案件具有特殊性，需要赋予侦查机构充足的侦查手段。正因为如此，学者罗伯特·克利特加德认为法律赋予职务犯罪侦查机构的权利"即使不是十分严厉的，也必须是广泛的"。① 综观有关国家和地区反腐败机构，法律都赋予他们广泛的侦查权限。既包括了对人的逮捕、拘留、羁押等权限，也包括对物的查封、搜查、扣押、没收等权力。除了刑事诉讼法规定的常规侦查手段外，有的国家和地区还赋予了职务犯罪侦查机构采取特殊侦查措施的权力。这些措施包括：通信监控、跟踪、卧底、诱惑侦查、线人、控制下交付以及其他特工行动等。如波兰议会1995年6月通过立法规定，在利用公职或特别职务进行巨额行贿或受贿的案件中，波兰警察和国家保护办公室在其活动范围内可以采用秘密侦查方式，包

---

① ［南非］罗伯特·克利特加德：《控制腐败》，杨光斌等译，中央编译出版社1998年版，第134～135页。

括通信监控、通过秘密渠道获取或接受有关证据。① 美国佐治亚州反腐败特别机构法也授权反腐败特别机构实施秘密侦查活动和使用特殊手段的权力，这些手段既包括隐蔽的监听、监视、照相观察、电子监控、不受限制的介入邮电通讯方式、偷听等方式，又包括使用手铐及其他铁制工具、催泪弹等特殊手段和拦截交通、克服障碍等措施。②

许多国家通过法律授权在职务犯罪侦查案件中使用特殊手段。就授权方式而言，有的国家明确规定腐败案件可以使用技术侦查措施，有的法律规定则较为笼统。如德国1998年的刑事诉讼法修正案明确规定"监听、录制私人住宅会话"的手段可适用于受贿和行贿罪；美国1986年电子通讯与隐私法案修正和补充了1968年《犯罪控制及安全街道法案》的规定，将可适用监听的犯罪案件范围扩展到了贿赂犯罪。其他一些国家如英国、法国、意大利也笼统授权在腐败案件中实施秘密侦查。③

近年来，在职务犯罪案件中使用技术侦查措施也逐步得到国际社会的认可。如欧盟理事会制定的《反腐败刑法公约》第23条要求为了收集证据而采用特别侦查措施。④ 该公约的解释性报告将技术侦查措施细化为密探、窃听、监听电信设备以及进入计算机系统等。⑤ 第17届国际刑法学大会专题决议也指出："法律应当为腐败犯罪侦查活动规定适当的手段。这些手段在严重的案件中可以包括

---

① 参见《第七届国际反贪污大会文集》，红旗出版社1996年版，第133页。

② 参见中央纪委法规室、监察部法规司编译：《国外反腐败廉政法律法规选编》，中国方正出版社2002年版，第267~270页。

③ 参见匡科：《刑上大夫——治理腐败与刑事司法制度的演进》，法律出版社2008年版，第67页。

④ 欧斌、余丽萍、李广民：《国际反腐败公约与国内司法制度问题研究》，人民出版社2007年版，第104页。

⑤ 参见中央纪委法规室、监察部法规司编译：《国外反腐败廉政法律法规选编》，中国方正出版社2002年版，第954页。

秘密侦查以及窃听通讯。"① 2003 年 10 月 31 日在第 58 届联合国大会上通过的《联合国反腐败公约》第 50 条规定："为有效地打击腐败，各缔约国均应当在其本国法律制度基本原则许可的范围内并根据本国法律规定的条件在其力所能及的情况下采取必要措施，允许其主管机关在其领域内酌情使用控制下交付和在其认为适当时使用诸如电子或者其他监视形式和特工行动等其他技术侦查措施，并允许法庭采信由这些手段产生的证据。"这既是侦查实践的需要，也是职务犯罪侦查手段专门化趋势的体现。

（2）侦查分工的专业化

从职务犯罪变化的趋势看，犯罪行为的时空跨度越来越大，案发后犯罪嫌疑人转移赃款赃物、毁灭证据、畏罪潜逃的速度有所加快，窝案、串案数量有所增加。这些变化对职务犯罪案件的侦查提出了新的挑战，同时也推动了职务犯罪侦查分工的细化。在调查取证、追赃和追逃方面需要多方面侦查力量的协调和配合，尤其是在大案、要案的侦查中，需要同时投入大量的办案力量。查办这类案件，靠单个侦查人员的力量，或以搭档的方式办案往往显得势单力薄。查办这类案件一方面需要加强不同级别、不同地域检察机关之间的协作，走一体化侦查模式，发挥检察系统的整体优势；另一方面也需要进一步细化分工，发挥不同人员的专业特长，满足不同领域职务犯罪案件侦查的需要。这两方面相互关联，没有合理的分工也不可能形成协调统一的整体，职务犯罪侦查一体化是以侦查分工的细化为前提的。

侦查分工的细化可以从两个方面来理解。

首先是办案环节上的分工。对于职务犯罪案件而言，追逃、追赃、讯问、查找和固定证据都有其内在规律和技巧。让有特定专长的办案人员负责案件的特定环节，不仅可以人尽其才，而且还可以提高侦查效率。从职务犯罪的发案趋势看，大案要案明显增多，对

---

① 陈光中主编：《21 世纪域外刑事诉讼立法最新发展》，中国政法大学出版社 2004 年版，第 84~85 页。

于这类案件不可能由一个人乃至一个部门来完成，必须在办案环节上进行必要的分工。如果说办理简单案件不需要太多的分工，由几个"通才"即可完成的话，办理大案要案则需要更多的"专才"。而职务犯罪越复杂，侦查工作则越需要专才，侦查分工也越细化。

其次是专业知识上的分工。在不同领域、行业和部门，职务犯罪的情况具有不同的特点。这主要是因为每一个行业、领域或系统有其独特的工作方法和程式，具有内在的运行规律。对于侦查人员来说，查处特定领域、行业和部门内的职务犯罪，仅仅掌握法律知识是不够的，还必须了解特定行业的运行规律，掌握一定的行业知识。由于职务犯罪涉及金融、税收、建筑、教育等诸多行业和部门，因此需要进行针对不同的行业领域进行侦查分工。这些分工以不同的专业知识背景为基础，只具有法律专业知识难以完成，因此需要不同专业知识的人员进入到侦查队伍中。

由于职务犯罪种类多样，涉及不同的领域和行业，办案环节复杂，因此需要进行合理的分工。而随着职务犯罪的发展，案件复杂程度不断变化，职务犯罪侦查中的分工也越来越细化，对侦查人员的要求也越来越多样化，对专业人才的需求也越来越迫切。

二、职务犯罪侦查权的配置

(一) 职务犯罪案件的侦查管辖模式

由于宪政体制、司法制度以及职务犯罪的严重程度不同，不同国家职务犯罪案件的侦查管辖模式存在诸多差异。总体而言，职务犯罪案件的侦查管辖存在以下几种模式：

1. 分散模式

在这种模式中，职务犯罪的侦查权分散于警察机构、检察机关和政府部门的机构中，没有统一的职务犯罪侦查机关。这种模式以英国和美国为典型。

在英国，没有职务犯罪的分类和概念，其公职人员利用职权所实施的职务犯罪存在于各类犯罪中，分别由不同的侦查机构负责侦查。英格兰和威尔士的职务犯罪主要由严重欺诈侦查局（the Serious Fraud Office）、检察机关、警察机关、政府部门的一些侦查机构负责侦查。严重欺诈侦查局负责侦查涉及面广、案情极为复杂、查证和举证特别困难的欺诈犯罪案件。检察机关内部欺诈案件侦查工作组（Fraud Investigation Group），负责其他欺诈案件侦查工作。政府部门的一些部门（如贸易和工业部、内陆税务局、海关署、大都会警察诉愿调查局、金融服务管理局等）也设有侦查机构，负责侦查本部门人员的职务犯罪案件和涉及本部门人员的职务犯罪案件。此外，涉嫌对欧洲共同体诈骗的犯罪案件，由农业部、食品和渔业部代表国家进行立案侦查。①而在苏格兰，侦查机关是警察机关和检察机关，所有犯罪都由地方检察官负责侦查，但实践中日常侦查工作都是在检察官的一般监督下授权给警察机关完成的。

在美国，职务犯罪也是由多种侦查机关分别管辖的。在联邦系统，职务犯罪侦查机构包括联邦调查局、检察机关、大陪审团和独立检察官。联邦调查局是司法部的一个部门，成立于 1908 年，是美国专职调查危害国家安全和公共利益的机构。其调查犯罪极其广泛，有权调查 200 多种犯罪案件，其中包括政府官员贪污、挪用公款及其他腐败行为。独立检察官的前身是特别检察官，是美国联邦司法部长为调查对总统及其他政府的高级官员的指控而专门任命的职位。独立检察官制度存在了 20 余年，曾经于 1992 年期满失效，又于 1994 年恢复，1999 年 6 月 30 日再次期满失效。今后也可能由于案件需要，再度恢复。② 大陪审团存在于联邦系统和部分州，也

---

①　See Criminal Procedure System in the European Community , Chapter3—England and wales（by Dr. A. T. H. Smith），Christine Van den Wyngaert, ed. . Butterworths 1993，p. 76. 转引自朱孝清等：《我国职务犯罪侦查体制改革研究》，中国人民公安大学出版社 2008 年版，第 28 页。

②　参见朱孝清等：《我国职务犯罪侦查体制改革研究》，中国人民公安大学出版社 2008 年版，第 31 页。

负责侦查有组织犯罪和政府官员的腐败案件。① 根据有关法律的规定和司法实践，检察机关对一些特别重大的贪污、行贿、受贿、警察腐败、白领犯罪等职务犯罪案件享有管辖权。在美国各州，职务犯罪案件的侦查管辖则存在更大的差异，总体上看，分属于警察系统、检察官和大陪审团调查。

2. 检察机关或检察官主导模式

在这种模式中，检察机关或检察官要么享有职务犯罪案件的指挥侦查权和机动侦查权，要么对绝大部分职务犯罪案件享有直接的侦查权限，在职务犯罪侦查中起主导作用。这种模式有两种表现形式。

一种是以德国、法国、意大利和日本为代表，检察机关和警察都享有侦查权，检察机关或检察官对职务犯罪案件既可以指挥警察进行侦查，也可以根据情况自行侦查。

如在德国，检察院是负责侦查的机关，司法警察是检察院的"附属官员"，在侦查方面要听从检察官的指挥。检察院的检察官不仅可以直接对犯罪案件进行侦查，而且可以指挥警察进行侦查。对于检察官的命令，警察必须服从。职务犯罪与其他犯罪一样，由检察院负责侦查管辖，侦查任务由检察官自己指挥警察来完成。

在法国，轻罪和重罪的侦查管辖有所区别。一般职务犯罪案件，由检察官指挥司法警察进行侦查。严重职务犯罪案件，由检察官指挥司法警察进行初步侦查的基础上，由预审法官进行正式侦查。

在意大利，职务犯罪案件也是由检察机关负责侦查的。司法警察是在检察机关的犯罪侦查部直接领导下，对所有犯罪案件实施侦查工作。检察机关除了由犯罪侦查部对司法警察的侦查活动进行指挥外，还设有一个犯罪侦查处，在国家检察官的指挥下对包括贪污

---

① 参见朱孝清等：《我国职务犯罪侦查体制改革研究》，中国人民公安大学出版社 2008 年版，第 31 页。

贿赂犯罪在内的特殊复杂的犯罪案件进行侦查。①

在日本，原则上所有犯罪案件的侦查工作都由检察官负责，检察官可以指挥司法警察进行侦查，在"认为必要时，可以亲自对犯罪进行侦查"。② 检察官对犯罪案件的亲自侦查以其自己认为有必要为前提，不受案件性质和地域管辖的限制。在司法实践中，检察机关主要负责职务犯罪案件的侦查管辖。③

另一种是以俄罗斯和韩国为代表，对职务犯罪案件与其他犯罪案件进行了适当区分，检察机关对绝大部分职务犯罪案件享有直接的侦查权。

在俄罗斯联邦，职务犯罪案件的侦查权主要由国家安全机关和检察机关负责。国家安全机关侦查的案件中有包括贪污贿赂犯罪在内的部分职务犯罪。检察机关则负责绝大部分职务犯罪案件的侦查管辖。其中包括一般公职人员的滥用职权案件、逾越职权案件、拒绝向俄罗斯联邦会议或统计局提供信息的犯罪案件、受贿案件、职务上的伪造犯罪案件、玩忽职守案件、枉法裁判案件、非法拘禁案件、逼供案件、唆使贿赂案件等。也包括俄罗斯联邦委员会委员、国家杜马议员、俄罗斯联邦国家立法机关议员、地方自治机关议员、地方选任制机关成员、地方自治机关的选任制公职人员、俄罗斯联邦各级法院的法官、俄罗斯联邦统计局局长、副局长、审计师、驻俄罗斯联邦人权特派员、俄罗斯联邦卸任总统、总统候选人、检察长、侦查员和律师等特定公职人员的职务犯罪案件。还包括联邦安全机关、俄罗斯联邦对外情报局、俄罗斯联邦保卫局、俄罗斯联邦内务部机关等特定机关人员的职务犯罪案件。④

---

① 朱孝清等：《我国职务犯罪侦查体制改革研究》，中国人民公安大学出版社 2008 年版，第 33 页。

② 《日本检察厅法》第 6 条第 1 款。

③ 参见朱孝清等：《我国职务犯罪侦查体制改革研究》，中国人民公安大学出版社 2008 年版，第 36 ~ 37 页。

④ 参见朱孝清等：《我国职务犯罪侦查体制改革研究》，中国人民公安大学出版社 2008 年版，第 35 ~ 36 页。

在韩国，检察机关和警察都拥有对职务犯罪的侦查权。检察机关负责较严重犯罪（包括职务犯罪）案件的侦查管辖，警察负责一般职务犯罪案件的管辖。根据韩国《检察厅组织法》规定，检察官自行侦查的犯罪案件包括智能型犯罪、复杂犯罪和严重的犯罪，如政府官员（四级以上公务员）的职务犯罪、经济犯罪、毒品犯罪、环境污染犯罪、有组织犯罪、偷税以及警察滥用职权犯罪等。[①] 为了充分发挥检察机关的反贪职能，金泳三政府在韩国大检察厅及地方各级检察厅内设置了不正腐败事犯特别搜查本部和特别搜查部（班），专门负责受理、侦查、起诉国家公务员贪污贿赂犯罪等腐败的犯罪案件。[②] 韩国大检察厅中央搜查部是高级公务人员腐败案件的侦办机关，同时也是全国公务人员腐败案件调查的指挥协调机关。该机构拥有相对集中的权限，集腐败案件的举报受理、侦查和指挥侦查、起诉和审判监督于一身，具有权威性和独立性。[③]

3. 专门机构模式

在这种模式中，职务犯罪案件被从其他类别的犯罪案件中区分开来，由检察机关和警察之外的专门机构负责侦查，以保证侦查的独立性。这种模式以新加坡的腐败行为调查局为典型。

新加坡的腐败行为调查局（Corrupt Practices Investigation Bureau，CPIB）正式成立于1952年，以调查与走私有关的贪污活动为主，后来逐渐转变为以彻底铲除腐败行为为宗旨的机构。1960年颁布的《防止腐败法》，进一步加强了调查局官员的权力。

腐败行为调查局直属内阁总理，是全国防止腐败行为的最高机

① 高克强：《大韩民国检察制度概况》，载《外国法制信息》1997年第5期。

② 欧斌、余丽萍、李广民：《国际反腐败公约与国内司法制度问题研究》，人民出版社2007年版，第134页。

③ 李秀峰主编：《廉政体系的国际比较》，社会科学文献出版社2007年版，第237页。

关。其主要任务是接受举报，调查被检举的腐败嫌疑人。调查局局长或特别调查员对下列犯罪可以直接行使《刑事诉讼法》赋予警方的调查权：a.《新加坡刑法典》第165条或者第213至215条规定的犯罪、共谋犯罪或者未遂犯罪或者教唆犯罪；b.《防止腐败法》所列的犯罪；c.依照《防止腐败法》可在调查过程中揭露任何成文法规定的可逮捕的犯罪。① 一旦经过调查确认有罪，就要经总检察长同意，直接向法院起诉。根据《防止腐败法》，调查局除可以行使刑事诉讼法所授予的一切与警方调查相关的权力外，还有如下权限：（1）特别调查权。在调查重大案件时，不管任何其他法律中有什么规定，调查局都可以调查任何银行存款、股票存款、购买账户、包销单据和其他任何账目，或在任何银行的任何保险箱等。（2）搜查权。（3）逮捕权。（4）跟踪监视权。（5）如果调查官明确被调查人占有其合法收入以外的金钱或财产，又不能做出令人满意的解释，有权将该犯罪嫌疑人移送检察官监控。②

此外，还有澳大利亚的国家罪案调查局、泰国反贪污委员会、菲利宾的独立调查处、印度的中央调查局、尼日利亚的腐败行为调查局等，均属于独立的职务犯罪侦查机构。

（二）决定职务犯罪侦查管辖的内在因素

从以上分析可以发现，职务犯罪侦查的管辖模式是多样化的，检察机关在职务犯罪侦查中的职权和作用也不尽相同。造成这种差异的关键因素包括以下几个方面：

1. 刑事实体法方面的因素

由于法律渊源的不同，各国刑事实体法律在表现形式和分类上存在差异，这种差异也表现在职务犯罪的概念和分类上。有的国家

---

① 欧斌、余丽萍、李广民：《国际反腐败公约与国内司法制度问题研究》，人民出版社2007年版，第141页。

② 李秀峰主编：《廉政体系的国际比较》，社会科学文献出版社2007年版，第285~286页。

（如英国）根本没有职务犯罪的概念和分类，有关利用公共权力谋取私人利益的犯罪规定在不同类别的犯罪中，分别由不同的侦查机构进行侦查。而有职务犯罪相关概念和分类的国家，其概念和分类也存在差异。还有一些国家在确定案件管辖时并不以此为标准。如法国把犯罪分为违警罪、轻罪和重罪，以此来确定案件的管辖，造成管辖上的差异。

2. 司法体制方面的因素

司法体制不同，享有侦查权的主体不同，侦查权限的划分也存在差异。有的国家侦查权的主体较多，侦查权较为分散，职务犯罪案件的管辖也多样化。有的国家侦查主体较为集中，仅为检察官和警察，职务犯罪案件的管辖也相对集中。而即便这样，由于警检关系的模式不同，职务犯罪侦查的管辖模式也存在差异。司法体制差异的背后往往又与一国的宪政体制、司法传统有关。

3. 职务犯罪侦查的专业性

由于不同部门和行业发生职务犯罪的特点不同，在调查时需要一定的专业知识。这一因素也会影响到职务犯罪的侦查管辖。采用分散管辖模式的国家，往往在政府的一些部门（如金融机构、海关等）设有侦查机构，负责侦查本部门人员的职务犯罪案件和涉及本部门人员的职务犯罪案件。其中原因往往在于调查这类机构中的职务犯罪案件需要相应的行业知识，由这些机构调查有专业知识上的优势。

4. 职务犯罪侦查的独立性

侦查职务犯罪案件往往会受到来自内部或外部的干扰，影响调查的公正性，因此需要保证调查机构具有一定的独立性。由政府部门内部自行调查，其独立性往往会受到质疑，而采用专门调查机构模式，则能有效地保证调查的独立性。采用专门侦查机构模式的国家往往正是看重于这种专门机构的独立性。

综上可知，职务犯罪侦查权由哪一机关行使，受制于刑事立法、司法体制、职务犯罪侦查的专业性和独立性等多方面的因素。

（三）我国职务犯罪侦查权的配置

在我国，职务犯罪侦查由检察机关负责，然而关于我国职务犯罪侦查权的属性和配置问题一直存在争议。关于职务犯罪侦查权的属性，理论界主要有法律监督权说①、行政权说②、司法权说③以及兼具行政权和司法权的双重属性说④等。实际上，职务犯罪侦查权属性问题必然伴随着职务犯罪侦查权的配置问题。

关于职务犯罪侦查权的配置问题，主要有三种观点：第一种观点主张将检察机关的职务犯罪侦查权取消并交由公安机关行使。⑤第二种观点主张将检察机关的职务犯罪侦查权分离出去，成立专门的职务犯罪侦查机构。⑥第三种观点则认为职务犯罪侦查权是检察权的重要内容，应当由检察机关行使。该观点以检察权的法律监督属性为基点，从检察机关的法律监督性质出发论证检察机关行使职务犯罪侦查权的正当性。⑦当然，也有学者开始主张成立专门的职

---

① 参见向泽选：《职务犯罪侦查的法律监督属性》，载《中国检察官》2006 年第 9 期。

② 参见陈永生：《论侦查权的性质与特征》，载《法制与社会发展》2003 年第 2 期。

③ 参见官万禄、杜水源：《论侦查权的概念》，载《江苏公安专科学校学报》2001 年第 1 期。

④ 参见曹博俊：《论我国侦查权的性质》，载《湖北警官学院学报》2006 年第 2 期。

⑤ 王洪宇：《试论我国检察制度的改革》，载《政法论坛》1995 年第 2 期。

⑥ 蔡定剑：《司法改革中检察职能的转变》，载《政治与法律》1999 年第 1 期；刘计划、高通：《组建专门职务犯罪侦查机构的设想》，载《法学论坛》2008 年第 4 期。

⑦ 参见王桂五主编：《中华人民共和国检察制度研究》，法律出版社1991 年版，第 330 页；周士敏：《论我国检察制度的法律定位》，载《人民检察》1999 年第 1 期；谢鹏程：《论检察权的结构》，载《人民检察》1999 年第 5 期；万春：《论我国检察机关的性质——简评当前理论和实践中的几种观点》，载《政法论坛》1994 年第 1 期。

务犯罪侦查机构，后又主张保留检察机关职务犯罪侦查权的。①

关于我国职务犯罪侦查权配置的各种观点固然都有一定的道理，但有些观点也有失偏颇。我们认为职务犯罪侦查权的合理配置应当考虑以下几个因素：第一，职务犯罪与一般刑事犯罪的区别。职务犯罪的主体、客体、表现形式等方面的特殊性决定了对这类犯罪案件的发现和侦查手段也不同于一般犯罪案件。第二，我国现行的司法体制。司法体制与国家的宪政体制紧密相关，且具有一定的历史传承性，职务犯罪侦查权的配置必须考虑到与现行司法体制的契合问题，否则将失去体制的支撑。第三，职务犯罪侦查的专业性。职务犯罪发生在多个领域，职务犯罪的侦查需要专门的知识和技能，唯此才能保证侦查的有效性。第四，职务犯罪侦查的独立性需要。职务犯罪的特殊性决定了侦办此类案件需要一定的独立性，以抵抗外部的干扰。

基于这几个因素的考虑，我们认为上述第三种观点的主张更为合理，即职务犯罪侦查权由检察机关行使更符合中国的实际。

首先，在我国刑事实体法中，职务犯罪与一般刑事犯罪有明确的区分，职务犯罪的范围和界限十分明确。这使得将职务犯罪与一般刑事犯罪区别开来由专门机关负责侦查具有可行性。将职务犯罪案件与一般刑事犯罪案件区分开来，由公安机关侦查一般刑事案件，由另一机关负责侦查职务犯罪案件，不仅体现了职务犯罪的特殊性，也可进一步推动职务犯罪侦查的专业化。

其次，检察机关具有行使职务犯罪侦查权的制度基础和实践基础。新中国成立后，检察机关建立之初，我国立法便赋予了检察机关侦查权。我国 1949 年 12 月 20 日颁布的《中央人民政府最高人民检察署试行组织条例》以及 1951 年 9 月 3 日中央人民政府颁布的《中央人民政府最高人民检察署暂行组织条例》和《各级地方人民检察署组织通则》都规定检察机关的职权之一是"对刑事案

---

① 陈卫东：《论法治理念下的检察机关职务犯罪侦查权》，载《人民检察》2005 年第 13 期。

件实行侦查，提起公诉"。1954 年我国第一部人民检察院组织法第 4 条第（二）项规定了检察机关的侦查权，即"对于刑事案件进行侦查"。全国人大五届二次会议 1979 年 7 月 1 日通过的现行人民检察院组织法又将原来的"对于刑事案件进行侦查"改为"对于直接受理的刑事案件，进行侦查"。同时通过的 1979 年刑事诉讼法也进一步明确了检察机关直接立案侦查案件的范围。1996 年，我国立法机关对原刑事诉讼法进行了修正，修改的重要内容之一就是调整了检察机关直接立案侦查案件的范围，将其限定为从事公务的人员实施的与其职权有关的犯罪。这种设计不仅与我国的宪政体制相一致，而且与我国刑事诉讼中公、检、法三机关的内在关系格局相一致。

多年的侦查实践，使我国检察机关提高了侦查职务犯罪的技能，培养了一批具有丰富经验的检察人员。检察机关职务犯罪侦查部门也在实践中发展壮大，在全国范围内形成了侦查职务犯罪的协调机制。

相对而言，设立一个中央直属的职务犯罪侦查机构虽然具有较强的独立性，但会面临与现行刑事诉讼机制的衔接问题。一方面是如何处理职务犯罪侦查权与公诉权、批捕权的关系问题；另一方面则是职务犯罪侦查权的司法控制问题。因此，以检察机关作为职务犯罪的专门侦查机关，比另行设立一个专门的侦查机构更具有现实可行性。

再次，在现行的司法体制内，职务犯罪的特殊性和检察机关的法律监督性质具有内在契合之处。公务人员的职务活动，从一定意义上讲都是管理国家的活动，是行使国家权力的活动。公务人员依法履行其职责、秉公执法，是维护国家和社会秩序的根本保证。职务犯罪本身是公权力异化的极端表现，而作为国家的法律监督机关，检察机关对职务犯罪进行侦查是其法律监督职能的本质体现。人民检察院对职务犯罪实施侦查，本身就是对公务人员实施的一种刑事强制监督，与其法律监督机关的性质是完全相符的，也体现了权力制衡的一般原理。这样更有利于整顿吏治，清除腐败。

最后，检察机关具有较高的独立性，具备相当的抗干扰能力。在"一府两院"的体制下，检察机关独立于政府，具有较高的法律地位，可以抵制方方面面的干扰。此外，我国《宪法》第131条明确规定："人民检察院依照法律规定独立行使检察权，不受行政机关、社会团体和个人的干涉。"检察机关的独立性具有宪法基础，从事职务犯罪侦查工作更具有独立性。

因此，由检察机关行使职务犯罪侦查权不仅具有制度和实践基础，而且具有独立性的充分保障。我们认为在我国职务犯罪侦查权配置问题上，侦查权的归属问题是显而易见的，当前最重要的是如何加强检察机关的侦查能力、实现职务犯罪侦查的专业化问题。

三、职务犯罪侦查的启动

侦查程序的启动以有犯罪事实存在为前提。职务犯罪本身具有较强的隐蔽性，与犯罪行为相关的信息难以发现或者信息不够全面，这给职务犯罪侦查程序的启动带来实际的困难。与普通刑事犯罪案件不同，在职务犯罪侦查实践中，从支离破碎的信息到可以调查的线索再到正式启动侦查程序，是一个相对复杂的过程。

（一）职务犯罪信息的获取

目前我国检察机关获取职务犯罪案件信息的来源包括如下方面：（1）单位和个人的报案或举报；（2）被害人的报案或控告；（3）犯罪人的自首；（4）检察机关办案过程中主动发现的线索；（5）发案单位移交的涉嫌犯罪的线索；（6）监察机关、公安机关、人民法院、人大等移送的案件线索；（7）上级检察机关或领导交办的案件线索；（8）党的纪检部门移送的案件线索；（9）其他来源。但在实践中，检察机关获得职务犯罪案件信息的途径主要来自三方面：

一是通过检察机关的举报中心接受单位和个人的报案或举报。检察机关通过信件、电话、网络、面对面接待等不同方式获取有关职务犯罪的信息和线索。目前大多数职务犯罪案件是通过这种途径发现的。存在的问题是不实举报、匿名举报较多，对这类信息需要仔细的甄别和细致的调查核实才能作出判断。

二是接受党的纪检部门和政府监察部门移送的职务犯罪案件。这类案件主要是纪检监察部门对党政人员违纪、违规案件进行调查中，发现需要追究刑事责任而移送到检察机关进行侦查的。这类案件事先经过相关机构的调查，有一定的事实基础。不足之处是这类案件的数量有限，而且纪检部门牵头使得检察机关的职务犯罪侦查权受到一定的牵制。

三是检察机关在工作中主动获取职务犯罪相关信息。主要是通过及时介入重大责任事故的调查和检察机关其他部门在办案中发现职务犯罪信息和线索。

为了拓宽获取职务犯罪信息和线索的渠道，检察机关进一步强化了与有关部门的联系和协作机制。1989 年 9 月 17 日，最高人民检察院、中共中央纪律检查委员会、最高人民法院、公安部联合下发了《关于纪律检查机关与法院检察院公安机关在查处案件过程中互相提供有关案件材料的通知》。1993 年 11 月 5 日，最高人民检察院、中共中央纪委、监察部联合下发《关于纪检监察机关和检察机关在反腐败斗争中加强协作的通知》。2000 年 3 月 23 日，最高人民检察院、审计署《关于建立案件移送和加强工作协作配合制度的通知》。2004 年 3 月 18 日，最高人民检察院、全国整顿和规范市场经济秩序领导小组办公室、公安部联合下发了《关于加强行政执法机关与公安机关、人民检察院工作联系的意见》。2006 年 1 月 26 日，最高人民检察院、全国整顿和规范市场经济秩序领导小组办公室、公安部、监察部联合下发《关于在行政执法中及时移送涉嫌犯罪案件的意见》。2006 年 2 月 23 日，监察部、最高人民检察院、国家安全生产监督管理总局联合下发《关于加强行政机关与检察机关在重大责任事故调查处理中的联系和配合的暂行规定》。此外，最高人民检察院还与国税总局、海关总署等会签了有关职务犯罪预防和案件移送的文件。

需要指出的是，由于职务犯罪主体的特殊性和犯罪行为的隐蔽性，侦查机关主动发现职务犯罪信息越来越重要。这需要将有关部门的调查权与检察机关的侦查权进行进一步整合，加强相互的衔接。

（二）职务犯罪案件的初查

我国现行刑事诉讼法专门设置了立案程序作为刑事诉讼的必经阶段。立案程序功能之一是过滤进入诉讼程序的案件，防止侦查权被滥用。当然，立案程序在限制侦查权滥用的同时也实际制约了侦查权的效能。在职务犯罪侦查活动中，在正式立案前需要进行必要的审查和调查工作，这就是"初查"。在职务犯罪侦查中，初查是指人民检察院对于受理的职务犯罪有关线索，为了查明涉嫌犯罪事实是否存在，以确定是否作为犯罪案件进行立案侦查，所进行的一系列初步调查和审查活动。

1. 初查的历史渊源

"初查"一词来源于我国的司法实践。由于职务犯罪案件的发现主要来源于公民举报，检察机关为此设立了举报中心、举报电话，有的甚至设立了举报的网站。举报有明确的犯罪嫌疑人，但大部分涉嫌事实不清，并不具备立案的条件，需要进一步查明犯罪事实是否确实。这一过程实际上是"根据人找事"，不同于一般刑事案件的"根据事找人"。而由于职务犯罪主体的特殊性，为了慎重和保护干部，必须要进行一些初步的调查和审查工作。最高人民检察院为了适应职务犯罪侦查的客观需要，要求各级检察机关对职务犯罪进行立案前必须要进行初步的调查和审查活动，并将这种活动简称为"初查"。

初查最早可以追溯到1983年3月1日最高人民检察院发布的《人民检察院直接受理自行侦查刑事案件的办案程序（暂行规定）》，该文件第6条第3项规定："经审查认为犯罪事实不清、需要补充材料才能确定立案或不立案的，可以通知控告、检举单位补充材料，也可以自己派人进行调查，或者配合有关部门联合调查。"这是检察机关首次对立案前有关调查问题作出的规定。正式文件中第一次出现"初查"一词是在 1985 年全国检察机关信访工作会议文件中。该会议文件指出："信访部门比较适合承办部分控告、申诉案件立案之前的初查，以便能为自侦部门提供准确性高一些的案件线索。"1990 年 5 月最高人民检察院印发的《关于加强贪污、贿赂案件初查工作的意见》直接明确了"初查"这一概念。该文件规定："初查工作是对贪污贿赂案件线索立案前的审查。"1995 年最高人民检察院通过《关于要案线索备案、初查的规定》，第一次在规范性文件中对初查的概念、性质和范围进行了规定。这一规定中，初查"是指人民检察院在立案前对要案线索材料进行审查的司法活动"。1996 年 9 月最高人民检察院在《人民检察院举报工作规定》中又强调"人民检察院对于本院管辖的举报材料应当及时进行初查，查明举报事实是否存在，是否需要追究刑事责任"。1998 年 12 月修订的《人民检察院刑事诉讼规则》根据侦查的实践探索，在"立案"一章中专设"初查"一节，对初查的任务、范围、程序、方法、处理方式进行了详细的规定。初查的概念也正式形成。2012 年 10 月，最高人民检察院又根据新通过的刑事诉讼法对《人民检察院刑事诉讼规则》进行了修订。有关初查的规定由原来的 6 条增加为 15 条。《规则》对初查的部门和分工、初查应遵循的原则以及可以采取的措施、初查终结和处理等程序作出了进一步规范。

2. 初查的合法性

初查的产生和发展根源于其现实的实用性。最高人民检察院 1999 年 11 月 8 日发布的《关于检察机关反贪污贿赂工作若干问题的决定》指出："初查是检察机关对案件线索在立案前依法进行的审查，包括必要的调查。初查可以审查报案、控告、举报、自首材料，接谈举报人或者其他知情人，进行必要的调查和收集涉案信息等。"最高人民检察院《人民检察院刑事诉讼规则（1999 年修正）》第 128 条规定："在举报线索的初查过程中，可以进行询问、查询、勘验、鉴定、调取证据材料等不限制被查对象的人身、财产权利的措施。"从检察机关有关的规定看，初查包括两方面的内容，一是书面审查，二是必要的调查，包括询问、查询、勘验、鉴定、调取证据材料等不限制被查对象人身、财产权利的调查措施。实践中真正具有实效性的是调查活动而非书面审查活动。在法律依据上，初查中书面审查活动的合法性并无疑义，受到质疑的是初查中具体的调查活动。

初查在刑事诉讼法上的依据是我国刑诉法第 110 条（原刑事诉讼法第 86 条）的规定。该条规定："人民法院、人民检察院或者公安机关对于报案、控告、举报和自首的材料，应当按照管辖范围，迅速进行审查，认为有犯罪事实需要追究刑事责任的时候，应当立案；认为没有犯罪事实，或者犯罪事实显著轻微，不需要追究刑事责任的时候，不予立案，并且将不立案的原因通知控告人。控告人如果不服，可以申请复议。"其中"对于报案、控告、举报和自首的材料，应当按照管辖范围，迅速进行审查"被认为是检察机关进行初查的法律依据。有学者指出，从我国《刑事诉讼法》有关审查的规定看，"其内涵包括书面审查和具体调查活动两方面内容"。实践中使用初查的概念和用法是"对我国《刑事诉讼法》有关规定的细化和具体运用"。① 对此，我们认为，由于刑事诉讼法并没有对"审查"活动进行进一步的明确，作为有司法解释权的最高人民检察院在《人民检察院刑事诉讼规则》中对"审查"作广义的解释，并对相关调查措施进行细化规定，这种做法并不违法。只不过这种解释在形式上让人觉得更多的是出于职务犯罪侦查实践的功利需要而不是基于法律术语的语义解释，显得有些牵强和底气不足。然而这并不足以否认初查的合法性。最好的解决办法是通过刑事诉讼法对初查问题进行进一步明确。然而，2012 年 3 月修改通过的新刑事诉讼法对立案程序并没有进行任何修改，也没有增加初查的相关规定。这不能不说是一个遗憾。基于职务犯罪侦查工作的实际需要，初查进一步规范并最终通过刑事诉讼法予以确认是一个必然趋势。

① 邓思清：《检察权研究》，北京大学出版社 2007 年版，第 176 页。

3. 初查的定位

从最高人民检察院的有关规定看，初查是正式立案前的审查和调查活动。从时间上看，初查发生在人民检察院受理举报或发现案件线索之后至正式立案之前。如果不把立案仅仅看作一个行为或一个时间点上的行为，而把它作为一个阶段性的程序的话，那么，把初查视为立案程序的一个准备性环节是符合逻辑的。应当看到，立案是我国刑事诉讼法颇具特色的一个阶段性程序。这一程序是每个刑事案件的必经程序，只有经过这一程序，侦查、起诉和审判等活动才有法律依据，才产生法律效力。但是实践中所有的案件都是从发现案件线索开始的，立案所要求的条件并不能马上具备。从发现线索到具备立案条件需要解决"初期怀疑"问题，需要经过初步的审查和调查过程对线索进行核实。即便是公安机关侦查的案件也是如此，如公安人员在立案前对有关现场进行的勘验、检查，又如人民警察法第 9 条规定的警察对犯罪嫌疑人的留置盘问，这些都具有解决"初期怀疑"的功能。因此，在初期怀疑到正式立案之间确实存在一个审查和初步调查的环节，这一环节就是初查。只不过在不同类型案件中初查的表现形式和持续时间长短不同而已。

而从国外的实践看，对侦查的前期调查也都采取灵活和务实的策略。如日本，侦查机关对犯罪嫌疑不充分的犯罪嫌疑人可以利用"任意偕行"的方式将嫌疑人员从住所带回到警察署先行讯问，待要件具备时再实施逮捕。① 又如德国，虽然刑事诉讼法并没有相关的规定，但警察法和警察实务中试用"前置侦查"来解决界定初期怀疑的功能。②

由于职务犯罪人员的特殊性，国际通行的做法是允许采用技术侦查措施。如我国批准的《联合国反腐败公约》第 50 条规定：

---

① 参见彭勃：《日本刑事诉讼法通论》，中国政法大学出版社 2002 年版，第 67 页。

② 参见［德］克劳斯·罗克信：《德国刑事诉讼法》，吴丽琪译，法律出版社 2003 年版，第 357 页。

"为有效地打击腐败，各缔约国均应当在其本国法律制度基本原则许可的范围内并根据本国法律规定的条件在其力所能及的情况下采取必要措施，允许其主管机关在其领域内酌情使用控制下交付和在其认为适当时使用诸如电子或者其他监视形式和特工行动等其他技术侦查措施，并允许法庭采信由这些手段产生的证据。"而这些特殊手段往往是在仅有线索的情况下进行的。

由于我国在职务犯罪侦查措施上授权不足，① 加上职务犯罪案件在证据上的特殊性，前期调查工作的重要性得以凸显。实践中，初查便于检察机关及时收集和固定证据，可以为立案后及时突破案件奠定基础，这在一定程度上弥补了侦查能力的不足。同时，初查的启动不需要烦琐的法律手续，启动之后可以因情况的变化和调查的进展随时结束，而立案后进行的侦查则必须按一定的程序才能终止。相对而言，初查可以弥补侦查程序的僵化，减少侦查的负面影响。因此，在我国将初查定位为立案的一个环节不仅符合通行的做法，而且具有现实的必要性。

将初查定位为立案的一个环节，便于初查行为的定性，也可以解决初查证据的合法性问题。作为立案的一个环节，初查很显然是一种诉讼行为，因而不同于诉讼外其他部门的调查。检察机关在诉讼中基于职权而获得的证据当然能够作为诉讼证据来使用。

当然，初查如果不加规制，也可能架空立案，扭曲侦查，侵犯公民的合法权益，这需要根据实践中的问题及时进行法律规制，而

---

① 1982 年 10 月 4 日，彭真同志在《在中央政法委员会扩大会议上的讲话要点》中指出"党内一律不准搞侦听、搞技术侦查"。一直以来，技术侦查对于检察机关来说是个禁区。我国《人民警察法》第 16 条和《国家安全法》第 10 条规定分别授权公安机关和国家安全机关可以采取技术侦查措施，但检察机关在职务犯罪侦查中能否直接使用技术侦查措施一直没有明确授权。新刑事诉讼法虽然规定人民检察院在立案后，对于重大的贪污、贿赂犯罪案件以及利用职权实施的严重侵犯公民人身权利的重大犯罪案件，根据侦查犯罪的需要，经过严格的批准手续，可以采取技术侦查措施，但并没有直接赋予检察机关执行权，而是"按照规定交有关机关执行"。

不是彻底否定。

四、职务犯罪的侦查措施

职务犯罪的侦查措施是指人民检察院在职务犯罪侦查的过程中，为了收集证据，查清犯罪事实，查获犯罪嫌疑人，依照法律规定进行各种调查活动所采取的措施。我国刑事诉讼法没有将职务犯罪侦查措施与一般刑事犯罪侦查措施进行刻意的区分，除特殊规定外，能够用于普通刑事犯罪的侦查措施都可以用于职务犯罪侦查中，所不同的是采取侦查措施的主体是检察机关。职务犯罪侦查措施以查明案情、收集证据为目的，具有职权性、法定性和强制性。根据侦查措施的强制性，可以将职务犯罪侦查的常规措施分为限制人身权的侦查措施、限制财产权的侦查措施和限制隐私权、通信自由权的侦查措施。此外，根据职务犯罪的特殊性，还有一些针对职务犯罪的特殊侦查措施。

(一) 限制人身权的侦查措施

人身权包括公民人身的自由和安全两方面，侦查措施主要限制的是人身自由。顾名思义，限制人身权的侦查措施就是指限制或剥夺公民的人身自由权利的侦查措施。具体包括两种类型，一类是拘传、取保候审、监视居住、拘留、逮捕五种强制措施，另一类是追缉堵截、通缉、限制出境、通报等具体侦查措施。前者是对犯罪嫌疑人人身自由的短期限制或剥夺的强制措施，后者则是在犯罪嫌疑人潜逃或可能潜逃的情况下采取的紧急措施。针对职务犯罪侦查实践中存在的问题和侦查工作的需要，这类侦查措施需要从如下几方面加以完善。

第一，防止强制措施的异化。我国刑事诉讼法对强制措施和其他控制犯罪嫌疑人人身的侦查措施进行了相应的授权，同时也设定了限制条件。但在实际适用过程中，这些侦查措施出现了异化。主要表现为：（1）功能的异化。如拘传是对未被拘留、逮捕的犯罪嫌疑人，依法强制其到指定地点接受讯问的一种强制措施。拘传的法律功能在于强制犯罪嫌疑人到案，而不在于获取口供。但实践中往往把拘传作为"突破案件"的手段，为获取口供作准备和铺垫，出现连续拘传或延长拘传期限的情况。（2）目的的异化。如逮捕犯罪嫌疑人目的应当是防止犯罪嫌疑人逃跑或发生社会危险性，但在检察机关控制犯罪嫌疑人人身能力和收集证据水平较低的情况下，逮捕最有利于控制犯罪嫌疑人人身、获取证据来源，因而出现惩罚性适用逮捕的情况。① （3）适用条件的异化。主要表现为曲解法律规定，扭曲侦查措施适用条件。如原刑事诉讼法中监视居住与取保候审的适用条件相同，实践中对这两种强制措施的适用有很大的随意性。又如监视居住的地点，根据原刑事诉讼法的规定，执行监视居住的场所是被监视居住人的住处，无固定住处的执行场所是执行机关指定的居所。但实践中多选择"指定居所"执行，且指定的地点存在随意性，监视居住异化为变相拘禁。

出现这些异化现象的原因主要有三方面：其一是出于侦查的便利，有意无意忽视法律的规定或故意曲解有关规定。其二是忽视人权保障，对犯罪嫌疑人的合法权利加以限制和折扣，意图通过限制嫌疑人的权利而弱化犯罪嫌疑人的对抗。其三是法律规定不够严密，对有关侦查措施的规制不够到位。从法律制度的完善上讲，应当进一步加强侦查措施的规制和权利的救济。如明确规定两次拘传之间间隔的时间，进一步强化逮捕程序中的权力制约等。

第二，统一侦查措施的决定权和执行权。根据我国现行刑事诉讼法的规定，检察机关在职务犯罪侦查中要适用有关控制犯罪嫌疑人的侦查措施，多数需要先作出相关的决定，然后送公安机关执行或商请公安机关执行。也就是说，多数侦查措施检察机关有决定权没有执行权。如拘留、取保候审、监视居住、逮捕、通缉、边境控制（边控）等措施，法律规定的执行机关都是公安机关。但实践中，公安机关的执行存在诸多问题。如取保候审，实践中公安机关

---

① 参见宋英辉：《职务犯罪侦查中强制措施的立法完善》，载《中国法学》2007 年第 5 期。

对于职务犯罪案件取保候审的执行情况基本上放任不管，不加约束，多数案件实际上是由检察机关侦查部门自己执行的。① 又如拘留，由于缺乏可操作性强的工作协作机制，一些地方的公安机关推诿、拖延执行或直接将执行权转交给检察机关。同时交给公安机关执行，也可能发生走漏风声、泄密和串供问题。实践中，不少地方检察机关办案人员用拘留决定书到公安部门换取拘留证，拘留证上填写的执行人也是检察机关办案人员，办完手续由办案部门自行执行。

立法上将部分侦查措施的决定权和执行权进行了分离，但实践中却没有良好的协调和配合机制作保障，因此出现了执行不力或执行效果差的问题。2012 年刑事诉讼法修改对侦查措施和强制措施进行了较大的调整，但检察机关自侦案件中取保候审、监视居住、拘留的执行权依然由公安机关执行，这一问题并没有得到解决。

第三，进一步充分授权。部分侦查措施的异化源于检察机关侦查能力的不足，而侦查能力不足的部分原因在于法律对其他侦查措施的授权不足。除执行权不到位，不能满足职务犯罪侦查工作的实际需要外，控制犯罪嫌疑人的侦查措施种类也存在不足。如近些年来职务犯罪分子携款潜逃国境外的现象多发，犯罪嫌疑人一旦有风吹草动就逃往境外，致使侦查工作难以开展。对此，有关国家或者地区规定可以对职务犯罪嫌疑人采取限制出境措施。如文莱 1982 年制定的《防止贿赂法》第 23C 条、我国香港特别行政区《防止贿赂条例》第 17A 条规定：凡涉嫌犯贪污贿赂之罪的人员，其旅行证件就可以收缴；如果犯罪嫌疑人不立即交出旅行证件，就可以将其拘留或逮捕。在贪官外逃现象多发的情形下，应从立法上规定检察机关对有出逃可能的职务犯罪嫌疑人采取限制出境措施，以防止涉案嫌疑人的外逃。

第四，加强制约。对于职务犯罪侦查而言，理想的状态是"授权充足，控制到位"。侦查措施的异化也与侦查权制约不到位

---

① 参见宋英辉：《职务犯罪侦查中强制措施的立法完善》，载《中国法学》2007 年第 5 期。

有关。如职务犯罪案件的逮捕，由检察机关内部审批，虽然批捕权由独立于侦查部门的侦查监督部门行使，但在检察机关内部进行，仍然缺乏相应的透明度。造成逮捕以及逮捕后延长羁押期限的任意性。为解决这一问题，最高人民检察院于 2009 年 9 月正式下发了《关于省级以下人民检察院立案侦查的案件由上一级人民检察院审查决定逮捕的规定（试行）》，将省级以下人民检察院立案侦查的案件审查逮捕的决定权上提一级。新刑事诉讼法进一步加强了侦查过程中当事人的权利救济。第 115 条规定："当事人和辩护人、诉讼代理人、利害关系人对于司法机关及其工作人员有下列行为之一的，有权向该机关申诉或者控告：（一）采取强制措施法定期限届满，不予以释放、解除或者变更的；（二）应当退还取保候审保证金不退还的；（三）对与案件无关的财物采取查封、扣押、冻结措施的；（四）应当解除查封、扣押、冻结不解除的；（五）贪污、挪用、私分、调换、违反规定使用查封、扣押、冻结的财物的。""受理申诉或者控告的机关应当及时处理。对处理不服的，可以向同级人民检察院申诉；人民检察院直接受理的案件，可以向上一级人民检察院申诉。"这一规定实质上强化了公民权利对侦查权的制约。对于加强职务犯罪侦查的监督具有积极意义。实践中，还需要完善相关制度，把侦查权的监督制约机制落实到位。

（二）限制财产权的侦查措施

限制财产权的侦查措施是指控制犯罪嫌疑人对财产的占有、使用、收益、处分等权利的侦查措施。主要包括：搜查；查封、扣押财物、文件；查询、冻结存款、汇款、债券、股票、基金份额等财产；调取物证、书证和视听资料等侦查措施。这些侦查措施的功能在于发现、收集职务犯罪的物证、书证，及时控制追缴赃款、赃物。

搜查是指为发现和收集犯罪证据，在一定的时间、地点对职务犯罪嫌疑人及可能隐藏罪犯或罪证的人身、物品、住所和其他有关场所进行搜索检查的一种侦查常用措施。

查询、冻结存款、汇款、债券、股票、基金份额是指侦查机关根据侦查需要，依法向银行或者其他金融机构、邮电部门查询犯罪嫌疑人或有关涉案单位的存款、汇款、债券、股票、基金份额等财产，并通知上述机构、部门停止支付犯罪嫌疑人或有关涉案单位的存款、汇款的一种侦查措施。

调取、扣押物证、书证和视听资料是指侦查机关依法提取、留置和封存与案件有关的物证、书证和视听资料的一种侦查措施。其目的在于防止有关的物证、书证及视听资料被毁坏、隐藏或丢失。在职务犯罪侦查工作中，及时扣押相关物证、书证及视听资料，可以防止涉案财产被隐匿、转移或毁损，有利于准确及时地查明案件事实。通常而言，调取、扣押的款物主要是指职务犯罪违法所得、其他可能与犯罪有关的款物、作案工具、非法持有的违禁品等。

刑事诉讼法的修改，进一步完善了限制财产权的侦查措施。首先，设定了相关部门的协助义务。职务犯罪侦查中，对涉案财产转移等侦查信息的及时发现和收集，掌握侦查工作主动权的前提和基础，也是提高起赃破案能力不可缺少的重要手段。近年来，职务犯罪嫌疑人将大量涉案财产转移国（境）外，但侦查机关对这些财产转移活动的信息不能及时掌握，对转移赃款赃物的手段、方式等变化情势不能迅速反应，在一定程度上影响了对涉案财产的追缴。其中原因是检察机关与工商、审计、税务、金融等执法部门或经济管理部门沟通渠道不畅所致。控制职务犯罪的涉案财务，需要侦查机关及时收集社会各方面的有关资料，尤其需要查询公安、工商、税务、电信、金融、房产等部门的信息数据库。这些查询以有关部门积极协助为前提。根据新刑事诉讼法第142条的规定，人民检察院根据侦查犯罪的需要，可以依照规定查询、冻结犯罪嫌疑人的存款、汇款、债券、股票、基金份额等财产。有关单位和个人应当配合。这一规定明确了有关机关对职务犯罪侦查的协助义务，有利于减少检察机关采取侦查措施的阻力。

其次，扩大了查封、扣押财产的范围。出于规避风险的需要，职务犯罪者会利用各种途径对通过职务便利收敛的赃款进行洗钱，并将大量黑钱转移到国境外。新刑事诉讼法调整了查封、扣押的对象范围，侦查人员不仅可以查询、冻结犯罪嫌疑人的存款、汇款，而且可以查询、冻结犯罪嫌疑人的债券、股票、基金份额等财产，这对于限制犯罪嫌疑人转移财产具有重要意义。

（三）限制个人隐私权和通信权的侦查措施

限制隐私权和通讯权的侦查措施，是指侦查中采取的可能侵犯公民的隐私权和通讯权的侦查措施。主要包括两种类型；一种是常规措施，包括跟踪盯梢、守候监视、邮件检查等措施；另一种是技术侦查措施，包括特情侦查、通信监控、密搜密取和其他技术性侦查措施。在我国职务犯罪侦查实践中，技术侦查措施有一定的禁区，有的禁止使用，有的不常用，对于这类措施下文将专门讨论。这里只分析常规侵犯隐私权和通信权的侦查措施。

跟踪盯梢是指侦查人员秘密尾随被查人或者犯罪嫌疑人并对其行踪进行观察、监视，以便掌握控制其外出的活动及其规律，从中获取、扩大案件线索或者侦查证据的秘密侦查措施。现行法律没有明确规定检察机关在侦查职务犯罪案件中可以使用跟踪盯梢措施，但实践中却经常使用，特别是在初查阶段运用较多。作为一种外线侦查措施，跟踪盯梢对相对人的隐私权将产生一定的影响和限制。

守候监视是指侦查人员在被查人或者犯罪嫌疑人的住宅、经常出入或者接头联络的场所、与案件有关联的区域周围选择恰当地点，设立秘密监视点对被查人或者犯罪嫌疑人进行监视、控制的秘密侦查措施。守候监视的主要特点是以静制动，目的在于掌握控制犯罪嫌疑人隐匿罪证、赃款赃物、串供以及与案件有关联的人或事、物。守候监视与跟踪盯梢一样，同属于外线侦查措施。现行法律没有明确规定检察机关在职务犯罪侦查中可以使用守候监视措施，但实践中往往与辨认、跟踪以及缉捕等措施并用，特别是在初查阶段使用较多。

邮件检查是指侦查部门在邮电部门的配合下，对职务犯罪嫌疑人的邮件（包括通过邮电部门或者网络服务单位保管、传递的信函、汇款、包裹、电子邮件等）在犯罪嫌疑人不知觉的情况下进行检查复制的一种侦查措施。邮件检查会侵犯相对人的通信秘密和通讯自由，因此需要严格的法律控制。邮件检查法律依据是刑事诉讼法第141条（原刑事诉讼法第116条）的规定。此外，人民检察院刑事诉讼规则第192条，1990年11月12日实施的邮政法实施细则第8条作了相应的规定。扣押犯罪嫌疑人的邮件或者电子邮件，应当经检察长批准，通知邮电机关或者网络服务机构将有关的邮件或者电子邮件检交扣押。检查邮件必须依法向相关县或者县级以上的邮政企业、邮电管理局出具相应的检查通知书，并开列邮件的具体条目，办理检查手续后，由邮政企业指派专人负责拣出，逐件登记后办理交接手续。

随着社会的发展，个人隐私和通信自由越来越受到重视。目前我国刑事诉讼法没有对跟踪盯梢、守候监视进行相应的规定，对邮件检查则只进行了授权性的规定，但没有明确相应的条件。为防止这类侦查措施的滥用，需要进行进一步规范，明确这类措施使用的具体条件和程序限制。

（四）技术侦查措施

技术侦查措施是相对于常规侦查措施而言的，也被称为特殊侦查措施、秘密侦查措施。技术侦查措施是一个外延相对宽泛的概念，既包括密搜密取、通信监控、电子监视等以技术设备为基础的秘密侦查措施，也包括一些以人为基础的谋略型侦查措施。由于这类侦查措施带有技术性、秘密性，在侦查中比常规侦查措施更具有实效性，因此许多国家或地区允许在侦查中使用。但由于这类侦查措施可能严重侵犯个人隐私和通信秘密，甚至威胁到公民的言论自由，因而又受到严格的法律控制。如德国在1998年以前禁止进入住宅监听，1998年1月16日德国联邦议会以微弱多数通过一个修正案，允许在严格条件下进行住宅监听，但到2004年3月3日，德国联邦法院又裁定其部分违法，要求修改。意大利刑事诉讼法典规定，在需要监听时，由检察官申请预审法官以附理由的命令形式予以批准，在紧急情况下，检察官可先决定监听，但必须在 24 小时之内通知预审法官，由预审法官决定是否认可。① 我国台湾地区的"通讯保障及监察法"则禁止住宅监听。其第 13 条第 1 项规定：不得于私人住宅装置窃听器、录影设备或其他监察器材。②

由于职务犯罪的隐蔽性和国际反腐败形势的发展，在职务犯罪侦查中使用技术侦查措施已成为各国的普遍做法，并且得到了国际公约的确认。2003 年 10 月 31 日，第 58 届联合国大会审议通过的《联合国反腐败公约》（以下简称《公约》）对腐败犯罪的侦查措施进行了相应的规定。《公约》第 50 条第 1 款规定："为有效地打击腐败，各缔约国均应当在其本国法律制度基本原则许可的范围内并根据本国法律规定的条件在其力所能及的情况下采取必要措施，允许其主管机关在其领域内酌情使用控制下交付和在其认为适当时使用诸如电子或者其他监视形式和特工行动等其他技术侦查手段，并允许法庭采信由这些手段产生的证据。"这里规定了三类特殊侦查措施：控制下交付、电子监视、特工行动。根据《公约》第 2 条第 9 款的解释，控制下交付是指在主管机关知情并由其监控的情况下允许非法或可疑货物运出、通过或者运入一国或多国领域的做法，其目的在于侦查某项犯罪并查明参与该项犯罪的人员。根据《公约》第 50 条第 4 款规定，在国际一级使用控制下交付的决定，可以包括诸如拦截货物或者资金以及允许其原封不动地继续运送或将其全部或者部分取出或者替换之类的办法。《公约》没有对电子监视和特工行动做出专门的解释。有人认为，电子监视是指为了侦查犯罪，利用窃听装置技术、红外线望远镜、红外线摄像、电子计算技术设备等监控或听取他人在办公、住所等场所的谈话，或对特

---

① 参见孙长永主编：《现代侦查取证程序》，中国检察出版社 2005 年版，第 293 页。

② 林钰雄主编：《新学林分科六法——刑事诉讼法》，新学林出版股份有限公司 2006 年版，第 273 页。

定人、物或场所进行监视或进行秘密拍照或录像等侦查方法。[①] 特工行动是指"侦查机关为了控制犯罪赃物或资金流向，收集证据，查明案情，根据国际条约、双边或多边协议以及国内法律赋予的特殊侦查权，运用秘密的侦查力量所采取的特殊侦查方法"。[②] 依据这些解释，电子监控相当于通常所说的技术侦查，特工行动则相当于卧底侦查、诱惑侦查等谋略型侦查措施。

随着侦查工作的实际需要和刑事侦查技术的发展，技术侦查措施在我国也逐渐得以运用。1993年的《中华人民共和国国家安全法》和1995年的《中华人民共和国警察法》明确规定国家安全机关因侦查危害国家安全行为的需要，公安机关因侦查犯罪的需要，经过严格的批准手续，可以采取技术侦查措施。[③] 在职务犯罪侦查中使用技术侦查措施的规定具体出现在1989年最高人民检察院、公安部《关于公安机关协助人民检察院对重大经济案件使用技侦手段有关问题的答复》中。该文件规定："对经济案件一般地不要使用技术侦查手段。对于极少数重大经济犯罪案件主要是贪污贿赂案件和重大的经济犯罪嫌疑分子必须使用技术侦查手段的，要十分慎重地经过严格审批手续，由公安机关协助使用。"其后，在最高人民检察院1994年发布的《关于认真做好贪污贿赂等大案要案案犯潜逃、脱逃备案工作的通知》中规定了有关边控、堵截措施；1997年最高人民检察院《关于进一步加强检察机关侦查手段设施建设的通知》将"摄像机、监视器"等列入装备；2003年最高人民检察院《人民检察院器材设备配备纲要》提出，将移动定位设备、特种照相设备、激光夜视仪、数字微型录音机、高灵敏度指向

---

① 参见杨宇冠、吴高庆主编：《〈联合国反腐败公约〉解读》，中国人民公安大学出版社2004年版，第427页。

② 参见吴高庆：《惩治腐败犯罪之司法程序——〈联合国反腐败公约〉程序问题研究》，中国人民大学出版社2006年版，第140页。

③ 《中华人民共和国国家安全法》第10条和《中华人民共和国警察法》第16条。

话筒、无线录音设备、高清晰度监控摄像机纳入配备的装备范围。

2012 年 3 月 14 日第十一届全国人民代表大会第五次会议对刑事诉讼法进行了修订。新《刑事诉讼法》第 148 条第 2 款规定："人民检察院在立案后，对于重大的贪污、贿赂犯罪案件以及利用职权实施的严重侵犯公民人身权利的重大犯罪案件，根据侦查犯罪的需要，经过严格的批准手续，可以采取技术侦查措施，按照规定交有关机关执行。"这一规定正式确认了检察机关在重大职务犯罪案件中采用技术侦查措施的合法性，使得技术侦查措施可以名正言顺地在一些重大职务犯罪案件中得到使用。

在目前形势下，授权检察机关在职务犯罪侦查中使用技术侦查措施，并明确采用技术侦查措施所取得证据的合法性，具有现实的必要性。

首先，我国已经批准加入了《联合国反腐败公约》和《联合国打击跨国有组织犯罪公约》，《联合国反腐败公约》第 50 条和《联合国打击跨国有组织犯罪公约》第 20 条均规定各缔约国应当采取必要措施，允许其主管机关在其领域内酌情使用技术侦查措施，并允许法庭采信由这些手段产生的证据。根据公约精神，检察机关作为我国反腐败专门机构，理应采用这类侦查手段。

其次，党内不搞技术侦查并不等于对职务犯罪不能进行技术侦查。彭真同志 1982 年 10 月 4 日在《在中央政法委员会扩大会议上的讲话要点》中指出："党内一律不准搞侦听、搞技术侦查。"他所说的"党内问题"，并不能理解为是指职务犯罪问题。因为从性质上讲，职务犯罪是一种叛党行为。虽然绝大多数公职人员都是共产党员，但在对其中利用职务便利触犯刑事法律的人员实施侦查时，并不是不允许采用技术侦查手段。将"党内问题"等同于职务犯罪问题，进而严格限制职务犯罪侦查中使用技术侦查措施，这种做法"其实是一种误解，没有认真领会彭真同志的讲话精神。"①

---

① 詹复亮：《职务犯罪侦查热点问题研究》，中国检察出版社 2005 年版，第 186～187 页。

再次，技术侦查措施的使用对于职务犯罪侦查具有重要作用。首先，技术侦查措施可以提供犯罪嫌疑人在犯罪现场之外的活动情况和信息，从而打破空间的限制，改变传统的犯罪时空界限，弥补犯罪现场的不足，有助于全方位的查明案件事实。其次，技术侦查措施可以在不正面接触犯罪嫌疑人的情况下，获取有关案件信息，有助于减少侦查对口供的依赖。此外，技术侦查措施的使用有助于保持侦查机关在侦查对抗中的优势，推动职务犯罪侦查模式的转变。技术侦查措施避免了侦查人员与犯罪嫌疑人的正面接触，不仅降低了侦查风险，而且会减少诱发反侦查行为的因素，从而更加有利于侦破案件。同时，技术侦查措施有利于侦查机关在与犯罪嫌疑人的对抗中保持信息优势，通过信息导向可以加强侦查行为的目的性和准确性，推动刑事侦查的信息化。

最后，防止技术侦查措施的滥用，关键在于加强法律控制，而不在于禁止使用。从其他国家有关立法规定可以看出，大多数国家都授权在侦破职务犯罪案件中可以使用特殊侦查措施，但同时予以严格控制。如美国1968年制定的《综合整治犯罪与街道安全条例》规定可以进行监控的犯罪计有14项60多种犯罪，其中包括行贿、受贿、挪用资金等罪。但同时禁止任何人在没有法院授权的情况下以电子的、机械的或者其他类型的设计装置来达到窃听或者企图窃听谈话和电话线传输的目的。法国对于监听曾长期未作明确规定，但在侦查实务上经常性地使用电话窃听手段。1991年7月10日，法国通过了专门的法律，就电话窃听的一般条件、权限和基本程序作出了明确规定，并将这些规定并入《刑事诉讼法》第100条至第100之1-6条。1993年和1995年又对窃听律师的办公室和住宅以及针对议员和参议员的电话窃听补充作了特殊规定。① 又如《德国刑事诉讼法典》第98条a针对用机器设备排查、传送个人情况数据措施规定："对此项措施，只能在以其他方式调查案情，

① 徐公社：《论中西技侦措施法律规制的比较研究》，载《江西公安专科学校学报》2005年第3期，总第94期。

侦查行为人居所是十分困难，难以奏效的情况下，才允许采取"。同法第 100 条 a 针对监视电讯措施规定："在以其他方式不能或者难以查明案情，侦查被指控人居所的条件下，允许命令监视、录制电讯往来。"该法还规定，技侦措施只允许由法院决定，在延误就有危险时也可以由检察院决定，检察院决定后，应当不迟延地提请法官确认，在三日内未得到法官确认的，决定失去效力。

2012 年 3 月对刑诉法的修订虽然明确了技术侦查措施在职务犯罪案件中的使用，但并没有赋予检察机关直接采用技术侦查措施的权力，而是规定"交有关机关执行"。应该说还是有所保留的。2012 年 10 月修订的《人民检察院刑事诉讼规则（试行）》进一步明确了在职务犯罪侦查中采用技术侦查措施应遵循的程序规则。根据规则的规定，人民检察院在立案后，对于涉案数额在十万元以上、采取其他方法难以收集证据的重大贪污、贿赂犯罪案件以及利用职权实施的严重侵犯公民人身权利的重大犯罪案件，经过严格的批准手续，可以采取技术侦查措施，交有关机关执行。其中，贪污、贿赂犯罪包括刑法分则第八章规定的贪污罪、受贿罪、单位受贿罪、行贿罪、对单位行贿罪、介绍贿赂罪、单位行贿罪、利用影响力受贿罪；利用职权实施的严重侵犯公民人身权利的重大犯罪案件包括有重大社会影响的、造成严重后果的或者情节特别严重的非法拘禁、非法搜查、刑讯逼供、暴力取证、虐待被监管人、报复陷害等案件。《人民检察院刑事诉讼规则（试行）》进一步对技术侦查措施在职务犯罪案件中的具体使用明确了范围、审批程序以及使用期限。具体使用情况，有待实践进一步检验。从整体情况看，尚没有真正做到授权充分，控制到位。

五、职务犯罪侦查的运行机制

机制泛指一个工作系统的组织或部分之间相互作用的过程和方式。职务犯罪的侦查机制实际上是指检察机关系统内部不同机关和部门在从事职务犯罪侦查活动中的关系和工作方式。主要表现为不同检察机关、侦查职能部门之间的工作关系和方式。职务犯罪的侦查机制与职务犯罪的特点紧密相关，取决于职务犯罪侦查工作的需要，受制于职务犯罪侦查的规律。

（一）职务犯罪案件管理机制

职务犯罪案件管理机制主要包括备案审查机制、报告机制和审批机制。

1. 要案线索的备案审查机制

1995年7月21日，第八届最高人民检察院检察委员会第36次会议通过了《最高人民检察院关于要案线索备案、初查的规定》，该规定设置了职务犯罪要案线索的备案审查机制。该规定第4条明确规定："对要案线索实行分级备案。"根据该规定，职务犯罪案件中，县处级干部的要案线索一律层报省级人民检察院备案，其中涉嫌犯罪金额特别巨大或者犯罪后果特别严重的，层报最高人民检察院备案；厅局级以上干部的要案线索一律层报最高人民检察院备案。

2. 案件报告机制

2003年5月27通过的《最高人民检察院关于加强案件管理的规定》规定了案件报告制度。包括案件统计月报制度和重大典型案件的专报制度。地方各级人民检察院在办理重大典型案件时，应将办理情况和结果及时向上级人民检察院报告。对于下列五类案件，省级人民检察院要向最高人民检察院报告办理进展情况或结果：（一）有关案件备案和报告制度中规定的需要向最高人民检察院备案和报告的案件；（二）最高人民检察院列为重点督办的案件；（三）在全国和本地有重大影响、新闻媒体关注的案件；（四）人民检察院直接受理立案侦查的县处级以上干部犯罪案件中，做出撤销案件、不起诉案件，以及人民法院判决无罪的案件；（五）最高人民检察院要求报告的其他案件。2012年10月修订的《人民检察院刑事诉讼规则（试行）》第183条规定，人民检察院在决定立案之日起三日以内，将立案备案登记表、提请立案报告和立案决定书一并报送上一级人民检察院备案。上一级人民检察院应当审查下级人民检察院报送的备案材料，并在收到备案材料之日起三十日以内，提出是否同意下级人民检察院的立案的审查意见。认为下级人民检察院的立案决定错误的，应当在报经检察长或者检察委员会决定后，书面通知下级人民检察院纠正。上一级人民检察院也可以直接作出决定，通知下级人民检察院执行。下级人民检察院应当执行上一级人民检察院的决定，并在收到上一级人民检察院的书面通知或者决定之日起十日以内将执行情况向上一级人民检察院报告。下级人民检察院对上一级人民检察院的决定有异议的，可以在执行的同时向上一级人民检察院报告。

3. 撤案审批机制

2005 年 9 月 23 日，最高人民检察院检察委员会第十届第三十九次会议通过《关于省级以下人民检察院对直接受理侦查案件作撤销案件、不起诉决定报上一级人民检察院批准的规定（试行）》。根据该文件的规定：省级以下（含省级）人民检察院办理直接受理侦查的案件，拟作撤销案件的，应当报请上一级人民检察院批准。对于人民检察院直接受理侦查的案件，侦查部门经过侦查认为应当撤销案件的，应当制作拟撤销案件意见书。并及时将拟撤销案件意见书以及相关材料移送本院人民监督员办公室，接受人民监督员监督。检察长或者检察委员会同意拟撤销案件意见，应当由侦查部门将拟撤销案件意见书或者拟不起诉意见书，以及人民监督员的表决意见，连同本案全部卷宗材料，在法定期限届满七日之前报上一级人民检察院审查。上一级人民检察院侦查部门应当提出是否同意撤销案件的意见，连同下级人民检察院人民监督员的表决意见，报请检察长或者检察委员会决定。2012 年 10 月修订的《人民检察院刑事诉讼规则（试行）》对撤案审批程序进一步进行了规范。根据《人民检察院刑事诉讼规则（试行）》第 291 条、第 292 条的规定，检察长或者检察委员会决定撤销案件的，侦查部门应当将撤销案件意见书连同本案全部案卷材料，在法定期限届满七日之前报上一级人民检察院审查；重大、复杂案件在法定期限届满十日之前报上一级人民检察院审查。对于共同犯罪案件，应当将处理同案犯罪嫌疑人的有关法律文书以及案件事实、证据材料复印件等，一并报送上一级人民检察院。上一级人民检察院侦查部门应当对案件事实、证据和适用法律进行全面审查，必要时可以讯问犯罪嫌疑人。上一级人民检察院侦查部门经审查后，应当提出是否同意撤销案件的意见，报请检察长或者检察委员会决定。上一级人民检察院审查下级人民检察院报送的拟撤销案件，应当于收到案件后七日以内批复；重大、复杂案件，应当于收到案件后十日以内批复下级人民检察院。情况紧急或者因其他特殊原因未能按时送达的，可以先行通知下级人民检察院执行。

案件管理机制的功能在于加强上级检察机关对下级检察机关侦查工作的监督和制约，解决下级检察院有案不能查的问题，防止有案不查或对案件线索处理不当。

（二）职务犯罪侦查指挥机制

基于检察一体化原则，检察机关在侦查实践中逐步形成了职务犯罪侦查指挥机制。对职务犯罪案件侦查工作实行统一组织指挥，加强职务犯罪侦查工作的协调性。1999年9月17日通过的《最高人民检察院关于检察机关反贪污贿赂工作若干问题的决定》以及2000年5月29日通过的《最高人民检察院关于加强渎职侵权检察工作的决定》都对职务犯罪侦查的指挥机制进行了规定。如《最高人民检察院关于加强渎职侵权检察工作的决定》提出要建立高效、协调、规范的侦查指挥协调机制。上级检察院对重大案件、疑难案件可以交办、提办、参办、督办，对需要若干个检察院共同侦查或者需要并案侦查的重大案件，可以由参办检察院共同的上级检察院成立指挥机构，集中查办。职务犯罪侦查指挥的具体方式包括：（1）专项侦查行动。即上级人民检察院针对某类犯罪或某些行业、领域犯罪的情况，或者根据集中统一追捕在逃职务犯罪嫌疑人等实际需要，在一定时期内，组织辖区内侦查力量集中展开统一侦查活动。（2）专案侦查。上级人民检察院针对辖区内发生的重大复杂案件，统一组织部署，调集一定数量的侦查力量进行攻坚的侦查活动。（3）参办。上级人民检察院根据需要派员参与下级人民检察院正在侦查的重大复杂案件，进行业务指导和帮助解决难题。（4）督办。上级人民检察院对下级人民检察院办理的重大复杂案件进行督促、指导。（5）交办。上级人民检察院为有利于办案，将本院管辖的案件或案件线索交由下级人民检察院侦查办理。（6）提办。上级人民检察院认为必要或应下级人民检察院的请求，将下级人民检察院侦查的案件提到本院办理。（7）指定管辖。上级人民检察院指定下级人民检察院办理其他人民检察院管辖的案件或线索。

侦查指挥机制在职务犯罪侦查中具有重要的功能作用。首先，在一体化机制下，案件管辖权的上下移转可以使职务犯罪侦查在一定程度上摆脱社会关系网络的影响，排除和化解来自地方的干扰和阻力。其次，贪污贿赂犯罪的发展要求侦查模式发生转换，变各自为战、零敲碎打的侦查模式为整体协作的侦查模式，从而形成侦查部门在人力、物力方面的整体优势。侦查一体化适应了整个职务犯罪侦查模式的转变，为单一侦查模式向整体侦查模式的转变提供了现实基础。

（三）职务犯罪侦查协作机制

为了增强检察机关侦查职务犯罪案件的整体优势，提高办案效率，检察系统建立了职务犯罪侦查协作机制。为使侦查协作进一步规范化，最高人民检察院于2000年10月12日制定下发了《人民检察院侦查协作的暂行规定》，对侦查协作的具体问题进行了规定。根据该规定，侦查协作是指检察机关在依法查办贪污贿赂、侵权渎职等职务犯罪案件侦查活动中，对需要核实案情、调查取证、采取强制性措施等事宜所进行的协调、配合和合作。侦查协作的原则是依法配合、快速有效、保守秘密、各负其责。具体的侦查协作机制包括两个方面：

1. 上下级检察机关之间的纵向协作机制

上下级检察机关之间虽然是领导与被领导的关系，但在侦查工作中也存在协作关系。上级检察院在侦查中需要下级检察院核实案情、调查取证、采取强制措施或查找犯罪嫌疑人时，可以将协作事项交由下级检察院办理。在下级检察院办理案件过程中，需要上级检察院协助的，也可以请求上级院协助办理。纵向协作必须坚持上命下从原则。

2. 不同地域检察院之间的横向侦查协作机制

每个检察院的侦查工作都有可能涉及外地，需要其他检察院的协作配合，因此，横向侦查协作的工作量大，也更为重要。高检院制定下发的《人民检察院侦查协作的暂行规定》对各地检察院之间的侦查协作进行了具体规范。主要包括侦查协作的条件和方式、侦查协作的程序、协作机构、争议解决方式、法律后果、经费承担、协作纪律，等等。

侦查协作机制加强了检察机关在侦查办案过程中的联系和配合，使检察系统在职务犯罪侦查过程中形成一个有机的整体，利用整体优势侦查，不仅可以节约办案成本，而且可以提高办案效率。

（四）职务犯罪侦查保障机制

职务犯罪侦查职能的发挥需要有效的人才、经费和装备保障，因此需要建立人才保障机制、经费保障机制和装备保障机制。但相对而言，我国职务犯罪侦查保障机制并不完善，还存在着侦查队伍管理行政化、侦查经费供给地方化、侦查装备简易化等问题。检察机关在现有体制的框架下对侦查保障体制进行了相应的构建。

1. 侦查人才保障机制

职务犯罪侦查需要一批善于攻坚的侦查人员队伍。2002 年 6 月，最高人民检察院政治部、反贪总局、渎职侵权检察厅联合下发了《人民检察院侦查人才库暂行办法》和《关于建立侦查人才库的实施方案》。这两个文件对建立人才库的指导思想、目标要求、步骤方法以及侦查人才的入选标准、管理、激励机制进行了详细的规定。截至目前，最高人民检察院、省级检察院和分（州、市）级检察院三级人才库均已建立，储备了一批优秀的侦查人才。侦查人才库的建立有利于整合侦查资源，充分发挥侦查骨干的攻坚作用，为侦查工作提供有力的人才保障。

当然，侦查人才对伍建设是一个持续发展的过程，还需要在侦查人员选任、管理、教育、培训等方面全方位提升，才能为职务犯罪侦查人员的素质提供可靠保障。

2. 经费保障机制

我国原司法经费体制是"分级管理、分级负担"。在这种经费保障体制下，几乎各地都存在侦查经费保障不足的问题。尤其是老、少、边、穷地区和经济不发达地区侦查经费供需矛盾更为突出。有的地方为减轻财政压力，鼓励司法机关创收，"以收定支"，致使有的地方侦查办案与经济利益挂钩，不仅扭曲了职务犯罪侦查的动机，而且造成职务犯罪侦查权的地方化。在司法体制改革过程中，已将原政法经费保障体制改为明确责任、分类负担、收支脱钩、全额保障的体制，较好地解决办案经费（业务经费）问题。

3. 装备保障机制

随着职务犯罪的智能化、技术化，侦查装备的重要性也得以凸显。侦查装备如果不能适应职务犯罪形势的变化，就难以有效地侦查职务犯罪。为此，全国检察机关加快了侦查装备的建设步伐。最高人民检察院先后制定下发了《全国检察系统信息化建设规划纲要》、《人民检察院基础设施和科技装备 2001～2005 年发展规划》、《关于加强检察机关侦查工作现代化建设的实施意见》等文件，对全国检察机关侦查装备建设进行了规划。在司法体制改革过程中，随着政法经费保障体制的改革和完善，制定和完善了各类业务装备的配备标准，检察机关侦查技术装备、交通通信装备都有了较大的改观。为避免重复投资，提高侦查装备的利用效率，需要尽快建立起侦查装备资源的共享机制。

（五）侦查监督制约机制

侦查监督制约机制是职务犯罪侦查工作依法正常开展的重要保证。目前我国职务犯罪侦查的监督制约机制包括内部制约和外部制约两个方面。内部制约机制比较全面，外部制约机制正逐步形成。

1. 内部监督制约机制

1998 年 10 月 21 日，最高人民检察院下发了《关于完善人民检察院侦查工作内部制约机制的若干规定》，对侦查内部监督制约机制进一步完善。内部制约的总体原则是分权办案，相互制约。具体包括：（1）贪污贿赂、渎职等职务犯罪案件的查处工作由不同内设机构承办，互相制约。（2）举报中心统一受理、管理人民检察院直接受理侦查的犯罪案件线索，实行侦查工作与案件线索的受理、管理、审查工作相分离。（3）审查逮捕部门承担对人民检察院直接受理侦查的犯罪案件的犯罪嫌疑人是否决定逮捕的审查工作。（4）审查起诉部门承担对人民检察院直接受理侦查案件的犯罪嫌疑人是否提起公诉、不起诉的审查工作。（5）控告申诉检察部门承担有关单位或个人不服人民检察院的不立案、撤案决定的复议、复查工作。（6）财务部门统一管理侦查部门办案中扣押的款物。（7）纪检、监察部门承担侦查部门违法违纪案件的查处工作。（8）建立对侦查工作集体决策机制。（9）实行侦查部门负责人轮岗制度。

此外，检察系统内部上下级检察机关之间也形成了相应的监督制约机制。职务犯罪侦查案件的报备案制度，为上级检察机关对下级检察机关的领导和监督提供了可行的机制。此外还有相应的考评、考核机制。

但内部监督也存在一定的问题。如监督程序不够健全、监督不到位，缺乏刚性监督，横向监督双向性不足等。这需要在立案监督、监督程序、情况通报、案件报备案等方面进一步完善。

2. 外部监督制约机制

外部监督对于保证职务犯罪侦查的办案质量、增强侦查的公信力具有重要的作用。目前，职务犯罪侦查的外部监督制约机制正在形成。职务犯罪侦查的外部监督主要包括执政党的监督、权力机关的监督、当事人的监督、社会监督、舆论监督、政协监督，等等。但是这些监督也存在监督的力度不够、监督不同步、监督与干扰办案界限不清等问题。为进一步加强外部监督，使监督制度化和常规划，检察系统自 2003 年开始试行人民监督员制度。最高人民检察院经向党中央、全国人大常委会报告并同意，制定实施了《关于实行人民监督员制度的规定（试行）》及相关规定，对人民监督员的条件、监督的范围、监督程序等具体问题进行详细规定。经过几年的试行，人民监督员制度已取得很好的效果，正进一步健全和完善。从外部监督机制上看，人民监督员制度为群众对职务犯罪侦查的监督搭建了一座制度桥梁，有利于从制度上保障职务犯罪侦查权的正确行使。

第九章　公　诉

一、公诉概述

（一）公诉的概念

起诉，按主体不同可分为自诉和公诉两种。自诉是指由被害人或其法定代理人以及其他依法享有起诉权的个人或团体，直接向有管辖权的法院提出追究被告人刑事责任的诉讼活动。公诉是指由国家专门机关向法院提出诉讼请求，要求法院通过审判追究被告人刑事责任的诉讼活动。由被害人或其法定代理人以及其他依法享有起诉权的个人或团体提起诉讼的起诉形式称为私人诉追制度，其原则称为私人诉追原则。由国家专门机关提起诉讼的起诉形式称为国家诉追制度，其原则称为国家诉追原则。

相应地，起诉权也分为自诉权和公诉权。被害人或其法定代理人以及其他依法享有起诉权的个人或团体直接向法院提出起诉的权利，为自诉权。国家设立的专门机关（检察机关）及其人员（检察官）代表国家就刑事案件提出起诉的权力，为公诉权。

现代意义上的公诉，与历史上曾经出现过的公诉和公共诉讼具有本质区别。在古雅典法律中，曾有公诉与私诉之分。私诉只能由被害人及其亲属提出；公诉是在无被害人时，由任何享有完全权利的公民提出。私诉当事人可以私下和解，公诉则必须由审判结案。古罗马时期，国家法律分为公法与私法。公法是有关罗马帝国政府的法律，私法是有关个人利益的法律。由此，犯罪也相应地分为公罪和私罪。对于私罪，由被害人及其亲属提起诉讼，称为私人诉讼；对于公罪，即侵犯国家或公众利益的犯罪，由社会公民提起诉讼，称为公共诉讼。其实，当时的公诉、公共诉讼并不是代表国家追诉犯罪，而是仍然以公民个人的名义提起诉讼，只是起诉主体的范围发生了变化，本质上还是属于私诉的范畴，不能与现代意义的公诉相提并论。①

（二）公诉的起源与发展

从历史上看，最早出现的起诉方式是私诉，即由被害人或者其亲属直接向有管辖权的司法机关控告犯罪人，后来，控诉人的范围又由被害人及其亲属扩大到一般民众。在一些国家，一般民众可以对亵渎神灵之类行为行使控诉权，这被称为"公众诉追原则"。私诉存在不可解决的难题，除有些案件并无被害人外，尚有因被害人不能、不敢、不愿行使控诉权而使国家刑罚权落空的种种情形，因此，要使国家刑罚权得到落实，需要由法官主动追究犯罪，摒弃不告不理原则，这正是纠问制诉讼取代弹劾制的原因。历史证明，纠问制带来的问题同样令人难以承受：那就是法官集侦查、控诉和审判职权于一身，司法容易走向专横，刑讯逼供频繁发生，造成冤错案件较多的不良局面。②

从 1200 年开始，法国设置了国王法院行使审判职权，一切罚金和没收物最终都成为国王的收入，以私人弹劾的方式行使刑罚权的做法已经不能适用，法院内设置了"国王代理官"的职位，在广泛的管辖区内监督国王的收入。随着刑罚观念的发展和王权的扩张，国王的代理官开始参与追诉并扩大了追诉权的范围。1302 年，法国国王腓力四世颁布敕令，要求代理人必须和总管、地方官同样宣誓，并以国王名义参加诉讼活动。到了 15 世纪，国王代理官除了对一般犯罪行使追诉权外，还"负起执行判决和监督法官的任务"。诉讼中出现的这些国王的代理人，他们代表国王参与诉讼活

---

① 姜伟等：《公诉制度教程》，法律出版社 2002 年版，第 3 页。
② 宋英辉主编：《刑事诉讼法》，清华大学出版社 2007 年版，第 302～303 页。

动，逐渐演变成检察官。17 世纪，路易十四颁布法令，要求各级法院设置检察官，这标志着检察制度最终得到确立。法国大革命后，国王没有了，国王代理官变成了作为公益代表人的"共和国检察官"。共和国检察官权力仍然很大，他们不但在刑事案件的审理中独占公诉权，并且有指挥预审法官和执行判决的权限。在民事案件的审理中，检察官还有监督裁判当否与陈述意见的权限。在司法行政方面，检察官有权指挥监督警察、律师和法院的辅助官吏等。① 法国检察制度首先为欧洲大陆国家纷纷仿效，此后影响范围更扩大到其他国家。

概括而言，公诉制度的产生主要有以下原因：国家对犯罪危害社会的本质的认识逐渐深化；国家行使刑罚权的客观需要；国家强化管理职能，权力体系科学分工的结果；国家顺应人类追求法律公正的期望的结果。② 具体说来，国家诉追主义的理论基础来自人们对犯罪客体的新认识。犯罪最初主要被视为侵犯被害人私人利益的行为，后来人们的这一看法发生了改变，认为犯罪除了侵犯被害人利益外，还同时侵犯了国家利益。维护社会秩序、公共安全和公共福利是国家的重要职能，也是国家作为一种组织形式、一种统治体系得以存在的合理依据和长治久安的重要条件。因此，作为维护国家利益的手段，刑罚权不能被完全委诸个人。有些犯罪，属于无被害人的犯罪，如果不确立公诉权，刑罚权将窒碍难行。因此，建立公诉制度，可以克服"弹劾式"与"纠问式"诉讼模式的弊端。那么，为何还要继续保留自诉的起诉形式呢？由于某些罪行主要损害个人利益，损害比较轻微、案情比较简单，由被害人或者有关个人自行决定是否行使诉权比较恰当，也有助于案件的及时审结；还可以分流案件起诉的工作量，使国家检控机关可以集中人力、物力、财力去追诉那些较为严重的刑事犯罪。

---

① ［日］法务省刑事局：《日本检察讲义》，杨磊等译，中国检察出版社 1990 年版，第 2 页。

② 姜伟等：《公诉制度教程》，法律出版社 2002 年版，第 3 页。

世界各国的公诉制度是不断发展的，各国公诉制度之间也不断互相借鉴和影响。如日本的公诉制度始采法国模式，1881 年后受德国影响，演变为法、德混合模式。第二次世界大战以后，控辩审结构更多地受到美国司法制度的影响，又倾向于美国模式。英国从 1985 年起也由传统的私诉转而效仿大陆法系国家，选择和建立了独立、垂直的检察系统。在经济全球化、信息网络化的影响下，不同法系之间互相渗透、彼此融合，是公诉制度发展的必然趋势。从世界各国公诉改革的情况看，公诉制度的发展趋向有如下几个特征：进一步强化检察官公诉制度；确定公诉机关的独立性；强化公诉机关的集中统一性；扩大检察官的自由裁量权；加强对公诉机关的监督制约；公诉意见对审判的制约作用加强。①

（三）公诉的基本类型

一些国家实行起诉独占原则，又称"公诉垄断主义"，起诉权仅由国家专设的专门机关和官员行使，通常是由检察机关和检察官行使，起诉制度中取消了自诉形式，如美国、法国、日本等。大多数国家实行国家诉追与私人诉追相结合的制度，往往以公诉为主、自诉为辅，如我国、俄罗斯、德国、奥地利等。在这些国家中，往往是对比较严重的犯罪以公诉方式起诉，对较为轻微的犯罪以自诉方式起诉。

一般来说，代表国家指控犯罪的职能皆由检察官承担，所以，公诉制度是检察制度的有机组成部分。但是，由于各国的历史传统、法律体制、诉讼理念等方面的差异，在如何承担公诉权的问题上，有五种模式：由检察官垄断公诉权；由检察官和预审法官共同行使公诉权；由检察院和大陪审团分别行使公诉权；由检察官和警察分别行使公诉权；由检察官与律师共同行使公诉权。②

依据西方国家刑事诉讼法典的有关规定和诉讼法学理论，公诉

① 姜伟等：《公诉制度教程》，法律出版社 2002 年版，第 15～20 页。
② 姜伟等：《公诉制度教程》，法律出版社 2002 年版，第 9～10 页。

权行使的共有原则主要有：公共利益原则；诉审分离原则；追诉合法原则；诉辩平衡原则；追诉客观原则；限制再行追诉原则。①

（四）我国的公诉制度

我国古代的司法实行纠问制度，没有设立专门的控诉机关。起诉方式以被害人告诉为主，还包括被害人或其亲属以及一般人告诉、官吏举发、审判机关纠问等。法官不待告诉，对于自己发现的犯罪，有权也有义务主动依职权进行调查和审判，古代的起诉实际上是司法机关开始审理案件的缘由或依据。我国最初引入检察制度在 1906 年。民国时期，我国刑事诉讼主要采取国家诉追主义，对于一部分案件实行私人诉追主义。除了告诉乃论的犯罪行为以外的刑事案件，都经检察官职权调查，认为有犯罪嫌疑才提起公诉。②

在当代，我国刑事诉讼实行国家诉追原则和私人诉追原则相结合的制度，确立了以公诉为主、以自诉为辅的起诉制度。检察机关是代表国家对犯罪进行追诉的唯一机关。《刑事诉讼法》第 167 条明确规定："凡需要提起公诉的案件，一律由人民检察院审查决定。"按照这一规定，人民检察院独占公诉权，所有公诉案件必须经由人民检察院决定并提交给法院才具有公诉效力，其他任何机关、社会团体或个人都没有决定和提起公诉的权力。

除人民检察院以外，被害人及其近亲属、法定代理人也拥有起诉权，可以就部分案件提起自诉；此外，法律也允许被害人就个别本应提起公诉而公安机关、人民检察院不予追诉的案件提起自诉，这些案件因自诉人自行起诉而变成了"公诉转自诉"案件。这一规定，是 1996 年为强化对被害人的权利保障而在刑事诉讼法中增加的内容，2012 年修订刑事诉讼法时保留了该内容。

---

① 王新环：《公诉权原论》，中国人民公安大学出版社 2006 年版，第 157 ~ 193 页。

② 宋英辉主编：《刑事诉讼法》，清华大学出版社 2007 年版，第 304 页。

我国的公诉制度与其他国家相比既有相同或相似之处，也有自身的特点：公诉与法律监督相统一；检察机关是唯一的公诉机关；公诉人不是诉讼当事人；公诉人与警察、法官之间是相互配合、互相制约的关系；检察官属于司法人员；公诉与自诉的相互救济关系。[①]

二、提起公诉

提起公诉是人民检察院在审查起诉以后作出的一项决定，也是随决定而来的一系列诉讼行为的总称。一般认为，提起公诉是人民检察院代表国家将案件起诉到人民法院，要求人民法院通过审判追究被告人刑事责任的一种诉讼活动。

（一）提起公诉的条件

提起公诉需要具备一定的条件。我国《刑事诉讼法》第172条明确规定了起诉的条件："人民检察院认为犯罪嫌疑人的犯罪事实已经查清，证据确实、充分，依法应当追究刑事责任的，应当作出起诉决定，按照审判管辖的规定，向人民法院提起公诉，并将案卷材料、证据移送人民法院。"可见，提起公诉的条件主要包含以下方面：

一是犯罪嫌疑人的犯罪事实已经查清，证据确实、充分。根据最高人民检察院修订的《人民检察院刑事诉讼规则（试行）》（以下简称《刑事诉讼规则》）第390条的规定，具有下列情形之一的，可以确认犯罪事实已经查清：属于单一罪行的案件，查清的事实足以定罪量刑或者与定罪量刑有关的事实已经查清，不影响定罪量刑的事实无法查清的；属于数个罪行的案件，部分罪行已经查清并符合起诉条件，其他罪行无法查清的（这时应以已经查清的罪行起诉）；无法查清作案工具、赃物去向，但有其他证据足以对被告人定罪量刑的；证人证言、犯罪嫌疑人供述和辩解、被害人陈述的内容中主要情节一致，只有个别情节不一致且不影响定罪的。在共同犯罪案件中，有的犯罪嫌疑人在逃，这并不影响对符合起诉条件的已经归案的犯罪嫌疑人进行起诉和审判；在逃犯罪嫌疑人归案，符合起诉条件的，应当另案起诉。根据《刑事诉讼法》第53条第2款的规定，证据确实、充分，应当符合以下条件：定罪量刑的事实都有证据证明；据以定案的证据均经法定程序查证属实；综合全案证据，对所认定事实已排除合理怀疑。

二是应当依法追究犯罪嫌疑人的刑事责任。提起公诉的直接目的是追究犯罪嫌疑人的刑事责任，因此，根据法律和事实，应当追究犯罪嫌疑人的刑事责任的，才能提起公诉。如果犯罪嫌疑人的行为具有《刑事诉讼法》第15条规定的六种情形之一的，则不能作出提起公诉的决定。

三是提起诉讼应当符合审判管辖的规定。这是提起公诉的程序性条件。检察机关为了使诉讼进程得以顺利推进，应当确定案件的受诉法院，以决定向哪一个法院提起诉讼。人民检察院作出起诉决定后，应当按照法律有关管辖的规定向有管辖权的法院提起公诉。在人民检察院决定要提起公诉时，上述条件必须同时具备，缺一不可。人民检察院作出起诉决定后，需要以书面形式提起公诉，即需要制作起诉书。起诉书是人民检察院代表国家正式向人民法院提起公诉的书面文件，也是人民检察院代表国家行使公诉权的书面标志。

（二）提起公诉的效力

检察官提起公诉，即产生诉讼系属（又称诉讼拘束），受诉法院对被诉案件即拥有审判的职责，双方当事人就对被诉案件负有进行诉讼活动和接受法院审判的权利和义务。案件一经系属于法院，即发生两种诉讼拘束力，即形式的拘束力和实质的拘束力。所谓形式的拘束力，是指不问起诉案件是否具备诉讼上的程序要件，法院均应加以审判的效力。法院受形式拘束力约束，如果案件不具备诉讼法上的程序要件，应当作出程序性裁判；如果具备诉讼法上的程序要件，则应当就案件作出实体裁判。对于具备诉讼法上程序要件，则应当就案件作出实体判决。对于具备诉讼法上程序要件的案件，法院必须就实体问题作出裁判的效力则属于实质的拘束力。提起公诉，作为积极公诉权的一种表现形式，属于推动诉讼进程的诉讼行为，而诉讼活动本属实体法与程序法共同调整的法律活动，所以，提起公诉也将产生程序层面和实体层面两方面的效力。提起公诉在程序层面的效力，主要表现为启动审判程序。提起公诉在实体层面的效力，是指明确限定了法院应予审判的实体问题的范围，即审判范围应当与公诉对象保持同一性。[①]

（三）简易程序的选择

简易程序，是基层人民法院对某些事实清楚、情节简单、罪行比较轻微的刑事案件适用的比普通第一审程序简化的审判程序。公诉案件适用简易程序分别由两种方式提起：

一是人民检察院建议适用简易程序。人民检察院对符合适用简易程序的案件，在提起公诉时，经检察长决定，书面向人民法院建议适用简易程序审理，并随案移送全案卷宗和证据材料。人民法院经过审查，认为符合适用简易程序审理条件的，可以适用简易程序审理；认为依法不应当适用简易程序的，应当书面通知人民检察院，并将全案卷宗和证据材料退回人民检察院。人民检察院应当按照普通程序提起公诉。

二是人民检察院同意适用简易程序。人民检察院提起公诉时没有建议适用简易程序的，人民法院经审查认为符合刑事诉讼法规定的适用简易程序的条件并拟适用简易程序审理，则应当书面征求人民检察院意见。人民检察院经审查并经检察长决定同意适用简易程序的，应当书面表示同意；人民检察院不同意人民法院适用简易程序建议的，案件只能依普通程序审理。

---

① 宋英辉：《刑事诉讼原理导读》，法律出版社 2003 年版，第 335～340 页。

根据 2012 年修订后的刑事诉讼法的规定，适用简易程序审理公诉案件，人民检察院应当派员出席法庭。

（四）公诉的变更、追加和撤回

变更起诉，是指人民检察院对已经向人民法院提起公诉的案件，决定改变公诉请求的诉讼活动。追加起诉，是指人民检察院对已经向人民法院提起公诉的案件，决定增加公诉请求的诉讼活动。撤回起诉，是指人民检察院对已经向人民法院提起公诉的案件，决定撤销、收回公诉请求的诉讼活动。

在诉讼理论上，一般认为根据不告不理原则，起诉人有权撤销、变更或追加起诉。起诉、不起诉、撤销起诉、变更起诉、追加起诉，都属于起诉权不可分割的组成部分，由此构成完整、统一的起诉权。公诉权的内容，也包括对公诉进行变更、追加和撤销的权力。①

关于公诉案件变更、追加、撤回，我国刑事诉讼法中并没有规定。但最高人民法院、最高人民检察院均在有关司法解释中作出了明确规定。最高人民法院《关于适用刑事诉讼法的解释》第 242 条规定，宣告判决前，人民检察院要求撤回起诉的，人民法院应当审查撤回起诉的理由，作出是否准许的裁定。第 243 条规定，审判期间，人民法院发现新的事实，可能影响定罪的，可以建议人民检察院补充或者变更起诉；人民检察院不同意或者在七日内未回复意见的，人民法院应当就起诉指控的犯罪事实，依照本解释第 241 条的规定作出判决、裁定。最高人民检察院《刑事诉讼规则》第 458 条规定，在人民法院宣告判决前，人民检察院发现被告人的真实身份或者犯罪事实与起诉书中叙述的身份或者指控犯罪事实不符的，或者事实、证据没有变化，但罪名、适用法律与起诉书不一致的，可以变更起诉；发现遗漏的同案犯罪嫌疑人或者罪行可以一并起诉和审理的，可以追加、补充起诉。《刑事诉讼规则》第 459 条规

---

①　姜伟等：《公诉制度教程》，法律出版社 2002 年版，第 356 页。

定："在人民法院宣告判决前，人民检察院发现具有下列情形之一
的，可以撤回起诉：（一）不存在犯罪事实的；（二）犯罪事实并
非被告人所为的；（三）情节显著轻微、危害不大，不认为是犯罪
的；（四）证据不足或证据发生变化，不符合起诉条件的；（五）
被告人未达到刑事责任年龄，不负刑事责任的；（六）法律、司法
解释发生变化导致不应当追究被告人刑事责任的；（七）其他不应
当追究被告人刑事责任的。对于撤回起诉的案件，人民检察院应当
在撤回起诉后三十日以内作出不起诉决定。需要重新侦查的，应当
在作出不起诉决定后将案卷材料退回公安机关，建议公安机关重新
侦查并书面说明理由。对于撤回起诉的案件，没有新的事实或者新
的证据，人民检察院不得再行起诉。新的事实是指原起诉书中未指
控的犯罪事实。该犯罪事实触犯的罪名既可以是原指控罪名的同一
罪名，也可以是其他罪名。新的证据是指撤回起诉后收集、调取的
足以证明原指控犯罪事实的证据。"《刑事诉讼规则》第 460 条规
定："在法庭审理过程中，人民法院建议人民检察院补充侦查、补
充起诉、追加起诉或者变更起诉的，人民检察院应当审查有关理
由，并作出是否补充侦查、补充起诉、追加起诉或者变更起诉的决
定。人民检察院不同意的，可以要求人民法院就起诉指控的犯罪事
实依法作出裁判。"

三、不起诉

（一）不起诉的概念和效力

不起诉，一般是指人民检察院对于公安机关等侦查机关侦查终
结移送起诉的案件和自行侦查终结的案件进行审查后，认为不符合
起诉的条件或者不需要起诉，依法作出的不将案件提交人民法院进
行审判的一种处理决定。至于附条件不起诉，与一般意义上的不起
诉有所不同，将在不起诉的种类中再作介绍。

不起诉的法律效力在于不将犯罪嫌疑人交付人民法院审判，从
而终止刑事诉讼，也就是说，它只具有终止诉讼的程序效力而没有

给嫌疑人定罪的实体法效力。不起诉决定具有如下具体诉讼效果：

一是终止公诉进程。不起诉决定作出后，针对被不起诉人进行的公诉进程即告终结。不过，不起诉决定作出后，若发现新的事实或者新的证据，或者符合允许改变不起诉决定的其他情形的，仍可再行起诉。不起诉决定作出后，被害人仍可提起民事诉讼；符合法定情形的，还可提起自诉。为保障不起诉决定的严肃性，决定一旦作出，没有新的证据或者新发现的事实，不宜撤销不起诉决定而提出起诉。

二是解除强制措施。不起诉决定一经公布即发生法律效力，对于已经被采取强制措施的，应当解除强制措施。我国《刑事诉讼法》第174条规定，如果被不起诉人在押，应当立即释放。

三是解除对物采取的查封、扣押、冻结措施。我国《刑事诉讼法》第173条第3款规定："人民检察院决定不起诉的案件，应当同时对侦查中查封、扣押、冻结的财物解除查封、扣押、冻结。对被不起诉人需要给予行政处罚、行政处分或者需要没收其违法所得的，人民检察院应当提出检察意见，移送有关主管机关处理。有关主管机关应当将处理结果及时通知人民检察院。"

不起诉不具有确认犯罪嫌疑人构成犯罪的实体法效力，从法律上说，被不起诉的犯罪嫌疑人在法律上是无罪的。

（二）不起诉的种类和适用条件

不起诉有三种，即法定不起诉、酌定不起诉和证据不足不起诉，它们各自适用不同的条件。

一是法定不起诉。又称"绝对不起诉"，是指根据我国《刑事诉讼法》第173条第1款规定作出的不起诉。《刑事诉讼法》第173条第1款规定："犯罪嫌疑人没有犯罪事实，或者有本法第十五条规定情形之一的，人民检察院应当作出不起诉的决定。"按照这一规定，凡没有犯罪事实或者具有《刑事诉讼法》第15条规定情形之一的，人民检察院都应当作出不起诉决定，也就是说，对于这类案件，检察机关不享有作出起诉决定的自由裁量权，只能依法作出不起诉决定。

根据《刑事诉讼法》第 15 条规定，法定不起诉适用于以下六种情形：情节显著轻微、危害不大，不认为是犯罪的；犯罪已过追诉时效期限的；经特赦令免除刑罚的；依照刑法告诉才处理的犯罪，没有告诉或者撤回告诉的；犯罪嫌疑人、被告人死亡的；其他法律规定免予追究刑事责任的。

二是酌定不起诉。又称"相对不起诉"，是指由我国《刑事诉讼法》第 173 条第 2 款规定的不起诉。《刑事诉讼法》第 173 条第 2 款规定："对于犯罪情节轻微，依照刑法规定不需要判处刑罚或者免除刑罚的，人民检察院可以作出不起诉决定。"按照这一规定，人民检察院对于符合该款规定的案件的起诉与否享有自由裁量权。对于符合条件的，既可以作出起诉决定，也可以作出不起诉决定。

酌定不起诉的规定，表明我国刑事诉讼实行起诉便宜原则。从刑事诉讼制度的历史发展看，对于符合起诉条件的案件依法是否必须提起公诉，有两个不同的原则：其一是起诉法定原则，按照该原则，只要案件符合法律规定的起诉条件，公诉机关就必须提起公诉，而不能根据案件具体情况而自由裁量起诉与否。其二是起诉便宜原则，按照该原则，在案件具备起诉条件的情况下，公诉机关有权衡各种情形的权力，在认为不需要交由法院审判时，公诉机关可以裁量决定不起诉。自 20 世纪初期刑罚的目的刑理论取代报应刑理论后，起诉便宜主义逐渐被国际社会所承认，成为世界各国刑事诉讼制度发展的一大趋势。起诉便宜原则赋予公诉机关一定的自由裁量权，有利于根据犯罪人及犯罪的具体情况给予适当处理，从而有利于犯罪分子的更新改造，同时，也可以不必使一些轻罪案件流入审判程序，节约司法资源。

从我国刑事诉讼法的规定看，酌定不起诉的适用必须同时具备两个条件：一是犯罪嫌疑人的行为已构成犯罪，应当负刑事责任；二是犯罪行为情节轻微，依照刑法规定不需要判处刑罚或者免除刑罚。依据刑法规定，以下几种情形可以适用这种不起诉：犯罪嫌人在我国领域外犯罪，依照我国刑法应当负刑事责任，但在外国已经受过刑事处罚的（《刑法》第 10 条）；犯罪嫌疑人又聋又哑，或者是盲人的（《刑法》第 19 条）；犯罪嫌疑人因正当防卫或紧急避险过当而犯罪的（《刑法》第 20 条、第 21 条）；为犯罪准备工具，制造条件的（《刑法》第 22 条）；在犯罪过程中自动中止犯罪或者自动有效防止犯罪结果发生，没有造成损害的（《刑法》第 24 条）；在共同犯罪中，起次要或辅助作用的（《刑法》第 27 条）；被胁迫参加犯罪的（《刑法》第 28 条）；犯罪嫌疑人自首或者有重大立功表现或者自首后又有重大立功表现的（《刑法》第 67 条、第 68 条）。

三是证据不足不起诉。又称"存疑不起诉"，是指由我国《刑事诉讼法》第 171 条第 4 款规定的不起诉。我国《刑事诉讼法》第 171 条第 4 款规定："对于二次补充侦查的案件，人民检察院仍然认为证据不足，不符合起诉条件的，应当作出不起诉的决定。"实际上，证据不足意味着不具备起诉条件，对于这样的案件，即使检察机关提起了诉讼也不能获得胜诉，因而应当作出不起诉的决定。

按照《刑事诉讼法》第 171 条第 4 款的规定，证据不足不起诉适用的条件是：一是案件经过补充侦查。没有经过补充侦查的案件，不能直接适用该种不起诉。按照我国刑事诉讼法的规定，补充侦查应当在 1 个月补充侦查完毕，补充侦查以两次为限。依据最高人民检察院《刑事诉讼规则》第 403 条第 2 款的规定："人民检察院对于经过一次退回补充侦查的案件，认为证据不足，不符合起诉条件，且没有退回补充侦查必要的，可以作出不起诉决定。"二是证据不足。依据最高人民检察院《刑事诉讼规则》第 404 条的规定，具有下列情形之一的，不能确定犯罪嫌疑人构成犯罪和需要追究刑事责任的，属于证据不足，不符合起诉条件：犯罪构成要件事实缺乏必要的证据予以证明的；据以定罪的证据存在疑问，无法查证属实的；据以定罪的证据之间、证据与案件事实之间的矛盾不能合理排除的；根据证据得出的结论具有其他可能性，不能排除合理怀疑的；根据证据认定案件事实不符合逻辑和经验法则，得出的结论明显不符合常理的。

人民检察院根据上述情形作出不起诉决定后，如果发现新的证据，案件符合起诉条件时，有权决定提起公诉。

四是附条件不起诉。对于未成年人涉嫌侵犯人身权利民主权利、侵犯财产、妨害社会管理秩序犯罪，可能判处一年有期徒刑以下刑罚，符合起诉条件，但有悔罪表现的，人民检察院可以作出附条件不起诉的决定。这是 2012 年修订刑事诉讼法时在未成年人刑事案件诉讼程序中新增加的内容。具体规定在三个条文中。第 271 条规定："对于未成年人涉嫌刑法分则第四章、第五章、第六章规定的犯罪，可能判处一年有期徒刑以下刑罚，符合起诉条件，但有悔罪表现的，人民检察院可以作出附条件不起诉的决定。人民检察院在作出附条件不起诉的决定以前，应当听取公安机关、被害人的意见。对附条件不起诉的决定，公安机关要求复议、提请复核或者被害人申诉的，适用本法第一百七十五条、第一百七十六条的规定。未成年犯罪嫌疑人及其法定代理人对人民检察院决定附条件不起诉有异议的，人民检察院应当作出起诉的决定。"第 272 条规定："在附条件不起诉的考验期内，由人民检察院对被附条件不起诉的未成年犯罪嫌疑人进行监督考察。未成年犯罪嫌疑人的监护人，应当对未成年犯罪嫌疑人加强管教，配合人民检察院做好监督考察工作。附条件不起诉的考验期为六个月以上一年以下，从人民检察院作出附条件不起诉的决定之日起计算。被附条件不起诉的未成年犯罪嫌疑人，应当遵守下列规定：（一）遵守法律法规，服从监督；（二）按照考察机关的规定报告自己的活动情况；（三）离开所居住的市、县或者迁居，应当报经考察机关批准；（四）按照考察机关的要求接受矫治和教育。"第 273 条规定："被附条件不起诉的未成年犯罪嫌疑人，在考验期内有下列情形之一的，人民检察院应当撤销附条件不起诉的决定，提起公诉：（一）实施新的犯罪或者发现决定附条件不起诉以前还有其他犯罪需要追诉的；（二）违反治安管理规定或者考察机关有关附条件不起诉的监督管理规定，情节严重的。被附条件不起诉的未成年犯罪嫌疑人，在考验期内没有上述情形，考验期满的，人民检察院应当作出不起诉的决定。"

（三）不起诉裁量权

不起诉裁量权是指在案件具备法定起诉条件时，检察官依法享有的根据自己的认识和判断选择起诉或不起诉的权力。不起诉裁量权并非公诉权的必然内容，而是起诉便宜主义原则的主要内容和具体体现，是法律特别授予或认可的检察官对起诉与否的选择权。

各国在公诉问题上的基本立场，分为起诉法定主义和起诉便宜主义两种。在奉行起诉法定主义的国家，尽管检察官的公诉权表现为决定起诉和不起诉两个方面，但在具体案件中，由于对不具备法定起诉条件的案件只能作出不起诉处理，对于已经具备起诉条件的案件则必须依法提起公诉，所以，公诉权在具体案件中只能表现为起诉或不起诉中的一种形式，检察官对于案件的处理不享有根据自己的判断和理智选择起诉或不起诉的权力。在此意义上，起诉法定主义又包含有"不起诉法定主义"的要求。与此相对，在奉行起诉便宜主义的国家，尽管对于不具备法定起诉条件的案件，检察官同样不享有起诉与否的选择权，但对于已经具备起诉法定条件的案件，则有权根据自己对案件的理解和判断选择起诉或不起诉。可见，不起诉裁量权并非公诉权的必然内容，而是与起诉便宜主义密切相连的一种权力，只有在实行起诉便宜主义的国家，检察官才享有该项权力。也正因为如此，各国对待起诉便宜主义的态度直接决定着检察官享有不起诉裁量权的范围。大致说来，英美法系国家的不起诉裁量权很少受到限制，大陆法系国家的不起诉裁量权则受到严格的限制。

英美法系国家实行当事人主义，在起诉问题上检察官对案件享有广泛的不起诉裁量权，并殊少受到限制。首先，检察官的不起诉裁量权没有案件范围的限制。其次，检察官的不起诉裁量权包括两项具体的内容，即起诉与否的裁量权；在决定起诉时，选择较轻的罪名或以降格罪名起诉的裁量权。最后，检察官的不起诉裁量权具有很大的独立性。英美法系国家的检察官享有广泛的、几乎不受限制和约束的不起诉裁量权，是与其法律传统、当事人主义诉讼理念等诸多因素密切相关的。

大陆法系国家曾经一度实行严格的起诉法定主义，否认检察官对起诉与否的裁量权。20 世纪以后，随着对起诉便宜主义合理价值的承认，大陆法系国家也开始赋予检察官一定的不起诉裁量权。如日本的起诉犹豫制度，法国的追诉适当制度，德国的微罪不起诉制度等。大陆法系国家赋予检察官不起诉裁量权是权衡利弊的结果。尤其是与三种法哲学思潮密切相关：目的刑、教育刑理论的兴起；严格规则主义与自由裁量权相结合的立法趋势；经济分析法学的兴起。尽管大陆法系国家已经从立法上接受了起诉便宜主义，但在大多数国家，起诉便宜主义依旧是其起诉制度的基本立场，起诉便宜主义只是作为缓和起诉法定的僵硬的必要补充。与英美法系国家的检察官相比，大陆法系国家检察官的不起诉裁量权范围较为有限，并受到严格的限制：首先，一般而言，大陆法系国家不起诉裁量权的案件范围仅限于轻微犯罪；其次，大陆法系国家检察官在选择不起诉时，普遍受到一定的限制；最后，大陆法系国家对不起诉的案件，一般都设置有制约程序。①

日本于 1923 年对刑事诉讼法的全面修改过程中，裁量起诉主义得到了最初的明文规定："根据犯人的性格、年龄、境遇、犯罪的情节及犯罪后的状况，认为没有追究刑事责任之必要时，可以不提起公诉。"此后，检察官的裁量权得到了加强，比如，检察官在决定案件如何处理时可以在通常起诉、简单起诉、缓诉三种方式中选择。同时，防止裁量起诉主义被滥用的措施在一定程度上也得到了确立，比如，为防止偏重特殊预防的因素，在修改刑事诉讼法时，加进了"犯罪的轻重"这几个字。随着日本对法国法、德国

---

① 宋英辉：《刑事诉讼原理导读》，法律出版社 2003 年版，第 341 ~ 353 页。

法、美国法的不断吸收和借鉴,有一个问题值得深思,即裁量起诉主义给日本的刑事司法究竟带来了什么影响。日本有学者认为,日本的检察官在明治前期检察制度建立之初对犯罪的侦查并无太多介入,这是因为犯罪的侦查被认为完全属于警察的任务,如果是重要案件,这也是预审法官的任务。但之后检察官对介入侦查也逐渐采取了积极的态度。这种态度转换与裁量主义的确立有密切的联系。为了恰当地给予缓诉处分,有必要获得包括犯罪人种种情况的详细资料。而能够收集这种资料又使是否应该起诉的判断趋于精密化。这种循环作用的结果就是有罪率的确实上升。周密侦查、慎重起诉的"精密司法"有两方面的作用:一是提高了司法效率,二是加重了侦查对象的嫌疑者的负担。此外,万一误对无辜的人提起公诉,该被告为了获得无罪判决的努力,就意味着向万分之十二的概念挑战。这是非常困难和痛苦的过程。①

在传统上,我国奉行起诉法定主义,但基于刑事政策的考虑,在起诉问题上也赋予了检察机关一定的裁量权。《刑事诉讼法》第173 条第 2 款规定:"对于犯罪情节轻微,依照刑法规定不需要判处刑罚或者免除刑罚的,人民检察院可以作出不起诉决定。"可见,我国检察机关的不起诉裁量权具有以下特点:不起诉裁量权的范围较小;实际运作具有相对不确定性;受到严密的事后救济程序的制约。

1992 年,我国检察机关开始探索附条件不起诉,又称暂缓起诉。附条件不起诉是指检察机关对于某些符合起诉条件的案件,基于对犯罪嫌疑人的自身状况、公共利益以及相关刑事政策等因素的全面考虑,设立一定的考验期,对犯罪嫌疑人暂时不予起诉,期满后再根据具体情况作出起诉或不起诉决定,属于起诉裁量权的内容。我国 2012 年之前的刑事诉讼法未对此作出规定,但学者已有

---

① ［日］松尾浩也:《关于起诉裁量主义》,王亚新译,载［日］西原春夫主编:《日本刑事司法的形成与特色》,李海东等译,法律出版社、成文堂联合出版 1997 年版,第 153 ~ 161 页。

很多探讨，实践中的探索也为研究总结该制度提供了本土化的实践基础。据报道，上海市长宁区人民检察院、湖北省武汉市江岸区人民检察院、河北省石家庄市长安区人民检察院等是全国最早一批探索实施附条件不起诉的基层检察院。之后，山东、河南、吉林、辽宁、江苏等地占全国三分之一的检察机关实施过附条件不起诉。①2012 年修订后的刑事诉讼法在未成年人刑事案件诉讼程序中增加了附条件不起诉制度。

（四）对不起诉决定的申诉、复议和复核

对于附条件不起诉决定的申诉、复议和复核等内容，在上文已介绍。下面重点介绍其他三类不起诉的申诉、复议和复核。

按照刑事诉讼法及有关司法解释的规定，对于不起诉的决定，被害人如果不服，可以自收到不起诉决定书后 7 日以内向上一级人民检察院申诉，请求提起公诉。上一级人民检察院对不起诉决定进行复查后，应当在 3 个月内作出复查决定，案情复杂的，最长不得超过 6 个月。复查决定书应当送达被害人和作出不起诉决定的人民检察院。最高人民检察院《刑事诉讼规则》第 418 条规定，被害人不服不起诉决定的，在收到不起诉决定后 7 日后提出申诉的，由作出不起诉决定的人民检察院刑事申诉检察部门审查后决定是否立案复查。第 424 条规定，人民检察院发现不起诉决定确有错误，符合起诉条件的，应当撤销不起诉决定，提起公诉。第 425 条规定，最高人民检察院对地方各级人民检察院的起诉、不起诉决定，上级人民检察院对下级人民检察院的起诉、不起诉决定，发现确有错误的，应当予以撤销或者指令下级人民检察院纠正。

对人民检察院维持不起诉决定的，被害人可以向人民法院起诉。被害人也可以不经申诉，直接向人民法院起诉。人民法院受理案件后，人民检察院应当将有关案件材料移送人民法院。

---

① 孙力主编：《暂缓起诉制度研究》，中国检察出版社 2009 年版，序言第 1~5 页。

对于人民检察院依照《刑事诉讼法》第 173 条第 2 款规定作出的不起诉决定，《刑事诉讼规则》第 421 条、第 414 条、第 415 条、第 416 条进行了详细规定，具体内容如下：被不起诉人对不起诉决定不服，在收到不起诉决定书后 7 日以内提出申诉的，应当由作出决定的人民检察院刑事申诉检察部门立案复查。被不起诉人在收到不起诉决定书 7 日后提出申诉的，由刑事申诉检察部门审查后决定是否立案复查。人民检察院刑事申诉检察部门复查后应当提出复查意见，认为应当维持不起诉决定的，报请检察长作出复查决定；认为应当变更不起诉决定的，报请检察长或者检察委员会决定；认为应当撤销不起诉决定提起公诉的，报请检察长或者检察委员会决定。复查决定书中应当写明复查认定的事实，说明作出决定的理由。复查决定书应当送达被不起诉人、被害人，撤销不起诉决定或者变更不起诉的事实或者法律根据的，应当同时将复查决定书抄送审查起诉的公安机关和本院有关部门。人民检察院作出撤销不起诉决定提起公诉的复查决定后，应当将案件交由公诉部门提起公诉。

对于公安机关移送起诉的案件，人民检察院决定不起诉的，应当将不起诉决定书送达公安机关。公安机关认为不起诉决定有错误，要求复议的，人民检察院公诉部门应当另行指定检察人员进行审查并提出审查意见，经公诉部门负责人审核，报请检察长或者检察委员会决定。人民检察院应当在收到要求复议意见书后的 30 日以内作出复议决定，通知公安机关。上一级人民检察院收到公安机关对不起诉决定提请复核的意见书后，应当交由公诉部门办理。公诉部门指定检察人员进行审查并提出审查意见，经公诉部门负责人审核，报请检察长或者检察委员会决定。上一级人民检察院应当在收到提请复核意见书后的 30 日以内作出决定，制作复核决定书送交提请复核的公安机关和下级人民检察院。经复核改变下级人民检察院不起诉决定的，应当撤销或者变更下级人民检察院作出的不起诉决定，交由下级人民检察院执行。

第十章　侦查监督

一、侦查监督概述

在研究检察机关对国家权力运行的监督时，很多学者将检察机关的监督权概括为诉讼监督权，包括对全部诉讼活动，由侦查、审判到执行各个阶段构成的全部活动、整个过程的监督。毫无疑问，这种归纳概括无可非议，也是有道理的。但是，考虑到全部诉讼活动呈现出阶段性特征，为了细化对检察机关法律监督权的研究，本书拟以审判活动为中心，将诉讼监督分解为三个相对独立的阶段，即审判前阶段、审判阶段和审判后阶段；以主体（检察机关）—任务（监督内容）—客体（被监督者的行为）的对应性为切入点，将检察机关的诉讼监督分解为侦查监督、审判监督和执行监督，并按诉讼活动的运行顺序，分别依次予以探讨。

侦查监督权是法律赋予检察机关对刑事侦查工作进行监督的权力。侦查监督权首先源于宪法的授权，检察机关根据宪法对国家法律的实施进行监督，侦查活动是国家侦查机关实施法律的活动，必然要纳入到法律监督的范围之中。侦查监督权也是由刑事诉讼法对宪法授权具体化的结果，《刑事诉讼法》第8条规定："人民检察院依法对刑事诉讼实行法律监督。"据此，检察机关的监督活动要贯穿于刑事诉讼的全过程。侦查是审前阶段的主要活动，依法应受检察机关的法律监督。

刑事案件在进入审判程序之前，往往要经历复杂的侦查和检控程序。在这一程序中，有权的国家机关要对案件进行专门的调查，收集有关犯罪的证据和事实，追查有关的犯罪嫌疑人，并对案件是否具备提起公诉条件进行必要的审查，从而为审判做好准备。这一阶段在整个刑事诉讼中的重要性是不言而喻的，它与其他程序之间存在内在的联系，对其他程序有着重要的影响。

侦查是有关国家机关依职权进行的活动，除了国家授权的机关和人员外，其他机关和人员都无此权力。根据我国法律对侦查权的分配，侦查权实际上是由两类机关行使，一类是公安机关（广义），另一类是检察机关，这两类机关按照管辖分工各自独立地行使侦查权。侦查权取得和享有的合理性、合法性，并不必然地延续到具体的侦查活动之中。相反，由于侦查权本身所具有的独立性、强制性，主观能动性等特性，更容易使其越界和出轨，即超出合法性和合理性的界限，从而使侦查阶段成为公安机关违法的高发阶段。侦查权的异变和滥用既可能因客观条件导致，比如，紧急情况下采取侦查措施必然具有较高的失误风险，也可能因主观上的故意导致侦查权的滥用，比如刑讯逼供，超期羁押，任意拘留和逮捕，非法搜查、查封和扣押，殴打、虐待犯罪嫌疑人等；既可能以积极地滥用职权的形式侵犯公民的权利，也可能以消极的怠于行使权力的形式而轻纵犯罪。

侦查权的滥用在世界各国都是带有普遍性的现象，因此，各国都根据各自的国情建立起防止侦查权滥用的约束机制，其思路可以概括为"以权力制约权力"和"以权利制约权力"两种模式。我国没有采取以审判权制约侦查权的模式，也没有采用以"辩护方"的权利来制约侦查权的模式，[①] 而是采取大陆法系国家的通常做法，以检察权制约侦查权，以检察权对侦查权的有效控制来防止警察滥权，从而做到有效地维护人权并避免堕入"警察国家的梦魇"。

侦查监督权客体的情况比较复杂。由于我国法律授权行使侦查权的机关较多，不仅包括公安机关（有对大部分刑事案件的侦查

---

① 尽管修改后的刑事诉讼法允许律师在侦查阶段介入，亦可在一定程度上形成对警方侦查权的制约，但在现行司法体制下，律师的介入尚不足以构成对侦查权的有效约束。

权），还包括国家安全机关、监狱、军队保卫部门和海关的走私犯罪侦查部门，以及检察机关的反贪、渎职侵权检察部门等。按照法治的原则，根据我国设置法律监督机关、配置法律监督权的目的，所有的侦查权主体的执法行为，无一例外地都应当是检察机关侦查监督权的客体。因而，侦查监督权的客体也是多种多样的。在大部分场合，公安机关的刑事侦查行为是侦查监督权的客体，对少数案件来说，检察机关自身的职务犯罪侦查行为也是侦查监督权的客体。于是，在由检察机关行使侦查权的范围内，侦查监督的权力主体和客体发生了部分重合。

检察机关在侦查权与侦查监督权上主体与客体的部分重合，使得检察机关的侦查监督权成为颇受质疑的权力。比如，有学者指出，检察机关既是侦查机关又是公诉机关，角色定位决定思维方式，重视的往往是对犯罪嫌疑人不利的证据和事实，即使进行法律监督，关注的常常是从如何有效地进行追诉的角度进行监督，而不是对有助于嫌疑人辩护的角度进行监督。再如，检察机关既是侦查监督权的主体，也因行使一部分案件的侦查权，成为侦查监督权的客体，特定案件中监督主体和监督客体身份的混同是不争的事实，这种法律监督名存实亡。① 这些见解引人深思，对于法律监督权的完善和刑事诉讼构造的更加合理都不无启发意义。

我们认为，对公安机关侦查活动的监督，不会因为检察机关既是侦查机关又是公诉机关的诉讼角色而丧失监督的公正性。首先，认识诉讼角色、评价角色在诉讼中的作用，不能离开法律的规定。检察机关的诉讼角色和作用决定于法律的规定，其作用是依法行使职权的结果。我国的刑事诉讼法对检察机关的角色及其职权有三个层次的规定：第一个层次是体现了立法目的，即正确适用刑法惩罚犯罪，实现国家刑罚权并保障诉讼参与人的合法权益不受侵犯，尤其是保障与诉讼案件结果有直接利害关系的犯罪嫌疑人、被告人和

---

① 陈瑞华：《刑事诉讼的前沿问题》，中国人民大学出版社 2000 年版，第 322 页、第 337 页。

被害人的诉讼权利，这一立法目的是检察机关认识和行使自己在刑事诉讼中的权力的基本准则。第二个层次的规定是确认检察机关的法律监督权，将检察机关依法对刑事诉讼实行法律监督确认为刑事诉讼的基本原则，这是使立法目的得以实现的法律保证。第三个层次是对检察机关在刑事诉讼中的法律监督权的具体规定。通过具体权力的行使，实现对刑事诉讼的监督，保证立法目的的实现。这些规定进一步明确了检察机关作为法律实施监督者的基本角色定位，只要检察机关依法行使职权，就是在忠诚地履行法律监督的职能，发挥法律监督的作用。因此，在正确认识检察权和准确评价检察权时，都不能离开法律规定。其次，检察机关在刑事诉讼活动中是代表国家行使对犯罪的追诉权，而不是被害人的代表。法律为检察机关设定的义务是既要搜集和关注有利于追诉的证据和事实，也要注意收集有利于被告人的证据和事实。对法定义务的全面履行，使检察机关不能仅仅局限于控方的立场，加之法律监督者的身份又使其进一步处于居中、客观的位置。因而犯罪嫌疑人的无罪或罪轻的辩解，以及对警方刑讯逼供等问题的揭露，也会引起检察机关的重视，成为监督侦查权的一种来源和动力。最后，起诉权的成功行使受制于法院的判决或裁定，而并非检察机关的一厢情愿。这就迫使检察机关必须从追诉犯罪和保护人权两个角度来审查和评价侦查活动及其结果的合法性，使追诉犯罪和保护人权都得到同等的关注，以履行检察机关的客观性义务，实现客观公正的监督。在这一点上，检察官与法官的地位和思维方式十分相似。检察机关就是要通过侦查监督权的行使，来防止警察权力的滥用，从而实现追究犯罪和保护人权的目的。

在检察机关直接受理有关案件时，并不排除检察机关集侦查机关、公诉机关和法律监督机关三位一体的局面。但是，即使出现这种情况，也不应因此而否定检察机关的侦查监督权，也不会成为法律监督权行使的障碍。这是因为：首先，法律要求检察机关对法定主体在实施法律活动时要进行平等的、无差别的监督。检察机关的侦查活动也是实施法律的活动，与法律能否得到统一实施有着十分密切的关系，理所当然地也要成为监督的对象。检察机关的侦查活动除了要作为全部检察活动的组成部分受到人民代表大会及其常委会的监督外，作为检察机关的内部职能部门，其活动也要受到检察机关的严格监督。为了有效地实现对自侦权的制约，目前各级检察机关的通行做法是分解侦查、批捕和公诉的职能，使自侦权受到其他职能部门的有力约束，从而保证自侦权的合法行使。检察机关的这些内部约束机制有如法院内部的审级制度和审判监督程序，虽同为系统内的权力制衡机制，但也是行之有效的约束，是不能弃之不用的制度，也是学理探讨时不能忽略不计的约束。随着我国司法体制改革特别是检察改革的日趋深入，这些检察机关的内部约束机制也正在得到不断的健全和完善。其次，当出现权力重合时，由于任何职权同时又是对国家的职责，检察机关会更为慎重地对待每一项权力，尤其是法律监督权。鉴于检察机关在对公安机关侦查活动的监督中已取得了丰富的经验，它完全可以借鉴这些宝贵的经验，并用于对其自侦案件的监督，从而形成行之有效的内部约束机制。再次，检察机关对自侦案件的侦查监督并不是刑事诉讼的最后程序，更不是对实体问题的最终决定。自侦案件的结果还要通过起诉接受审判程序的检验，接受辩方的质疑和法院的审查，这实际上也是对检察机关自侦活动的有效监督。为了保证起诉的成功，经得起审判活动的检验，检察机关也必须提高自侦案件的质量，强化对自侦案件侦查活动的监督。最后，必须承认，监督者自己监督自己确实会带来他人对监督活动及其结果是否客观公正的怀疑。为了增强法律监督的公信力，可以设想在改革的进程中增加某些新的监督机制，比如，由法院来行使对检察机关自侦案件的批捕权、审查权等，然而此种做法也不无弊端，它可能导致法院的先入为主，更可能导致凡捕必判。又如，试行人民监督员制度，由人民监督员实行对检察机关自侦案件的监督。总之，一切可行的约束机制都是可以探讨的，但一切可探讨的约束机制都是对现行侦查监督机制的完善，而不是对检察机关侦查监督权的否定，更不应由此导致对全部侦查监督权的否定。

此外，还有学者进一步评说、质疑监督的效力、监督客体与监督主体的距离和监督方式等问题。对此，我们认为，侦查主体和法律监督主体的身份不能混同，侦查监督的职权是监督侦查而不是取代侦查，侦查权的行使方式应当是侦查机关独立行使，因为只有独立行使，才能保证侦查机关排除案外干扰，及时、有效地完成侦查任务。对侦查的监督主要应是事后监督，即对侦查结果的审查。检察机关应当与侦查机关、侦查活动保持一定的距离，这是有效监督的必要前提。在我国，不应实行所谓的"检警一体制"。混淆检警关系，就是自卸监督职责，改作刑事警察，这显然不符合宪法对检察机关性质的定位。由于我国的法律监督主要是在诉讼程序中的监督，因而法律监督多为事后监督，尽管这种监督缺乏时效性、及时性，但却是较为合理的、成本较低的、效果较好的监督。保持与侦查活动的距离，从旁监督，事后监督，是侦查监督合理的制度设计；若近距离、同步监督，实际上就变成侦查活动的参与者，就丧失了监督者的立场，会致力于维持侦查的结果，而不是对侦查进行监督。

与公诉权、侦查权的监督属性不同，侦查监督权是对国家行政权力的监督，在法律监督权体系中处于特殊的地位，有着不可替代的功能，具体表现为以下三个方面：

第一，监督侦查权力的行使，防止和纠正可能的权力滥用和误用。侦查权在国家权力中是一种极具强制性的权力，它的滥用和误用，不仅会造成对人权的侵犯和践踏，而且将导致对法律尊严和法定秩序的破坏。由于国家侦查机关在设立和权力配置时，法律为其设定了特殊的宗旨和任务，使侦查机关具有追诉犯罪的强烈倾向，十分重视侦查权力的行使。特别是在案件的侦破过程中，受种种因素的影响，侦查权力的行使极易出现偏差，乃至被滥用。为此，就必须强化检察机关的侦查监督权，既要保证侦查机关有足够的权力履行其打击犯罪的职能，又要防止可能出现的对侦查权的滥用和误用，以免伤及无辜，侵犯人权。总之，侦查监督的目的就是要使侦查权的行使始终符合民主与法治的要求。

第二，在诉讼过程中，与其他监督权衔接、递进和配合，以实现法律监督权的整体功能。侦查监督权是对侦查机关侦查权力的检验和确认。一方面，可以有效地防止侦查权的违法行使；另一方面，又可以使依法行使的侦查权的合法性和效力得以确认。通过侦查监督权检验的侦查权不仅更具权威和效力，同时在监督的过程中也使检察机关的法律监督得到进一步的加强。侦查监督权联接着公诉权，并通过公诉权参与法律监督权体系的运作，实现法律监督权权力体系的作用。侦查监督权是公诉权行使的前提，决定着公诉权行使的质量；同时，公诉权在确认了侦查监督权行使的结果后，将法律监督权传递到审判领域，从而又改变了法律监督权的具体形态。

第三，通过对侦查活动的全程监督，发挥着惩罚犯罪、保护人权的双重功效。"侦查阶段是刑事程序中控制犯罪与保障人权两种利益最容易发生冲突的阶段。"[①] 实现两种利益的平衡，是侦查监督权设置和行使的价值目标。侦查监督权将侦查机关在不同阶段、不同形式的侦查活动纳入了法律监督的视野，使违法犯罪得到追究，使公民权利得到保护，从而有效地保证了国家法律的统一实施。

刑事侦查是有关国家机关依职权进行的专门调查活动，除了国家授权的机关和人员外，其他机关和人员都无此权力。与审判的被动性相比，侦查具有主动性强制性，这使得侦查活动很容易逾越法律的界限而侵犯人权。由于主客观因素的制约，侦查活动的合法性和合理性很难依靠侦查人员的自律来达到。侦查实践中不断出现的侵权事件说明，即便正当拥有侦查权的机关和个人也并不一定能正当行使侦查权。侦查权的积极滥用会侵犯公民的权利，而消极懈怠的侦查则会轻纵犯罪，这两种情形都有悖于刑事诉讼的根本目的。故而，侦查活动需要有效的监督制约机制来保证。

[①] 宋英辉、吴宏耀：《刑事审判前程序研究》，中国政法大学出版社2002年版，第112页。

二、侦查监督的方式

从宏观上看，对侦查权的监督是多维度、多层次的。有以内部管理体制为载体的内部监督，也有以新闻舆论为形式的外在监督；有来自国家机关的权力监督，也有来自公民和社会的权利监督。在各种监督方式中，对侦查权最为规范、最有效的监督是来自诉讼内的监督。所谓诉讼内监督是通过诉讼职能划分和诉讼程序运作来实现对侦查活动的限制，以使侦查权在合理的限度之内运行。诉讼职能的划分使得侦查监督的主体和权限进一步明晰，程序的设置使得侦查监督更为有序和规范，因此侦查监督以诉讼内监督最为重要，诉讼内监督也最具有代表性。

由于各国诉讼观念上的差异和价值取向的不同，以及对侦查权性质的不同理解，侦查监督的模式也存在差异。

（一）外国侦查监督方式的比较分析

基于三权分立原则，西方大多将侦查权和检察权视为行政权。侦查权的主体主要是司法警察和检察官。对于侦查权的监督分为两方面，一方面是通过检察官对警察侦查的监督，这种监督往往与警察系统内部上下级之间的监督一起被视为内部监督，亦即行政性的监督。实际上，这两种监督还是有所区别的，后者是一种内部管理性质的监督，前者则是典型的诉讼内监督。另一方面是通过法官的司法审查和审判监督，即所谓的司法监督。

1. 检察监督

检察官对侦查活动进行监督在大陆法系国家体现的比较充分。这与大陆法系国家的检察制度紧密相连。检察官对警察侦查行为的控制主要表现在以下方面：

（1）对司法警察进行指挥、调度

在大陆法系国家，检察官与司法警察在法律上没有明确的侦查管辖范围，原则上对于任何案件检察官或检察长都有侦查权，检察官对司法警察的侦查行为有不同程度的监督权和指挥权。检察官在侦查中对司法警察的侦查活动进行指导、指挥和控制，客观上起着监督作用。

如法国，2000 年 6 月 15 日第 2000 - 516 号"关于加强保障无罪推定和被害人权利的法律"增加规定了《刑事诉讼法典》第 75 - 1 条和第 75 - 2 条。规定"在向司法警官下达进行初步侦查指令的情况下，大审法院检察长应当确定期限，在此期限内，侦查工作应当完成，但根据侦查人员提供的证明，此期限可以延长"。"当侦查是按照上级指示进行时，如果侦查的时间已经超过了 6 个月，司法警察应当将侦查工作的进展情况向大审法院的检察长汇报。""负责重罪或轻罪案件初步侦查的司法警官，一旦发现某人存在已正式的可以推定其实施犯罪行为或试图实施犯罪行为的行迹，应当向大审法院检察长汇报。"

在德国，检察机关是根据法院组织法设立的。从宪法权力分立来看，检察官属于政府行政部门而不是司法部门。检察官的职责包括：受理刑事检举和刑罚请求；领导侦查；采取拘留、搜查、扣押、保全措施、确认身份等其他缉捕措施；决定是否提起诉讼等。其中，领导侦查是重要职责。根据德国刑事诉讼法的规定，在侦查程序中检察官有指挥权，绝大多数警察都是公诉检察官的"附属官员"，受其指示。只有在个别有限的委托侦查案件中，警察机关才有指挥权。

在意大利，检察机关执行控诉职能，领导警察实施侦查活动。在结构体系上，实行的是审检合署制，检察院的机构设置于法院中。每个检察官都具有法官资格，都隶属于最高法官委员会的领导。警察则在犯罪侦查部的直接指挥下，对刑事案件实施侦查工作，包括发现犯罪消息、寻找犯罪线索、搜寻犯罪证据。犯罪侦查部隶属于国家检察官办公室。

（2）对强制性侦查措施进行控制

如法国《刑事诉讼法典》第 63 条规定："如果存在一个或多个合乎情理的理由怀疑其已经实施或者试图实施犯罪行为，处于调查的需要，司法警官可以对任何人采取拘留措施，并应当在拘留一开始就通知大审法院检察长。""对被拘留的人羁押不得超过 24 小时。不过，经大审法院检察长书面批准，可以将拘留时间最多再延长 24 小时。该司法官可以与被拘留人实现会面后再作出这一批准决定。"

德国警察获悉刑事犯罪的有关活动后，便主动开始侦查活动，采取紧急措施。警察在采取侦查活动后立即将案情报告检察官，这样做主要是为了确保检察机关在调查程序中的领导地位。

意大利警察对于可能具有严重性犯罪以及现行犯可以实行逮捕。一旦实施，法律要求警察立即通知检察官。

（3）通过对警察人事选择和处分进行侦查监督

为保证检察官指挥警察和监督侦查的权力，法国赋予检察长指定警察署署长的权力。《法国刑事诉讼法》第 45 条至第 48 条规定：在任何情况下，共和国检察官如果认为必要，都可以在犯罪发生地的警察派出所行使其惯常的职权。如果警察署警长不能履行职责，检察长将在大审法院辖区内的国家警察局的警长和正副督察员中为全年度指定一名或数名他认为适合的人选为代替人。如果违警罪法庭所在地有数个警察署警长时，检察长将指定其中一个警长行使检察官的职权。如果违警罪法庭所在地没有警察署警长，检察长将在该法庭所在地的大审法院辖区内的国家警察局的警长或正副督察员中指派一名行使检察官的职权。如果不行，则在位于距违警罪法庭所在基层法院最近的其他大审法院辖区内指定。

又如日本刑事诉讼法第 194 条赋予检察官对警察提出惩戒和罢免追诉的权力。该条规定："如果没有正当理由而不服从检察官的指示和指挥时，可以根据情况，分别由检察总长、高等检察厅厅长或地方检察厅厅长向国家安全委员会或都道府县公安委员会，提出惩戒或罢免的追诉。各该委员会认为追诉有理由时，应当依法对受追诉人进行惩戒或罢免。"

2. 司法监督

所谓的司法监督实际上是审判权对侦查活动的监督，这种监督在大陆法系和英美法系国家都有所体现。监督的对象涉及所有侦查权的主体，既包括警察也包括检察官。主要形式包括：

（1）司法授权

通过司法令状，对涉及公民权利的强制性侦查措施行使裁判权。

对于可能侵犯公民权利的强制性侦查措施，德、法、意等大陆法系国家也都实行司法审查机制，实行令状限制。如德国的侦查程序中，只有法官才具有完全的强制力，检察机关只有有限的强制力。检察官无权作出羁押和拘留决定，无权主持宣誓以及在特定的案件中下令扣押、检查身体、抽验血液、无权吊销执照和暂时收容观察。这些都需要法官进行司法审查，签发司法令状后才能实施。法国则于 2000 年 6 月 15 日设立"自由与羁押法官"对先行羁押这一强制措施实行双重监督。"自由与羁押法官"的重要职责是决定或延长先行羁押，并对释放请求作出决定。意大利警察一旦实施逮捕，法律要求警察立即通知检察官、被告人的辩护律师以及被告人的家人。在 48 小时内，检察官必须将逮捕的要求交给预审法官，预审法官必须在下一个 48 小时内对于是否逮捕作出裁决。如果 48 小时内没有作出逮捕裁决，那么，警察实施的逮捕无效，应当立即释放嫌疑人。

在英美国家，司法令状的使用更为普遍。美国检察官及司法警察的监听、搜查、逮捕等侦查行为受到法官的令状制约。令状制约的实质是以令状的形式对可能严重侵犯公民权利的侦查行为和措施的使用进行司法授权和救济，防止其滥用。这些令状主要包括：①监听令状。美国《监听法》要求侦查机关在需要采取监听手段时，除经通讯的一方当事人事先同意的以外，原则上必须事先申请由管辖权的法官授权；紧急情况下，也可先进行监听，然后申请有管辖权的法官认可。在州系统，州首席检察官或地方自治实体的首席检察官根据州成文法的授权，可以向有管辖权的州法官申请监听令或认可监听。联邦检察官可以授权针对联邦法上的重罪向有管辖权的联邦法官提出监听令申请或认可监听的申请。②搜查令状。基于美国联邦宪法第 4 修正案令状主义的要求，搜查决定权原则上属于法官，侦查机关只有在紧急情况下才有搜查权。搜查证原则上由"中立的法官"签发，不得由检察长签发。③逮捕令状。对于逮捕行为，侦查人员应先向法官申请，经法官审查批准并签发逮捕证后，才能逮捕嫌疑人。经过法官签发逮捕证是逮捕的程序要件。《联邦刑事诉讼规则》第5条规定，无论是有证逮捕还是无证逮捕，执行逮捕后，都必须将被逮捕人无迟延地带到联邦治安法官处。

（2）司法救济

通过受理公民就强制措施提出的控诉或上诉，对公民权利进行救济，同时对侦查活动进行监督制约。这种机制主要是通过被告人防御性权利尤其是宪法权利来对抗侦查权的滥用。在实行对抗制诉讼模式的英美法系国家，这种侦查监督方式最为普遍。注重公民个人权利的宪法保障是英美司法制度的重要特征。一方面，一些与公民切身利益紧密相关的权利被上升为宪法权利；另一方面，为保证这些权利的实现，与之紧密相关的刑事程序也被宪法化。这些宪法性权利虽然只是原则性规定，但在法院判例的推动下，这些权利和与其相关的司法救济机制现在已成为被告人防止侦查权非法侵害的可靠保障，同时也构成了对侦查权的有力监督。

（3）司法审判中非法证据的排除

在正式的法庭审理中，允许在侦查阶段权利受到侵犯的被追诉人在审判阶段对侦查和取得证据的合法提出异议，由法院审查侦查的合法性和证据的合法性，决定证据是否排除。

非法证据排除规则是西方普遍确立的证据规则，该规则使得法院可以通过证据合法性的审查带动对侦查行为合法性的审查。对非法证据的排除实际上是从结果上对侦查活动进行监督，这种监督具有事后监督的性质。但由于排除了非法侦查收集的证据，相当于否定了不正当侦查行为的直接成果，监督效果比较直接。

一般而言，这两方面的监督在不同国家的诉讼程序中都有所体现，但是在不同国家有主次之分，有的以检察监督为主，有的以审判监督为主。由于检察官在大陆法系国家的审前程序中扮演着重要的角色，检察监督在侦查监督中扮演者着重要的角色。梅利曼教授认为，欧洲刑事诉讼程序朝着更为正当和人道的方向发展，其主要进步是通过对刑事诉讼的调查和预审阶段进行改革来实现的。而这些改革的基本途径之一就是"努力将公正客观的进行活动的检察官发展成为诉讼活动的核心"。[①] 这也使得检察官在侦查监督中的作用进一步凸显。而英美法系国家，由于检察制度的差异，检察官对警察的侦查起不到多大的制约作用，侦查监督一方面来自警察系统的内部，一方面来自审判权对侦查权的制约。相比较而言，审判权对侦查的监督作用更为突出。实际上，在侦查权的性质定位和侦查监督主体的选择上的差异与各国的宪政体制、法律文化传统和现实国情紧密相关，很难说孰优孰劣、孰是孰非。

（二）我国侦查监督方式的选择

我国刑事侦查监督的体系也是多元的，但诉讼内的监督主要是由检察机关进行的。检察机关的监督在整个侦查监督体系中具有至关重要的作用。在监督方式上，我国选择的是以检察监督为主的模式。将侦查监督作为检察机关重要职能并将检察机关作为监督侦查权的主体，并不是随机选择的结果，而是一些内在因素作用的结果。这些因素包括：

1. 检察机关的宪法地位

我国的宪政体制不同于实行三权分立的国家，检察机关的宪法地位也不同于其他国家。在"一府两院"的体制下，检察机关是与审判机关相并列的法律监督机关。作为国家的法律监督机关，检察机关的侦查监督权首先源于宪法的授权。侦查活动是国家侦查机关实施法律的活动，将侦查活动纳入到法律监督的范围之中是宪法的必然要求。可以说检察机关行使侦查监督权是法律监督权在刑事诉讼中具体化的结果。对此，我国刑事诉讼法也明确予以确认。

[①] ［美］约翰·亨利·梅利曼：《大陆法系》，顾培东、禄正平译，法律出版社 2004 年版，第 136 页。

《刑事诉讼法》第8条规定，"人民检察院依法对刑事诉讼实行法律监督"。

2. 我国刑事诉讼的特殊构造

在我国刑事诉讼中，普通案件的侦查权由公安机关行使，检察机关行使着职务犯罪侦查权、审查逮捕权、公诉权、审判监督权和执行监督权。一方面，侦查与公诉之间存在有机的内在联系，公诉需要对侦查的过程和结果进行全面审查；另一方面，我国没有西方那样的司法审查制度，在刑事诉讼呈阶段性推进的情况下，审判权对侦查权的制约十分有限。在这种情况下，对公安机关的侦查监督只能由检察机关行使最为可行。这使得检察机关有必要在审前程序中承担类似司法审查的职能。同时，由于我国检察机关和审判机关同属于广义的司法机关，检察机关在审前阶段承担制约侦查权、救济公民权利的职能也是可行的。

3. 我国特殊的检警关系

在"一府两院"的政治体制下，公安机关隶属于政府，检察机关是独立于政府的法律监督机关，在这种检、警分属于不同体系的体制之下，不可能实行所谓的"检警一体"机制。这意味着检察机关缺乏指挥公安机关侦查的基础，同样也使得检察机关难以对公安机关侦查人员进行人事处分。但另外，侦查与公诉有着紧密的内在联系，侦查活动是否合法、侦查是否有效直接影响公诉的进行。由于侦查与公诉在职能上具有承继关系，检察机关需要对侦查活动发挥一定的影响和制约作用，但由于公安机关和检察机关分属于不同的系统，地位相互独立，使得两者之间自然而然地出现了监督关系。在检察机关控制和指挥公安机关侦查存在体制障碍的情况下，建立外部监督与被监督关系是一种相对合理的选择。

从上面的分析可以看出，我国特殊的宪政体制、独特的诉讼构造和检、警关系决定了我国的侦查监督方式既不同于西方的司法监督，又不同于西方的检察监督。

三、侦查监督的范围

顾名思义，侦查监督的对象就是侦查活动，侦查监督范围的确定应当以侦查活动的标准来确定。但由于我国法律授权行使侦查权的机关较多，侦查活动的范围显得有些复杂。根据我国刑事诉讼法的规定，除公安机关对大部分刑事案件行使侦查权外，国家安全机关、检察机关、监狱、军队保卫部门和海关的走私犯罪侦查部门也行使部分特殊案件的侦查权。由于诉讼程序是一样的，侦查主体的不同并不会使侦查权被滥用的危险必然消失，因此对所有侦查活动进行监督是必要的。而根据我国设置法律监督机关、配置法律监督权的目的，所有的侦查权主体及其侦查活动，都应当纳入侦查监督的范围。据此，从侦查权主体看，我国侦查监督的对象范围不仅限于公安机关的侦查活动，还应当包括国家安全机关的侦查活动和检察机关自侦案件的侦查活动；此外，还应包括军队保卫部门、监狱以及海关走私侦查部门的侦查活动。监督的范围应当从立案到侦查结束的全部侦查过程和活动，既包括公开的常规侦查措施和活动，也包括秘密的特殊侦查措施和活动；既包括强制性的侦查措施的适用，也应当包括非强制性的侦查措施的适用。具体地说，包括以下方面：

（一）立案监督

对立案的监督是否属于侦查监督范围，曾经存在争议。有人认为，在我国诉讼程序中立案属于独立的诉讼阶段，对立案的监督属于立案监督，而不是侦查监督。这种观点的问题在于对立案和侦查进行了绝对化的分割，无视两者的密切联系。从宽一些的视角审视，立案实际上是侦查的启动程序，是正式侦查活动的铺垫和开始，如果侦查监督不包括立案，则必然会出现监督的空白。诚然，在我国刑事诉讼法中，立案是一个独立的诉讼阶段。但一旦立案就会给被立案者确立犯罪嫌疑人的身份，使其接受刑事调查。立案本身并不意味着对被立案者的人身、财产等权利进行限制、剥夺，但紧随其后的必然是一系列的强制性侦查措施。如果立案的屏蔽和过滤作用得不到发挥，就会从源头上打开缺口，难以防止侦查权的滥用，对当事人基本人权的保护也难以实现。另外，应当立案而不立案，会使侦查权落空，进而使国家的刑罚权落空，无法通过惩罚犯罪来维护社会秩序，保护国家、社会和公民的合法权利。可见，无论哪种情况都会有碍法律的正确实施，损害法律的权威和尊严。因此，对立案进行全面监督应当纳入侦查监督的范围。

侦查机关立案活动违法主要有两种表现：一是应当立案侦查而不立案，二是不应当立案而立案侦查。显然这两种情况都应当是检察机关监督的对象。但是我国现行刑诉法在这方面的规定并不全面。2012年3月修订的新《刑事诉讼法》规定："人民检察院认为公安机关对应当立案侦查的案件而不立案侦查的，或者被害人认为公安机关对应当立案侦查的案件而不立案侦查，向人民检察院提出的，人民检察院应当要求公安机关说明不立案的理由。人民检察院认为公安机关不立案理由不能成立的，应当通知公安机关立案，公安机关接到通知后应当立案。"① 根据这一规定，检察机关对公安机关应当立案而没有立案的，可以进行监督。但是对公安机关不应当立案而立案的，是否可以监督，语焉不详。实践中，一些公安机关用刑事手段插手经济纠纷，对于经济纠纷进行刑事立案，而后又任意撤案。对于这种情况，检察机关进行监督是必要的。要确保侦查权的正确行使，必须要完善两方面的监督机制，即检察机关对侦查机关违反规定不应当立案而立案和应当立案而不立案的监督机制。

2012年10月通过的《人民检察院刑事诉讼规则（试行）》对立案监督程序进行了进一步完善，尤其是明确了对不应当立案而立案情形的监督。根据《人民检察院刑事诉讼规则（试行）》第十四章第一节的相关规定，被害人及其法定代理人、近亲属或者行政执法机关，认为公安机关对其控告或者移送的案件应当立案侦查而不立案侦查，或者当事人认为公安机关不应当立案而立案，向人民检

---

① 《中华人民共和国刑事诉讼法》第111条（原刑事诉讼法第87条）。

察院提出的，人民检察院应当受理并进行审查。① 人民检察院控告检察部门受理对公安机关应当立案而不立案或者不应当立案而立案的控告、申诉，应当根据事实和法律进行审查，并可以要求控告人、申诉人提供有关材料，认为需要公安机关说明不立案或者立案理由的，应当及时将案件移送侦查监督部门办理。② 人民检察院侦查监督部门经过调查、核实有关证据材料，发现有证据证明公安机关可能存在违法动用刑事手段插手民事、经济纠纷，或者利用立案实施报复陷害、敲诈勒索以及谋取其他非法利益等违法立案情形，尚未提请批准逮捕或者移送审查起诉的，经检察长批准，应当要求公安机关书面说明立案理由。③ 人民检察院要求公安机关说明不立案或者立案理由，应当制作要求说明不立案理由通知书或者要求说明立案理由通知书，及时送达公安机关，并且告知公安机关在收到要求说明不立案理由通知书或者要求说明立案理由通知书后 7 日以内，书面说明不立案或者立案的情况、依据和理由，连同有关证据材料回复人民检察院。④ 公安机关说明不立案或者立案的理由后，人民检察院侦查监督部门应当进行审查，认为公安机关不立案或者立案理由不能成立的，经检察长或者检察委员会讨论决定，应当通知公安机关立案或者撤销案件。侦查监督部门认为公安机关不立案或者立案理由成立的，应当通知控告检察部门，由其在 10 日内将不立案或者立案的理由和根据告知被害人及其法定代理人、近亲属或者行政执法机关。⑤ 人民检察院通知公安机关立案或者撤销案件，应当制作通知立案书或者通知撤销案件书，说明依据和理由，连同证据材料送达公安机关，并且告知公安机关应当在收到通知立案书后 15 日以内立案，对通知撤销案件书没有异议的应当立即撤

①　2012 年 10 月修订的《人民检察院刑事诉讼规则（试行）》第 553 条。
②　2012 年 10 月修订的《人民检察院刑事诉讼规则（试行）》第 554 条。
③　2012 年 10 月修订的《人民检察院刑事诉讼规则（试行）》第 555 条。
④　2012 年 10 月修订的《人民检察院刑事诉讼规则（试行）》第 557 条。
⑤　2012 年 10 月修订的《人民检察院刑事诉讼规则（试行）》第 558 条。

销案件，并将立案决定书或者撤销案件决定书及时送达人民检察院。① 人民检察院通知公安机关立案或者撤销案件的，应当依法对执行情况进行监督。② 应该说，2012 年 10 月修订的《人民检察院刑事诉讼规则（试行）》填补了新刑事诉讼法有关立案监督的空白，进一步完善了立案监督制度。从长远看，还需要在刑事诉讼法中予以正式确认。

（二）侦查活动监督

侦查活动监督是人民检察院依法对侦查机关的侦查活动是否合法进行的监督。侦查机关在侦查过程中采取的拘留、取保候审、监视居住等强制措施以及扣押、冻结、查封等强制性侦查措施，直接涉及到公民人身自由、财产权利等基本人权的限制或剥夺。如何防止侦查措施的滥用，是司法体制必须要认真对待的重要问题。从国外看，一般是通过司法审查的方式对侦查活动加以制约，侦查中采取强制性侦查措施，一般都要由预审法官颁发令状。紧急情况下，可以先采取行动，但事后必须要得到法官的确认。而我国公安机关侦查案件，除逮捕需检察机关审查批准以外，采取其他强制性侦查措施都是自定自用，缺乏外部监督和救济机制，不利于公民人身权利和财产权利的保护。在我国现行的刑事诉讼制度中，并没有建立必要的司法审查或救济机制，审判权难以在侦查过程中对侦查活动实行监督和制约，这一空白需要检察机关的侦查监督来填补，以便为公民权利提供有效的救济机制。

从目前来看，仅仅对逮捕进行审查还远不能防止所有侦查措施的滥用，需要对其他侦查措施设立相应的监督机制，为被侵害的权利提供必要的救济渠道。考虑到侦查的效率和监督可行性，法律可以在监督机制上进行调整，但无论如何，把逮捕以外的侦查措施纳入到侦查监督的范围中来，是十分必要的。2012 年 10 月修订的

---

① 2012 年 10 月修订的《人民检察院刑事诉讼规则（试行）》第 559 条。
② 2012 年 10 月修订的《人民检察院刑事诉讼规则（试行）》第 560 条。

《人民检察院刑事诉讼规则（试行）》第 565 条对侦查活动监督的范围进行了进一步的明确。根据该条规定，侦查活动监督主要发现和纠正以下违法行为：（1）采用刑讯逼供以及其他非法方法收集犯罪嫌疑人供述的；（2）采用暴力、威胁等非法方法收集证人证言、被告人陈述，或者以暴力、威胁等方法阻止证人作证或者指使他人作伪证的；（3）伪造、隐匿、销毁、调换、私自涂改证据，或者帮助当事人毁灭、伪造证据的；（4）徇私舞弊，放纵、包庇犯罪分子的；（5）故意制造冤、假、错案的；（6）在侦查活动中利用职务之便谋取非法利益的；（7）非法拘禁他人或者以其他方法非法剥夺他人人身自由的；（8）非法搜查他人身体、住宅，或者非法侵入他人住宅的；（9）非法采取技术侦查措施的；（10）在侦查过程中不应当撤案而撤案的；（11）对与案件无关的财物采取查封、扣押、冻结措施，或者应当解除查封、扣押、冻结不解除的；（12）贪污、挪用、私分、调换、违反规定使用查封、扣押、冻结的财物及其孳息的；（13）应当退还取保候审保证金不退还的；（14）违反刑事诉讼法关于决定、执行、变更、撤销强制措施规定的；（15）侦查人员应当回避而不回避的；（16）应当依法告知犯罪嫌疑人诉讼权利而不告知，影响犯罪嫌疑人行使诉讼权利的；（17）阻碍当事人、辩护人、诉讼代理人依法行使诉讼权利的；（18）讯问犯罪嫌疑人依法应当录音或者录像而没有录音或者录像的；（19）对犯罪嫌疑人拘留、逮捕、指定居所监视居住后依法应当通知而未通知的；（20）在侦查中有其他违反刑事诉讼法有关规定的行为的。《人民检察院刑事诉讼规则（试行）》的这一规定，为侦查活动监督明确了具体的方向和范围，无疑是对侦查监督工作的促进。

就现实的情况看，如果将公安机关采取的所有强制性侦查措施都事先交由检察机关审查批准，必然会影响侦查的效率，同时也会打乱不同机关之间的职权分工，而且这种事前审查也会让检察机关难以应付。可行的做法是根据现有的司法体制和分工，把内部纠错和外部监督结合起来，以事后监督为基础，建立合理的监督机制，进一步畅通监督的渠道。

四、侦查监督的机制

侦查监督需要一个系统有效的机制才能保证合理运行。这一系统机制包括问题发现机制、纠正违法机制和复议机制。具体分析如下：

（一）问题发现机制

发现问题是侦查监督的基础和前提。检察机关及时发现侦查活动中的问题才能有针对性地进行监督。但公安机关和检察机关分属不同的机构，诉讼程序中侦查和起诉有先后之分，监督者和被监督者在空间和时间上都有距离，这导致侦查中的问题有被掩盖的可能。所谓监督不力的一个重要原因就是发现不了问题。实践中，检察机关对侦查活动开展监督，发现违法的主要途径包括三方面：一是介入侦查，参加重大案件的讨论和复验复查；二是审查案件；三是受理投诉。而实践中，这三方面的知情渠道并不是十分畅通，要加强侦查监督，必须要拓宽检察机关知情渠道，建构对违法侦查行为的发现机制。

1. 介入侦查

实践中有检察机关介入公安机关侦查活动的做法，习惯上称之为"提前介入"或者"介入侦查"。所谓"介入侦查"是实践中形成的一种侦查监督方式，即检察机关派人参加侦查机关对案件的勘验、检查等侦查活动，参加重大案件的讨论和复验复查，对依法取证提出意见和建议。"介入侦查"是对实践中形成的侦查监督工作方式和经验的总结，这种方式既有利于提高打击犯罪的效率与合力，又有利于加强侦查活动监督，是多年来中央和地方党委对检察机关提出的工作要求，也受到基层公安机关的欢迎。就实践效果而言，这种方式应当予以坚持。2012 年 10 月修订的《人民检察院刑事诉讼规则（试行）》第 567 条对这一方式进行了确认。根据该条的规定，人民检察院根据需要可以派员参加公安机关对于重大案件的讨论和其他侦查活动，发现违法行为，情节较轻的可以口头纠正，情节较重的应当报请检察长批准后，向公安机关发出纠正违法通知书。

不过，介入侦查也需要解决一些问题。（1）从字面理解，"介入侦查"本身语义有些模糊，检察人员"介入"侦查是为了监督而不是为了"侦查"，而"介入侦查"容易误解为参与侦查或干预侦查，因而会造成公、检之间权限不清，责任不明，不利于刑诉法分工负责、互相配合、互相制约原则的实现。（2）过度的介入可能会产生不利的后果。一方面，介入过深会使检察人员产生先入为主的观念，影响监督的客观性和公信力；另一方面，检察机关自身的工作性质是监督而不是侦查，在人力有限的情况下，介入案件的范围过大会使侦查监督工作的重点难以突出。

因此，完善这一机制，应当对检察机关介入的目的、方式和范围作适当规范。

首先要明确介入侦查的目的。介入侦查不能混淆分工，也不能替代侦查。从侦查监督角度讲，检察机关介入侦查活动是为了了解侦查活动情况，履行监督职责，其着眼点是及时发现和纠正违法，而不是联合办案或指挥侦查，更不是帮助侦查机关出谋划策。

其次，检察机关不可能也没有必要介入所有案件的侦查过程。就扩大知情渠道而言，需要在现行法律框架内，就介入侦查的范围和手段等作出进一步规定。介入的案件可以包括以下类型：（1）社会影响较大的案件；（2）当事人反映侦查人员有违法行为的案件；（3）检察机关通知公安机关立案的案件；（4）检察机关认为有必要介入的案件。

最后，介入的方式不宜过于主动。介入是为了监督而不是联合办案，因此检察人员参加公安机关对案件的讨论并不是出主意，并不一定要发表意见。具体包括：旁观公安机关对案件的讨论；旁观案件的讯问、询问、勘验、检查、复验、复查等侦查活动等。

2. 审查案件

检察机关对公安机关提请批捕的案件进行审查，既是了解案情，确定逮捕必要性的途径，也是发现侦查违法的重要途径。实践中，审查案件的主要方式是查阅案卷，这种书面审查方式虽然能够发现某些侦查违法问题，但也存在一定的局限性，很多问题并不一定能够体现在案卷中。对于相关文书没有随卷移送的，无法发现侦查措施中的违法问题，难以实施监督。要使案件审查发挥监督作用，需要进一步完善案件审查的方式和了解案件信息的途径，避免案件审查流于形式。

（1）完善审查逮捕阶段讯问犯罪嫌疑人制度，听取犯罪嫌疑人的供述和辩解。2011年8月31日，最高人民检察院和公安部会签了《最高人民检察院、公安部关于审查逮捕阶段讯问犯罪嫌疑人的规定》，该规定明确了人民检察院审查逮捕应当讯问犯罪嫌疑人的四种情形，并规定，"对被拘留的犯罪嫌疑人不予讯问的，应当送达听取犯罪嫌疑人意见书，由犯罪嫌疑人填写后及时收回审查并附卷。犯罪嫌疑人要求讯问的，一般应当讯问"。2012年刑事诉讼法修订，确认了这一规定。新《刑事诉讼法》第86条规定：人民检察院审查批准逮捕，可以讯问犯罪嫌疑人；有下列情形之一的，应当讯问犯罪嫌疑人：①对是否符合逮捕条件有疑问的；②犯罪嫌疑人要求向检察人员当面陈述的；③侦查活动可能有重大违法行为的。2012年10月修订的《人民检察院刑事诉讼规则（试行）》第306条对应当讯问的情形又进行了补充规定，案情重大疑难复杂的、犯罪嫌疑人系未成年人的、犯罪嫌疑人是盲、聋、哑人或者是尚未完全丧失辨认或者控制自己行为能力的精神病人的，也应当讯问犯罪嫌疑人。应该说，这一规定对于发现违法侦查行为，具有重要意义。

（2）听取辩护律师的意见。审查批准逮捕过程中，听取辩护律师的意见，有助于检察机关准确认定案情，把握逮捕的必要性，同时也为检察人员了解侦查情况提供了信息渠道。新《刑事诉讼法》第86条第2款规定，"人民检察院审查批准逮捕，可以询问证人等诉讼参与人，听取辩护律师的意见；辩护律师提出要求的，应当听取辩护律师的意见"。这一规定不仅为辩护律师提出辩护意见提供了法律渠道，而且拓展了检察机关侦查监督的信息来源。

3. 受理申诉

通过案件审查发现和纠正侦查中的违法行为，对于移送审查批捕、审查起诉的案件来说是可行的，但对于没有移送审查批捕、审查起诉的案件来说，监督则比较困难。而且，检察机关介入侦查也是有限的，有限介入并不能发现所有违法侦查行为。相对而言，受理当事人及利害关系人的申诉，是检察机关发现侦查问题的重要途径。因此有必要建立当事人及利害关系人对侦查机关采取的措施不服，提请检察机关监督的机制，强化检察机关对侦查措施的监督。

2012年修订的新刑事诉讼法正式确立了对不当侦查措施的申诉机制。根据新刑事诉讼法第115条的规定，可以提出申诉的主体包括当事人和辩护人、诉讼代理人、利害关系人。可以申诉的范围包括五种情形，即：（1）采取强制措施法定期限届满，不予以释放、解除或者变更的；（2）应当退还取保候审保证金不退还的；（3）对与案件无关的财物采取查封、扣押、冻结措施的；（4）应当解除查封、扣押、冻结不解除的；（5）贪污、挪用、私分、调换、违反规定使用查封、扣押、冻结的财物的。申诉前须向原司法机关申诉或者控告，对受理申诉或者控告的机关的处理不服的，可以向人民检察院申诉。人民检察院对申诉应当及时进行审查，情况属实的，通知有关机关予以纠正。这一机制的核心内容是赋予了当事人、其他诉讼参与人以及利害关系人对违法侦查措施的申诉权和提请检察监督的权利。

建立对侦查措施的申诉机制，对于强化侦查监督，保护公民合法权益，规范侦查活动具有重要的意义。

首先，拓宽了侦查活动监督的范围。通过讯问犯罪嫌疑人、询问证人、听取辩护律师意见、审查案卷材料等途径所能监督的范围是有限的，主要是讯问犯罪嫌疑人、询问证人等可能侵害当事人人身权利的侦查措施。对于搜查、查封、扣押、冻结等可能侵害财产权利的侦查措施，则无从监督。建立对侦查措施的申诉机制，可以将监督的范围拓展到这一部分侦查措施，有利于完善检察机关的法律监督制度。

其次，有利于保护公民、法人和其他组织的合法权益。建立这一申诉监督机制，可以使当事人在受到违法侦查措施的侵害时，有了更多的救济渠道。既可以使当事人及其他利害关系人的权利得到及时的救济，又可以化解不满情绪，减少涉法上访，促进社会和谐稳定。

最后，有利于规范侦查活动。侦查措施是侦查机关获取证据的重要手段，侦查活动会直接影响证据的合法性，进而影响侦查质量和侦查效果。建立申诉机制可以促进侦查机关（部门）依法规范使用侦查措施，提高侦查取证质量，确保准确有效地打击犯罪。

（二）纠正违法机制

纠正违法侦查行为关系到侦查监督的实效。只有建立有效地纠正违法机制才能真正体现监督的权威，使刑事侦查在合法的轨道上运行。对于违法的侦查行为只有发现得全面，纠正得到位，才能达到监督的目的。如果发现侦查中的问题，但无法纠正，或纠正不到位，检察机关的侦查监督就不会真正产生实效。

纠正违法侦查行为单靠加大工作力度是不够的，还需要可行的纠偏机制。检察人员的工作能力是决定侦查监督的重要因素之一，但工作能力和热忱只有结合合理可行的纠偏机制才能取得事半功倍的效果。根据现行法律的规定和侦查实践，纠正违法侦查的机制包括如下方面：

1. 口头纠正

2012 年 10 月修订的《人民检察院刑事诉讼规则（试行）》规定了对轻微违法侦查行为的口头纠正。第 567 条规定人民检察院根据需要可以派员参加公安机关对于重大案件的讨论和其他侦查活动，发现违法行为，情节较轻的可以口头纠正。第 569 条第 2 款规定，对于情节较轻的违法情形，由检察人员以口头方式向侦查人员或者公安机关负责人提出纠正，并及时向本部门负责人汇报；必要的时候，由部门负责人提出。口头纠正针对的是轻微违法侦查行为，由检察人员口头提出纠正意见。口头纠正具有及时性和灵活性，且易于被侦查人员所接受，但形式上不够正式，只能适用于轻微违法的情形，对于较为严重的违法侦查行为，则需要更为正式的纠正方式。

2. 通知纠正

对于侦查机关不当或违法的侦查行为，检察机关发现以后，可以通知纠正。根据刑事诉讼法的规定，通知公安机关纠正违法行为的情形包括三种：第一，在立案程序中，对于公安机关应当立案而不立案的，检察机关可以要求公安机关说明不立案的理由；认为其不立案理由不成立时，有权发出《通知立案书》通知公安机关立案。公安机关在收到《通知立案书》后，应当在 15 日内决定立案。① 第二，根据新《刑事诉讼法》第 98 条（原刑事诉讼法第 76 条）规定，人民检察院如果发现公安机关的侦查活动有违法的情况，应当通知公安机关予以纠正，公安机关应当将纠正情况通知人民检察院。实践中，对于情节较轻的违法，检察机关往往以口头形式通知纠正；对于比较严重的违法行为，则向公安机关发出纠正违法通知书。根据规定，公安机关应当将纠正情况通知人民检察院。2012 年 10 月修订的《人民检察院刑事诉讼规则（试行）》规定，人民检察院应当根据公安机关的回复通知，监督纠正违法通知书的落实情况；没有回复的，应当督促公安机关回复。第三，根据新《刑事诉讼法》第 115 条的规定，当事人和辩护人、诉讼代理人、利害关系人对司法机关及其工作人员在使用强制措施和侦查措施中的不当行为可以向有关机关申诉或者控告。对处理不服的，可以向同级人民检察院申诉。人民检察院对申诉应当及时进行审查，情况属实的，通知有关机关予以纠正。

通知纠正违法侦查行为实际上包括两个环节，即检察机关的通

---

① 新《刑事诉讼法》第 111 条，原刑事诉讼法第 87 条，1998 年 1 月 19 日《最高人民法院、最高人民检察院、公安部、国家安全部、司法部、全国人大常委会法制工作委员会关于刑事诉讼法实施中若干问题的规定》第 7 条。

知和侦查机关的纠正，通知是检察机关的事，纠正则有赖于侦查机关。侦查机关纠正的情况如何，一方面看侦查机关自身对错误的认识，另一方面则靠检察机关通知的法律效力。前者靠自律，后者才是他律，而监督本身就是他律的一种形式。就完善侦查监督的效果而言，还需要进一步强化检察机关通知的法律效力。如检察机关通知立案，但侦查机关拒不立案的，应当进一步明确相应的法律后果。对于拒不执行检察机关纠正违法通知的，应当追究相应的法律责任。

3. 建议更换办案人

侦查人员在侦查过程实施违法行为，必然影响案件的公正处理，必要时对确有错误的侦查人员予以更换，不失为纠正违法行为、消除不利影响的一种手段。同时，这种手段在一定程度上也是对违法行为人的制裁。因此，检察机关对于那些违法而尚未涉嫌犯罪的办案人员，向其所在机关提出更换办案人的处置建议，在一定程度上可以增强侦查监督的实效。如果说对违法行为的调查和处理是对"事"的话，更换办案人员的建议则是针对"人"的。这种机制实际上是在对"事"监督的基础上，赋予了检察机关对违法之"人"的处置建议权，无疑丰富了监督的手段。故而，对于办案中严重违法的行为人，应当赋予检察机关提出更换办案人的处置建议权。在刑诉法修订过程中，原修正案草案征求意见稿中，曾规定，人民检察院对于侦查人员确有以非法方法收集证据情形的，应当提出纠正意见，"必要的时候，可以建议办案机关更换办案人"。[①] 不过在正式的修正案中，删去了检察机关建议办案机关更换办案人的相关规定。就侦查监督而言，赋予检察机关建议更换办案人的权力，有助于增强监督的效果。

4. 自行侦查

在侦查监督过程中，对于侦查机关拒不立案或立案后怠于侦查

---

① 参见全国人民代表大会法律委员会《〈中华人民共和国刑事诉讼法修正案（草案）〉征求意见稿》第55条。

的情形最终如何处理是一个棘手的问题。从减少权力纠葛，避免期限拖延的角度看，彻底解决之策是赋予检察机关对这类案件自行侦查的权力，也就是所谓的机动侦查权。其实，建立检察机关机动侦查机制不仅是必要的，也是可行的。必要性在于机动侦查可以避免诉讼拖延，减少监督中的争执和扯皮现象。可行性在于两方面，一是我国检察机关本身行使着职务犯罪侦查权，有自行侦查的能力和基础条件；二是我国曾经有过这方面的实践。1979 年《刑事诉讼法》第 13 条第 2 款规定，贪污罪、侵犯公民民主权利罪、渎职罪以及人民检察院认为需要自己直接受理的其他案件，由人民检察院立案侦查和决定是否提起公诉。这一规定实际上赋予了检察机关机动侦查的权力，体现了检察机关法律监督职能。只不过法律对行使这一侦查权的条件和程序规定得不够严密，加之检察机关在实践中运用不当，引发负面影响，这一规定在 1996 年刑诉法修改时被删除了。但相关实践对于发现和解决问题提供了有益的借鉴。实际上检察机关不当的运用机动侦查权是以事实说明要加强对机动侦查权的监督，防止此项权力的滥用，但并不能否定机动侦查权存在的必要性。从有利于加强立案监督、保护被害人合法权益、提高诉讼效率考虑，确有必要恢复检察机关的机动侦查权，但同时需要从程序上加以严格限制。2012 年 10 月修订的《人民检察院刑事诉讼规则（试行）》第 561 条规定，对于由公安机关管辖的国家机关工作人员利用职权实施的重大犯罪案件，人民检察院通知公安机关立案，公安机关不予立案的，经省级以上人民检察院决定，人民检察院可以直接立案侦查。这一规定赋予了检察机关机动侦查权，但仅限于由公安机关管辖的国家机关工作人员利用职权实施的重大犯罪案件，其他重大案件则不在此限。要有效防止侦查权的懈怠行使，确有必要将检察机关机动侦查权的案件范围进一步扩大，而且对于公安机关立而不侦的案件也应当纳入检察机关机动侦查的范围。对于通知公安机关立案而公安机关拒不立案或者立而不侦的案件，立法上可以在赋予检察机关直接立案侦查权的同时，要求报经省级以上人民检察院批准。

5. 调查追究责任

对于侦查活动中的严重违法行为以及构成犯罪的行为，应当追究相应的责任。追究责任需要相应的调查手段，而现行法律只规定检察机关对诉讼中的违法情况有权提出纠正意见，没有明确规定核实和认定这些违法情况所必需的调查手段，影响了法律监督的效果。在发现或者接到举报司法工作人员在办案过程中有枉法裁判、徇私舞弊、以权谋私、刑讯逼供或其他损害当事人合法权益的行为时，检察机关作为法律监督机关理应予以受理并进行调查。立法应当明确这一监督手段，并制定相应的调查程序。经过调查，认为涉嫌犯罪并属于人民检察院管辖的，应当立案侦查；对于不属于人民检察院管辖的，应当移送有管辖权的机关处理；认为尚未构成犯罪的，应当提出纠正违法意见，并移送有关部门进行处理。检察机关的调查手段可以包括调阅案卷、询问有关当事人等。2012 年 10 月修订的《人民检察院刑事诉讼规则（试行）》对此作了进一步完善。该规则第 572 条规定，人民检察院侦查监督部门、公诉部门发现侦查人员在侦查活动中的违法行为情节严重，构成犯罪的，应当移送本院侦查部门审查，并报告检察长。侦查部门审查后应当提出是否立案侦查的意见，报请检察长决定。对于不属于本院管辖的，应当移送有管辖权的人民检察院或者其他机关处理。实际上，检察机关进行这种调查和责任追究，是法律赋予其侦查监督职能的内在要求，也是侦查监督的应有内容。

（三）复议机制

为了保证检察机关侦查监督的客观性和公正性，理应给予被监督的侦查机关发表意见的机会和途径。通过复议机制，让监督机关或其上一级机关听取被监督部门和人员的意见，一方面可以增加监督的客观性，另一方面也可以对监督权进行制约，防止监督权的滥用。同样，在侦查监督中建立复议机制也是必要的。

目前我国刑事诉讼中并没有建立这样的复议机制。根据现行刑事诉讼法的规定。检察机关通知立案的，侦查机关应当立案；人民检察院在审查批准逮捕工作中，如果发现公安机关的侦查活动有违法情况，应当通知公安机关予以纠正，公安机关应当将纠正情况通知人民检察院。对于检察机关的纠正意见，侦查机关不服的，应当如何处理，新刑事诉讼法没有规定。2012 年 10 月修订的《人民检察院刑事诉讼规则（试行）》正式确立了侦查监督的申请复议机制。根据该规则第 571 条之规定，人民检察院提出的纠正意见不被接受，公安机关要求复查的，应当在收到公安机关的书面意见后七日以内进行复查。经过复查，认为纠正违法意见正确的，应当及时向上一级人民检察院报告；认为纠正违法意见错误的，应当及时撤销。上一级人民检察院经审查，认为下级人民检察院的纠正意见正确的，应当及时通知同级公安机关督促下级公安机关纠正；认为下级人民检察院的纠正意见不正确的，应当书面通知下级人民检察院予以撤销，下级人民检察院应当执行，并及时向公安机关及有关侦查人员说明情况。同时，将调查结果及时回复申诉人、控告人。这一规定，显然有助于完善侦查监督机制，如果实践探索成熟，则应在刑事诉讼法典中予以正式确认。

五、自侦案件的侦查监督

检察机关不仅享有侦查监督权，而且享有职务犯罪案件的侦查权。对于自侦案件，存在侦查权和侦查监督权主体重合的问题。在这种情况下，检察机关能否有效地进行侦查监督成为学者质疑的对象。有学者指出，检察机关既是侦查监督的主体，也因行使一部分案件的侦查权，成为侦查监督权的客体，特定案件中监督主体和监督客体身份的混同是不争的事实，这种法律监督名存实亡。[①] 诚然，监督者自己监督自己确实会带来他人对监督活动及其结果是否客观公正的怀疑。应当承认，提出这种质疑是有道理的，对于完善侦查监督制度具有启发意义。然而批评者由此而得出的对自侦案件

---

① 陈瑞华：《刑事诉讼的前沿问题》，中国人民大学出版社 2000 年版，第 322 页、第 337 页。

的法律监督是"名存实亡"的判断却未必符合实际。其实，对人民检察院直接受理案件侦查活动的监督，因监督主体和客体的重合，属于内部监督，这种监督具有与外部监督不同的特点。内部监督有其自身的缺陷，但并不能因为不是外部监督就否认内部监督的功能和作用。在没有更好的外部监督机制的情况下，以内部监督作为一种替代性选择也是一种现实的做法。① 在没有其他更好的措施来解决自侦案件侦查监督问题的情况下，务实的做法是完善自侦案件的监督机制，而不是否定检察机关侦查监督权。

近年来，检察机关在完善自侦案件的监督制约机制方面进行了有益的探索，这些探索有些是在现有的制度框架内进行的，有些则带有制度创新的色彩。根据现行的法律规定和检察工作实践，自侦案件的侦查监督可以从以下方面加以完善：

（一）内部业务部门之间的监督

检察权是包括职务犯罪侦查权、侦查监督权、公诉权、审判监督权、执行监督权、民事行政案件监督权等多项权能在内的复合性权力。这些职权分别由不同的检察业务部门来行使的。为了有效地实现对自侦案件的侦查监督，检察机关的通行做法是将侦查、批捕和公诉的职能分解，分别由不同的业务部门行使。这样可以使自侦部门受到公诉等其他职能部门的约束，以保证职务犯罪侦查权的合法行使。在检察机关的内设机构中，自侦案件侦查部门、侦查监督部门、公诉部门基本上是分开的，只不过法律上并没有这样明确规定。从完善自侦案件的侦查监督机制上看，应当进一步明确检察机关内部的职权划分，使检察机关内部监督制度化。2012 年 10 月修订的《人民检察院刑事诉讼规则（试行）》完善了检察机关的内部

---

① 为了增强法律监督的公信力，可以设想在改革的进程中增加某些新的监督机制，比如，由法院来行使对检察机关自侦案件的批捕权、审查权等，然而此种做法也不无弊端，它可能导致法院的先入为主，更可能导致凡捕必判。

监督制约机制。该规则第 573 条规定，人民检察院侦查监督部门或者公诉部门对本院侦查部门侦查活动中的违法行为，应当根据情节分别处理。情节较轻的，可以直接向侦查部门提出纠正意见；情节较重或者需要追究刑事责任的，应当报请检察长决定。根据该规则第 575 条的规定，对人民检察院办理案件中的违法行为的控告、申诉，以及对其他司法机关对控告、申诉的处理不服向人民检察院提出的申诉，由人民检察院控告检察部门受理。控告检察部门对本院办理案件中的违法行为的控告，应当及时审查办理；认为本院办理案件中存在的违法情形属实的，应当报请检察长决定予以纠正。认为本院办理案件中不存在控告反映的违法行为，应当报请检察长批准后，书面提出答复意见及其理由，答复控告人、申诉人。

（二）上级检察院的监督

上级人民检察院对下级人民检察院的侦查活动进行监督，可以在一定程度上缓解监督主客体的重合问题，可以避免同一检察院内部监督的形式化。实际上这种监督构成了上下级人民检察院之间关系的重要内容，也是检察一体原则的体现。在检察实践中，已经进行了这样的探索。1995 年 7 月 21 日第八届最高人民检察院检察委员会第三十六次会议通过的《最高人民检察院关于要案线索备案、初查的规定》确立了要案线索的分级备案制度。该规定第 4 条规定："对要案线索实行分级备案。"根据该规定，县处级干部的要案线索一律层报省级人民检察院备案，其中涉嫌犯罪金额特别巨大或者犯罪后果特别严重的，层报最高人民检察院备案；厅局级以上干部的要案线索一律层报最高人民检察院备案。此外，2005 年 9 月 23 日第十届最高人民检察院检察委员会第三十九次会议通过的《人民检察院直接受理侦查案件立案、逮捕实行备案审查的规定（试行）》确立了自侦案件立案、逮捕的备案审查机制。根据该规定，省级以下（含省级）人民检察院办理直接受理侦查案件，决定立案、逮捕的，应当报上一级人民检察院备案审查。

2009 年 9 月 4 日最高人民检察院发布了《关于省级以下人民

检察院立案侦查的案件由上一级人民检察院审查决定代表的规定（试行）》，根据该规定，省级以下（不含省级）人民检察院立案侦查的案件，需要逮捕犯罪嫌疑人的，应当报请上一级人民检察院审查决定。对自侦案件的线索、立案实行备案审查，对自侦案件的审查逮捕权上提一级，这些规定实际上体现了上级人民检察院对下级人民检察院自侦工作的监督。

2012 年修订的新刑事诉讼法还建立了当事人向上一级人民检察院申诉的机制。根据新刑事诉讼法第 115 条规定，当事人和辩护人、诉讼代理人、利害关系人对人民检察院直接受理的案件，有本条规定的五种行为之一的，可以向上一级人民检察院申诉。通过向上一级人民检察院申诉的工作机制，可以及时把职务犯罪侦查中的违法行为提请上一级检察机关进行监督，这样有利于加强对检察机关自侦案件的法律监督。2012 年 10 月修订的《人民检察院刑事诉讼规则（试行）》进一步完善了上级检察院对下级检察院的侦查监督机制。该规则第 573 条第 2 款规定，上级人民检察院发现下级人民检察院在侦查活动中有违法情形的，应当通知其纠正。下级人民检察院应当及时纠正，并将纠正情况报告上级人民检察院。根据该规则第 575 条的规定，控告部门对下级人民检察院和其他司法机关的处理不服向人民检察院提出的申诉，应当根据案件的具体情况，及时移送侦查监督部门、公诉部门或者监所检察部门审查办理。审查办理的部门应当在收到案件材料之日起 15 日以内提出审查意见。认为下级人民检察院对控告、申诉的处理不正确的，应当报请检察长批准后，通知下级人民检察院予以纠正。认为下级人民检察院和其他司法机关对控告、申诉的处理正确的，应当报请检察长批准后，书面提出答复意见及其理由，答复控告人、申诉人。控告检察部门应当在收到通知后 5 日以内答复。

（三）人民监督员的监督

人民监督员制度是最高人民检察院为了增加检察工作的透明度，加强人民群众对检察工作的监督而进行试点探索的一种制度。

2003 年 9 月，最高人民检察院报告全国人大常委会并经中央同意，决定开展人民监督员制度试点工作。9 月 2 日最高人民检察院第十届检察委员会第九次会议通过《最高人民检察院关于实行人民监督员制度的规定（试行）》。人民监督员由机关、团体、企事业单位推荐产生，主要对检察机关查办职务犯罪案件中，拟作撤案、不起诉处理以及犯罪嫌疑人不服逮捕决定的案件实行监督。此外，该规定还确定了人民监督员可以对人民检察院查办职务犯罪案件进行监督的五种情形，即：（1）应当立案而不立案或者不应当立案而立案的；（2）超期羁押的；（3）违法搜查、扣押、冻结的；（4）应当给予刑事赔偿而不依法予以确认或者不执行刑事赔偿决定的；（5）检察人员在办案中有徇私舞弊、贪赃枉法、刑讯逼供、暴力取证等违法违纪情况的。① 经过不断的尝试和改进，人民监督员制度的试点工作进一步展开。到 2007 年年底，全国已有 86% 的检察院开展试点工作。② 人民监督员共对 21270 件"三类案件"进行了监督。2008 年，人民监督员监督职务犯罪案件中拟作撤案、不起诉处理以及犯罪嫌疑人不服逮捕决定的"三类案件"5291 件。③ 人民监督员制度实际上是对自侦工作的一种外部监督，这种监督可以避免检察机关自行监督的种种弊端，增加职务犯罪侦查工作的透明度。最高人民检察院进行的试点工作是一种制度的探索和创新，为职务犯罪案件的侦查监督探索了一个新的操作机制。当然，这一制度还有待于进一步完善，需要进一步制度化和法律化，但不管怎样，这为完善自侦案件的侦查监督提供了探索的思路和实践的空间。

---

① 参见《最高人民检察院关于实行人民监督员制度的规定（试行）》(2003 年 9 月 2 日最高人民检察院第十届检察委员会第九次会议通过 2004 年 7 月 5 日最高人民检察院第十届检察委员会第二十三次会议修订）第 13 条、第 14 条。

② 参见贾春旺 2008 年 3 月 10 日在第十一届全国人民代表大会第一次会议上所作的《最高人民检察院工作报告》。

③ 参见曹建明 2009 年 3 月 10 日在第十一届全国人民代表大会第二次会议上所作的《最高人民检察院工作报告》。

第十一章 审判监督

一、审判监督概述

这里所说的审判监督不是诉讼法规定的人民法院的审判监督程序，而是专指人民检察院依法对人民法院审判活动的监督。审判监督权是人民检察院依法对人民法院的刑事、民事和行政审判活动是否合法进行专门监督的权力。在审判监督中，监督权的主体是人民检察院，监督权的客体是人民法院的审判活动，监督的任务和内容是审判活动是否合法。与公诉权、侦查权不同，审判监督权的客体是国家审判机关的审判活动，属于对国家权力的监督；与侦查监督权不同，它是对国家审判机关的监督，对审判权的制约。人民检察院的审判监督权同样源于宪法和法律的授权，我国刑事诉讼法、民事诉讼法、行政诉讼法都明确规定：人民检察院依法对刑事诉讼、民事诉讼、行政诉讼实行法律监督，授权它监督刑事诉讼的全过程、在这个过程中活动的所有主体，以及主体进行的所有活动。法律监督权不是空洞、虚拟或虚置的，它表现为各种具体的监督权力，并由具体的监督权力所构成。缺少其中任何一个部分，缺少对任何一种客体的监督，法律监督权都是不完整的。审判监督权将法院的审判活动纳入了法律监督的范围，并使之成为法律监督权的重要组成部分，体现了检察权对审判权的制约与制衡。

由于检察机关与侦查机关、审判机关相比产生较晚，是后"楔入"诉讼程序的机关。因此，检察权是对原来的审判权和侦查权进行重新分割、重新组合形成的，它的产生是对原有权力的分解，它的存在是对原有权力的制约。检察权自产生以来，与侦查权、审判权的关系即较为复杂。在世界各国，对这三种权力的配置一直存在着不同的模式，与之相应，检察权的产生、发展及其作用的发挥也都始终伴随着有关三种权力关系的争论、调整和改革。在我国建设有中国特色的司法制度的过程中，问题更加复杂。如果说检察机关独立于专门的侦查机关并对侦查机关行使权力活动的合法性进行监督已经引起了诸多争议的话，那么，检察机关作为国家的法律监督机关，对法院的审判活动行使审判监督权则更是备受质疑。归纳我国学界在司法改革研讨中的各种观点，对审判监督权的质疑主要集中在监督权主体和监督权客体两个方面，即独立的法院应否接受监督，代表国家行使起诉权的检察机关有无资格行使法律监督权。对此，笔者的回应是：

首先，行使审判权的人民法院的审判活动应当成为法律监督权的客体。任何国家，无论采用权力分立和制衡的模式，还是采用设置法律监督机关的模式，都不是凭空产生的。监督机制的设立，不取决于监督者，而取决于被监督者的状况，取决于国家和社会对被监督者过去滥用权力或权利的观察和体验，对被监督者未来滥用权力或权利的忧虑和警惕。审判权是国家的重要权力，对进入审判领域的各种主体的重要权利享有生杀予夺的权力。这样一种重要的权力，也不会违背亘古不变的权力运作的一般规律，即一切被授予权力的人都容易滥用权力。"有权力的人们利用权力一直到遇到界限的地方才休止。"① 为了防止权力的滥用，现代法治社会将权力在国家机关中进行合理的分配，又设立严格高效的权力监督和制约机制。在法治的视野中，没有也不会有不受制约的权力，审判权也不例外。为了防止审判权的滥用，实现司法正义，各国构建了以权力制约权力、以权利制约权力的权力制衡机制。其中三权分立、互相制衡，就是西方国家用以立国安邦的基本原则，它也要靠具体的法律和制度来加以实现。"刑事诉讼程序，一般来说，不过是法律对

---

① ［法］孟德斯鸠：《论法的精神》（上册），张雁深译，商务印书馆1985年版，第68页。

于法官弱点和私欲所采取的预防措施而已。"① 于是，在诉讼领域中，才有了陪审制对审判权的分割，对抗制对审判权的制约，并实行公开审判制度使审判权的行使处于阳光之下。同样，在一个社会需要对法律的实施实行监督的情况下，对审判权的监督是不能缺少的。在司法改革的过程中，我国才刚刚开始探讨审判独立、法官中立，刚刚使审判公开、重建陪审制度（有中国特色的）并学习对抗制的一些做法，刚刚实行统一的司法考试并开始探讨以司法考试为基础的司法官选任制度，开始为司法公正和司法正义创造条件。在这种情形下，审判权更需要监督和制约，而不是对监督和制约的拒绝。"司法者应当代表正义，但不必然代表和行使正义。"② "法治区别于'人治'也并不意味着法律不需要通过人的主动性就得到完全的实现。负有执行和适用法律这一使命的法官在作为处理具体案件过程的诉讼审判实践中，通过创造性的解释活动使法律内容得到实现。但是他只是置身于一定的制度化空间之中，并在受到种种制度化的程序的制约前提下，才能发挥自己的主动性，这才是法治区别于人治的确切含义。"③ 因此，诉讼制度不论如何改革，监督、制约的原则、机理不会变，变的只是制约的具体方式。

其次，人民检察院完全具备审判监督权的主体资格。在有些人看来，检察机关在刑事诉讼中，在公诉案件的审判阶段中，诉讼地位是控方，有强烈的追诉倾向，不具备法律监督者的资格。因此，主张在诉讼主体之外另设一个所谓超脱、超然的监督机关。实际上，只要不陷入空想，就不会到诉讼活动的主体之外去寻找法律监督的权力主体。第一，在职权制下，法官依职权主导诉讼活动，既

① ［法］罗伯斯庇尔：《论革命法制和审判》，商务印书馆1986年版，第30页。

② 汪建成：《刑法和刑事诉讼法关系新解》，载《诉讼法论丛》（第3卷），法律出版社1999年版，第49页。

③ ［日］谷口安平：《程序的正义与诉讼》，中国政法大学出版社1996年版，第3页。

享有实体裁判权，又享有程序控制权，权力大得很。在这种情况下，对审判权的制约和监督只能是以职权制约职权，即赋予检察官"法律监督"的职权，来制约法官的审判职权。我国的诉讼制度曾被概括为"超职权制"，在这种体制下，审判权之大和审判监督权之必要可想而知。尽管自20世纪90年代起，我们开始采取当事人制的某些做法进行司法改革，但由"超职权制"到"当事人制"绝不可能一蹴而就，更不可能在区区十数年内即可达成。因此，在诉讼制度发生变革的过程中，更不可对权力制约机制弃置不用。第二，即使是在"当事人制"下，审判权亦应受到制约。在"当事人制"下，法官居中、消极，双方当事人平等对抗，享有程序的发动和控制权力。在这种制度下，法官的居中、消极不是自动的，而是被迫的，是制度设计迫使法官居中。居中的法官并非不受任何约束，双方当事人的对抗活动也制约着法官的权力，一旦法官积极、偏袒，就将失去法官的资格。可见，即使在当事人制下，审判权也是受到制约的，在具体的诉讼中，制约法官的恰恰是双方当事人，作为控方的检察官也不例外。第三，即使是在"当事人制"下，检察官也不是与辩方地位、权利完全相同的当事人，在监督审判权、保证司法公正方面检察官享有更多的权利。英国《皇家检察官守则》明确规定："皇家检察官应当是公平的、独立的和客观的。他们不应当让其对于被告人、被害人或者证人的种族或者国籍、性别、宗教信仰、政治观点或者性取向的个人观点影响他们的决定。他们也不应当受来自任何方面的不适宜或者不正当的压力的影响。"① 在证据开示中，皇家检察官还必须开示所有有利于被告人的证据，尽管这些材料可能会加强被告方的辩护而削弱对案件的起诉。② 在我国，检察机关的活动原则是独立、客观、公正，因

---

① 中国政法大学刑事法律研究中心编译：《英国刑事诉讼法选编》，中国政法大学出版社2001年版。第542页。

② 王晋、刘生荣主编：《英国刑事审判与检察制度》，中国方正出版社1999年版，第135页、第137页。

此，是完全合格的法律监督权的权力主体。刑事诉讼法对检察机关独立行使检察权的原则性规定，使检察权不受干预地独立行使，可以确保检察官仅仅根据事实和法律办案，不故意减轻或者加重指控；对检察人员依照法定程序，收集能够证实犯罪嫌疑人、被告人有罪或者无罪、犯罪情节轻重的各种证据的义务性规定，要求检察人员必须全面收集证据，在客观、真实地把握案件情况的基础上准确地提出指控；对于在发现法院判决或裁定"确有错误"的情况下才能提出抗诉的限权性规定，都进一步使检察官处于客观、公正的立场。而这些规定对于辩方则并不适用，充分表现了控方与辩方的区别。据此，检察机关作为审判监督权的主体是完全合格的。

基于上述分析，可见无论实行何种诉讼制度，只要存在着法官恣意的可能，就需要有审判监督制度；只要存在着审判权，就必须有权力制约机制。这不是对法院或法官信任不信任的问题，而是对公权力行使必须具有的本能的制度防范，是法治国家应有之义。因此，设定审判监督权是完全必要的。在我国，审判监督权理应归属于检察机关的法律监督权。

如前所述，我国审判监督权的客体是法院的审判活动，审判监督权的内容是对审判权的行使是否合法的监督。人民法院只有在诉讼活动中，在行使审判权时才能成为审判监督权的客体。人民法院作为审判监督权的客体范围应当是明确的：第一，从诉讼的性质来看，包括刑事诉讼、民事诉讼和行政诉讼，人民法院对所有案件的审判活动都应当接受人民检察院审判监督权的监督，任何忽视和否定对民事、行政诉讼的审判监督的观点，都是既没有理论根据，又没有法律依据的。鉴于现行法律对检察机关的审判监督权都有明确的规定，因此在司法审判实践中如何对待检察机关的审判监督权，实际上是如何对待国家的法律问题。在学术观点上允许存在不同的见解，但在司法审判活动中绝不允许以个人的好恶来对待检察机关的审判监督权，这是司法活动中人所周知的常识。第二，从审判程序来看，一般来说，审判监督始于起诉，终于终审判决的做出，特殊情况下，延伸到再审活动和死刑复核活动（刑事案件）。也就是说，检察机关的审判监督既包括对一审审判活动的监督，也包括对二审、再审审判活动和刑事案件的死刑复核程序的监督。审判程序有普通程序和简易程序的区别，适用这两种审判程序的审判活动都应受到检察机关的监督。第三，从案件的性质来看，在刑事诉讼中，既包括对公诉案件审判活动的监督，又包括对自诉案件审判活动的监督以及刑事附带民事诉讼审判活动的监督；既包括对公民和法人作为原告提起的民事、行政诉讼审判活动的监督，也包括对民事、行政公诉案件审判活动的监督。第四，就审判的具体阶段或活动而言，既包括对人民法院法庭审理活动的监督，又包括对人民法院对案件的受理、审判前的审查与准备等庭下活动的监督。审判监督权针对的是人民法院行使审判权的各种活动，而不论这种权力行使采取何种方式。第五，从监督的具体对象来看，既包括对人民法院审判程序是否合法的监督，又包括对人民法院所作出的实体判决、裁定是否正确所进行的监督。

总之，审判监督权是对审判权的监督和制约，人民法院的审判权是一个抽象的概括，包含着十分丰富的内容，由人民法院在审判活动中的各种具体权力构成，所有这些权力都应受到应有的制约，以防止可能的滥用。因此，人民法院审判权的各种具体形式的运用都应是审判监督权的对象。

审判监督权的客体是人民法院的审判活动，人民法院的审判权是在审判活动中行使的，人民检察院的审判监督活动也以诉讼活动为依托，表现为对审判活动及其结果的监督。参与诉讼活动的，不仅有人民法院和人民检察院，还有其他诉讼主体和参与人，这些主体的诉讼活动也可能违法，但是，审判监督权的客体是特定的，不包括参与审判程序的当事人和其他诉讼参加人，这些人都不是审判监督权的客体。

二、刑事审判监督

（一）刑事审判监督的性质与类型

控诉权（包括抗诉权）本质上是裁判请求权，是一种程序性权力。检察院的控诉权包括启动审判程序的起诉权、作为起诉权延伸的上诉权、非常上诉权，以及再次发动审判程序的抗诉权（或者申请再审权）。上诉审公诉权和再审公诉权的特征集中体现在两个方面：一方面，上诉审程序中的公诉权与再审程序中的公诉权都是控诉权的组成部分，检察官的基本职责仍然围绕控诉权展开；另一方面，上诉审程序与再审程序中的公诉权又具有特殊性，具有纵向关系的对下级公诉权的制约属性和横向关系的与复审法院一道对下级法院审判权的监督属性。

在奉行职权模式的大陆法系国家，检察官在刑事上诉审中具有更多的权力，他们对一审、二审等原审裁判，可以提起第二审或者第三审程序；在奉行对抗模式的英美法系国家，基本排除了检察官在刑事上诉审中的独立作用，不享有对法院审判行为的监督权。在诉讼理论上，两大法系的各国刑事诉讼中的控辩审间的关系几乎没有监督权之说，控辩审三者间的关系透过诉讼构造的精巧安排各自发挥相应的职能。我国检察官在刑事上诉审中的职能，从根本上受制于宪法、人民检察院组织法、刑事诉讼法和检察官法，除具有初审程序中公诉权的一般特征外，还具有对刑事案件的侦查、审判和执行进行监督的权力。在西方一些国家，检察机关往往只能提出再审主张，检察官的再审主张与其他当事人申请再审的权利一起规定，两者权利并无二致。我国检察机关所拥有的再审控诉权则具有强制性的法律效果，即检察机关提起抗诉的案件，法院必须再审，检察院具有启动再审程序的权力。[①] 检察机关的再审控诉权实质上是对法院审判权的一种监督，这种监督是由我国宪法规定的检察机关的法律监督机关的地位决定的。

根据我国刑事诉讼法的规定，检察机关提出的刑事抗诉有两种：第二审程序的抗诉；审判监督程序的抗诉。两种类型的抗诉的共同点有：抗诉的对象都是人民法院确有错误的裁判；抗诉的法律

---

① 王新环：《公诉权原论》，中国人民公安大学出版社 2006 年版，第 400～415 页。

效果同样引起人民法院的再次审判程序；抗诉的性质和目的都是人民检察院为正确有效地实现国家刑罚权所采取的诉讼措施和监督手段，目的是贯彻"实事求是，有错必纠"原则，保障法律的统一正确实施。

第二审程序的抗诉和审判监督程序的抗诉，这两种类型的抗诉也有几点区别：一是抗诉对象不同。前者针对尚未发生法律效力的裁判提出，而后者针对已经发生法律效力的裁判提出。二是抗诉权限不同。前者限于地方各级人民检察院，并且实行同级抗诉，而后者除最高人民检察院的抗诉外，实行上级检察院抗下级法院的做法。三是提出抗诉的期限不同。前者有期限限制，后者则没有。四是审理的二审法庭。检察人员出席第二审法庭的任务是：支持抗诉或者听取上诉意见，对原审人民法院作出的错误判决或者裁定提出纠正意见；维护原审人民法院正确的判决或者裁定，建议法庭维持原判；维护诉讼参与人的合法权利；对法庭审理案件有无违反法律规定的诉讼程序的情况制作笔录；依法从事其他诉讼活动。

（二）刑事审判监督程序的抗诉

《刑事诉讼法》第 243 条第 3 款规定："最高人民检察院对各级人民法院已经发生法律效力的判决和裁定，上级人民检察院对下级人民法院已经发生法律效力的判决和裁定，如果发现确有错误，有权按照审判监督程序向同级人民法院提出抗诉。"

最高人民检察院对各级人民法院，上级人民检察院对下级人民法院确有错误的生效裁判，依审判监督程序提起抗诉，是人民检察院行使审判监督权的重要方面。但地方各级人民检察院发现同级人民法院或者上级人民法院已经发生法律效力的判决、裁定确有错误，无权依照审判监督程序提出抗诉，只能报请上级人民检察院，由上级人民检察院向同级人民法院提出抗诉。

根据《人民检察院刑事诉讼规则（试行）》第 481 条、第 482 条的有关规定，人民法院开庭审理再审案件，同级人民检察院应当派员出席法庭。人民检察院对于人民法院按照审判监督程序重新审判的案件，应当对原判决、裁定认定的事实、证据、适用法律进行全面审查，重点审查有争议的案件事实、证据和法律适用问题。

关于人民检察院依照审判监督程序提出抗诉的法律效力问题，《刑事诉讼法》第 243 条第 4 款规定："人民检察院抗诉的案件，接受抗诉的人民法院应当组成合议庭重新审理，对于原判决事实不清楚或者证据不足的，可以指令下级人民法院再审。"这表明人民检察院按照审判监督程序提出抗诉的效力与申诉权人的申诉不同，即能够直接引起审判监督程序，人民法院必须再审。并且，还必须由接受抗诉的人民法院组成合议庭重新审理，只有在原判决事实不清或者证据不足的情况下，才可以指令下级人民法院再审。

人民检察院按照审判监督程序提出抗诉的案件，经人民法院审理并作出判决、裁定后，人民检察院认为仍然确有错误的，如果案件是依照第一审程序审判的，同级人民检察院应当通过一审法院向上一级人民法院提出抗诉；如果案件是依照第二审程序审判的，上级人民检察院应当按照审判监督程序向同级人民法院提出抗诉。

为了维护生效判决、裁定的严肃性及稳定性，刑事诉讼法对提起审判监督程序的理由，作了严格的限制性规定。具体而言，提起审判监督程序的理由有以下几种：原判在认定事实上确有错误；原判在适用法律上确有错误；审判人员在审理案件过程中贪污受贿、徇私枉法等，从而导致判决、裁定发生错误的情形。

三、民事行政审判监督

这里所说的民事行政审判监督，实际上就是指民事行政检察监督，是专指人民检察院依法对人民法院民事诉讼和行政诉讼活动的监督。

（一）应当澄清的理论误解[①]

对于检察机关应不应该享有民事行政检察职能，学术界和司法

[①]　参见石少侠：《检察权要论》，中国检察出版社 2006 年版，第 213～221 页。

界一直有不同的意见，主张废除民事行政诉讼检察监督的观点也不绝于耳，在理论上存在着亟待澄清的误解。综观对民事行政诉讼检察监督的种种质疑，摘其要者，我们认为需要澄清的主要是以下问题：

第一，认为国家公权力不应干预私权，抗诉破坏了民事诉讼当事人平等原则，损害了诉讼结构的平衡。对此，应当申明以下事实：其一，私权神圣、契约自由的时代随着资本主义垄断的形成早已成为历史的产物，完全不受公权力干预的私权早在资本主义垄断时期即已不复存在，其典型标志就是资本主义国家经济法的大量颁布和施行，这是在经济法史研究中已经解决了的问题。正是国家公权力对私权的正当干预，才使经济法应运而生，并迫使传统的民法理论对私权神圣、意思自治、契约自由等作出了必要的修正。因此，在当今时代仍然固守早已过时了的传统的私法理论，不仅在思想上没有与时俱进，而且也与时代潮流背道而驰。当然，国家公权力对私权的干预并不是随心所欲，也不是对公权与私权界限的泯灭，国家干预必须在适当的范围和程度之内，而绝不是绝对的排除。其二，尽管在改革中我国已经实行了社会主义的市场经济，但由于宪法明确规定以公有制为主体，这就必然使我国的政治制度、经济制度仍然具有明显的社会主义特色，这就是我国的基本国情。在这样一个国度中，国家不可能对公有制经济放任自流，更不能允许那些被国家委以重任在经营、管理国有资产的人随意流失国有资产。在实践中，当一个国有企业或国家控股公司的法定代表人与私企老板恶意通谋，以形式上合法的合同形式来低价处置国有资产或干脆将国有资产公然化公为私时，是奉行双方自愿、不告不理的原则听之任之，还是主动干预，积极主张此类行为无效，这对于全民所有制代表的国家显然是一个不容回避也不可能回避的问题。对这种干预不仅要承认它的必要性、正当性，而且必须使之程序化、合法化，绝不能简单地按所谓的私权问题处理。其三，民事纠纷虽然是平等主体之间财产关系和人身关系的争议，但当事人提起诉讼的本身就是要求国家公权力对民事纠纷进行强制性干预。人民法院的审判活动也体现了国家公权力的直接介入。因此，笼统主张国家公权力对私权不应干预的观点是不能成立的。其四，检察机关对民事行政诉讼活动进行监督的对象是法院的审判活动，纠正的是人民法院对民事行政诉讼案件的错误判决，它是一种权力制约方式和司法纠错机制，而不是站在一方当事人的立场来反对另一方。在一方当事人的诉讼权利或实体权利受到侵犯，诉讼中的平等地位和权利没有依法得到审判机关保障的前提下，应当事人的申请和检察机关的审查，由检察机关提出抗诉，启动了再审程序，促使当事人的平等地位和权利依法得到保障。从这个角度看，抗诉不仅没有损害诉讼结构的平衡，相反，却是使失去公平的诉讼结果又恢复了公正的平衡。

第二，认为抗诉将中止生效裁判的效力，从而影响了裁判的既判力和稳定性。毫无疑问，维护法院裁定和判决的既判力和稳定性是必要的，它是司法权威的应有体现。然而，既判力和稳定性的维护是以判决和裁定的公正为前提的，对于一个明显错误的判决或裁定，如果不及时中止其效力，只会扩大对当事人合法权益的损害，有时这种损害是无法弥补的。因此，就每一个具体的裁判而言，既判力和稳定性都不应该被绝对化。片面强调裁判的既判力和稳定性，放任裁判错误而不予纠正，只会走向"有错不纠"的极端，这同样违背了"有错必纠"的法制原则。实际上，绝大多数的检察机关在对民事行政诉讼案件行使法律监督权时，还是比较重视维护裁判的既判力和稳定性的，对错误不明显或生效时间较长的裁判一般并不提出抗诉。即使是检察机关提出抗诉的案件，就检察机关而言，也是希望法院能够及时审结，以便尽快消除裁判效力待定的状态。而目前实践中，法院审理民事抗诉案件一般周期较长，有的甚至一拖数年。对此，应当主要从审判程序上加以完善，而不是否定检察监督的理由。

第三，认为民事裁判认定事实和适用法律具有不确定性，民事抗诉违反了这一诉讼原理，陷入了一个案件只有唯一正确答案的错误理念。持此观点的人认为："在众多的案件中，就案件事实认定的法律适用都存在不同程度的模糊性或不确定性，""正是由于这种不确定性，决定了法官的自由裁量权。……不同法官对相同案件甚至同一案件作出不同的裁判结果，并非异常，完全符合诉讼法理，换言之，一个案件完全可能存在多个裁判结果，而这些裁判结果都不是错误的，正确裁判结果并不是唯一的，不能以一个人裁判结果的正确为理由来证明和指责其他裁判结果的正确。"检察院"坚持主张法院裁判错误，从而提起抗诉（或者其他方式纠正），发动审判监督程序，要求法院纠正错误裁判，有悖于基本的诉讼法理，陷入了一个案件只有一个唯一正确裁判的错误理念。"①

由于上述观点实质上是主张民事案件没有错误判决，故有人将这种观点归结为"民事无错案论"。② 对此，我们认为必须明确以下基本事实：

其一，对绝大多数事实清楚的民事案件裁判的对错是有客观判断标准的。纵观我国古今的审判史实，可以看到，在一般情形下，只要法官能够杜绝主观臆断，不仅可以基本查清案件事实，也可以依法作出正确的裁判。"因为，任何一起民事诉讼案件，无论是确认之诉、给付之诉，还是变更之诉，都有质和量两方面的规定性。""这就是说，衡量任何一个民事裁判的对与错，都有一个客观标准，总不能'公说公有理，婆说婆有理'，只凭法官自由去裁量，甚至可以'指鹿为马'，说啥是啥。"持"客观真实说"的学者则认为，"按照完整的辩证唯物主义认识论，在终极意义上，案件事实是可以认识的，诉讼制度应以发现案件事实为基本目标，相反，'法律真实说'将其任务定位于操作性的层面，忽略了辩证唯物主义的反映论和可知论。"尽管案件事实均为过去事实，不可能原封不动地予以复原，但案件事实却是可知的，它不要求原样复原，只要有证据可以认定主要事实，就可以依法作出裁决。"民事

① 黄松有：《检察监督与审判独立》，载《法学研究》2000 年第 4 期。
② 李忠芳：《民事抗诉权否定者的认识误区》，载《检察实践》2005 年第 5 期。

无错案论"者片面强调客观真实的不可复原性，并以此来否定客观真实的可认知性，割裂了客观真实与法律真实的内在逻辑联系，夸大了法律真实的多元性，抹杀了客观真实的唯一性，从而得出了民事案件的裁决具有不确定性，正确的裁判结果不是唯一的结论，实质上是堕入了哲学上"不可知论"的泥淖。

其二，少数复杂疑难的民事案件虽具有一定的不确定性，但也并不是无是非可言，也不能恣意裁判。并不否认，在民事诉讼中也确有一些较为复杂或疑难的案件，站在不同的角度，可能对案件结果得出不同的结论，具有相当的不确定性。但这也不是法官恣意裁决的理由，更不可能成为民事案件审理的原则或规则。这是因为一方面此类案件在全部案件中仍为少数，并不具有典型性。在这类案件中表现出来的特殊规律或特殊规则，只能适用于此类案件，不可能成为民事案件审理的基本原则。不恰当地夸大此类案件的特点，甚至把它作为全部民事案件的特征，其结果只能是盲人摸象，以偏概全。另一方面，就是对于这些复杂疑难案件也要具体问题具体分析。所谓复杂疑难案件，一般存在两种情况：一是事实不清，二是看法有分歧。如果是事实不清，按照法律规定就不能作出判决，否则就必然是错误判决。因为按照《民事诉讼法》的规定，认定事实错误或认定事实不清，都是改判的法定理由，当然也是提起上诉和启动再审程序的法定事由。如果是事实清楚，只是看法不一，这就涉及法律适用问题。应当承认，在审判活动中对同一案件存在多种不同认识、得出多种不同结论的情形并不少见，若为学理探讨，也应当是允许的。然而，当需对案件作出判决时，就必须在多种观点中选择出一种最能反映案件事实、最为正确适用法律的意见，并在此基础上形成裁决。只要作出了这种选择，就不能说其他的观点也是正确的，按照其他意见作出判决亦无不可。特别是在观点明显相左的情况下，更不能得出怎么裁决都不存在错判的结论。

其三，综上所述，应当承认绝大多数的案件事实是可以查清的，尽管时过境迁，完全复原案件的本来面目确有难度，但审判实践业已证明，只要严格按法定程序办，查清案件的基本事实总体上是可能的。不承认这一点，不仅必然堕入哲学上的不可知论，也是对我国民事审判实践和客观事实的不尊重。对于查清了基本事实的案件，只要正确适用法律，在绝大多数情形下，是非是分明的，结论是唯一的，并不存在什么所谓的"不确定性"。不承认这一点，就不可能给当事人以公正。据此，可见以"不确定性"为民事案件的错判辩解，不仅不符合我国的民事审判实践，在认识论上也是不能成立的。

其四，认为抗诉降低了诉讼效率，提高了诉讼成本，浪费了司法资源。实事求是地说，目前司法工作的确存在着效率低下的问题。然而，究其根源，原因是多方面的，不能简单地归咎于检察机关的抗诉。据最高人民检察院统计，1999 年和 2002 年，民事抗诉案件仅占法院全部再审案件的 13.1% 和 24.6%。可见民事案件进入再审程序主要是由法院决定的，如果确实因此而降低了诉讼效率，其主要原因也不在检察机关的抗诉。现代司法不能简单照搬主要适用于经济活动的"效率优先、兼顾公平"的原则，社会主义的司法制度首先必须保障在全社会实现公平与正义，这应当是我国司法制度的第一要务或第一位的价值目标取向。司法工作不能不讲效率，但离开了公正，效率再高也是没有意义的，没有公正的效率其危害将大大高于没有效率的公正。不公正的裁判不仅不能及时解决纠纷，反而会导致当事人乃至整个社会对司法机关公正性的怀疑，甚至导致对司法公正的信任危机，从而影响社会的稳定。因此，我国的司法工作应当坚持公正优先，兼顾效率，绝不能颠倒二者的关系。如果仅就效率考虑，不仅检察机关的抗诉要取消，就是法院的审判监督程序亦应取消，由此就不再存在再审程序。这显然与法律设置再审程序的纠错目的背道而驰，也与社会主义的司法制度所追求的司法公正和社会正义格格不入。

其五，认为民事抗诉制度体现了对法院的不信任，不利于树立审判权威。这种认识又回到了问题的起点，即为什么要有检察制度？对此，台湾学者林钰雄先生已经一针见血地揭示了问题的症结所在，他在《检察官论》一书中谈到检察制度产生的原因时认为：

"不信任，乃最足以形容现代检察官制生成与演变的三字箴言。检察官，乃因对法官及警察的不信任而诞生，在此氛围下，新生儿不但命定要为防范法官恣意与警察滥权而奋战，更须为自身不被同类病毒感染而苦战。"[1] 这里所谓的"三字箴言"虽然听起来让人感到很刺激、不舒服，但却是分权制衡制度设计之初衷。在对权力进行权力的制约与制衡时，无论是对何种权力的制约与制衡，制度设计的基础和前提都是为了防止权力的滥用，因为一切有权力的人都容易滥用权力。这种基于"不信任"而进行的分权制衡的制度设计，不仅针对法官和警察，就是检察官也概莫能外，也同样需要受到内部和外部的监督与制约。在这种意义上进行的制度设计不涉及对具象个体的信任与否，而是对抽象群体的制度防范。民事抗诉制度就是建立在权力制衡基础之上的纠错机制，它不仅无损于法院的审判权威，相反还有利于维护法院的审判权威。实际上只要理解了这种制度构建的真谛，不仅不会因此而产生所谓的"不信任"感，且更会认识到这种制度构建的必需和必要。

总之，我国的司法实践证明：必须强化和完善民行检察监督。强化和完善民行检察监督，既是客观形势的需要，也是人民群众的呼声。

（二）对民事行政检察监督的强化与完善

长期以来，民事检察监督的法律依据只有原《民事诉讼法》第 14 条和第 185 条至第 188 条等几条简单的规定。第 14 条规定：检察机关对民事审判活动进行监督；第 185 条至第 188 条规定：检察机关对已经发生法律效力的、确有错误的判决、裁定可以抗诉。由于原民诉法的规定过于原则，缺乏可操作性，致使民事检察制度在诞生伊始就不可避免地陷入了执法时进退两难的尴尬局面。例如，未将民事判决或裁定的执行纳入检察监督的范围，没有明确赋

---

[1]　林钰雄：《检察官论》，台湾学林文化事业有限公司 2000 年版，第 113 页。

予人民检察院的调查权，没有规定人民检察院在民事诉讼监督中可以调取人民法院的审判卷宗，没有规定人民检察院对调解书违法是否有权监督等。

2012 年修订后的《民事诉讼法》针对民事检察工作存在的问题，对民事检察制度进行了强化与完善，主要表现在以下几点：

第一，扩大了民事检察监督的范围。一是将原法第 14 条规定的"人民检察院有权对民事审判实行法律监督"修改为"人民检察院有权对民事诉讼实行法律监督"（民事诉讼法第 14 条），虽只有两字之差，却明显将检察监督从审判活动扩大到了整个诉讼过程；二是规定"人民检察院有权对民事执行活动实行法律监督"，从而将民事执行活动纳入了检察监督的范围（民事诉讼法第 235 条）；三是规定"发现调解书损害国家利益、社会公共利益的，应当提出抗诉"，有条件地将两类违法调解纳入了检察监督的范围（民事诉讼法第 208 条）。

第二，设定了当事人申请检察建议或者抗诉的前置条件和限制条件。一是规定当事人申请抗诉、检察建议必须具备民事诉讼法第 209 条第 1 款规定的三个前置条件，即法院驳回再审申请的，法院逾期未对再审申请作出裁定的，再审判决、裁定有明显错误的。尽管在全国人大常委会在审议该条法案时有不同意见，有的委员认为对法院生效判决申请再审应当赋予当事人选择的权利，即既可向人民法院申请再审，亦可向人民检察院申请抗诉，但通过后的民事诉讼法仍然坚持了第 209 条第 1 款设定的抗诉前提条件。这些前置条件的设定，体现了对审判规律与审判程序的尊重，并赋予了当事人穷尽诉讼程序的权利。二是规定了当事人申请抗诉、检察建议的限制条件：其一，明确规定检察机关作出提出或者不予提出检察建议或抗诉的决定，当事人不得再次向人民检察院申请检察建议或者抗诉（第 209 条第 2 款）；其二，对当事人未行使上诉权的案件，无正当理由，不予受理。（详见"两高"会签的《关于对民事审判活动与行政诉讼实行法律监督的若干意见（试行）》，2011 年 3 月 10 日）

第三，增加了民事检察监督的方式。明确检察机关的监督方式除抗诉外，还可以提出检察建议（第 208 条第 2 款）。检察建议可以向同级法院提出，并报上级检察院备案；抗诉应提请上级检察院向同级法院提出。

第四，赋予了检察机关调查权（第 210 条）。调查权是检察权的组成部分，是检察权的应有之义。明确规定检察机关因提出检察建议和抗诉的需要，可以向当事人或案外人调查核实有关情况，有利于提高检察监督的质量。

此外，对于检察机关为履行法律监督职责调阅法院的审判卷宗问题，虽然民事诉讼法未作规定，但因"两高"办公厅已于 2010 年 6 月 11 日签发了《关于调阅诉讼卷宗有关问题的通知》，已对此作出明确规定，实践中已无障碍。

应当指出的是，修订后的《民事诉讼法》第 208 条规定："最高人民检察院对各级人民法院已经发生法律效力的判决、裁定，上级人民检察院对下级人民法院已经发生法律效力的判决、裁定，发现有本法第 200 条规定情形之一的，或者发现调解书损害国家利益、社会公共利益的，应当提出抗诉。地方各级人民检察院对同级人民法院已经发生法律效力的判决、裁定，发现有本法第 200 条规定情形之一的，或者发现调解书损害国家利益、社会公共利益的，可以向同级人民法院提出检察建议，并报上级人民检察院备案；也可以提请上级人民检察院向同级人民法院提出抗诉。"而民诉法第 209 条则设定了对当事人申请再审的前置条件。应当如何理解这两条规定的关系呢？我们认为，第 209 条规定的前置条件是对当事人申请再审的限制，而第 208 条则是对人民检察院依职权提起抗诉的规定，人民检察院非依当事人申请提起抗诉，而是主动行使法律监督权提起抗诉，可不受第 209 条规定条件的限制。

（三）我国民事行政检察监督规则

依据我国民事诉讼法、行政诉讼法和人民检察院组织法的规定，人民检察院对民事行政诉讼活动的检察监督主要是对生效判决、裁定、调解书的监督，对审判程序中审判人员违法行为的监督，以及对执行活动的监督。人民检察院对民事行政审判活动的检察监督应遵循以下规则：

1. 受理

在我国的检察实践中，人民检察院可以通过下列途径发现民事行政检察案件：一是当事人向人民检察院申请监督；二是公民、法人和其他组织向人民检察院控告、举报；三是人民检察院在办理案件中发现；四是有关机关交办、转办；五是人民检察院通过其他途径发现。

当事人认为有下列情形之一的，可以向人民检察院申请监督：（1）已经发生法律效力的民事、行政判决、裁定、民事调解书存在错误的；（2）民事、行政审判程序中审判人员存在违法行为的；（3）人民法院民事、行政执行活动中存在违法情形的。当事人对已经发生法律效力的民事判决、裁定、调解书申请监督的，应当符合民事诉讼法第 209 条第 1 款规定的条件。

当事人向人民检察院申请监督或者公民、法人和其他组织向人民检察院控告、举报，由作出生效判决、裁定、调解书和审理、执行案件的人民法院所在地的同级人民检察院控告检察部门受理。人民法院裁定驳回再审申请后，当事人向人民检察院申请监督的，由作出生效判决、裁定、调解书的人民法院所在地的同级人民检察院受理。

当事人向人民检察院申请监督，应当提交监督申请书、身份证明和相关法律文书（包括已经发生法律效力的再审判决书、裁定书，已经发生法律效力的一审、二审判决书、调解书，以及人民法院在审判、执行程序中作出的其他裁定书、决定书）。

当事人申请监督符合下列条件的，人民检察院应当受理：（1）申请监督符合法律和规则规定；（2）申请监督人提供的材料符合规定；（3）本院具有管辖权；（4）不具有法律和规则规定的不予受理情形。

当事人认为人民法院作出的判决、裁定或调解书存在错误，向人民检察院申请监督，有下列情形之一的，人民检察院不予受理：（1）判决、裁定或调解书尚未发生法律效力的；（2）判决、裁定或调解书的当事人未向人民法院申请再审或者未在法律规定的期限内向人民法院申请再审的；（3）人民法院正在对民事再审申请进行审查的，但无正当理由超过3个月未对再审申请作出裁定的除外；（4）人民法院已经裁定再审的；（5）判决、调解解除婚姻关系的，但对财产分割部分不服的除外；（6）法律规定当事人可以另行提起诉讼的；（7）人民检察院已经审查终结作出决定的；（8）判决、裁定、调解书是人民法院依照人民检察院的抗诉或再审检察建议对案件进行再审后作出的；（9）其他不应受理的情形。对人民法院作出的一审判决、裁定，当事人依法可以上诉但未提出上诉，而依照民事诉讼法第209条第1款第1项、第2项的规定向人民检察院申请监督的，人民检察院不予受理，但有下列情形之一的除外：（1）据以作出原判决、裁定的法律文书被撤销或者变更的；（2）审判人员有贪污受贿、徇私舞弊、枉法裁判等严重违法行为的；（3）人民法院送达法律文书违反法律规定，影响当事人行使上诉权的；（4）当事人因自然灾害等不可抗力无法行使上诉权的；（5）当事人因人身自由被剥夺、限制，或者因严重疾病等客观原因不能行使上诉权的；（6）有证据证明审判人员或者其他人员以暴力、胁迫、欺诈等方式阻止当事人行使上诉权的；（7）因其他不可归责于当事人的原因没有提出上诉的。

2. 审查

人民检察院受理案件后，应当及时指定检察人员对人民法院的民事审判活动进行审查。对不服人民法院生效判决、裁定的案件，应当就民事判决、裁定是否符合民事诉讼法规定的抗诉条件进行审查。

（1）审查的内容

第一，事实和证据的审查。证据审查是案卷审查的第一步，应当以民事诉讼法、行政诉讼法以及相关司法解释中的规定为依据，对案件的事实和证据进行审查。

审查民事申诉案件时，要以原审法律真实为基础。民事诉讼的客观规律决定了民事诉讼的证明要求只能是法律真实，法官对案件事实的认定只须达到法律真实，就可以认为是满足程序正当性的基本要求。因此，对于抗诉的事由，一是法院的裁判存在重大缺陷，包括严重违反程序规则和严重的实体错误；二是对裁判的错误认定，应当以在案件的审判过程中所形成的诉讼证据为基础，不能以补充的诉讼证据作为抗诉的理由。

检察机关在对原审裁判的证据进行检察监督审查时，首先应该审查法官对案件的认识是否以案件事实为基础，是否存在着主观臆断；裁判所认定的事实是否有证据或有足够证据支持。其次，应审查法院裁判对有足够证据支持的事实是否予以认定，案件的事实在一定意义上是可以认识的，应该以发现案件事实为诉讼制度最终目标，并为之努力。最后，应审查在具体诉讼过程中，是否将遵循法定诉讼程序得出的符合法定证明标准的事实作为裁判的基础事实。①

对案件事实和证据的审查主要应从以下几个方面着手：一是对当事人举证责任划分的审查，包括是否贯彻了"谁主张，谁举证"的当事人证明责任的分担原则、是否贯彻了当事人证明责任转移的规则、举证责任倒置的原则是否得到贯彻实施等。第二是对人民法院直接认定的免证事实的审查。包括判决、裁定中哪些事实法院没有运用证据加以证明而是直接予以认定，这些事实是不是法律和有关司法解释确定的免证范围内的事实，审查一方当事人对另一方当事人陈述的案件事实是否明示承认和是否出自内心意思的承认，推定的运用是否符合法律，是否有相反的证据足以推翻判决予决的和公证证明的事实等。三是对人民法院自行调查收集证据的审查，包括案件的哪些事实应当由人民法院自行收集、调查证据加以证明，人民法院是否对这些事实进行了调查、收集证据的活动，人民法院

---

① 陈伟钢：《民事诉讼证据规定在民事申诉案件审查中的适用》，载《法治论丛》2006 年 5 月。

在调查收集证据的活动中是否用尽司法手段等。四是审查人民法院对当事人举证权利的保障，包括对当事人提供证据的保管、举证期限和证据交换、证据的保全、勘验和鉴定、证据的采信和质证、新证据的采信等。五是对法院运用证据确定案件事实的审查。包括对单个证据客观性、合法性和关联性的审查，对全案证据的综合审查判断等。

第二，适用法律的审查。要搞清楚如何适用法律，除了事实清楚之外，还必须弄清争议法律关系的性质。大的方面，首先要分清是民事法律关系、行政法律关系或者是刑事法律关系，甚至是它们之间的交叉关系。法律关系可能面临多种，这种情况一般要先看主法律关系。民事法律关系又分为物权法律关系、债权法律关系、知识产权法律关系、亲属法律关系、人身权法律关系等，然后，再根据这些法律关系固定具体的案由。法律适用审查的原则主要把握：其一，特别法优于普通法。如自然人消费纠纷必须优先适用消费者权益保护法而不是民法通则和合同法。其二，分则优先总则，但不能违反总则。其三，新法优于旧法。其四，强制法优先适用，就是有强制法规定的就不能适用任意性法律规范。其五，审查法律时效。如果法院的裁判适用了没有生效或者已经失效的法律，是适用法律错误。其六，法律漏洞补救的审查。实践中，个别案件没有具体的法律规则可以适用，而是根据法律原则判案，对此也要审查。另外，若是涉外民事诉讼还必须审查法律识别和准据法是否正确。

第三，审判程序的审查。首先审查是否有民事诉讼法所规定的违反法定程序的行为，即违反法律规定，管辖错误的；审判组织的组成不合法或者依法应当回避的审判人员没有回避的；无诉讼行为能力人未经法定代理人代为诉讼或者应当参加诉讼的当事人，因不能归责于本人或者其诉讼代理人的事由，未参加诉讼的；违反法律规定，剥夺当事人辩论权利的；未经传票传唤，缺席判决的；原判决、裁定遗漏或者超出诉讼请求的。对这几种情形的抗诉标准是：违反法定程序，不管是否可能影响案件的正确裁判，即应抗诉，没有其他条件的限制。

第四，法官违法行为审查。立法规定这一抗诉条件，是独立的抗诉条件，没有任何的附加条件，在实务中应当遵照执行。只要发现审判人员在审理该民事案件时有贪污受贿、徇私舞弊、枉法裁判行为之一的，无须进一步考察其所作出的判决、裁定是否有错误，都可以提起抗诉。我们认为，对审判人员审理民事案件贪污贿赂、徇私舞弊、枉法裁判行为，规定的是"行为"而不是"犯罪行为"，因而，不以构成刑事立案或者刑事处罚为标准，而应以构成党政纪律处分为标准。此外，还要注意掌握三种行为之间的关系。运用这一抗诉条件，三种行为具备其中之一的，就符合抗诉条件。贪污贿赂和徇私舞弊可能成为枉法裁判的原因，后者成为前者的结果。以该项事实作为抗诉理由的，应在审理该具体案件过程中提示，而无须等待案件的判决结果。

应当特别提示的是，检察机关必须进行细致的调查和侦查，查清贪污贿赂、徇私舞弊、枉法裁判的事实，只有在掌握确实、充分的证据后，才可以提出抗诉。抗诉后，还应对涉案的审判人员作出处理。对构成犯罪的，应当移送起诉，对于构成党纪政纪处理的，应当移交有关部门处理。

（2）审查的方式

第一，案卷审查。立案后进入实质审查阶段，对原审裁判和相关案卷的审查是实质审查的依据，也是审查的主要工作所在。对已立案的案件，应当在立案后十日内凭介绍信、《调（借）阅卷通知书》到人民法院调（借）阅原一审、二审或再审案卷，并做好阅卷笔录。阅卷笔录可以摘抄，也可以复制，但应当全面、如实地反映案件全貌。

此阶段检察机关以全面审查案卷为基础，不局限于当事人争议的问题，审查案卷的内容具体为：

案件是否属法院主管与管辖；是否必须经过前置程序法院才可受理；当事人是否具备诉讼主体地位，是否遗漏当事人，诉讼代理人的资格及权限；法院采信的证据，该证据是否真实、关联、合法，是否经过质证；法院未采信的证据材料，是否真实、关联、合法，是否经过质证而否定其效力；法院调查的证据是否本身存在矛盾，或与其认定的事实存在矛盾而法院未作合法解释；鉴定结论的鉴定人是否具有相应资格，法院对鉴定结论不明确的，法院是否作出解释，解释是否符合其自由裁量权；当事人诉讼中是否存在自认，该自认是否因错误而作出；当事人双方的诉讼请求，法院判决是否违反了处分原则，比如当事人请求解除合同而法院只判决了违约金；法院认定当事人证据不足或请求于法无据，是否应为法院司法认知的范围，例如，法院已认定原告应得到以利息方式的违约金，但又以原告未提供事实法律依据为由驳回违约金请求；审判组织组成是否合法、是否违反回避制度，适用普通程序的一审生效判决是否经过开庭审理，对于缺席判决的当事人是否已经传票传唤；法院适用法律是否违反法律原则；是否错误认定法律关系及责任；适用法律是否违反了上位法；适用法律生效或作废的时间及溯及力问题。以上案卷和申诉材料（新证据的审查）是法院认定事实、适用法律包括程序法方面可能存在的问题，在抗诉审查中的具体化，原审裁判存在上述问题就会在案尤其在开庭笔录、起诉书与答辩书中反映出来，检察机关依法全面、细致地分析核对案卷材料，审查案卷材料可否得出法院的裁判，一般可以得出是否抗诉的结论，当然也有存疑需当事人举证或检察机关调查的情况，但这只是实践中的少数。此外，审查了相关案卷也就作了基础工作，掌握了审判的全貌、案件的脉络和关键，为下一步审查当事人的举证和检察机关调查提供了范围与标准，避免工作的盲目性，掌握了主动权。

第二，审查当事人双方理由和证据材料。作为监督程序，对当事人的理由和证据材料，要求以在诉讼中提出的为抗诉审查范围，超出部分一般不予审查，上述材料就保存在原审案卷中，也就是说，一般无须审查当事人提供原审外的证据材料。检察机关在审查原审裁判、案卷以外所进行的活动是有限的，这些活动是为解决审查原审裁判、案卷留下的疑问，在其指导下进行的。

一是会见当事人。审查时可以根据案件需要，会见当事人及其代理人的，须经部门负责人同意，参加会见的检察人员不得少于二人。并制作《听取当事人陈述笔录》，笔录应交当事人核对无误后，逐页签名。会见可以是单方会见，也可以同时会见双方当事人，必要时可以召开听证会。

二是通知申诉人补充证据材料。审查中认为申诉人应当提供证据材料证明其申诉主张的，可以要求申诉人在合理期限内提交证据材料，并告知申诉人无正当理由逾期不提交证据材料的，视为撤回申诉。对当事人提供的证据原件，应当填写《民事行政检察材料收据》二份，加盖部门印章，一份交提供证据的当事人，一份留卷备查。

当事人举证或审查其提供的原审以外的证据材料一般限于以下情况：法院认定事实的主要证据可能是伪证；法院采信鉴定结论的鉴定人不具备资质、该鉴定结论的依据不足或鉴定违反规程；法院的裁判违反程序，可能影响实体判决；当事人因未尽举证责任而败诉，但涉及国家、集体重大利益，通过其他方式无法救济的。审查当事人提供的原审外的证据并不包括新证据，即非因法院审判的原因当事人未在原审中提出的证据。当事人提供上述证据后，检察机关应依据原审案卷的材料，尤其是当事人诉讼中的举证情况全面审查，对此注意的义务要大于审查法院案卷的注意义务。

（3）调查核实

原民事诉讼法未明确赋予检察机关在监督程序中进行调查取证的权力。实际上，调查权应为检察权应有之义，既然赋予检察机关对民事行政诉讼活动进行检察监督的权力，就应当赋予检察机关调查权，以确保法律监督权的落实，并提升法律监督的质量。

对于生效裁判是否建立在充分的证据基础之上，法院的审判活动是否违反法定程序，审判人员在审理该案件时是否有贪污受贿、徇私舞弊、枉法裁判行为等关系到生效裁判合法性的事实问题的审查判断，在很大程度上依赖于检察机关对相关事实的调查取证。只有经过对有关问题调查核实，检察机关才能判定裁判是否存在法定抗诉理由。因此，检察机关在民事检察程序中调查取证是依法履行法定职责的要求。检察机关调查取证虽然属于民事检察监督程序中的一项具体制度，但这一制度正常运作所要求的授权法上的依据是"监督"、"抗诉"这类授权所不能替代的，以立法赋予检察机关在民事行政抗诉程序中的调查取证权，不仅是全面实施诉讼法的要求，而且是完善诉讼法律制度的需要。

实践中，通过调查取证来证明生效裁判是否违法是检察机关办理民事行政检察监督案件的一般方法。由于司法程序中缺乏一个说明理由的程序制度，加上检察机关具有的调查刑事犯罪的职能对被调查人的心理作用，检察机关在民事抗诉程序中向有关单位和个人调取证据并没有遇到大的阻力。但是，从国家法治建设的长远来看，对于司法程序中的调查取证权这类可能涉及公民、法人权益的问题，应当以法律的形式做出明确规定。修订后的民事诉讼法第210条明确规定："人民检察院因履行法律监督职责提出检察建议或者抗诉的需要，可以向当事人或者案外人调查核实有关情况。"从而使检察机关的调查取证权有了法律上的依据。

人民检察院因履行法律监督职责提出检察建议或者抗诉的需要，有下列情形之一的，可以向当事人或者案外人调查核实有关情况：①判决、裁定、调解书可能存在法律规定需要监督的情形，但案件基本事实通过阅卷及审查现有材料难以认定的；②审判人员在审判程序中可能存在违法行为的；③人民法院执行活动可能存在违法情形的；④其他需要调查核实的情形。

人民检察院可以采取以下调查核实措施：查询、调取、复制相关证据材料，询问当事人或案外人，咨询专业人员、相关部门或行业协会等对专门问题的意见，委托鉴定、评估、审计，勘验物证、现场，以及查明案件事实所需要采取的其他措施。调查的具体要求，一是调查活动应当由二名以上检察人员共同进行。调查笔录应当由调查人、被调查人、记录人签名或者盖章。被调查人拒绝签名或盖章的，应在调查笔录中记明。二是对于技术性证据的调查，可以指派检察技术人员协助进行，必要时委托检察技术部门进行鉴定、补充鉴定或重新鉴定。

此外，在实质审查阶段，审查原审判决和案卷、审查当事人的理由证据材料、检察机关自行调查，并不存在审查顺序上的先后，后两者作为补充手段随时可因审查的需要而采用，以辅助于审查原审裁判和案卷。

（4）中止审查与终止审查

第一，中止审查的事由。在案件审查过程中，遇有下列情形之一的，应当中止审查：①申请监督的自然人死亡，需要等待继承人表明是否继续申请监督的；②申请监督的法人或者其他组织终止，尚未确定权利义务承受人的；③本案必须以另一案的处理结果为依据，而另一案尚未审结的；④其他可以中止审查的情形。中止审查的，应当制定《决定书》，并发送案件当事人。中止审查的原因消除后，应当恢复审查。

第二，终止审查的事由。有下列情形之一的，人民检察院应当终止审查：①人民法院已经裁定再审或者已经纠正违法行为的；②申请人撤回监督申请或者当事人达成和解协议，且不损害国家利益、社会公共利益或者他人合法权益的；③申请监督的自然人死亡，没有继承人或者继承人放弃申请，且没有发现其他应当监督的违法情形的；④申请监督的法人或者其他组织终止，没有权利义务人或者权利义务承受人放弃申请，且没有发现其他应当监督的违法情形的；⑤发现已经受理的案件不符合受理条件的；⑥其他应当终止审查的情形。

终止审查的，应当制作《终止审查决定书》，并发送案件当事人。

（5）审查终结

第一，制作《审查终结报告》。民事、行政案件审查终结，应当制作《审查终结报告》，载明：案件来源、当事人基本情况、审查认定的案件事实、诉讼过程、申诉或者提请抗诉的理由、审查意见及法律依据。

第二，符合法定条件的应当抗诉或提请抗诉。原判决、裁定符合法律规定的抗诉条件的，向人民法院提出抗诉；地方各级人民检察院对同级人民法院已经发生法律效力的判决、裁定，经审查认为符合抗诉条件的，应当提请上一级人民检察院抗诉。

第三，不抗诉或不提请抗诉。有下列情形之一的，人民检察院应当作出不抗诉决定：申诉人在原审过程中未尽举证责任的；现有证据不足以证明原判决、裁定存在错误或者违法的；足以推翻原判决、裁定的证据属于当事人在诉讼中未提供的新证据的；原判决、裁定认定事实或者适用法律确有错误，但处理结果对国家利益、社会公共利益和当事人权利义务影响不大的；原审违反法定程序，但未影响案件正确判决、裁定的；不符合法律规定的抗诉条件的其他情形。

人民检察院决定不抗诉的案件，承办人应当分别情况作出处理：本院立案的民事、行政案件，应当在决定之日起 3 日内，制作《不抗诉决定书》或《不提起抗诉决定书》，并通知当事人；下级人民检察院提请抗诉的案件，应当在决定之日起 3 日内，制作《不抗诉决定书》，送达提请抗诉的人民检察院。提请抗诉的人民检察院接到《不抗诉决定书》以后，应当通知当事人，并做好息诉工作。

3. 再审检察建议

修订后的民事诉讼法明确规定了检察机关可以提出再审检察建议，扩大了民事检察监督的方式。地方各级人民检察院发现同级人民法院已经发生法律效力的民事判决、裁定有下列情形之一的，应当向同级人民法院提出再审检察建议：（1）有新的证据，足以推翻原判决、裁定的；（2）原判决、裁定认定的基本事实缺乏证据证明的；（3）原判决、裁定认定事实的主要证据是伪造的；（4）原判决、裁定认定事实的主要证据未经质证的；（5）对审理案件需要的主要证据，当事人因客观原因不能自行收集，书面申请人民法院调查收集，人民法院未调查收集的；（6）审判组织的组成不合法或者依法应当回避的审判人员没有回避的；（7）无诉讼行为能力人未经法定代理人代为诉讼或者应当参加诉讼的当事人，因不能归责于本人或者其诉讼代理人的事由，未参加诉讼的；

（8）违反法律规定，剥夺当事人辩论权利的；（9）未经传票传唤，缺席判决的；（10）原判决、裁定遗漏或者超出诉讼请求的；（11）据以作出原判决、裁定的法律文书被撤销或者变更的。

前述案件有下列情形之一的，地方各级人民检察院应当提请上一级人民检察院抗诉：（1）判决、裁定是经同级人民法院再审后作出的；（2）判决、裁定是经同级人民法院审判委员会讨论作出的；（3）案件重大、疑难、复杂，不适宜由同级人民法院再审纠正的。

人民检察院已经提出再审检察建议的案件，一般不得再向上级人民检察院提请抗诉。人民检察院提出再审检察建议，应当经本院检察委员会决定，并报上一级人民检察院备案。同时，应制作《再审检察建议书》，连同案件卷宗正卷移送同级人民法院，并制作决定提出再审检察建议的《通知书》发送案件当事人。

4. 抗诉

根据民事诉讼法、行政诉讼法的规定，最高人民检察院对各级人民法院已经发生法律效力的判决、裁定或者调解书，上级人民检察院对下级人民法院已经发生法律效力的判决、裁定或者调解书，发现有民事诉讼法第 200 条、第 208 条规定情形的，以及具有下列规定情形之一的，应当向同级人民法院提出抗诉：（1）有新的证据，足以推翻原判决、裁定的；（2）原判决、裁定认定的基本事实缺乏证据证明的；（3）认定事实的主要证据是伪造的；（4）认定实施的主要证据是行政诉讼被告没有正当理由于作出具体行政行为后收集的；（5）认定事实的主要证据未经质证的；（6）对审理案件需要的主要证据，当事人因客观原因不能自行收集，书面申请人民法院调查收集，人民法院未调查收集的；（7）认定事实违反行政诉讼法第 32 条规定的举证责任的；（8）违反《中华人民共和国立法法》的规定适用法律、法规、规章的；（9）错误认定具体行政行为的存在、性质或者效力的；（10）错误认定行政事实行为是否存在、是否合法的；（11）确定权利归属、义务承担或者责任追究违反法律规定的；（12）违反法定程序，可能影响案件正确判决、裁定的；（13）有证据证明审判人员审理案件时有贪污贿赂、徇私舞弊、枉法裁判行为的；（14）原判决、裁定适用裁判类型错误的；（15）违反法律、法规规定的其他情形。

在检察实践中，主要从以下四个方面把握民事抗诉条件：

第一，事实认定错误。民事诉讼将客观真实作为诉讼证明活动所追求的最高目标，同时提出了法律真实的证明要求，将高度盖然性作为民事诉讼的证明标准。为此，在办理民行抗诉案件时，应当围绕证据有无证明力、证明力的大小，当事人对自己提出的诉讼请求或反驳对方诉讼请求所举证据是否达到了高度盖然性，形成了证据优势，并结合举证责任的分配来看原判决、裁定认定事实的主要证据是否不足。在实务中，把下列八种情形归为认定事实的主要证据不足：原判决、裁定所认定事实没有证据或者没有足够证据支持的；原判决、裁定对有足够证据支持的事实不予认定的；原判决、裁定采信了伪证并作为认定事实的主要证据的；原审当事人及其诉讼代理人由于客观原因不能自行收集的主要证据，人民法院应予调查取证而未进行调查取证，影响原判决、裁定正确认定事实的；原审当事人提供的证据互相矛盾，人民法院应予调查取证而未进行调查取证，影响原判决、裁定正确认定事实的；原判决、裁定所采信的鉴定结论的鉴定程序违法或者鉴定人不具备鉴定资格的；原审法院应当进行鉴定或者勘验而未鉴定、勘验的；原判决、裁定认定事实的主要证据不足的其他情形。

需要注意的是，由于修订后的民事诉讼法弱化了法官在调查取证方面的职权，除可能有损国家利益、社会公共利益或他人合法权益的事实及依职权追加当事人、中止诉讼、终结诉讼、回避等与实体争议无关的程序事项，人民法院可依职权调查外，法院只能依当事人申请进行调查取证，因此，上述有关规定已经不符合民事诉讼法之要求，不能作为人民检察院抗诉的条件。

第二，适用法律错误。即原判决、裁定适用法律错误，是指判决、裁定在适用实体法上的错误，是判决、裁定在实体处理上违反了法律的规定。下列情形为适用法律错误：

原判决、裁定错误认定法律关系性质的。法律对于不同的法律关系的举证责任分配、责任构成、法律适用等方面的规定不同，甚至差异很大。因此，正确认定案件的法律关系性质是正确适用法律的前提，如错误地把法律关系的性质混淆，必将导致适用法律错误。

原判决、裁定错误认定法律关系主体的。法律关系的主体是权利和义务的承担者。确定权利义务的主体错误必将使不应当承担法律责任的主体承担责任，而使应当享有权利的主体丧失权利或使应当承担责任的主体不必承担责任。这应当坚决予以抗诉。

原判决、裁定确定权利归属、责任承担或者责任划分发生错误的。当事人的权利归属认定错误，指对权利人的权利不予确认或将本属于权利人的诉争权利判定给他人。责任承担错误包括三种情形：对当事人是否应当承担责任判定错误；对当事人承担责任的大小判定错误；判定当事人承担错误的方式错误。责任划分的错误主要发生在共同责任中对主要责任、次要责任、同等责任的判断方面，一般有两种情形，一是原被告存在混合过错的情况下，对双方当事人的责任划分存在错误；二是共同被告或共同被反诉人之间的责任划分存在错误。

原判决、裁定对未超过诉讼时效的诉讼请求不予支持，或者对超过诉讼时效的诉讼请求予以支持的。对诉讼时效的认定直接关系到当事人权利的实现。实践中，对诉讼时效认定错误的情形主要有：诉讼时效期间届满，法院未予审查而支持诉讼请求的；诉讼时效期间起算认定错误的；诉讼时效中止、中断的事由而引起诉讼时效期间计算错误的。

适用法律错误的其他情形。对于适用法律、法规或司法解释违反法律规定的适用原则或法理的其他情形，例如原判决、裁定适用的法律未生效或已失效的，原判决、裁定违反法律关于溯及力规定的，均属于适用法律错误的其他情形。

第三，程序违法。实践中，认定"程序违法"作为独立的抗诉条件，应限定在民事诉讼法明确列举的事由上，其他违反法定程序的情形，须是可能影响案件正确判决、裁定的，检察机关才能提出抗诉。如果人民法院违反一般性法定程序，但不影响案件正确判决的，检察机关不宜据此提出抗诉。

管辖错误的。对某一案件根本没有管辖权却受理、审理该案件，构成管辖错误。实践中，存在因地方保护等因素争夺管辖权的情形，也存在对疑难复杂案件相互推诿的情形，还存在当事人为达到胜诉目的，通过改变诉讼标的金额、虚造被告等手段，恶意规避法定管辖的情形。对此应当紧密结合民事诉讼法所列明的法律关系联结点，加以判断，存在错误的，应予以抗诉。

审判组织的组成不合法的或者依法应当回避的审判人员没有回避的。审判组织的组成不合法，主要有根据法律规定，案件应当组成合议庭进行审理，而法院却由法官一人进行了独任审判；或者在原审庭审中合议庭组成人员中有的法官缺席或者出席者不具有法官资格；还有对于合议庭组成人员确定后已经告知当事人，但在具体开庭时却不是合议庭组成人员，或者被告知的合议庭组成人员已经开庭后，但在法律文书的署名上出现不同的署名等情况。依法应当回避的审判人员没有回避，一般包括两种情形：一是发生于自行回避，即按照法律规定，法官应当主动回避而没有回避；二是发生于申请回避，即当事人申请法官回避，且此申请已被法院宣告理由成立，但该法官仍参与了审判。依法应当回避的审判人员没有回避，严重影响了案件的公正审理和居中裁判，检察机关应当抗诉予以纠正。

无诉讼行为能力人未经法定代理人代为诉讼或者遗漏应当参加诉讼的当事人的。无民事行为能力人或限制行为能力人，立法不赋予其诉讼行为能力，必须由其法定代理人代为诉讼，否则不能自己提起诉讼、参加诉讼，也不能由法定代理人以外的人代为诉讼。

实践中，对于共有、继承等必要共同诉讼案件，如因不能归责于本人或诉讼代理人的事由而使某当事人未参加诉讼，则属于遗漏了必须参加诉讼的当事人，另外，在一些案件中，发现由于审判人员对是否已经当事人本人授权委托有关代理人代为诉讼审查错误，也属于此情形。遗漏应当参加诉讼的当事人，侵害了其合法权益，属于严重的程序违法。

违反法律规定，剥夺当事人辩论权的。实践中，只有明显且严重破坏当事人行使辩论权利的（也就是根本不让当事人行使辩论权利的），才能认定为"剥夺"，未达到这种严重程度，不属于"剥夺"。庭审中对于当事人及其诉讼代理人与案件无关的陈述，或者反复陈述未被法庭认定的事实，审判人员及时制止的，是正当行使诉讼指挥权。另外，第二审程序依法采用书面形式审理的，都不属于本事项规定的情形。

未经传票传唤，缺席判决的。传票传唤当事人是传唤当事人方式中最正规、最严肃的方式，只有经传票传唤后，当事人无正当理由拒不到庭或者未经许可中途退庭的，人民法院才可以缺席判决。未经传票传唤，便作出缺席判决的，属于程序上存在重大瑕疵。实践中，一些法院仅以通知书或者口头传唤、电话传唤方式，通知当事人，若当事人无正当理由拒不到庭或者未经许可中途退庭，法院作出缺席判决的，人民检察院应予以抗诉。

第四，特殊情形。一是原判决、裁定遗漏或者超出诉讼请求的。人民法院审理民事案件应当围绕当事人的诉讼请求进行，既不能漏审、漏判，也不能超越请求范围多判。同时，人民法院要依当事人所诉法律关系进行判决，不能修改当事人的诉求或改变当事人所诉法律关系。但须注意的是，对法院漏判或多判的仅是一般诉讼请求，对当事人权利义务影响不大的案件，此种情形如单独作为抗诉理由，人民检察院不宜抗诉。二是据以作出原判决、裁定的法律文书被撤销或者变更的。先前案件的法律文书是原判决、裁定作出的重要根据，由于种种原因使得先前案件的法律文书被撤销或者变更，原判决、裁定的作出实际已失去重要基础。若依据变更后的法律文书，其判决、裁定的内容将与原判决、裁定的结论不一致，人民检察院应予抗诉。三是审判人员在审理该案件时有贪污受贿，徇私舞弊，枉法裁判行为的。法官公正与中立的立场是保证案件正确审理的前提，如果审理案件的审判人员收受了当事人的钱物，或徇私徇情，枉法裁判，其所作出的判决就失去了正当性基础，人民检察院应当提出抗诉。实践中要明确以下几点：一是审判人员的范围。审判人员，一般包括审理该案件的审判员、陪审员和书记员，不包括鉴定人、翻译人。二是贪污受贿、徇私舞弊、枉法裁判的关系。贪污受贿、徇私舞弊经常是枉法裁判的原因，而枉法裁判是前者的结果。但贪污受贿、徇私舞弊、枉法裁判是三种不同的违法犯罪行为，可以构成独立的抗诉理由，只要具备其中一种情形，人民检察院就应当提出抗诉。三是实体处理正确对该项条件的影响。有的审判人员"贪赃徇私但不枉法"，收受诉讼中有优势地位的一方当事人的贿赂，最终判决的实体处理无误。对此情形，首先，立法对该项抗诉条件未附以任何附加条件，只要存在贪污受贿、徇私舞弊、枉法裁判行为之一的即满足抗诉条件，无须所作出的判决、裁定确有错误。其次，不论裁判在实体上是否公正，只要存在贪污受贿、徇私舞弊、枉法裁判行为，足以使当事人及公众对审判的公正性产生怀疑，只有通过再审，才能重塑案件审理的公正信念。四是审判人员的贪污受贿、徇私舞弊、枉法裁判行为需达到的标准。审判人员存在上述违法行为，须有充足的证据证明，该行为要达到什么程度或标准，应当探究民事诉讼法的本意。只要审判人员有上述行为发生，无论该行为是否达到刑事标准，都很难保证案件的正确裁判，足以使公众对审判的公正性产生怀疑。因此，以上述行为达到党纪政纪处分的标准作为参考，更为适宜。

5. 出庭

人民检察院提出抗诉的案件，人民法院再审时，人民检察院应当派员出席法庭。接受抗诉的人民法院将抗诉案件交下级人民法院再审的，提出抗诉的人民检察院可以指令在审人民法院的同级人民检察院派员出庭。检察人员出席抗诉案件再审法庭的任务是宣读抗诉书、对依职权调查的证据予以出示和说明。检察人员发现庭审活动违法的，应当待休庭或者庭审结束后提出检察建议。

6. 回避

检察人员在办理民事、行政检察案件过程中，有民事诉讼法第

44 条、行政诉讼法第 47 条规定情形之一的，应当自行回避，当事人有权申请他们回避。前述规定，适用于书记员、翻译人员、鉴定人、勘验人等。

为了在强化法律监督工作的同时，进一步强化民行检察人员的自身监督，规范民行检察监督工作，最高人民检察院制定了《人民检察院民事行政检察人员廉洁规范执法行为准则》（以下简称《行为准则》）。落实修改后民事诉讼法的新规定，是《行为准则》中内容设计的主要依据。对于民事诉讼法规定的"当事人可以向人民检察院申请检察建议或者抗诉，人民检察院应在三个月内进行审查"这一办案期限的新规定，《行为准则》重申遵守办案期限问题，禁止超期办案。修改后的民事诉讼法实施后，民行检察人员的工作环境有所改变。他们将更多地接触当事人和代理人，对此，《行为准则》未雨绸缪，用两个条文规范办案人员与当事人的关系。特别规定"民事行政检察人员会见案件当事人及其代理人，应当由两人以上在办公场所共同进行。禁止私自在非办公场所会见"。根据修改后民事诉讼法的规定，民行检察人员将全程参与监督工作、拥有更丰富的检察监督权，这意味着民行检察岗位的职业风险加大。为了防范办案人员被腐蚀，《行为准则》在第 12 条规定了"严禁民事行政检察人员利用职权为本人或亲友谋取不正当利益"的七种情形，如不能收礼金、不能报销个人费用、不能借车等，《行为准则》对"不准的行为"规定得具体详细。同时申明，民诉法对法官在审判活动中规定的所有自律性要求，检察人员同样应当遵守。

第十二章　执行监督

一、执行监督概述

执行监督是人民检察院对人民法院已经发生法律效力的判决、裁定的执行是否合法进行的法律监督。依据案件的性质，人民法院的判决和裁定分为刑事判决和裁定、民事判决和裁定、行政判决和裁定，这些判决和裁定的执行都应受到人民检察院的监督。民事判决、裁定多由当事人自己执行，在强制执行时，才发生国家权力运用的问题。刑事判决和裁定只能由国家有关机关执行，这些机关执行判决和裁定的活动，就是国家机关行使执行权的活动。执行监督权与侦查监督权、审判监督权一样，是监督国家权力、监督国家权力的行使是否合法的权力。其中对刑事执行的监督应是执行监督的重点。

对执行活动进行监督具有十分重要的意义。一方面，判决、裁定具有的稳定性、严肃性、权威性，需要通过执行来体现，不能得到正确、及时的执行，生效判决和裁定无异于一纸空文，而且将使先前的一切司法活动均归于无效，极大地破坏了法律的统一和尊严。另一方面，刑事执行的权力是用于实现刑罚的实体权，具有强制性和独立性的特点，它的行使潜藏着更大的社会风险。执行权的滥用或者导致放纵罪犯，将使国家的刑罚权落空，或者导致严重侵犯罪犯的合法权利，将使人权受到侵害。

我国《刑事诉讼法》明确授权人民检察院行使执行监督权，修订后的《民事诉讼法》也赋予了人民检察院对民事执行活动的监督权。执行监督权是检察机关法律监督权的具体表现和组成部分。对于执行监督权归属于法律监督权虽然学界较少疑义，但是我们还是要通过揭示执行监督权的性质及其与其他法律监督权一脉相承的关系，来证明执行监督权与其他法律监督权的共性，并进而证明由各种具体的监督权能所构成的法律监督权体系的和谐与完整。

为什么对执行监督权也要作出法律监督权的解读呢？这是因为：其一，作为执行监督权的权力主体的检察机关，仍然是法律的守护者，在执行阶段，守护的是人民法院的生效判决和裁定的尊严和效力。判决和裁定在审判程序中，在审判监督权的视野中是监督的对象，防止它在形成过程中及其本身的违法和错误。在执行阶段中，判决和裁定则是执行监督权维护的对象，保证它的尊严和权威，使它得到全面的执行，是执行监督权设置和行使的目的。换言之，无论审判监督权还是执行监督权，都是检察机关守护法律、维护法律权威、保证法律统一实施的权力。其二，检察机关作为诉讼程序不同阶段中追究犯罪的国家公诉人、审判公正的监督者，最为关心判决和裁定的正确执行，这不仅符合追诉权运作的目的，也符合法律监督权不断展开并最终得以实现的规律和逻辑。执行监督权的权力主体以客观、公正的立场，监督判决、裁定的实施，既保证国家刑罚权的实现，又防止罪犯的合法权益因执行机关执行权的错误行使而受到侵犯。其三，在执行程序中，检察机关处于最公正的地位，执行监督权的权力主体独立于各种执行权力之外，没有任何特殊的利益追求，唯一的使命是保证判决和裁定的落实。其四，法律监督权与诉讼程序同步，由公诉权向执行监督权的递进和转化说明，检察机关在全部诉讼过程中的角色和地位，都不是一方当事人。它以法律监督者的身份参与刑事诉讼的全过程，并最终以法律监督者的地位关注着判决与裁定的执行。

执行监督权作为法律监督权体系中的重要组成部分，其地位和功能可以从以下两方面来认识：

第一，在法律运行的终点上保证法律的统一实施。如果把国家所有的实施法律活动看作是一个统一的过程的话，执行就是这个过程的终点。通过监督生效判决、裁定的正确执行，保证法律最终得到统一的实施。就刑事诉讼来说，判决和裁定的执行，意味着使犯罪分子受到应有的制裁，使无罪和免罚的人不受刑罚制裁，使合法利益得到保护和恢复，使立法目的得到实现。通过对具体案件判决和裁定的执行，形成对潜在的犯罪的震慑，鼓励公众与违法犯罪斗争的信心和勇气，建立起全社会对法律的信任和期待，从而树立起法律的权威。

第二，作为法律监督权的组成部分，执行监督权对于法律监督权体系的完善和作用的发挥也有着重要的意义。作为体系的一部分，它的存在和行使，实现了对国家执行机关执行活动的监督，使法律监督权力体系得以最终建立和完善。作为体系运作的最后一个环节，执行监督权形成对其他监督权的最后支撑，使法律判决的效力在执行监督中得到落实，从而实现全部法律监督权所要追求的最终目的。

关于执行监督，本章分刑罚执行监督和民事行政执行监督两部分论述。

二、刑罚执行监督

日本学者曾言："按刑事诉讼全程，检察官在侦查中有'司法警察官'职能，在起诉裁量时有'审判官'的职能，莅庭实施公诉时有'公意辩护人'之职能，刑罚执行时有'罪犯矫正师'之职能。"[①] 可见，检察官在刑罚执行环节的职责非常重要。

人民检察院是刑罚执行的监督机关。我国《刑事诉讼法》第252条规定，人民法院在交付执行死刑前，应当通知同级人民检察院派员临场监督；第255条、第256条、第262条、第263条规定了人民检察院对决定暂予监外执行、减刑、假释以及罪犯在服刑期间又犯罪的等情况实行监督；第264条规定，监狱和其他执行机关在执行中，如果认为有错误或者罪犯提出申诉的，应当转请人民检

---

① ［日］平野龙一：《刑事诉讼法概说》，有斐阁昭和43年，第30页。转引自陈卫东、李训虎：《检察一体与检察官独立》，载《法学研究》2006年第1期。

察院处理或者原判人民法院处理；第265条还规定人民检察院对执行机关执行刑罚的活动是否合法实行监督。如果发现有违法的情况，应当通知执行机关纠正等。

刑罚的执行监督，是指人民检察院对刑罚执行机关执行人民法院已经发生法律效力的刑事裁判的活动所进行的法律监督。由于人民法院发生法律效力的刑事裁判的具体内容不同，刑罚执行机关、执行的场所也不相同。因此，人民检察院对刑罚执行监督的主要内容包括：对判处死刑立即执行、死刑缓期执行的监督；对判处有期徒刑、无期徒刑、拘役执行的监督；对判处管制、剥夺政治权利、宣告缓刑、暂予监外执行、假释的判决和裁定的执行的监督以及罚金刑、没收财产刑等刑罚执行活动所进行的监督。

（一）刑罚的执行

刑事诉讼中的执行，是指人民法院将已经发生法律效力的判决、裁定交付执行机关，以将其所确定的内容依法付诸实施，以及解决实施中出现的变更执行等诉讼问题而进行的各种活动。

执行是刑事诉讼的最后一个程序，也是国家刑罚权得以实现的关键阶段。但并非判决、裁定的整个执行过程和一切活动都属于刑事诉讼的范围。属于刑事诉讼活动的，仅包括两个方面：一是人民法院将已经发生法律效力的判决和裁定交付执行；二是刑罚执行过程中的变更，如暂予监外执行、减刑、假释等。而执行机关对罪犯的监管、教育、组织劳动等则不具有诉讼活动的性质，而属于司法行政活动。执行程序具有以下几个特点：执行的合法性；执行的强制性；执行的及时性。

执行对象也称执行的客体。作为执行对象的必须是已经发生法律效力的判决和裁定。根据我国《刑事诉讼法》第248条、《刑法》第63条第2款规定，发生法律效力的判决和裁定包括以下几种：已超过法定期限没有上诉、抗诉的一审判决和裁定；终审的判决和裁定，即中级、高级人民法院第二审案件的判决和裁定（死刑案件和在法定刑下判处刑罚的案件除外）以及最高人民法院第一审和第二审作出的判决和裁定；最高人民法院核准的死刑判决和裁定、高级人民法院核准的死刑缓期两年执行的判决和裁定；最高人民法院核准的在法定刑以下判处刑罚的判决和裁定。

执行机关也称执行主体。生效判决和裁定的内容不同，执行机关也不相同。

一是人民法院作为执行机关。根据《刑事诉讼法》第 249 条、第 251 条、第 260 条和第 261 条规定，死刑、罚金和没收财产的判决和裁定，以及无罪或免除刑罚的判决，均由人民法院执行。除了作为上述判决和裁定的执行机关之外，作为生效裁判的制作者，人民法院也是所有生效裁判交付执行的通知机关，即人民法院根据已生效裁判所确定的内容及其刑罚执行方式的不同，将生效裁判交由各执行机关执行。根据最高人民法院《关于适用刑事诉讼法的解释》第 429 条的规定，被判处死刑缓期执行、无期徒刑、有期徒刑、拘役的罪犯，交付执行时在押的，第一审人民法院应当在判决、裁定生效后十日内，将判决书、裁定书、起诉书副本、自诉状复印件、执行通知书、结案登记表送达看守所，由公安机关将罪犯交付执行。罪犯需要收押执行刑罚，而判决、裁定生效前未被羁押的，人民法院应当根据生效的判决书、裁定书将罪犯送交看守所羁押，并依照前款的规定办理执行手续。

二是监狱、看守所、未成年犯管教所作为执行机关。根据《刑事诉讼法》第 253 条的规定，对于判处死刑缓期 2 年执行、无期徒刑、有期徒刑的罪犯，由公安机关送交监狱执行刑罚。在被交付执行前，剩余刑期在 3 个月以下的，由看守所代为执行。未成年犯应当在未成年犯管教所执行。

三是公安机关作为执行机关。根据《刑事诉讼法》第 253 条、第 259 条的规定，对于被判处拘役、剥夺政治权利的罪犯，由公安机关执行。

四是社区矫正机构作为执行机关。根据《刑事诉讼法》第 254 条、第 258 条的规定，监外执行、管制、宣告缓刑、假释或者暂予监外执行的罪犯，依法实行社区矫正，由社区矫正机构负责执行。

（二） 对执行死刑的监督

根据《刑事诉讼法》第 252 条第 1 款规定，人民法院在交付执行死刑前，应当通知同级人民检察院派员临场监督。实践中，人民法院通常在交付执行死刑 3 日以前，通知同级检察院派员监督。

人民检察院派员进行临场监督的主要内容是：依法监督有无执行死刑命令或者该命令是否是有死刑核准权的人民法院院长签发，以及签发的具体时间；执行死刑的指挥人员、执行人员以及执行死刑的场所、方法和执行活动是否合法；有无法律规定的"停止执行"和"暂停执行"死刑的情形，如有则应当建议人民法院停止执行等。如果发现执行活动有违法情况发生，人民检察院应当及时提出纠正意见。

（三） 对暂予监外执行的监督

根据《刑事诉讼法》第 255 条规定，监狱、看守所提出暂予监外执行的书面意见的，应当将书面意见的副本抄送人民检察院。人民检察院可以向决定或者批准机关提出书面意见。第 256 条规定，决定或者批准暂予监外执行的机关应当将暂予监外执行决定抄送人民检察院。人民检察院认为暂予监外执行不当的，应当自接到通知之日起 1 个月以内将书面意见送交决定或者批准暂予监外执行的机关，决定或者批准暂予监外执行的机关接到人民检察院的书面意见后，应当立即对该决定进行重新核查。

（四） 对减刑、假释的监督

根据《刑事诉讼法》第 262 条第 2 款规定，被判处管制、拘役、有期徒刑或者无期徒刑的罪犯，在执行期间确有悔改或者立功表现，应当依法予以减刑、假释的时候，由执行机关提出建议书，报请人民法院审核裁定，并将建议书副本抄送人民检察院。人民检察院可以向人民法院提出书面意见。第 263 条规定，人民检察院认为人民法院减刑、假释的裁定不当，应当在收到裁定书副本后 20

日以内，向人民法院提出书面纠正意见。人民法院应当在收到纠正意见后1个月以内重新组成合议庭进行审理，作出最终裁定。

根据上述规定，人民检察院对人民法院作出的减刑、假释决定实行监督的主要内容是：监督该裁定是否正确，罪犯有无减刑、假释的法定条件，以及有无确实证据予以证明等；监督的期限是：自收到减刑、假释裁定书副本以后的20日以内进行；监督的方式是：向作出减刑、假释裁定的人民法院提出书面纠正意见；监督的效果是：人民法院应当认真接受人民检察院的监督，在收到纠正意见书后的1个月内重组合议庭对案件进行重新审理。对法院的最终裁定不符合法律规定的，人民检察院应当向同级人民法院提出纠正意见。

（五）对执行机关执行刑罚活动的监督

根据《刑事诉讼法》第265条规定，人民检察院对执行机关执行刑罚的活动是否合法实行监督。如果发现有违法情况，应当通知执行机关纠正。

根据本条规定，人民检察院对执行机关的监督程序包括以下内容：监督范围。交付执行的判决和裁定是否已经发生法律效力；对于一审宣告被告人无罪或者免除刑罚的判决，是否立即释放在押的被告人；交付执行的手续、程序是否合法，执行机关是否符合法律规定；监狱对罪犯是否依照法定条件和手续收押，对于不予收监的，是否有书面说明；对于死缓罪犯2年期满是否按时提出减刑意见，是否及时予以减刑；监狱、未成年犯管教所、拘役所等对罪犯执行刑罚是否合法，是否依法保障了罪犯依法享有的各项权利；对服刑罪犯确有悔改及立功表现的是否及时提出减刑、假释建议；对刑满罪犯是否及时释放；公安机关对管制、剥夺政治权利、缓刑、监外执行等罪犯的监督考察是否合法、负责；人民法院对罚金、没收财产等刑罚的执行是否合法，罚没的财产是否依法处理等。

监督方式。人民检察院在监督过程中，发现有违法情况的，及时通知执行机关予以纠正。对情节较轻的违纪行为，以口头方式向违纪人提出纠正意见；对情节严重的违法行为，经检察长批准以书面方式向执行机关发出《纠正违法通知书》；对违法行为造成严重后果并构成犯罪的，提请有关机关追究责任人员的刑事责任。

对于人民检察院发出的《纠正违法通知书》，执行机关应当回复对监督的落实情况，没有回复的，人民检察院应当及时报告上一级人民检察院，并抄报执行机关的上级主管机关。上级检察机关认为下级人民检察院的纠正违法意见正确的，应与同级执行机关共同督促下级执行机关纠正；上级检察机关认为下级人民检察院的纠正违法意见有错误的，应当通知下级人民检察院撤销已发的《纠正违法通知书》，并通知同级执行机关。

三、民事行政执行监督

民事行政执行是实现生效民事、行政判决、裁定等法律文书内容的重要保障，它不仅关系到当事人权利的实现，也关系到国家法律的权威与尊严能否得以维护。构建高效、公正的民事行政执行机制依赖有效的内部监督和外部监督，所谓内部监督即人民法院自身对强制执行工作的监督；所谓外部监督应包括党委监督、人大监督、政协监督、舆论监督等，但作为专门法律监督机关的人民检察院的监督则处于重要地位。①

（一）民事行政执行监督的必要性

在民事诉讼法修订前，在理论层面上，对于民事执行检察监督的必要性、理论基础以及具体的程序设计等都有不同的意见，引发了积极的讨论；在实务层面，我国有部分地方检察机关开始开展对民事执行监督的探索和实践。检察机关对民事执行监督的成效正逐步显现，监督经验也不断丰富，对防止执行权的滥用，缓解执行难问题起到了一定的作用。然而，由于法律规定的不明确，最高人民

---

① 杨荣馨：《略论强制执行的检察监督》，载《人民检察》2007 年第 13 期。

法院在 1992 年、1998 年等制定的《关于适用〈中华人民共和国民事诉讼法〉若干问题的意见》、《关于人民法院执行工作若干问题的规定（试行)》、《关于人民法院民事执行中查封、扣押、冻结财产的规定》及其他有关民事裁判执行程序的规定中，只对民事执行的法院内部监督作出了规定，对检察机关的外部监督没有涉及。此外，最高人民法院还通过批复的方式，明确规定人民检察院对人民法院在执行程序中作出的裁定，以及提出的暂缓执行建议等均无法律依据。

　　在学术界，对民事执行是否应当进行监督始终有不同的认识。"激进的否定论"有的认为，2012 年修改前的民事诉讼法将两编分别作出规定，在审判程序中规定了检察监督的内容，而在执行程序中并没有作出相关规定，这表明执行活动在性质上不同于审判活动，检察监督的对象应是民事审判活动，而不包括民事执行。因此，不赞成建立民事执行检察监督制度。有的认为，民事执行检察监督的实际效果并没有"肯定论"者预期的那样好，甚至可能使民事执行工作更加困难，检察机关完全可以通过查处执行人员职务犯罪的方式实现执行监督，因此主张取消民事执行检察监督制度。①

　　"温和的否定论"则把执行检察监督视为执行救济的一个种类，认为执行救济与执行监督在形态上都表现为针对执行中的违法违规现象，在功能上都能发挥纠错的作用，两者之间的共同点也是鲜明突出的。民事诉讼法为当事人、利害关系人或案外人扩充了在执行过程中提出救济诉求的范围，增添了寻求救济的渠道，意味着立法已经从原来单纯的"执行异议"向执行救济制度的构建迈进了一大步。"肯定说"是在完全忽略执行救济的前提下讨论执行检察监督，因此，关于监督的对象或方法等具体的程序设计很难提出深入而又可行的方案也就容易理解了。并进一步认为，无论何时，

---

① 赵晋山、黄文艺：《如何为民事执行监督开"处方"》，载《光明日报》2007 年 8 月 27 日。

检察机关都能够追究执行人员的职务犯罪，必要的情况下可纠正执行过程中的违法违纪行为。这是现行制度上本来就存在的执行检察监督，不一定与执行救济有直接关系。如果把执行救济的主要含义界定为认为自己合法权益受到不当侵害的执行当事人、利害关系人等在执行过程中进行争议的程序，处理这种争议，即受理提出的异议并予以审查、作出相应决定且在必要时对错误加以纠正的公共权力机关则是法院。可以把检察院也列入有权参加对这种争议进行处理的国家机关之一，让检察机关在一定程度上以某种适当的方式参与执行救济。① 当然这与民事执行检察监督已不是一个概念，因此这种观点实质上是温和的"否定说"。

"肯定论"认为，对民事审判不能作狭义解释，即将其限制于从立案到作出判决或者裁定的环节。从学理上看，就民事诉讼而言，包括我国在内的许多大陆法系国家都将民事诉讼法中的"审判活动"作广义的理解。②同时，在民事诉讼法制定当时，全国人大法律委员会在《关于〈中华人民共和国民事诉讼法〉（试行）（修改草案）的说明》中指出："执行是审判工作的一个十分重要的环节，它关系到法律和人民法院的尊严，有效保障公民、法人和其他组织的合法权益，维护正常的社会经济秩序。"由此可见，就立法者所表明的立法本意而言，民事执行是民事审判工作的一部分，人民检察院对民事审判活动的监督包含了对民事执行的监督。因此，人民检察院对民事审判活动的监督包含了对民事执行的监督，民事执行活动属于检察监督的范围，以此主张确立民事执行监督制度。同时，为解决目前执行程序中存在的"执行难"和"执行乱"问题，为最大限度地杜绝执行过程中的随意性和权力滥用，

① 参见王亚新：《执行检察监督问题与执行救济制度构建》，载《中外法学》2009 年第 2 期。
② 廖中洪：《关于强制执行立法几个理论误区的探讨》，载《现代法学》2006 年第 5 期。

有必要对执行活动建立检察监督机制。[①]

　　鉴于民事执行中存在的实际问题，2012 年 8 月第十一届全国人大常委会第二十八次会议通过的《关于修改〈中华人民共和国民事诉讼法〉的决定》，将第 14 条修改为"人民检察院有权对民事诉讼实行法律监督"。同时，在第 235 条中明确规定："人民检察院有权对民事执行活动实行法律监督。"从而结束了学术界对民事执行检察监督的分歧认识，肯定了检察监督的必要性，为检察监督奠定了坚实的法律基础。

（二）民事行政执行监督的理论基础

　　对于民事执行监督的法理基础，学者们也有不同看法。有学者认为，民事执行监督的理论基础在于：一是通过检察权对执行权的适度制约和实现执行公正的有效保障，有利于检察院和法院之间通过司法权之间的监督和制约机制实现包括执行公正在内的司法公正。二是通过检察权对执行权予以必要的补充，可以两个公权力合理抵制和排除不当干预，尽可能保证执行的顺利进行。三是可以起到以检察权这一公权力补强当事人权利的效果，一定程度上既可以促进申请执行人权利最大限度的实现，也可使被执行人或案外人的权利尽可能地免受不当侵害。[②]

　　也有学者认为，检察机关对民事执行实施法律监督的法理基础是：我国宪法关于二元司法体制的规定决定了检察机关有权对民事执行实施法律监督；我国检察权的内在特质及功能定位为检察机关对民事执行实施法律监督提供了有力的法理依据；检察机关对民事执行实施法律监督符合我国民事诉讼法的基本原则；检察机关对民

---

　　① 黎蜀宁：《论检察机关对民事执行活动的监督》，载《现代法学》2003 年第 6 期。

　　② 王鸿翼、杨明刚：《民事、行政裁判执行的检察监督》，载张智辉主编：《中国检察》（第 12 卷），北京大学出版社 2007 年版，第 268 页。

事执行实施法律监督符合执行活动的规律。①

还有学者认为，在我国是否需要建立民事执行检察监督，关键问题不在于对民事执行和审判关系的理解上，而主要取决于民事执行的实际需要和民事执行检察监督能否满足民事执行的需要两方面。②

从更务实的角度出发，还有学者认为，民事执行检察监督理论依据应予以转变，以在检法两家之间达成民事执行检察监督的共识性为基本出发点，以民事执行检察监督与执行救济相联系为视角，在完善执行救济制度的基础上，建立补充执行救济的补充性民事执行监督机制。理由包括：第一，补充性民事执行监督机制能够协调检察机关的执行监督权与当事人、利害关系人的处分权之间的相互关系。第二，尚不完善的执行救济制度是民事执行检察监督得以发挥作用的现实基础。补充性民事执行检察监督之定位非常符合检察机关的资源配置现实，可以在检察机关民行检察监督力量有限的情况下，保障检察机关抓住重点，并使其更具有实效性地参与到民商事纠纷的解决中来。补充性民事执行检察监督不仅体现了民事执行检察监督的谦抑性原则，使谦抑原则具体化和具有可操作性，而且建立在执行救济制度当下的非自足性以及"执行乱"和"执行难"的现实状况，能够在最大限度上实现检法两家在民事执行检察监督上的共识。而这种共识不仅是现实地开展有效的民事执行检察监督的前提，也是民事诉讼法系统修改时对民事执行检察监督科学规定的不可或缺的基础。③

在 2011 年 11 月十一届全国人大常委会第二十三次会议初次审

---

① 常怡等：《民事行政裁判执行的检察监督》，载张智辉主编：《中国检察》（第 12 卷），北京大学出版社 2007 年版，第 288~294 页。
② 常廷彬：《试论民事执行检察监督制度的构建》，载《法治论坛》2008 年第 1 期。
③ 赵信会：《民事执行检察监督制度的程序设计》，载《国家检察官学院学报》2009 年第 5 期。

议的《中华人民共和国民事诉讼法修正案（草案）》说明中，明确指出，检察机关对民事诉讼实行法律监督，是保证依法行使审判权，正确实施法律的重要制度，对促进司法公正，维护社会公共利益，具有重要作用。

（三）民事行政执行监督的范围

对于民事执行监督的范围，理论界也有不同意见，主要有"全面监督说"和"有限监督说"两种观点。

"全面监督说"认为，检察机关的监督应当贯穿于民事执行的全过程。既要监督法院的执行裁判行为，又要监督法院的执行实施行为。既要对执行人员的贪污受贿、徇私舞弊、枉法裁判的积极行为进行监督，又要对执行人员消极不执行行为进行监督。甚至有观点认为，检察监督的首要任务是保障强制执行活动中国家法律的正确和统一实施，对于任何单位和个人的违法行为都要监督，既包括人民法院的强制执行行为，也包括执行当事人的执行行为，还包括案外有关单位和个人与执行有关的行为。①

"有限监督说"则认为，检察机关只需监督已经发生法律效力的裁判是否确有错误，执行人员在执行过程中是否有重大违法行为。理由有四：一是从我国的法制现状以及检察机关的实际能力看，将所有执行案件纳入检察监督范围不太现实，也没有必要；二是检察机关对执行监督的重点在于执行人员在执行过程中有贪污受贿、徇私舞弊而枉法执行的情形；三是对于执行人员故意不执行、拖延执行和执行不力的情形，检察机关也有权进行监督；四是对于执行过程中损害国家利益、公共利益的行为，检察机关必须进行监督。而对于纯粹因为执行人员业务水平上的限制而导致的不当执行行为、人民法院与人民检察院因认识不一致而认定的所谓"错误

---

① 杨荣馨：《略论强制执行的检察监督》，载《人民检察》2007 年第 13 期。

执行"行为，检察机关通常不宜进行监督。①

我们认为，对民事执行进行检察监督具有特殊性，应当充分考虑民事诉讼与刑事诉讼、行政诉讼的区别，还要考虑检察监督的实际能力，从现实的角度出发，可能"有限监督说"更有合理性。

（四）民事行政执行监督的类型与方式

鉴于民事行政执行检察监督是对已生效民事、行政判决和裁定在执行过程中的监督，并不涉及对业已生效的民事、行政判决、裁定正确与否的评价，不应也不会引起再审程序的发生，因此对民事、行政执行检察监督的方式应主要是提出检察建议，这是民事、行政执行检察监督与民事、行政审判检察监督的重要区别。

1. 对执行裁定、决定违法的监督

人民检察院发现同级人民法院作出的执行裁定、决定有下列违法情形之一的，应当向同级人民法院提出检察建议：（1）追加、变更被执行人裁定错误的；（2）采取执行措施的裁定不符合执行依据所确定的内容的；（3）不予执行、中止执行、终结执行裁定不符合法定条件的；（4）采取强制措施决定不符合法定条件的；（5）执行裁定、决定有其他违法情形的。

2. 对执行行为违法的监督

人民检察院发现同级人民法院执行行为有下列违法情形之一的，应当向同级人民法院提出检察建议：（1）对执行依据虚假、不存在、未生效或者已被撤销的案件受理执行的；（2）调查、搜查明显违反法律规定的；（3）不按照执行裁定的内容采取执行措施，超标的执行、执行案外人财产或者对依法不得执行的财产采取执行措施等不按照执行裁定的内容采取执行措施的；（4）被执行人提出足以保障执行的款物后仍然执行原查封、扣押财产的；（5）评估、拍卖程序中有违反规定的行为的；（6）违反规定变卖

---

① 常廷彬：《试论民事执行检察监督制度的构建》，载《法治论坛》2008年第1期。

执行物的；（7）违反规定保管、使用被执行财产或者无正当理由不及时将被执行财产交付给申请执行人的；（8）强迫、欺骗执行当事人和解的；（9）拒绝符合条件的申请人或者同意不符合条件的申请人参与被执行财产分配的；（10）违法解除已经采取的执行措施的；（11）实施执行的活动有其他违法情形的。

3. 对不履行或怠于履行执行职责的监督

人民检察院发现同级人民法院不履行或者怠于履行执行职责有下列情形之一的，应当向同级人民法院提出检察建议：（1）不受理执行申请又不依法作出不予受理裁定的；（2）对已经受理的执行案件不依法及时作出执行裁定的；（3）不按照规定采取执行措施，导致被执行财产遭受损失或者导致执行目的不能实现的；（4）违法不受理执行复议、异议或者受理后逾期未作出裁定、决定的；（5）暂缓执行、中止执行的原因消失后，不按规定恢复执行的；（6）依法应当改变或者解除执行措施而不改变、解除的；（7）其他怠于履行执行职责的行为。

人民检察院对上述执行问题提出检察建议的，应当制作《检察建议书》，在决定提出检察建议之日起15日内将《检察建议书》连同案卷卷宗正卷移送同级人民法院，并制作决定提出检察建议的《通知书》，发送给申请人、控告人、举报人。人民检察院经审查认为人民法院执行活动违法行为不存在或者不构成的，应当制作不予监督的决定，并制作《不予监督决定书》发送申请监督人、控告人、举报人。

第十三章　职务犯罪预防

一、职务犯罪预防概述

职务犯罪是一种特殊类型的犯罪。其主体主要为国家工作人员，即古之所谓"吏"。"吏者，民之本纲者也，故圣人治吏不治民。"① 吏之不治，则其危害大矣。"百官皆饰虚词而不顾实，外有事君之礼，内有背上之心，造伪饰诈，趋利无耻，是以刑者甚众，死者相望，而奸不息，俗化使然也。"② 职务犯罪的危害是多方面的，但其最大的危害在于失去民心，动摇国家治理的根基。因此，坚决惩治和有效预防职务犯罪，关系人心向背和国家的长治久安。

惩治和预防对于职务犯罪的控制而言，是相辅相成、互相促进的两个方面。检察机关是职务犯罪的侦查机关，在惩治职务犯罪中具有至关重要的作用，而作为法律监督机关，其在职务犯罪侦查中也发挥着不可或缺的职能作用。

（一）预防职务犯罪的内在机理

就犯罪控制而言，事先预防犯罪的发生远比事后惩罚犯罪人要高明。这一规律也同样适用于职务犯罪控制。职务犯罪的诱因是多方面的，正是这些诱因决定了控制职务犯罪的内在机理。

古典犯罪学派的代表者贝卡利亚、边沁都认为犯罪人和正常人一样，具有理性、自由意志和避苦求乐的特征。犯罪是选择的结果，犯罪的选择能够通过社会对犯罪的惩罚来控制。而后来的理性

---

① 《韩非子·外储说右下》。
② 《资治通鉴·汉纪九》。

选择理论，采用经济学理论中的"预期实用性"原理为基础，认为人在作决定时，都会详细考虑，在心中权衡自己所做的决定是否可以获得最大利益，付出最少成本。这种"预期实用性"与古典犯罪学派对人性的假设非常相似。理性选择理论认为犯罪人的所有决定都是根据期待中需要花费的精力、可能获得的回报、被逮捕的可能性、被判刑的轻重等，比较平衡后而作出的决定。因此要控制犯罪，最佳策略是减少犯罪带来的好处，增加犯罪可能付出的代价。理性选择理论可能并不能合理解释街头犯罪和情绪型犯罪，但特别能解释白领犯罪。①

虽然古典犯罪学派和理性选择理论对于犯罪人的理性预设难以进行实证测量和证实，但对于职务犯罪的预防具有重要的启发意义。职务犯罪者比街头犯罪者更具有理性，对犯罪的风险有一定的预见能力，而且更善于利益权衡。这使得通过改变职务犯罪的风险成本与收益关系来控制职务犯罪具有一定的可行性。就加大职务犯罪成本而言，一方面是加大惩治力度，通过增加惩治的确定性和及时性来增加职务犯罪的法律成本，另一方面则是通过制度的完善增加非法财产的转移难度，从而增加职务犯罪的经济成本，减少犯罪收益。此外，根据理性选择理论，犯罪人的理性是一种有限的理性，即犯罪人所做的决定、选择、判断会受到有限时间、认知能力和信息的限制。因为犯罪人的时间、认知能力和信息的掌握都是有限的，因此即使是根据理性去选择，这种理性也受到限制，不是常态下的理性，这称为"有限理性"。同样，职务犯罪者的理性也是有限的，有些腐败人员正是基于对犯罪风险和收益的错误判断才铤而走险实施犯罪的。这给教育留下了发挥作用的空间。通过教育可以帮助潜在的职务犯罪者真正认识职务犯罪的风险，重新权衡选择。因此，预防职务犯罪的另一途径就是切合实际的教育。

通过控制职务犯罪的风险成本和收益来预防职务犯罪之所以在

---

① 参见周素娴、曹立群：《犯罪学理论及其实证》，五南图书出版股份有限公司 2007 年版，第 75 页。

一定程度上有效，是因为犯罪成本和收益的改变会影响理性犯罪者的动机。但犯罪者的动机并不是轻易能够改变的，在惩治、教育等各方面作用都不能使潜在的犯罪者有所触动的情况下，就必须寻求其他的预防途径。这方面，犯罪的日常活动理论（lifestyle theory）能给我们有益的启示。该理论学者 Cohen 和 Felson 提出，犯罪是一个事件，犯罪事件的发生至少需要三个元素在时间和空间上的集合才可能产生。第一个元素是有犯罪动机的人；第二个元素是潜在的被害人；第三是缺乏有能力的监控力或监控者。三元素中缺乏任何一种，均可能使犯罪事件消失。从宏观上讲，三个元素中，任何一项的改变都会影响犯罪率。① 日常活动理论可能更适合解释那些与被害人有直接接触的犯罪现象，就职务犯罪而言，被害人往往并不具体，这一理论似乎有些牵强。但该理论的积极意义在于它主张把重点放在分析社会活动的时空结构，研究特定的时空结构如何促发一个人的犯罪性，使之转化为实际的犯罪行为的。这一点对于预防职务犯罪而言具有积极意义。职务犯罪也表现为发生在特定时空下的具体行为，这一行为的发生至少需要两方面的因素，一是有犯罪动机的人，二是缺乏有能力的监控力或监控者。改变两个因素中的任何一个都会影响职务犯罪的发生。实际上，职务犯罪的发生在很大程度上就是因为缺乏有力的监控。在特定的时间和空间条件下，通过有力的监控可以在一定程度上预防职务犯罪的发生，而监控力的具体表现就是监督。

综合以上有关犯罪的理论，控制职务犯罪需要考虑的因素至少包括制度、惩罚、监督、教育等四方面因素。

（二）职务犯罪预防体系

进入新世纪新阶段，我国改革发展处在关键时期，社会环境发生了重大变化。职务犯罪现象滋生蔓延的土壤和条件依然存在，职

---

① 参见周素娴、曹立群：《犯罪学理论及其实证》，五南图书出版股份有限公司 2007 年版，第 72～73 页。

务犯罪在一些领域易发多发，控制职务犯罪的形势还比较严峻。我国职务犯罪的预防工作体制、机制和工作方式还存在与新形势新任务不相适应的问题。从实践看，教育不扎实，制度不健全，监督不得力，仍然是腐败现象滋生蔓延的重要原因，也是诱发职务犯罪的主要原因。

为此，为做好新形势下反腐倡廉工作，党中央从完成经济社会发展的重大任务和巩固党的执政地位的全局出发，对反腐败工作作出重大战略决策。决定坚持标本兼治、综合治理、惩防并举、注重预防的方针，建立健全与社会主义市场经济体制相适应的教育、制度、监督并重的惩治和预防腐败体系。2005 年 1 月 3 日中共中央印发《建立健全教育、制度、监督并重的惩治和预防腐败体系实施纲要》（以下简称《实施纲要》），这成为新时期深入开展党风廉政建设和反腐败工作的指导性文件。为进一步落实建立健全惩治和预防腐败体系实施纲要，扎实推进惩治和预防腐败体系建设，2008年 6 月中共中央印发了《建立健全惩治和预防腐败体系 2008 ~ 2012 年工作规划》（以下简称《工作规划》），对 2008 年至 2012 年的工作制定具体规划。《实施纲要》和《工作规划》将腐败预防工作提上重要日程，也构建了职务犯罪预防的体系。这一预防体系包括教育、制度建设、对权力运行的监督和制约、惩治四个方面。

1. 教育

贝卡利亚曾言："预防犯罪的最可靠但也是最艰难的措施是：完善教育。"[①] 就职务犯罪而言，加强反腐倡廉教育，可以筑牢拒腐防变的思想道德防线。职务犯罪预防性教育主要包括三个方面：第一是针对领导干部的党风廉政教育。以此教育和引导各级领导干部坚定理想，树立正确的世界观、人生观、价值观，树立正确的权力观、地位观、利益观和荣辱观，减少职务犯罪的动机。第二是面向全社会的反腐倡廉宣传教育。通过宣传教育在社会上培养正确的

[①] ［意］贝卡利亚：《论犯罪与刑罚》，黄风译，中国大百科全书出版社 1993 年版，第 108 页。

价值观念和高尚的道德情操，积极引导企业廉洁诚信、依法经营，增强全社会的反腐倡廉意识。第三是廉政文化建设。围绕建设社会核心价值体系，结合社会公德、职业道德、家庭美德、个人品德教育和法制教育，形成以廉为荣、以贪为耻的社会风尚。

2. 制度建设

制度在惩治和预防腐败中具有保证作用，预防职务犯罪也必须加强制度建设。从完善制度上预防职务犯罪，主要从两方面展开。一是建立规范权力运行的基本制度。主要包括对权力监督和制约的制度（如决策程序和规则、巡视制度），规范国家工作人员从政行为的制度（如重大事项报告制度、财产申报制度），对违纪违法人员的惩处制度。二是改革和完善可能诱发职务犯罪的其他制度。具体包括：（1）干部人事制度改革，推进干部人事工作的科学化、民主化、制度化进程；（2）行政审批制度改革，完善规范政府共同行为的有关制度；（3）财政、金融和投资体制改革，形成财政资金规范、安全、有效运行的机制；（4）司法体制改革，完善司法机关的机构设置、职权划分和管理制度，预防司法腐败；（5）规范和完善工程建设招标投标、土地使用权出让、产权交易、政府采购等制度。

3. 对权力运行的制约和监督

职务犯罪本质上是权力的异化，因此加强对权力的制约和监督，确保权力正确行使可以在一定程度上预防职务犯罪的发生。对权力监督制约的主体是多元的，监督的形式和方式也是多样的。预防职务犯罪需要充分发挥各个监督主体的作用，形成全方位的监督。具体包括：（1）党内监督。通过党内政治生活、领导班子成员之间相互监督、纪检监察、领导干部述职述廉、诫勉谈话和函询制度等方式对党员领导干部进行监督。（2）人大监督。各级人大通过听取和审议人民政府、人民法院、人民检察院的专项工作报告，审查和批准决算，听取和审议国民经济和社会发展计划、预算的执行情况报告和审计工作报告，组织执法检查，进行规范性文件备案审查等方式，加强人大对行政机关、审判机关、检察机关的监督。(3)专门机关监督。如行政监察机关开展执法监察、廉政监察和效能监察。又如审计部门对领导干部经济责任审计、对重点专项资金和重大投资项目的审计等。(4)司法监督。人民法院依法受理、审理和执行行政诉讼案件,监督和维护行政机关依法行政。人民检察院依法查办和预防职务犯罪,强化对刑事诉讼、民事审判活动和行政诉讼的法律监督。(5)政协民主监督。政协运用会议、专题调研、委员视察、提案、反映社情民意信息等形式,对国家宪法和法律法规的实施、重大方针政策的贯彻执行、国家机关及其工作人员履行职责和廉政情况等进行监督。(6)群众监督。通过政务公开,政府信息发布,社会听证、专家咨询等增强决策透明度和公众参与度。通过群众来访,信访举报工作机制,畅通信访渠道。(7)舆论监督。通过社会舆论对国家工作人员的职务行为进行监督。

从监督的重点看,主要包括对两方面的监督:一是对领导机关、领导干部特别是各级领导班子主要负责人的监督。包括对遵守党的政治纪律情况的监督、对执行民主集中制情况的监督、对落实领导干部廉洁自律规定情况的监督等。二是对重要领域和关键环节权力行使的监督。主要有对干部人事权行使的监督、对司法权行使的监督、对行政审批权和行政执法权行使的监督、对财政资金和金融的监管以及对国有资产的监管等。

4. 惩治

惩治和预防,是控制职务犯罪相辅相成、互相促进的两个方面。惩治有力,才能增强教育的说服力、制度的约束力和监督的威慑力。惩治的目的在于预防,而且惩治本身就是一种预防的形式。一方面,依法从严惩治,保持打击职务犯罪的强劲势头,可以起到惩前毖后、治病救人的效果。另一方面,查办案件具有治本功能。深入剖析案件中暴露出的问题,可以查找体制机制制度方面存在的薄弱环节,建章立制,堵塞漏洞。同时可以利用典型案件开展警示教育,总结教训,引以为戒。实现查处案件的政治效果、社会效果、法纪效果相统一,逐步铲除腐败现象滋生蔓延的土壤。

二、检察机关在职务犯罪预防中的任务与原则

(一) 检察机关在职务犯罪预防中的任务

遏制职务犯罪，必须加强预防工作，而预防职务犯罪本身就是检察机关的重要使命。《中华人民共和国人民检察院组织法》第4条规定"人民检察院通过检察活动，教育公民忠于社会主义祖国，自觉地遵守宪法和法律，积极同违法行为作斗争"。结合检察职能开展预防职务犯罪工作是依法治国建设社会主义法治国家的客观需要，是检察机关一项重要任务。

检察机关进行职务犯罪预防工作具有独特的基础和条件。检察机关作为国家的法律监督机关，依法承担对贪污受贿、渎职等职务犯罪案件的侦查和提起公诉职能。检察机关在履行职责的过程中对犯罪分子的思想演变轨迹有比较深入的了解，对机制、体制、制度和管理上的漏洞和薄弱环节有比较深切的感受，对职务犯罪的特点和规律有比较准确的把握。结合检察职能开展预防职务犯罪能够更好地发挥检察机关的优势，检察机关应该也能够有所作为。这既是履行检察职务的需要，也是检察机关应当追求的工作目标。

检察机关预防职务犯罪工作的任务是，按照中央关于反腐败坚持标本兼治，综合治理，逐步加大治本力度，从源头上预防和解决腐败问题的方针和要求，适应新时期依法治国和廉政建设的需要，充分发挥检察机关的法律监督职能，结合办案，积极开展预防工作，推动建立与社会主义市场经济相适应的"教育、监督、制度"并重的惩治和预防职务犯罪体系，有效遏制和减少职务犯罪，促进国家法律统一正确实施，维护社会公平正义，为全面建设小康社会服务。

要实现以上任务，检察机关必须紧紧围绕检察职能，同办案紧密结合，把预防工作落实到检察工作的各个环节，贯穿于检察机关依法查办职务犯罪的整个诉讼过程。各级人民检察院和广大检察干警必须高度重视预防工作，充分认识职务犯罪预防在检察机关法律

监督工作中的重要地位，切实加大预防职务犯罪工作的力度，积极探索结合办案开展预防职务犯罪的最佳实现形式。

（二）检察机关预防职务犯罪工作的原则

检察机关进行职务犯罪预防工作，需要坚持以下原则：

1. 坚持党中央关于反腐败要标本兼治的方针。要从源头上预防和解决腐败问题，就必须坚持标本兼治的方针。坚持标本兼治、综合治理、惩防并举、注重预防，这是中国共产党长期反腐败工作的经验总结。反腐败既要严肃党的纪律，坚决查办违纪违法案件，严厉惩处腐败分子，更要注重预防，把反腐败寓于各项重要政策和措施之中，用发展的思路和改革的办法防治腐败。因此，检察机关也必须坚持标本兼治的方针，对贪污贿赂、渎职等职务犯罪实行综合治理，惩治于既然，防范于未然，促进惩治和预防职务犯罪工作的深入发展。

2. 坚持党的领导，依靠社会力量和群众参与。职务犯罪预防工作必须坚持中国共产党的领导，才能保证正确方向。只有坚持党的领导，才能确立和坚持正确的反腐败指导思想、基本原则和领导体制，才能有效地反对和防止腐败，维护社会政治稳定，促进经济社会全面发展。检察机关必须主动把预防职务犯罪工作置于党委的领导下，纳入党和国家反腐败斗争和综合治理总体格局中，在党委领导、人大监督和政府支持下，依靠有关部门和全社会的支持、配合和参与，积极开展预防职务犯罪工作。

3. 坚持服务党和国家工作大局。反腐败工作必须与中国特色社会主义事业总体布局、完善社会主义市场经济体制、发展社会主义民主政治和推进党的建设新的伟大工程相适应。检察机关预防职务犯罪必须紧紧围绕党和国家工作大局，增强全局观念，紧紧围绕国家经济建设中心，结合深化改革、发展社会主义市场经济和实施依法治国方略，及时确定和调整预防职务犯罪工作思路和措施，为党和国家重大战略部署和决策的顺利实施服务。

4. 坚持立足检察职能。人民检察院开展预防职务犯罪工作，必须紧密围绕检察职能，紧密结合查办职务犯罪案件和各项检察职能开展预防职务犯罪工作，针对职务犯罪行为，严格依法进行。把预防职务犯罪工作贯穿于检察工作全过程，落实到检察业务工作的各个环节。人民检察院应当依法及时在职务犯罪案件所涉及的部门、单位和行业开展预防职务犯罪工作。不能借口预防干预有关部门、单位的正常管理活动，也不能利用预防掩盖有关部门、单位存在的问题或者包庇违法犯罪活动；不能干预市场经济主体的自主经营行为，也不能利用预防为个人或者单位谋取私利。

5. 坚持实事求是。人民检察院预防职务犯罪应当注意结合本地情况和检察工作实际，自觉贴近社会生活、经济活动和国家机关的公务活动，科学确立预防职务犯罪工作重点，及时发现和分析倾向性问题，及时研究和提出预防措施，积极协助有关部门、单位完善内部防范机制，增强预防职务犯罪工作的针对性、前瞻性和实效性。根据本地实际，加大治本力度，努力从体制、机制、制度和管理监督方面提出预防对策，积极协助有关部门、单位建立健全内部防范机制。

三、检察机关预防职务犯罪的工作形式与方法

（一）检察机关预防职务犯罪的工作形式

人民检察院开展预防职务犯罪工作的形式主要有三种：个案预防、专项预防和系统预防。

1. 个案预防

个案预防是结合查办职务犯罪典型案件，针对发案单位在机制、制度和管理监督等方面存在的漏洞和薄弱环节，帮助发案单位加强管理、健全制度、完善监督、堵塞漏洞，推动有关单位建立健全内控防范机制。

开展个案预防的情形包括：（1）发生了职务犯罪大案要案；（2）发生了在当地有重大影响的职务犯罪案件；（3）暴露出发案单位在机制、制度和监督管理方面有重大漏洞的职务犯罪案件；

（4）在某一部门、单位、系统多次发生或者群发性、再发性强的职务犯罪案件；（5）发生了具有典型意义的职务犯罪案件；（6）其他需要开展个案预防的情形。此外，有关举报线索虽然不符合立案条件，但反映有关单位机制、制度和管理方面存在的可能导致职务犯罪的漏洞的薄弱环节，有开展预防必要的，也可以实施个案预防。

个案预防可以采取下列措施：（1）及时开展预防调查，分析、掌握职务犯罪案件发生的主客观原因；（2）针对发案单位在机制、制度和监督管理方面存在的漏洞和薄弱环节，提出有针对性的检察建议，协助发案单位制定整改措施；（3）在发案单位开展法制教育和警示教育等活动；（4）回访考察检察建议和整改措施的落实情况。

2. 专项预防

专项预防是人民检察院结合检察职能，在重大（重点）工程项目实施中，配合有关主管部门、单位加强监管，积极开展职务犯罪预防活动。开展专项预防的重大（重点）工程建设项目主要是：本辖区内的国家、省、市、地（州、市）和本地区在建、新开工、计划开工的重大交通基础设施工程、重大能源工程、重大水利工程、重大市政工程、重大生态建设和环境保护工程、重大信息工程、重大扶贫开发工程、重大技术改造项目、重大社会发展项目，以及受当地社会各界、人民群众关注有较大影响的工作项目等。

专项预防可以采取的措施包括：（1）与有关建设主管部门建立必要的预防工作联系机制；（2）应有关部门、单位的请求，对涉及重大（重点）工程建设项目招投标程序和项目管理机制等方面的完善，提出咨询性审查建议；（3）参加和配合纪检监察部门、有关执法部门、重点建设项目主管部门和有关单位在工程领域开展的执法检查和专项治理活动，或者充分运用有关部门的检查结果，从中发现可能诱发或隐藏职务犯罪方面的问题，及时分析研究并提出对策意见，推动预防措施和要求的落实；（4）积极推动和配合有关管理部门在重大（重点）工程建设项目中推行工程建设市场廉洁准入制、廉政信用档案制、建设合同与廉政合同"双签"制、重点建设环节公示制等管理机制；（5）在重大工程建设项目实施中，及时提出预防职务犯罪和检察建议、开展法律咨询、进行专题调研、法制宣传教育和预防警示教育；（6）根据需要，在施工现场等有关场所设置举报箱，公布举报电话，以便及时发现揭露职务犯罪。

3. 系统预防

系统预防是人民检察院应当结合检察职能，积极在有关行业和领域开展预防活动，帮助、配合和推动有关主管部门建立健全行业监督、管理、制约机制和加强行业自律。

人民检察院开展职务犯罪系统预防的行业和领域包括：（1）职务犯罪多发、高发的行业、领域；（2）职务犯罪易发的行业、领域；（3）直接涉及人民群众切身利益的行业、领域。

系统预防可以采取的措施包括：（1）有关行业、领域的主管部门建立必要的预防工作联系机制；（2）开展法制宣传教育、警示教育；（3）提供法律咨询和预防方法咨询；（4）分析研究有关行业、领域的职务犯罪的原因、特点和变化规律与趋势，提出预防对策和建议；（5）帮助、配合和推动有关主管部门建立和完善内控机制；（6）参加和配合有关主管部门开展的执法检查和专项治理活动；（7）应有关部门、单位的请求，对有关行业监督、管理等方面的制度和机制的完善，提出咨询性审查建议。

（二）检察机关预防职务犯罪的工作方法

1. 预防调查和对策研究

预防调查是指人民检察院根据一定的事实和信息，对可能诱发职务犯罪和异常社会现象、经济活动或者职务行为发生的背景、环境等相关原因，采取调研、问卷、座谈、实地访问等方法，进行调查分析，并提出进一步开展预防活动意见或者建议的专门活动。预防调查由职务犯罪预防部门负责实施。必要时，检察机关其他有关业务部门共同参与或者积极协作。开展预防调查应当制定预防调查具体实施方案。预防调查的主要内容包括：（1）职务犯罪的总体原因、特点、规律和变化趋势；（2）某类或者某行业、领域职务犯罪案件的原因、特点、规律和变化趋势；（3）国家出台、实施的有关重大改革措施、政策对职务犯罪的影响；（4）可能诱发职务犯罪的异常社会现象、经济活动或者职务行为的；（5）其他需要开展预防调查有关职务犯罪的倾向性、苗头性问题。

人民检察院根据社会对预防工作的实际需求，积极运用和吸收行政管理、经济管理、企业管理等方面的科学理论和现代化模式、手段，结合对职务犯罪的原因、特点和趋势的系统分析，深入研究提出防范和遏制职务犯罪的宏观对策和建议，推动、配合有关部门、单位建立健全工作机制、制度和加强管理监督。

2. 检察建议

人民检察院预防职务犯罪，可以结合办案其他执法活动，针对办案中发现的管理漏洞和职务犯罪发生的原因，积极向有关部门、单位提出检察建议，帮助创新和完善体制、机制和制度，预防和减少职务犯罪。检察建议可以由职务犯罪案件办理部门提出，也可以由预防部门提出。人民检察院提出检察建议的情形通常包括：（1）查办职务犯罪案件中发现发案单位、行业存在严重违法或者有法不依、管理混乱，制度不健全或不落实，缺少监督制约或监督不力等问题的；（2）发现多发、易发职务犯罪的部位、手段、带有规律性的犯罪原因及体制、机制、制度缺陷，需向有关部门、单位提出完善体制、机制和监督管理制度的；（3）发现有关部门、单位严重违法行政或者违法从事管理工作，可能发生职务犯罪需要提出纠正意见的。

检察建议通常向下列部门、单位提出：（1）发案单位；（2）发案单位的上级单位或者行业主管部门；（3）存在违法行政、违法管理、职务违法事实的部门、单位；（4）政府或者政府所属主管部门；（5）检察机关认为需要提出的其他部门。

检察建议的落实情况通常由承办部门负责督促和回访，预防部门予以协助。对有关部门、单位拒不落实检察建议或者落实不及时的，检察院可以将有关情况及时向受建议部门、单位的主管机关通报情况，必要时可以向党委、人大报告。因不落实检察建议，造成严重后果的，可以建议有关主管机关对主管领导给予相应的行政处分或处罚。其中，构成犯罪的，依法追究刑事责任。

3. 预防咨询

预防咨询是人民检察院结合检察职能和查办案件，就职务犯罪的罪与非罪的法律政策界限、预防职务犯罪方面的知识与措施，向社会、有关部门、单位或者个人，开展的咨询活动。预防咨询的形式包括日常咨询、定期咨询、来人（信）咨询、临场咨询、随行咨询等多种。根据预防咨询的具体内容和事项，可以由人民检察院相关业务部门共同负责。大型、专门的预防咨询活动，由人民检察院职务犯罪预防部门具体负责组织实施。

4. 宣传和警示教育

宣传和警示教育的形式多种多样。具体包括：（1）宣传查办和预防职务犯罪案件成果。通过联系各种传媒，广泛宣传查办和预防职务犯罪案件法律知识和成绩，增强广大人民群众同犯罪作斗争的信心和积极性，提高广大人民群众同职务犯罪作斗争的水平和自觉性，增强威慑效应。（2）预防警示宣传。通过深刻揭露职务犯罪的成因和危害，增强国家工作人员的廉政意识和广大公民的守法意识，促进依法行政，严格执法，公正司法，合法经营，营造廉洁的社会风尚。（3）预防教育。配合有关部门、单位加强对国家工作人员预防职务犯罪的法制教育和警示教育，及时给予预防谈话和提醒，增强其自律意识和免疫力。（4）预防职务犯罪公益宣传。通过与有关部门、单位联系和配合，制作、发布社会喜闻乐见的预防职务犯罪警示教育音像制品、预防公益广告等，促进人人参与预防职务犯罪活动。（5）网站宣传。运用预防职务犯罪网站开展预防职务犯罪工作和预防宣传，加强预防工作信息交流和业务指导，鼓励和引导社会各界参与预防职务犯罪。

5. 技术预防

技术预防措施包括：（1）计算机网络预防。通过运用计算机网络等现代科技手段，收集、分析和利用预防职务犯罪信息，及时把握职务犯罪高发易发领域、岗位、人员，提高预测、预警、发现、控制和防范职务犯罪的能力。（2）建立预防信息共享机制。与有关部门、单位加强沟通和协商，实现预防职务犯罪信息互联网络和预防信息即时共享，建立健全职务犯罪预测机制，增强及时发现、控制、防范职务犯罪的合力和能力。（3）制度设计和创新。结合查办和预防职务犯罪工作中发现的有关部门、单位在机制、制度、体制管理、监督或者业务操作流程等方面存在的漏洞和薄弱环节，积极探索设计、创新有效预防职务犯罪的机制、制度、体制或者业务操作流程，帮助、配合和推动有关部门、单位完善内部防范体系，促进行政管理活动合法，经营活动正当，国家工作人员职务行为廉洁。

图书在版编目（CIP）数据

检察学新论/石少侠主编. —北京：中国检察出版社，2013.11
ISBN 978 – 7 – 5102 – 1011 – 2

I. ①检… Ⅱ. ①石… Ⅲ. ①检察学 – 研究 – 中国 Ⅳ. ①D926.3

中国版本图书馆 CIP 数据核字（2013）第 227761 号

检察学新论

石少侠　主编

出版发行：中国检察出版社
社　　址：北京市石景山区香山南路 111 号 （100144）
网　　址：中国检察出版社（www.zgjccbs.com）
电　　话：(010)68650028(编辑)　68650015(发行)　68636518(门市)
经　　销：新华书店
印　　刷：保定市中画美凯印刷有限公司
开　　本：A5
印　　张：12.25 印张
字　　数：335 千字
版　　次：2013 年 11 月第一版　2013 年 11 月第一次印刷
书　　号：ISBN 978 – 7 – 5102 – 1011 – 2
定　　价：36.00 元